coleção filosofia

102

A **Coleção Filosofia** se propõe reunir textos de filósofos brasileiros contemporâneos, traduções de textos clássicos e de outros filósofos da atualidade, pondo a serviço do estudioso de Filosofia instrumentos de pesquisa selecionados segundo os padrões científicos reconhecidos da produção filosófica. A Coleção é dirigida pela Faculdade Jesuíta de Filosofia e Teologia (Belo Horizonte, MG).

FACULDADE JESUÍTA DE FILOSOFIA E TEOLOGIA (FAJE)
DEPARTAMENTO DE FILOSOFIA
Av. Dr. Cristiano Guimarães, 2127
31720-300 Belo Horizonte, MG

DIRETOR:
João A. Mac Dowell, SJ

CONSELHO EDITORIAL:
Carlos Roberto Drawin FAJE
Danilo Marcondes Filho PUC-Rio
Fernando Eduardo de Barros Rey Puente UFMG
Franklin Leopoldo e Silva USP
Marcelo Fernandes de Aquino UNISINOS
Marcelo Perine PUC-SP
Paulo Roberto Margutti Pinto FAJE

Wagner de Avila Quevedo

HÖLDERLIN EM IENA:
União e cisão nos limites do pensamento

Edições Loyola

Dados Internacionais de Catalogação na Publicação (CIP)
(Câmara Brasileira do Livro, SP, Brasil)

Quevedo, Wagner de Ávila
  Hölderlin em Iena : união e cisão nos limites do pensamento / Wagner de Avila Quevedo. -- São Paulo, SP : Edições Loyola, 2023.
  -- (Coleção filosofia ; 102)
  Bibliografia.
  ISBN 978-65-5504-218-4
  1. Estética 2. Fichte, Johann Gottlieb, 1762-1814 3. Filosofia alemã 4. Hölderlin, Friedrich, 1770-1843 - Crítica e interpretação 5. Idealismo alemão 6. Teoria do conhecimento I. Título. II. Série.

22-133752   CDD-193

Índices para catálogo sistemático:
1. Filosofia alemã   193
Eliete Marques da Silva - Bibliotecária - CRB-8/9380

Preparação: Ellen Barros
Capa: Manu Santos
Diagramação: Viviane Bueno Jeronimo

Edições Loyola Jesuítas
Rua 1822 n° 341 – Ipiranga
04216-000 São Paulo, SP
T 55 11 3385 8500/8501, 2063 4275
editorial@loyola.com.br
vendas@loyola.com.br
www.loyola.com.br

Todos os direitos reservados. Nenhuma parte desta obra pode ser reproduzida ou transmitida por qualquer forma e/ou quaisquer meios (eletrônico ou mecânico, incluindo fotocópia e gravação) ou arquivada em qualquer sistema ou banco de dados sem permissão escrita da Editora.

ISBN 978-65-5504-218-4

© EDIÇÕES LOYOLA, São Paulo, Brasil, 2023
101249

Para o Rafa

Sumário

Nota prévia...9

Abreviaturas..11

Introdução..13

Capítulo 1
Fichte e o Eu como conflito na *Doutrina da ciência*
de 1794-1795..23
1.1. A ideia de sistema e a compreensão
    do ponto de partida..26
1.2. A compreensão do ponto de partida.......................40
1.3. Os princípios da Fundação de 1794-1795..............54
1.4. Dogmatismo e criticismo: Espinosa e a
    fundação do saber teórico..63
1.5. A pensabilidade do teórico: categorias do
    eu e idealismo crítico...71
1.6. O realismo do idealismo crítico: obstáculo,
    imaginação e autoconsciência.................................81

1.7. Esforço e sentimento, ser absoluto e
existência efetiva 91

Capítulo 2
A crítica de Hölderlin a Fichte 109
   2.1. As datas e a carta a Hegel 111
   2.2. A suspeita de dogmatismo 118
   2.3. Para além da consciência 124
   Excurso: Sobre a presença de Niethammer em Iena e o
   Philosophisches Journal 128
   2.4. O "transcendentismo" e a autodefesa
       problemática de Fichte 138
   2.5. O Espinosa de Jacobi e as anotações
       de Hölderlin 142
   2.6. Os alcances da objeção: o eu absoluto
       e a anulação da consciência 150

Capítulo 3
Juízo e Ser: reconstrução e ruptura com o
sistema fichteano 171
   3.1. Contexto e datação 182
   3.2. *Juízo e Ser* na reconstrução de Henrich (1992) 190
   3.3. Modalidades 209
   3.4. Síntese: ser absoluto e cisão originária 213

Capítulo 4
A concepção de Iena nas versões de *Hipérion* 221
   4.1. Um programa para Iena: as ideias estéticas
       e o limite entre Kant e Schiller 223
   4.2. Versão métrica e Juventude de Hipérion:
       a bela concórdia e o amor 247
   4.3. Prefácio à penúltima versão: o ser como
       beleza e como Ἓν καὶ Πᾶν 270
   4.4. Estações de *Hipérion I*: união com o todo,
       que é um e em si mesmo diferenciado 287

Cisão e diferença 313
Bibliografia 317

Nota prévia

Este livro é uma versão modificada de minha tese de doutorado, defendida no Programa de Pós-Graduação em Filosofia da Universidade Federal de Minas Gerais, em dezembro de 2018. Agradeço a Tobias Rosefeldt pela acolhida na Universidade Humboldt de Berlim, em cujas bibliotecas pude levantar o essencial da pesquisa sobre os temas deste estudo. Agradeço também a Virginia Figueiredo, a Hans Christian Klotz e a Ulisses Vaccari pelas generosas leituras. Quaisquer palavras são insuficientes para expressar minha gratidão às contribuições inestimáveis de Joãosinho Beckenkamp e Giorgia Cecchinato para este trabalho, salvo, é claro, o que nele há de impreciso.

Pelotas, inverno de 2020.

Abreviaturas[1]

AA: Kant, *Gesammelte Schriften*
E: Spinoza, *Ética*
GA: Fichte, *Gesammtausgabe der Bayerischen Akademie der Wissenschaften*
KpV: Kant, *Kritik der praktischen Vernunft*
KrV: Kant, *Kritik der reinen Vernunft*
KU: Kant, *Kritik der Urteilskraft*
StA: Hölderlin, *Sämtliche Werke*
SW: Schiller, *Sämtliche Werke*

---

1. As obras desta lista serão citadas entre parênteses por sua abreviatura seguida do volume e das páginas. Exemplos: (GA vol.: pág.); (StA vol.: pág.). Grifos e outras interferências nas citações serão indicados como alterações do autor, com as iniciais W.Q.

Introdução

Em uma das vertentes do cenário de reorientação política e cultural da Alemanha do pós-guerra, a escrita da história da filosofia daquele país encontrou em Friedrich Hölderlin (1770-1843) uma figura chave para um gênero próprio de reconstrução histórico-filosófica, cujos efeitos sobre o deslocamento do eixo discursivo que sustenta uma certa visão da filosofia alemã clássica ainda merecem avaliação. Trata-se, é certo, de uma revisão teórica no próprio campo conservador: com Hölderlin, a imagem de um idealismo que se move de Kant para Hegel, ancorada na forte presença de Schelling e sua filosofia da natureza, é parcialmente desconstruída; com ele, também, é nuançada a relutante "taxonomia do idealismo alemão", que classifica Kant e Fichte como idealistas subjetivos, Hölderlin, Novalis, Schlegel, Schelling e o jovem Hegel como idealistas objetivos[1]. O marco para a alteração de curso

---

1. Cf. F. Beiser, *German idealism: The struggle against subjectivism, 1781-1801*, Cambridge, Harvard University Press, 2002, 11s.

nesse campo é a edição, em 1961, do até então desconhecido fragmento *Juízo e Ser*, redigido por Hölderlin em 1795. Em análise retrospectiva, Dieter Henrich entende que o fato lançou nova luz sobre o "enigma" por trás da rapidez com que a filosofia alemã se desenvolveu do kantismo à lógica hegeliana[2]. No ensaio inaugural de 1965, Henrich apresentava o resultado de investigações suscitadas por esse surpreendente "acontecimento na história do pensamento abstrato"[3], fixando também as bases de um novo método de investigação filosófica definido posteriormente como *pesquisa constelacional* (*Konstellationsforschung*)[4].

Com base em seus trabalhos, a filosofia alemã clássica passa a ser reavaliada a partir de diversos projetos, a maioria em estado de torso, concebidos por uma geração que sabemos não ultrapassar três décadas entre a *Crítica da razão pura* (1781) e a *Fenomenologia do espírito* (1807). Os contemporâneos desse acontecimento são lidos em constelações teóricas e agrupamentos de agentes que mantinham interlocução pessoal e pública. Com a crescente importância de Kant e o impacto da recepção de sua filosofia moral no tocante aos fundamentos da religião e do Estado, formam-se no final da década de 1780 e em toda a década

---

2. D. Henrich, *Konstellationen. Probleme und Debatten am Ursprung des Idealistischen Philosophie (1789-1795)*, Stuttgart, Klett-Cotta, 1991, 23. A edição de *Konstellationen* reúne uma série de textos publicados por Henrich, desde os anos 1960, sobre vários tópicos que vão de questões de método à leitura de *Juízo e Ser*, encampando também os escritos de Jacob Zwilling, a constelação de Tübingen e outros textos de pesquisa programática. Alguns desses trabalhos serão citados a partir do volume *Konstellationen*. Em texto recente, Faustino Coves faz um panorama de perspectivas de análise constelacional em conjunto com o método da história conceitual de Koselleck. Segundo Coves, as raízes do conceito de constelação de que se vale Henrich remontam ao físico E. Du Bois-Reymond, que propunha às ciências do espírito o conhecimento astronômico como modelo epistêmico, e acabou provocando uma reação em cadeia com Rickert e Weber em várias direções, com reflexos inclusive no uso que Benjamin e Adorno fariam do conceito. A capilaridade do conceito é tal que atinge a autocompreensão do grupo *Poetik und Hermeneutik*, em torno de Gadamer, do qual Henrich é integrante na juventude. Cf. F. O. Coves, Historia conceptual y método de las constelaciones, in: *Constelaciones*, Ed. Pre-Textos, 2017. Cf. também M. Mulsow; M. Stamm (org.), *Konstellationsforschung*, Frankfurt a. M., Suhrkamp, 2005.
3. D. Henrich, Hölderlin über Urtheil und Sein: Eine Studie zur Entstehungsgeschichte des Idealismus, in: *Konstellationen*, 52.
4. D. Henrich, *Konstellationen*, 29-46.

Introdução

de 1790 os epicentros onde essas questões abrem novas vias de pensamento no espaço de poucos anos: o Instituto de Tübingen (1788-1793), onde estudam Hölderlin, Hegel e Schelling, a Universidade de Iena (1794-1795), onde atuam Reinhold, Niethammer e Fichte, e o círculo de Frankfurt e de Homburg (1796-1800), ao qual pertencem Hegel, Sinclair e Zwilling, gravitando em torno de Hölderlin.

O presente estudo deve seu objeto a alguns resultados da pesquisa constelacional. Cabem aqui, portanto, breves considerações sobre esse tipo de incursão na história da filosofia para, em seguida, indicar seu uso na investigação teórica deste trabalho. No entanto, uma avaliação detalhada do método não está no escopo. A meu ver, três aspectos interligados na intrincada malha conceitual de Henrich são essenciais para compreender o alcance das investigações: a energia viva de pensamento atuante em algumas percepções fundamentais da primeira recepção de Kant, às quais, naturalmente, não temos mais acesso; os tipos de constelação e sua relação com o discurso filosófico do idealismo alemão; o quadro interpretativo resultante do assim chamado "projeto de Iena", iniciado por Henrich na Universidade de Munique em 1986.

Quanto à energia de pensamento, deve-se reconhecer de saída que ao interesse da pesquisa pelas chamadas evidências de que partem as obras resultantes dessas constelações soma-se a dificuldade de compreender adequadamente as discussões então em curso, uma vez que nelas se supõem distintos posicionamentos em relação a ideias de interlocutores que, na periferia dos sistemas, só chegam esparsamente até o presente do intérprete. A alternativa, para Henrich, seria deixar "essas discussões emergirem novamente da sombra das obras maduras e dos rastros de trajetos de vida dos interlocutores dessas conversas, que se perdiam frequentemente cedo"[5]. Segundo a pesquisa constelacional, por muitas e impactantes que fossem à época, apenas as publicações existentes como obras não poderiam explicar a maturação do pensamento de Hegel desde os efeitos gerados pelo de Kant. Seria necessário medir também o impacto nas interlocuções privadas e acrescentar cor-

---

5. Idem, 40.

respondências e manuscritos – muitos dos quais acessíveis apenas tardiamente – a título de documentação das discussões e como possibilidade de retorno a etapas essenciais e produtivas para o conhecimento de uma história mais precisa do idealismo alemão. Assim, acredita-se, seria possível *pensar* evidências e fundamentos percebidos e compartilhados pelos contemporâneos do pós-kantismo. A vida dessas percepções certamente se perde na estrutura dos argumentos com os quais hoje lidamos no estudo de cada obra do período, mas sua energia é conservada na decidida busca por compreensão das constelações e no esforço para não realizar saltos diante das lacunas ou apelar de modo acrítico a modelos canônicos de interpretação do idealismo quando, em face do material disponível, já não for possível uma explicação mais convincente dos processos que levaram a uma determinada ordem de pensamentos. É para dar conta dessa energia latente na ação do intérprete que Henrich se vale da noção de *concepção filosófica*, isto é, de um conceito que engloba o resultado de ideias fundamentais formadoras de filosofia, apreendidas e elaboradas por certos participantes das constelações que as puderam transpor em um projeto sistemático[6].

O segundo aspecto se conecta com o anterior. Além da subdivisão em três constelações de um tipo, ou seja, o da conversa filosófica em Tübingen, Iena e Frankfurt-Homburg, Henrich concebe um segundo tipo para abarcar a relação entre as "formações de conceitos e sistemas das grandes teorias"[7]. Nessa distinção, procede-se pela análise de argumentos para compreender as condições teórico-conceituais na pesquisa de fontes. De modo complementar, a própria compreensão precisa lançar mão das informações obtidas das constelações de primeiro tipo. Assim, o método empregado para a investigação constelacional define-se por uma dupla análise de constelações com o objetivo de propiciar um "entendimento da filosofia alemã clássica que possa fazer justiça tanto ao seu formato histórico quanto às possibilidades do pensamento nele liberadas"[8]. Isso se distancia dos esforços de compreensão

---

6. Idem, 41.
7. Idem, 42.
8. Idem, 43.

Introdução

das formações sistemáticas fragmentados em torno do trabalho nas edições críticas dos filósofos, pois apenas o estudo filológico e histórico das obras não permitiria apreciar o quadro da transmissão viva dessa filosofia. A fragmentação do lado das edições também se deve ao fato de que os esforços são motivados, geralmente, para compreender a filosofia sistemática apenas em uma direção, a que vai de Kant a Hegel e que, portanto, têm em suas obras o ponto de partida e o de chegada. Assim, Henrich propõe como mais adequada uma inversão direta de orientação ao pensar as obras como resultado posterior de uma história constelacional. Primeiramente, o investigador deveria trabalhar para saber como as fontes permitem pensar as discussões filosóficas e seus referentes nos três epicentros de constelações, ao mesmo tempo que isto se articula reciprocamente com a análise de conceitos e argumentos, para depois, finalmente, obter clareza sobre a história das obras que daí se segue. Tal procedimento implica inverter a relação entre o mais condensado, a obra escrita, e o rarefeito que é seu aparecer constelacional. Essa inversão certamente leva a caminhos tortuosos em função da escassez documental por vezes incapaz de fazer frente à hegemonia discursiva que apaga a importância dos vários agentes em questão. Mas não ousar trilhá-los, valendo-me das palavras de Michel Foucault, talvez seja "temor surdo desses acontecimentos, dessa massa de coisas ditas, do surgir de todos esses enunciados, de tudo o que possa haver aí de violento, de descontínuo, de combativo, de desordem, também, e de perigoso, desse grande zumbido incessante e desordenado do discurso"[9]. Com o trabalho articulado entre um tipo de constelação centrado na conversa filosófica e outro na perspectiva especulativo-sistemática, parte daquela energia de pensamento se mantém do lado do intérprete.

Por fim, no panorama do projeto de Iena, o estudo dos agentes não é mais classificatório. A título de exemplo, como consequência da redescoberta do Hölderlin filósofo nos anos 1960, Henrich avalia, em

---

9. M. Foucault, *A ordem do discurso: aula inaugural no Collège de France, pronunciada em 2 de dezembro de 1979*, São Paulo, Loyola, 2012, 50.

1981[10] e 1986[11], o legado de Jacob Zwilling que, ao lado de Isaac von Sinclair, compõe a constelação de Homburg em torno de Hölderlin; investiga, nos anos seguintes, o papel de Carl Immanuel Diez, estudante da geração anterior à de Hölderlin em Tübingen, que ocupa o cargo docente de repetidor e, como outros repetidores, influencia intelectualmente os estudantes através de seu forte kantismo e de sua postura radicalmente crítica em relação à doutrina teológica do Instituto, antes mesmo de Kant manifestar-se publicamente sobre religião[12]. Papel importante em Tübingen, igualmente como repetidor, posteriormente como aluno de Reinhold e, finalmente, professor ordinário em Iena (1795) e editor do *Philosophisches Journal*, desempenha Friedrich Immanuel Niethammer. Aparece como figura essencial tanto em sua interlocução inicial com Hölderlin em Tübingen quanto em relação aos efeitos do contato entre ambos no decorrer dos anos[13]. No campo do discurso filosófico, esse novo quadro de agentes evidenciados na pesquisa constelacional provoca um abalo da narrativa mais tradicional do idealismo alemão que, então, pode ser reavaliada. Até mesmo em relação a Kant, cuja obra Henrich investigou incessantemente ao longo de duas décadas, afirma-se, com certa ênfase, uma "verdadeira recepção ainda a ser realizada"[14]. O risco de "deformação" de uma ou outra concepção filosófica pela inversão de perspectiva entre constelação e obra é contrabalançado pela delimitação do fio que mantém cada concepção vinculada às constelações, avaliando-a a partir do "espectro de possibilidades teóricas que se abriram no confuso terreno pós-kantiano de problemas filosóficos fundamentais"[15] – tarefa ainda

---

10. D. Henrich, op. cit., 81-100.
11. Ibidem, 101-133.
12. Ibidem, 115-116. Henrich dedica longo estudo a Diez em uma investigação minuciosa sobre a formação do idealismo em Tübingen e Iena entre 1790 e 1794. Cf. D. Henrich, *Grundlegung aus dem Ich. Untersuchungen zur Vorgeschichte des Idealismus. Tübingen – Jena 1790-1794*, Frankfurt a. M., Suhrkamp, 2004.
13. D. Henrich, *Konstellationen*, 135-170.
14. H. Ch. Klotz; S. Nour. Dieter Henrich, leitor de Kant: sobre o fato legitimador da dedução transcendental das categorias, in: *Kriterion*, Belo Horizonte, n. 115, jun. 2007, 146.
15. D. Henrich, op. cit., 44.

mais complexa por exigir tanto familiaridade com as concepções em jogo quanto habilidade de trabalhá-las com seus próprios meios teóricos sem perder o contato com as intenções que lhes deram origem. Inversamente, Henrich entende seu próprio empreendimento como uma investigação que se move da história das obras para a história das constelações. Tal movimento complementar deveria favorecer modos de trabalho que não se perdessem na rotina editorial dos arquivos, desenvolvendo "uma nova forma do sinfilosofar", na famosa expressão de Friedrich Schlegel, que deve "acompanhar e penetrar também a pesquisa constelacional"[16].

Com base nesses arrazoados, o presente estudo faz o seguinte recorte analítico: a posição de Hölderlin no espectro filosófico responde a uma série de percepções condensadas em escritos e fragmentos da década de 1790 que remontam a algo rarefeito, o arranjo constelacional. O modo de acesso, parece-me, é o da análise da reciprocidade entre a posição ou função de autoria, para a qual cada figura, além de Hölderlin, é chamada a partir dos documentos disponíveis e às expensas do argumento condutor, e a função da constelação, na qual as posições se entrelaçam e iluminam o que, em cada pesquisa, é investigado como *concepção filosófica*. Excluem-se Kant, Fichte e Hegel dessa noção porque seus projetos não foram apenas postos na forma sistemática, mas executados. A concepção filosófica dialoga com a constelação de segundo tipo, ou seja, aquela em que estão em jogo os conceitos e os projetos postos na forma sistemática. Aqui se encontra a reconstrução dos argumentos que, por sua vez, dialogam com os sistemas desenvolvidos. Assim, os marcos referenciais da pesquisa constelacional compõem o horizonte deste estudo, cujo arranjo do tipo "conversa filosófica" orbita em torno da curta estada de Hölderlin em Iena, do final de 1794 até pouco antes da metade de 1795. Considero também alguns momentos de Tübingen, especialmente aqueles que circunscrevem a recepção de Espinosa e a presença ativa de Jacobi no cenário. O período de Frankfurt é menos mobilizado porque finalizo com o primeiro volume de

---

16. Ibidem, 45.

Hipérion, a meu juízo tributário da constelação de Iena. Apesar disso, farei observações oportunas sobre as conexões da problemática filosófica de Iena com a produção poetológica de Frankfurt-Homburg.

O ponto em que o presente trabalho conecta a análise da reciprocidade entre as funções de autoria e constelação com os conceitos das chamadas grandes teorias está na exposição da concepção filosófica de Hölderlin como resposta a um argumento central da primeira *Doutrina da ciência* de Fichte. Faço um atalho direto ao ponto: trata-se da exposição do sentimento de necessidade que acompanha a certeza da realidade, a despeito de nossa inconsciência de como o que entendemos por real é produzido pela imaginação. Fichte precisa garantir que o processo formador de realidade permaneça à margem da consciência para que a experiência subjetiva não seja explicada como uma ilusão que, ao cabo, recairia num idealismo de tipo dogmático. Uma vez que a própria atividade do pensamento é definida por Fichte enquanto determinação racional da imaginação, e como ela está diretamente implicada na explicação efetiva da subjetividade, minha hipótese é de que a crítica de Hölderlin a Fichte, no período de Iena, atinge em cheio esse problema da doutrina da ciência e, com ele, a pretensão de explicar a subjetividade a partir da experiência consciente com recurso a um absoluto eu-razão como seu unificante. Para Hölderlin, a estratégia fichteana ultrapassa as condições conscientes e, por conseguinte, a relação que a consciência estabelece com uma compreensão unitária da subjetividade é da ordem de uma *cisão* constitutiva que não podemos explicar adequadamente. A cisão está posta na própria atividade do pensamento: como cisão, ela aponta os limites dessa atividade de determinação racional da imaginação, mas também *divide*. De um lado, Hölderlin concebe um *ser puro e simples* intocável pela consciência objetiva operante na cisão; de outro, segue valendo a exigência de *união* com esse ser que é a totalidade. Motivado pela filosofia fichteana, Hölderlin rearticula essa problemática ao deslocar para o centro de explicação da consciência a ideia platônica de beleza, como um signo de união sensível-racional que também estaria imune à ferida aberta pela filosofia kantiana. Em suas diversas tentativas de união esboçadas nas versões de *Hipérion*, a unidade é pensada em termos dinâmicos de uni-

Introdução

dade-totalidade com a recuperação do espinosismo difundido por Lessing e Jacobi sob o lema Ἕν καὶ Πᾶν. Ao escrever o primeiro volume de *Hipérion*, Hölderlin dinamiza ainda mais essa concepção pela inserção da beleza na dimensão histórica da unidade-totalidade, que passa a ser explicada como uma unidade que se diferencia em si mesma.

Exponho inicialmente o problema do eu absoluto em Fichte (capítulo 1) para, em seguida, situar a crítica de Hölderlin (capítulo 2) e acompanhar seus desdobramentos no fragmento *Juízo e Ser* (capítulo 3). Depois de estabelecida a tese da cisão nos limites do pensamento, finalizo com a exposição de como esse pensamento dos limites é incorporado aos diversos momentos da concepção de *Hipérion* até sua formulação definitiva de uma união não cindida, ou seja, de uma *unidade diferenciada* (capítulo 4). A união como cisão nos limites críticos do pensamento se torna diferença no interior da unidade, formulação cara ao pensamento especulativo posterior e, portanto, à gênese da lógica hegeliana. Aqui talvez seja possível acompanhar *rallentando* e *in extenso* o vivo desenvolvimento de um capítulo da filosofia moderna que vai de Kant a Hegel.

Por fim, destaco das constelações o poeta-filósofo na função de autor, em relação à qual é preciso perguntar o que fala para nós. Como esse diálogo, com seu e com o nosso tempo, não ocorreu e não ocorre sem o arranjo constelacional concreto de primeiro tipo, a documentação levou este estudo inevitavelmente a encampar a relação crítica com Fichte na virada de 1794 para 1795; por conseguinte, também levou aos fragmentos e cartas que testemunham essa relação e se juntam a outros arrazoados histórico-filosóficos interpretados em uma *concepção de filosofia*. O ônus que recai sobre esta exposição é o de mostrar como ambas as coisas se articulam na interpretação e na conexão com o argumento central da concepção de Hölderlin. Caberá ao leitor avaliar se o texto oferece a prova.

CAPÍTULO 1
Fichte e o Eu como conflito na *Doutrina da ciência* de 1794-1795

> *En algún punto de la tierra está el hombre que es igual a esa claridad.*
>
> Jorge Luis Borges, El acercamiento a Almotásim.

É conhecido o escárnio com que muitas vezes Fichte foi retratado na esfera pública. Mas o fato de Heinrich Heine minimizá-lo, atribuindo-o à má compreensão e frivolidade do grande público, dissolve a imagem grotesca do "filósofo do eu" em favor do elemento sério: "vi uma vez uma caricatura", relata Heine, "que representava um ganso fichteano com um fígado tão grande que ele não sabia mais se era um ganso ou um fígado. Em sua barriga estava escrito: eu=eu"[1]. Na sequência, o chiste ligeiro cede espaço à situação histórica de Fichte:

> Num paralelo traçado entre a Revolução Francesa e a filosofia alemã, uma vez eu comparei Fichte com Napoleão, mais por brincadeira do que com intenção séria. Mas há, de fato, semelhanças significativas. Depois que os kantianos finalizaram sua obra terrorista de destruição, aparece Fichte, como Napoleão apareceu depois que a convenção liquidara o passado inteiro do mesmo modo como o fez

---

1. H. Heine, *Der Salon II*, Hamburg, Hoffmann & Campe, 1835, 223.

a crítica da razão. Napoleão e Fichte representam o grande inexorável Eu, no qual pensamento e feito são o mesmo, e as construções colossais que ambos souberam empreender dão testemunho de uma vontade colossal. Mas aquelas construções novamente desabam pela falta de limitação dessa vontade, e a doutrina da ciência, como o império, sucumbe e desaparece tão rapidamente quanto surgiu. O império pertence apenas à história, mas o movimento que o imperador trouxe ao mundo ainda não foi silenciado, e nosso presente ainda vive desse movimento. Assim também ocorre com a filosofia fichteana. Ela pereceu inteiramente, mas os espíritos ainda são estimulados pelos pensamentos aos quais Fichte deu voz, e é incalculável o efeito de sua palavra para a posteridade[2].

O retrospecto de Heine é significativo, sobretudo se consideramos que no ano de sua *História da Religião e Filosofia na Alemanha* (1835) encontra-se em curso a edição dos escritos de Hegel pela Sociedade dos Amigos do Falecido. Naquela década, é a palavra de Hegel que ainda instiga os jovens que fazem escola nas trincheiras da direita e da esquerda hegelianas durante o *Pré-Março* de Metternich, ao mesmo tempo que o idealismo alemão aos poucos entra em colapso como filosofia sistemática. Diante de um hegelianismo vivo e de um Fichte comprimido pelo século XIX como autor de passagem de Kant para Hegel[3], com raras exceções a reivindicação de um olhar mais sério só teria lugar depois de passada a hibernação do espírito fichteano por mais de cem anos. A partir de 1962, iniciam os trabalhos da edição crítica da *Academia Bávara das Ciências*, que somente em 1971 publica alguns dos escritos centrais, antes desconhecidos, nos quais está documentado o surgimento de sua filosofia. Encerrada em 2012, a edição da impactante palavra fichteana resultou numa série de estudos inovadores nos últimos cinquenta anos. Mas aquela motivação megalômana de uma "vontade colossal ilimitada", narrada por Heine, talvez descreva bem o foco da crítica temporã de Hölderlin, para quem, em

---

2. Ibidem, 225-226.
3. Cf. G. Zöller, *Fichte lesen*, Stuttgart-Bad Cannstatt, Frommann-Holzboog, 2013, 102-105.

meados dos anos 1790, Fichte terá representado o mesmo que Hegel significou para os jovens filósofos dos anos 1830. Mas, como veremos, na perspectiva de Hölderlin, a palavra fichteana e seu eu absoluto trariam consigo uma potente força aniquiladora para a consciência. Para tentar ser justo com a gênese do pensamento fichteano e calibrar um pouco essa crítica, este capítulo faz uma apresentação esquemática de sua primeira formulação pública: a *Fundação de toda a doutrina da ciência de 1794-1795*. O recorte é evidente pelo fato deste estudo situar a posição de Hölderlin em relação a essa obra. A fim de recuperar a seriedade que a proposta de uma filosofia do eu representa naquele cenário, abordarei o problema de uma dualidade insolúvel entre eu absoluto e eu empírico no programa fichteano inicial de Iena, com interesse pelo lugar sistemático de sua parte teórica. Essa estratégia deliberada certamente poderia se chocar com o espírito da doutrina da ciência *in totum*, pois a articulação dessa filosofia, como se verá, está em sua parte prática. Contudo a localização da teoria é importante para compreender o alcance da crítica de Hölderlin, até mesmo porque a ideia de sistema da *Fundação* visa justificar sua forma de exposição num processo reflexivo que parte da "pensabilidade (*Denkbarkeit*) teórica" na base da "pensabilidade prática" (GA I/2: 286). Abordarei inicialmente a formulação de seu "programa alemão", do qual resultará a *Fundação*, e em seguida procurarei explicar como Fichte chega à *compreensão original* (*ursprüngliche Einsicht*)[4] da *doutrina da ciência*, para proceder então a uma exposição do programa desenvolvido nos parágrafos da *Fundação* de 1794-1795.

Minha hipótese é de que Hölderlin compreende o caráter paradoxal dessa empreitada em seu todo. Ele formula um problema importante para a *doutrina da ciência*, o qual servirá de base à sua própria concepção de filosofia na primeira metade de 1795. A concepção de Hölderlin procura ajustar o foco nos limites do pensamento, precisamente onde a imaginação falha em sua fixação racional da realidade

---

4. Denominação cunhada por Henrich em artigo de 1966: cf. D. Henrich, Fichtes ursprüngliche Einsicht, in: *Subjektivität und Metaphysik. Festschrift für Wolfgang Cramer*, Frankfurt a. M., V. Klostermann, 1966.

para o entendimento. Se Fichte remete o preenchimento dessa lacuna à experiência efetiva daquele que acompanha a construção da *doutrina da ciência*, Hölderlin potencializa essa cesura como o limiar em que se dão simultaneamente a *união* e a *cisão* constitutivas desses limites.

1.1. A ideia de sistema e a compreensão do ponto de partida

Quando todos souberam de Kant que era o autor do *Ensaio de uma crítica de toda a revelação* (1792)[5], Johann Gottlieb Fichte (1762-1814) passou à celebridade da noite para o dia no meio ienense. Pela atenção que despertara, Fichte publica anonimamente seus panfletos políticos, tais como *Reivindicação da liberdade de pensamento aos príncipes europeus que a oprimiram até agora* (1793), motivado pela censura que ameaçou a edição daquele *Ensaio*, e *Contribuições para a retificação do juízo do público sobre a Revolução Francesa* (1793), cuja autoria logo revelada teria algum peso na definição de sua carreira universitária. Em 1794, Fichte é chamado a assumir a cátedra vacante de Karl Leonhard Reinhold (1757-1823) na Universidade de Iena, e entre os *contras* prévios ponderava-se o "democratismo" que seus simpatizantes cortesãos aconselhavam abafar. Sabe-se que Goethe contribuiu para a indicação do nome de Fichte[6]. Sua atividade inicia no dia 23 de maio de 1794 com a primeira das preleções públicas da série anunciada como *Moral para eruditos (officiis eruditorium)*[7] ou *Sobre os deveres do erudito*[8]. As preleções privadas sobre filosofia teórica iniciam

---

5. Cf. GA I/1: 11-12. O escrito é publicado anonimamente, por receio da censura, e logo espalha-se o boato da autoria de Kant, que o desmente em nota na *Allgemeine Literaturzeitung* de 22 de agosto de 1792, atribuindo o texto a Fichte.
6. R. Barbosa, Fichte e o ethos do erudito, in: J. G. Fichte, *O destino do erudito*, São Paulo, Hedra, 2014, 97-99.
7. Ibidem 101; cf. *Carta a Böttiger*, GA III/2: 92; cf., também, *Sobre o conceito da doutrina da ciência*, GA II: 154.
8. Este era o anúncio de 12 de abril de 1794, da *Allgemeine Literaturzeitung*; cf. apud. R. Barbosa, op. cit., 9, nota 1: "A doutrina dos deveres do erudito será tratada por ele [prof. Fichte] em preleções públicas". As preleções encontram-se agora traduzidas para o português. Cf. J. G. Fichte, *Moral para Eruditos. Preleções públicas na Universidade de Jena (1794-95)*, São Paulo, LiberArs, 2019.

em 26 de maio[9]. Com base no material existente, o ciclo completo de preleções públicas pode ser dividido em duas partes[10]: da 1ª à 5ª (supostas 6ª a 8ª faltam), proferidas até 20 de junho de 1794, Fichte aborda o papel do homem na sociedade e, entre as diversas categorias sociais, trata especialmente da destinação do erudito (*Bestimmung des Gelehrten*), encerrando com uma avaliação crítica de Rousseau; da 8ª ou 9ª até 10ª ou 11ª, em número de 3, provavelmente proferidas até no máximo início de agosto[11], encontram-se as famosas preleções *Sobre a diferença entre o espírito e a letra na filosofia*; e uma preleção de encerramento, 11ª ou 12ª. No semestre de inverno, Fichte retoma as preleções, a primeira das quais (supramencionada) com o título *Sobre a destinação dos eruditos*[12]. Não sobreviveram os manuscritos das demais preleções públicas que seguiram até fevereiro do ano seguinte[13]. Além disso, desde maio, Fichte vinha desenvolvendo em suas preleções pri-

---

9. Cf. GA I/2: 181.
10. Cf. o quadro apresentado por R. Barbosa, op. cit., 109-111.
11. Cf. GA II/3: 292.
12. Cf. GA II/3: 355-367. O tema da destinação do homem é caro a Fichte. Em Berlim, ele publicará seu texto talvez mais lido entre os escritos populares, *A destinação do homem* (1800), no qual procura conciliar os pontos de vista da *doutrina da ciência* com as concepções religiosas da época.
13. Fichte foi alvo de campanhas difamatórias ao longo de praticamente todo seu período ienense, culminando com a demissão por acusação de ateísmo em 1799. Já no ano de suas primeiras preleções públicas, os conselheiros da corte Ch. Krüger e G. Vogel fizeram chegar aos ouvidos do duque Karl August que Fichte seria um jacobino perverso e que pregava em suas aulas o fim da monarquia, o que acabou motivando a publicação das preleções como uma espécie de autodefesa diante dessas acusações; cf. R. Barbosa, op. cit., 106. No semestre seguinte, Fichte decide marcar suas preleções públicas aos domingos, coincidindo com o horário dos cultos. Embora seja provável que tenha feito mais por falta de tempo, o fato foi encarado como afronta. Ao tomar ciência das reclamações, Karl August permite que Fichte continue a lecionar publicamente, apenas fazendo ajuste de horários, mas logo o grêmio estudantil reage com ataques a sua casa e insultos à esposa, o que provocou o encerramento precoce das preleções, em fevereiro; sobre isso, cf. U. Vaccari, Introdução, in: J. G. Fichte, *Sobre o espírito e a letra na filosofia*, São Paulo, Humanitas, 2014, 79-85. Ao que consta, Fichte foi enérgico diante dos ataques: "Não dei nenhum passo para receber o convite que recebi. Conheciam-me quando me chamaram; sabia-se quais escritos me atribuiriam; sabia-se qual opinião o público formara a meu respeito", escreve Fichte numa carta a Goethe, de junho de 1794, por ocasião dos primeiros rumores difamatórios; cf. *apud* R. Barbosa, op. cit., 108.

vadas sobre filosofia teórica e prática o material que começara a trabalhar no ano anterior, nos últimos meses de uma estada em Zurique. O convite para Iena surpreendera a tal ponto que inicialmente tentou uma licença para se preparar melhor. Com o pedido negado, empenhou-se em preparar o que lhe sugeria K. A. Böttiger, que intermediou assuntos de ordem prática com a universidade: um escrito de caráter programático, para divulgar suas aulas, e um outro escrito sistemático, para expor sua nova filosofia[14]. Incentivado pelo poeta dinamarquês Jens Baggesen a não deixar o jovem professor ir embora de Zurique sem mais, J. K. Lavater convida Fichte para apresentar preleções sobre filosofia crítica a um grupo pequeno, oportunidade que ele aproveita então para redigir o material de base para os dois escritos. Do que restou dessas preleções, há três documentos: a cópia de Lavater das cinco primeiras *Preleções de Zurique sobre o conceito da doutrina da ciência*, ministradas de 24 a 28 de fevereiro de 1794; duas folhas com notas de Baggesen dessas preleções; e a preleção final intitulada *Sobre a dignidade do homem*, de 26 de abril de 1794[15].

Como resultado da estada de Zurique, três domingos depois da Páscoa de 1794 (*Jubilate-Messe*) publicou-se pela *Industrie-Comptoir* o escrito *Sobre o conceito da doutrina da ciência ou da assim chamada filosofia, como escrito-convite para suas preleções sobre essa ciência*, também conhecido como *escrito programático* ou *programa alemão*. Resultado também das preleções de Zurique reelaboradas durante o semestre de verão já em Iena, a *Fundação de toda a doutrina da ciência* (doravante *Fundação*) seria editada, de junho de 1794 a julho-agosto de 1795, em fascículos destinados a ouvintes diretos e a interessados inscritos, a fim de poupar-lhes anotações durante as aulas[16]. As preleções públicas *Sobre a destinação do erudito* também são publicadas em

---

14. Cf. R. Barbosa, Organização, tradução, apresentação e notas, in: J. G. Fichte, *Ceticismo e criticismo: a ideia de uma ciência da ciência em geral*, Rio de Janeiro, Ed. PUC-Rio; São Paulo, Loyola, 2016, 24.
15. Esses manuscritos foram recentemente traduzidos para o português por R. Barbosa. Cf. J. G. Fichte, *Ceticismo e criticismo: a ideia de uma ciência da ciência em geral*. Rio de Janeiro, Ed. PUC-Rio; São Paulo, Loyola, 2016.
16. Cf. GA I/2: 175.

setembro de 1794. No semestre de inverno de 1794, Fichte segue com suas preleções privadas sobre filosofia transcendental teórica, filosofia transcendental prática e lógica e metafísica, estas últimas baseadas nos *Aforismos filosóficos* de Ernst Platner[17]. Como programa, a *doutrina da ciência* pretende explicar a gênese da experiência consciente e de sua relação com o mundo a partir de princípios fundantes da estrutura da subjetividade. Com a unificação das perspectivas teórica e prática da consciência, ela empreende uma investigação da estrutura dinâmica do *eu* e procura fornecer sua explicação genética[18]. Na remissão de toda a realidade consciente ao eu, não se trataria de um idealismo transcendente (Leibniz) ou dogmático (Berkeley), em que tudo estaria absolutamente dentro da consciência como um *ser*, porque Fichte propõe uma investigação e exposição (onto)genética das condições de possibilidade teórico-práticas para um ser, *i.e.*, as condições da *realidade*. O programa tem várias exposições ao longo da vida de Fichte, as duas primeiras em Iena: a *Fundação* de 1794-1795 e a *Doutrina da ciência nova methodo* (1797-1799). Fichte enuncia a essência do programa na segunda das introduções da exposição que concebeu para a *Nova methodo*[19]: a doutrina da ciência considera o espírito humano como "sistema das representações acompanhadas pelo sentimento de necessidade", e sua tarefa é explicar como "chegamos a atribuir validade objetiva ao que é meramente subjetivo" (GA I/4: 211). Em outras palavras, a doutrina da ciência procura compreender como é possível um *ser* na consciência de modo inteiramente crítico, no sentido kantiano. Com essas premissas, Fichte pretende sistematizar um projeto cujas bases ele, no fundo, considera encontrar

---

17. Cf. V. Waibel, *Hölderlin und Fichte, 1794-1800*, Paderborn, Schöningh, 2000, 19.
18. Sobre isso, cf. H. Ch. Klotz, Fichte's Explanation of the Dynamic Structure of Consciousness in the 1794-94 *Wissenschaftslehre*, in: D. James; G. Zöller (ed.), *The Cambridge Companion to Fichte*, Cambridge, Cambridge University Press, 2016, 65-92.
19. As linhas gerais da *nova methodo* são apresentadas no *Ensaio de uma nova apresentação da doutrina da ciência* (1797), publicado no *Philosophisches Journal* de Immanuel Niethammer, com duas introduções e um primeiro capítulo.

em Kant[20]. Se consideramos o material produzido por Fichte na primeira metade de 1794, tanto o escrito programático quanto os três primeiros parágrafos da *Fundação* trabalham enfaticamente o primeiro dos três aspectos fundantes de sua *doutrina da ciência*: a *ideia de uma filosofia sistemática*. As partes teórica e prática da *Fundação* já se movem nos marcos da *doutrina da ciência* propriamente dita, dentro dos quais Fichte trabalha o segundo aspecto de sua *filosofia primeira*, *i.e.*, o da *execução* da forma sistemática. Nesse momento, ele desdobra os princípios sistemáticos para explicar como se estrutura o espírito humano na constituição do saber de sua experiência teórico-prática que é, ao cabo, uma visão moral do mundo[21]. Antes de me voltar mais detidamente para o segundo, que é propriamente o coração da *Fundação*, passo a expor brevemente o primeiro e, em seguida, o terceiro aspecto: o do *princípio* da filosofia; ambos, primeiro e terceiro, expostos aqui segundo a *ideia de sistema* e a *compreensão* de seu ponto de partida.

A princípio pensada como filosofia elementar na linha de K. L. Reinhold, a *doutrina da ciência* é utilizada como conceito pela pri-

---

20. Cf. *Carta de Fichte a J. F. Flatt*, de nov. ou dez. de 1793: "Eu me convenci de que a filosofia somente pode se tornar ciência a partir de um princípio (...): eu creio tê-lo encontrado (...). Espero poder avançar em pouco tempo na investigação da liberdade, e me alegrarei em apresentar os resultados para sua consideração. Essas investigações despertam, em parte, o mais vivo espanto acerca do sistema do espírito humano, onde tudo age pelo mesmo mecanismo, pelo mais simples encadeamento dos elos em uma única coisa que age sobre tudo, até a mais preciosa simplicidade da obra mais artificial; em parte, também desperta a mais admirada veneração do único e singular homem que nossa época precisava produzir em milênios: Kant. Na minha convicção, Kant ainda não apresentou o sistema, mas está de posse dele, e seria então de se perguntar se ele tem clara consciência, se há um gênio que lhe diz a verdade sem lhe comunicar seus fundamentos, ou se ele deixa à sua época o mérito de buscá-los e se contenta com o mérito modesto de ter aberto o caminho" (GA III/2: 18).
21. Acerca da correlação entre consciência moral e imagem moral do mundo em Fichte, cf. D. Henrich. *Between Kant and Hegel: Lectures on German Idealism*, Cambridge, Harvard University Press, 2008, 170. Esse ponto de vista constitutivo do mundo se encontra corroborado também no lugar sistemático ocupado pelas ciências particulares. *P. ex.*: a doutrina do *direito*, na filosofia fichteana, situa-se abaixo da religião e da ética, e acima da natureza; sobre isso, cf. GA II/13: 310; cf. também M. Ivaldo, *Fichte*, São Paulo, Ideias & Letras, 2016, 122-145.

meira vez nas preleções de Zurique[22], passando a integrar o *corpus* do programa alemão como parte introdutória. No escrito programático *Sobre o conceito da doutrina da ciência*, Fichte lança a hipótese de um programa filosófico com base na ideia de uma filosofia científica entendida como filosofia sistemática. Valendo-se da terminologia de Reinhold, Fichte explicita seu ponto de vista segundo a noção de um conjunto de proposições (*Sätze*) subordinadas a uma única proposição ou princípio fundamental (*Grundsatz*) e unificadas em um todo. Mas esse todo, bem como sua sistematicidade principial, não bastaria para o conhecimento científico se entre o princípio e as proposições das ciências particulares não fosse possível um tipo de ligação certa e verdadeira para aquele que pretende tal tipo de conhecimento. Proposições isoladas só podem integrar uma ciência se elas ocupam uma posição em que se relacionam a um todo que produza certeza, o que por sua vez remete ao fundamento num princípio que precisa ser absolutamente certo: "é preciso que pelo menos uma proposição transmita às demais sua certeza, de tal modo que, se e na medida em que uma deve ser certa, também uma segunda [, uma terceira] etc." (GA I/2: 114). Contudo Fichte não admite um tipo de certeza que possa advir somente da concatenação lógica do todo, procurando antes uma certeza que deva preceder a forma sistemática e estar na proposição fundamental (*Grundsatz*). Como cada ciência precisa ter um princípio, e como a filosofia também deve poder ser uma ciência – eis a hipótese do escrito programático –, também a filosofia deve ter uma proposição fundamental.

A dificuldade existente no *conceito* da *doutrina da ciência* diria respeito muito mais à legitimação sistemática da conexão entre princípio e proposições em uma ciência e/ou filosofia, do que propriamente à exposição desse princípio fundamental. Para esclarecer esse ponto, Fichte distingue entre *conteúdo interno* do princípio e *forma* da ciência, de tal modo que para ele o princípio transmite cientificamente (*i.e.*, sistematicamente) seu conteúdo às demais proposições. Isso permite a ele formular o problema da doutrina da ciência com a seguinte ques-

---

22. Cf. R. Barbosa, op. cit., 28.

tão: "como são possíveis conteúdo e forma de uma ciência em geral, *i.e.*, como é possível a própria ciência?" (GA I/2: 117). Aqui se chega ao próprio *conceito* de *doutrina da ciência*, pois para Fichte a resposta só pode ser dada em uma *ciência da ciência em geral* a ser provada em sua efetividade – e cujo princípio, vale dizer, deve ser *construído* e não se deixa demonstrar *a priori*. Enquanto conceito problemático, essa *metaciência* haveria de ter para si um "pedaço de terra não construído" entre os edifícios das ciências particulares: "a nação que encontrar essa ciência mereceria dar um nome de sua língua, e ela poderia então se chamar simplesmente *a Ciência* ou *a Doutrina da Ciência* (*Wissenschaftslehre*)" (GA I/2: 118).

Ao explicitar o conceito de *doutrina da ciência*, Fichte entende que ela é produzida pela liberdade do espírito, e não existe independentemente de suas ações. Portanto a *ciência* consiste nisto: os raciocínios sobre a forma sistemática dessa filosofia são os mesmos raciocínios sobre a forma do espírito humano e os seus modos de agir. Lógica, sistematicidade e subjetividade não são separáveis. Produto do espírito, a *ciência* é um todo unificado de proposições conectadas em um princípio, do mesmo modo como a estrutura do espírito humano se conecta em um todo determinado pela lei (moral) da liberdade. Assim, Fichte estabelece a sistematicidade lógica dos princípios da doutrina da ciência paralelamente à sistematicidade do agir, o que pressupõe um sistema efetivo no saber humano para a possibilidade de uma *doutrina da ciência*[23]. Quanto à determinação específica, se deve existir uma *doutrina da ciência* e, com ela, um "sistema do saber humano em geral", seu acabamento sistemático deve poder ser estabelecido mediante três princípios: "um princípio absolutamente e pura e simplesmente determinado por si mesmo, segundo a forma e o conteúdo; um determinado por si mesmo segundo a forma; e um determinado por si mesmo segundo o conteúdo" (GA I/2: 122). Esses princípios determinam-se reciprocamente, o que significa dizer que a forma da *doutrina da ciência* é válida para seu conteúdo e vice-versa, *i.e.*, tanto para sua unidade

---

23. Cf. GA I/2: 124.

sistemática como para as proposições particulares. A forma sistemática permite compreender o teor de seu princípio. Se ele precisa ser absolutamente certo, então a *certeza* é obtida quando considerada como a *compreensão* da indivisibilidade de um conteúdo e uma forma determinados. Aplicado à forma dos três princípios, esse critério de certeza é fundante, ao mesmo tempo que os princípios possibilitam inversamente a certeza da proposição fundamental *indemonstrável* até que se *realize* a *doutrina da ciência*. No princípio absolutamente primeiro, forma e conteúdo são inteira e reciprocamente determinados: "se nossa pressuposição está correta e deve haver um princípio absolutamente primeiro de todo saber, o conteúdo desse princípio precisaria ser aquele que contivesse em si todo o conteúdo possível... seria o conteúdo puro e simples, o conteúdo absoluto" (GA I/2: 124).

Fichte ainda detalha sumariamente outros aspectos de seu conceito de filosofia. A *doutrina da ciência* e seu princípio estão relacionados às demais ciências. Em primeiro lugar, isso significa que eles já se encontram postos como ciência de todas as ciências. Em segundo, isso também quer dizer que a *doutrina da ciência* deve fornecer princípios às ciências particulares. Ela precisa determinar a forma dessas ciências conectando-as à forma sistemática do saber humano, que é propriamente seu objeto. Para a *doutrina da ciência*, deve haver apenas *um* sistema possível do saber humano, e toda proposição que não lhe possa pertencer deve contradizê-lo. Porém mesmo uma tal proposição estaria fundada na consciência e sua contradição não seria uma impossibilidade, mas uma possibilidade formal e material. A contradição não é condição da consciência, mas é um momento derivado. Se a um sistema pertence como proposição fundamental "eu sou eu", a proposição contraditória que se segue imediatamente é "eu não sou eu". Ambas as proposições, como também a anterior que diz haver apenas um sistema do saber humano e nada a contradizê-lo, são derivadas, em primeiro lugar, do princípio da *doutrina da ciência*, em segundo, da lógica. Na lógica, elas obedecem a leis do pensamento segundo os princípios gerais da contradição ou do terceiro excluído; na *doutrina da ciência*, elas estão fundadas na sistematicidade do saber: "aqui se encontra um círculo do qual o espírito humano não pode sair... se a proposição X é o princípio primeiro, supremo e absoluto do saber humano, então há no saber humano um único sistema" (GA I/2: 132). Para Fichte, o saber humano implica essa circularidade. Eliminá-la é eliminar o fundamento do próprio saber, pois haveria de se admitir uma causa e uma condicionalidade do saber que o remeteria a uma série infinita. Segundo a anedota então bastante difundida, sem um sistema único do saber habitaríamos casas sobre a terra, que estaria sobre um elefante, o elefante sobre uma tartaruga etc. Ou então, numa segunda hipótese, o saber consistiria em séries finitas a partir de um princípio em cada série[24]. A *doutrina da ciência* elimina desde o início essas dificuldades ao admitir a circularidade do princípio por meio de sua certeza imediata, bem como ao mostrar o caráter derivado das leis da lógica, que tanto garantem raciocínios seguros como impõem limites (abstratos) ao pensamento sistemático.

Há outro elemento importante da forma sistemática associado à circularidade do saber humano. Encerrada nesse círculo, a *doutrina da ciência* contém todas as ações que o espírito humano necessariamente é forçado a realizar, mas "ela estabelece ao mesmo tempo, como fundamento supremo de explicação daquelas ações necessárias em geral, uma faculdade de se determinar a agir pura e simplesmente sem coação e necessidade", *i.e.*, estabelece simultaneamente um "agir necessário" e um "agir livre" (GA I/2: 134). As ações determinadas de modo necessário assim o são pela *doutrina da ciência*, mas não na medida em que o espírito age livremente. A ação livre só pode ser determinada nas ciências particulares. A *doutrina da ciência* dá o necessário e a liberdade em geral, as ciências dão à ação livre uma determinação. Fichte exemplifica:

> A doutrina da ciência fornece o espaço como necessário e o ponto como limite absoluto; mas ela deixa a imaginação inteiramente livre para colocar o ponto onde preferir. Tão logo essa liberdade é determinada, não nos encontramos mais no domínio da doutrina da

---

24. Cf. GA I/2: 124.

ciência, mas no solo de uma ciência particular que se chama geometria (GA I/2: 135).

Esse é o modo como Fichte compreende o saber teórico em geral. Ele exemplifica também com a ciência natural (física): a natureza e suas leis são dadas pela *doutrina da ciência* como algo independente de nós, mas reside em nossa faculdade de julgar a liberdade de aplicar ou não essas leis. Assim que o juízo considera um objeto segundo uma determinada lei, já não age livremente, mas segundo uma regra e, portanto, não se move mais no âmbito da doutrina da ciência, mas no da ciência natural: "a tarefa em geral de submeter todo objeto dado na experiência a uma lei natural dada no nosso espírito é o princípio da ciência natural" (GA I/2: 136). Ao fornecer princípios às ciências particulares, a doutrina da ciência mantém sua sistematicidade intacta e não retira das ciências particulares sua potencial perfectibilidade, afinal está em seu poder a determinação infinita daquela liberdade apenas dada pela ciência da ciência na forma de sua sistematicidade.

No mesmo escrito sobre o *conceito* de *doutrina da ciência*, Fichte também avança aspectos metodológicos da doutrina da ciência ao expor suas relações com a lógica. Enquanto na lógica se trata apenas da forma das ciências possíveis, na doutrina da ciência visa-se também o conteúdo, que não é separável da forma em suas proposições. A passagem da doutrina da ciência para a lógica ocorre pela livre separação entre forma e conteúdo, que é tecnicamente *abstração*: "a essência da lógica consiste na abstração de todo o conteúdo da doutrina da ciência" (GA I/2: 138). Como em proposições não pode haver somente forma, mas também conteúdo, é apenas por uma ação livre de *reflexão* que a forma se torna o conteúdo da lógica. Se abstração e reflexão são ações da liberdade no âmbito da lógica, toda vez que houver abstração de forma e conteúdo haverá igualmente uma reflexão que fará da forma conteúdo. Do ponto de vista sintético da doutrina da ciência, ambas operações são consideradas como a mesma ação de duas perspectivas distintas. Além disso, a doutrina da ciência funda a lógica inteira com todos os seus princípios, mesmo os da abstração e da reflexão, o que também explica, como exposto no estabelecimento de *um* sistema do saber, por que motivo não se trata de impossibilidade no princípio lógico da contradição. A doutrina da ciência é necessária, a lógica é um produto artificial do espírito em sua liberdade.

Com essa explicação da relação entre doutrina da ciência e lógica é possível, então, perguntar sobre quais atos estão implicados nas proposições lógicas que surgem imediatamente à consciência. Desde Leibniz, a versão predominante do denominado "axioma de identidade" expressava-se na proposição $A = A^{25}$. Fichte situa o fundamento dessa proposição na doutrina da ciência do seguinte modo: *se* A está posto, *então* A está posto. A conversão do enunciado A *é* A em A está *posto* (*gesetzt*) é o correspondente da tese kantiana do *ser* como *posição*[26]. A condicionalidade (*se... então*) é uma operação lógica cujo correspondente na doutrina da ciência está na seguinte questão: "como se conectam em geral aquele *se* e esse *então*?" (GA I/2: 139). Segundo Fichte, a doutrina da ciência responderá substituindo A por *eu* e transformando A = A em "eu sou eu" ou "*se* eu estou posto, *então* estou posto". Ora, tratando-se de um exemplo da derivação da lógica a partir da doutrina

---

25. Cf. M. J. Cass, A teoria da prova em Leibniz, *Scientiae Studia*, São Paulo, v. 11, n. 2, 2013, 268.
26. Cf. em R. Barbosa, op. cit., 45, as referências para essa tese. Em primeiro lugar, na *Crítica da razão pura*: "Ser não é evidentemente um predicado real, *i.e.*, um conceito de algo que pudesse cair sob o conceito de uma coisa. É a mera posição de uma coisa ou de certas determinações em si mesmas. No uso lógico, é meramente a cópula de um juízo. A proposição *Deus é onipotente* contém dois conceitos com seus objetos: Deus e onipotência; a palavrinha *é* ainda não é um predicado acima, mas apenas aquilo que põe o predicado em relação com o sujeito. Se eu tomo o sujeito (Deus) com todos os seus predicados (entre eles, o de onipotência) e digo: *Deus é* ou há um Deus, não ponho um predicado novo no conceito de Deus, mas apenas o objeto em si mesmo com todos os seus predicados, e na verdade o *objeto* em relação com o meu *conceito*" (KrV: A598-99 B626-27). Em segundo, em *O único argumento possível para uma demonstração da existência de Deus* (1763): "O conceito de posição (*Position*) ou posição (*Setzung*)" – Kant justapõe a versão germânica – "é inteiramente simples e é o mesmo que o ser em geral. Algo pode ser posto meramente em relação, ou melhor, a mera relação (*respectus logicus*) de algo pode ser pensada como uma nota característica para uma coisa, e então o ser, que é a posição dessa relação, não é nada mais do que o conceito de ligação em um juízo. Considerada a coisa como posta em e para si mesma, e não essa mera relação, o ser em questão é o mesmo que existência" (*Der einzige mögliche Beweisgrund*, AA 02: 73).

da ciência, resulta que o eu como sujeito absoluto da proposição é precisamente forma e conteúdo, e a explicação decorrente da proposição lógica "se A é, A é" equivale na doutrina da ciência à formulação "*Porque* A (eu) é, A é... [A] está posto *porque* está posto" (GA I/2: 140). A proposição lógica só vale a partir do eu, pois é uma proposição derivada da doutrina da ciência. A certeza que possui A = A advém da certeza da proposição "eu sou eu".

A retomada da tese do ser como posição permite a Fichte estabelecer o objeto da doutrina da ciência como sistema do saber humano, pois aquilo que aparece dogmaticamente na consciência como *ser* e realidade precisa agora ser criticamente explicado em relação a um *agir*, que é nessa exposição a ação da *posição* (*Setzung*). No fundo, trata-se sempre de não tomar os resultados (a consciência) pelo seu princípio (a autoposição do eu). Com isso, a meu ver, o último parágrafo do escrito programático *Sobre o conceito da doutrina da ciência* evidencia um problema de exposição (*Darstellung*) que também está presente no texto *Fundação* e que se resolve, até onde compreendo, com a distinção mais clara entre o ponto de vista da consciência comum e o da filosofia. O problema é colocado do seguinte modo: a matéria do sistema do saber são as ações do espírito humano (*Geist*)[27], que estão no

---

27. Em geral, quando Fichte fala de ações do espírito no contexto da *Fundação*, pode-se inicialmente entender também o sentido menos exato de espírito como *mente*, que domina a compreensão anglo-saxã da filosofia alemã motivada em boa parte pelos trabalhos de divulgação de Frank e Henrich, nos quais são tratados especialmente os problemas da filosofia da consciência. Sobre Fichte e a filosofia da mente. Sobre isso, cf. P. Franks, Fichte's Position: Anti-Subjectivism, Self-Awareness and Self-Location in the Space of Reasons, in: D. James; G. Zöller (ed.), *The Cambridge Companion to Fichte*, Cambridge, Cambridge University Press, 2016, 374-404. Já em sentido estrito, nas lições contemporâneas sobre *Espírito e letra na filosofia* (1794), Fichte define espírito como a "faculdade de elevar ideais à consciência" (GA II/3: 302), uma faculdade da imaginação de produzir e elevar à consciência "imagens que não ocorrem na experiência ordinária" (GA II/3: 332). Espírito é igualmente "atividade", e "conhecê-lo significa conhecer suas ações" (GA II/3: 325). Nas *Cartas sobre espírito e letra*, publicadas posteriormente (1800), Fichte articula espírito, na esteira de Kant, como "força vivificante num produto da arte" (GA I/6: 336), e o vincula ao seu conceito de impulso (*Trieb*) da seguinte forma: *impulso* é a única coisa independente no ser humano, incapaz de qualquer determinação externa e, por isso, o "princípio supremo e único da autonomia em nós" (GA I/6: 340). Segundo Fichte, a meta ilimitada e infinita do nosso im-

sistema independentemente de qualquer ciência ou consciência que delas se possa ter. Essas ações não aparecem necessariamente na consciência segundo regras lógicas ou sistemáticas, nem mesmo em sua forma pura: é preciso interpretá-las e sistematizá-las. Em si e sem um desdobramento teórico, as ações se encontram no espírito com forma e conteúdo inseparavelmente vinculados, e só passam a uma análise sistemática na perspectiva do observador que nelas exerce abstração e reflexão. Mais ainda: não só as ações ordinárias e necessárias do espírito se comportam assim, mas também a mais alta ação da inteligência de "pôr a si mesma" não chega como a primeira e mais pura ação à consciência. O *eu sou* não ocorre na consciência empírica sem que outros pensamentos distintos ocorram ao mesmo tempo. Para que tanto a ação suprema da inteligência quanto as demais ações do espírito possam ser objeto de um sistema, é preciso uma ação *livre* de elevar à consciência seu modo de ação, o que só é possível na filosofia. Ela é uma ação livre porque os modos de ação na consciência obedecem a leis determinadas, e a doutrina da ciência surge como um ponto de vista especulativo em relação ao ponto de vista da consciência comum:

> Na medida em que deve ser uma ciência, do mesmo modo como todas as outras ciências possíveis devem ser sistemáticas, a doutrina da ciência surge por uma determinação da liberdade, que aqui é especialmente determinada a elevar à consciência o modo de agir do espírito humano em geral, e a doutrina da ciência só se distingue das demais

---

pulso é a ideia, e na medida em que parte dela pode ser apresentada em uma "imagem sensível" (*sinnliches Bild*), chama-se ideal. Nesse sentido, "espírito é uma faculdade dos ideais" (GA I/6: 352). Embora no escrito *Sobre o conceito da doutrina da ciência* o conceito de espírito seja articulado mais próximo do sentido de *mente*, a construção de *Espírito e letra* corresponde também, no arranjo geral do projeto da *Fundação*, à própria execução do sistema, uma vez que nesse cenário é exigido do filósofo da doutrina da ciência (*Lehrer*) que ele possa trazer para o nível das representações aquilo que está no fundamento delas mesmas. Também nesse sentido é que Fichte afirma que "sem espírito, sequer é possível a matéria da filosofia" (GA II/3: 334), "todo filosofar é completamente vazio, é um filosofar sobre o nada absoluto" (GA II/3: 329). Sobre o conceito de espírito em Fichte, cf. J. Beckenkamp, Fichte e a filosofia do espírito de Hegel, in: *Revista Eletrônica Estudos hegelianos*, ano 14, n. 24, 2017a, 133-144.

ciências pelo fato de que o objeto das últimas é ele mesmo uma ação livre, mas o objeto da primeira são ações necessárias (GA I/2: 142).

Se lembramos o que dizia Fichte a respeito da relação entre a doutrina da ciência e as ciências particulares, é fácil compreender que seu objeto é livre porque dado pela doutrina da ciência, ao passo que o objeto da última é necessário porque nele estão abrangidas as ações necessárias do espírito humano, embora como tais não se apresentem sistematicamente. Na passagem para a doutrina da ciência, o filósofo deve exercer sobre essas ações necessárias uma reflexão livre para transformar o *pôr a si mesmo* da inteligência em conteúdo da consciência. Ao mesmo tempo, as ações são abstraídas da série em que aparecem e podem ser estabelecidas de modo puro.

Considerada da perspectiva da consciência comum, essa abstração reflexiva é artificial, mas inteiramente plausível para a filosofia. Por isso mesmo, também nela segue existindo o problema da certeza do acabamento sistemático do saber humano, medindo-se os resultados pelos princípios e vice-versa, e chegando à mera verossimilhança da unidade do sistema como sua "prova negativa" (GA I/2: 144). O problema é assim formulado porque o filósofo não tem como saber *o que* ele deve acolher como ação necessária da inteligência e o que deve abandonar como contingente, quando pretende sistematizar as ações do espírito em uma doutrina da ciência: "não somos legisladores do espírito humano", diz Fichte, "mas seus historiadores pragmáticos" (GA I/2: 147). O sistema do espírito humano, e isto é característico das várias exposições da doutrina da ciência ao longo da vida de Fichte, precisa sempre ser reexposto desde os fundamentos, não havendo acabamento sistemático definitivo para o que é propriamente um sistema vivo: "aquilo que a doutrina da ciência estabelece é uma proposição pensada e apreendida em palavras; aquilo que no espírito humano corresponde a essa proposição é uma ação qualquer sua que jamais precisaria ser pensada" (GA I/2: 148). Como ainda veremos, uma vez que Fichte compreende o pensar como uma fixação da imaginação no entendimento, o que ele manifesta aqui, ciente do problema, é que as ações do espírito objeto da doutrina da ciência não se deixam fixar, tornando a pensabilidade do sistema sempre um experimento novo e sujeito a falhas em cada exposição.

Com isso, o problema da exposição da filosofia se situa igualmente em relação ao que é demonstrado e à própria exposição, que presume algo que só posteriormente é demonstrado. Bem compreendida, a doutrina da ciência de 1794 é *in totum* uma reflexão artificial ou um artifício (*Kunstgriff*) positivamente empreendido, a despeito da literatura secundária por vezes se valer do caráter artificial para criticá-la[28]. Essa reflexão construída coloca as ações do espírito humano na forma de representações, *i.e.*, ela é uma *exposição* pensável para a consciência: "a totalidade dos modos de ação do espírito humano a ser esgotada pela doutrina da ciência só chega à consciência na forma da representação" (GA I/2: 149).

1.2. A compreensão do ponto de partida

Ainda em Zurique, Fichte estava completamente convencido da exequibilidade do sistema, tanto que previu, na primeira edição de *Sobre o conceito da doutrina da ciência*, uma divisão hipotética da doutrina da ciência, suprimida na segunda edição em vista da estrutura apresentada na *Fundação*. A certeza vinha do *ponto de partida* obtido e logo trabalhado em manuscritos que colocam o sistema em curso. Suas condições são enunciadas no primeiro princípio da *Fundação*: "ele deve exprimir aquele *estado-de-ação* (*Tathandlung*) que não aparece nem pode aparecer entre as determinações de nossa consciência, mas está no fundamento de toda consciência e só ele a torna possível" (GA I/2: 255). Como já claro no escrito programático, esse princípio não é demonstrável pelo instrumentário filosófico disponível, sendo necessário executá-lo e construí-lo por meio da consciência. No arranjo siste-

---

28. Cf. W. Wirth, Transzendentalorthodoxie? Ein Beitrag zum Verständnis von Hölderlins Fichte-Rezeption und zur Kritik der Wissenschaftslehre des jungen Fichte anhand von Hölderlins Brief an Hegel vom 26.1.1795, in: U. Beyer (ed.). *Hölderlin: Lesarten seines Lebens, Dichtens und Denkens*, Würzburg, Königshausen und Neumann, 1997, 195.

mático da *Fundação*, ele é logo anunciado na seguinte proposição: "*Eu sou pura e simplesmente, ou seja, eu sou pura e simplesmente por que sou; e sou pura e simplesmente o que sou, ambas as coisas para o eu... o eu põe originariamente, pura e simplesmente, seu próprio ser*" (GA I/2: 260-261). Essa proposição será desdobrada em outras duas que a complementam reciprocamente e fornecem, cada uma, o fundamento para as partes teórica e prática da *Fundação*.

Mas como Fichte chega a essa proposição? Com a resposta, passamos à compreensão (*Einsicht*) da ideia do sistema, e aqui está outra linha de formação do pensamento de Fichte no início da década de 1790: o confronto com o ceticismo reabilitado contra Reinhold e Kant por G. E. Schulze (1761-1833), então professor em Helmstedt. Discípulo assumido de Kant, Reinhold procurava remontar a filosofia crítica ao conceito de *representação* na consciência, no horizonte do programa de uma *filosofia elementar* desenvolvido na segunda metade da década de 1780[29]. Em 1792, Schulze publica anonimamente *Enesidemo ou sobre os fundamentos da filosofia elementar apresentada pelo Sr. Prof. Reinhold em Iena* com ataques centrais a essa teoria de Reinhold, e Fichte é logo convidado a resenhar o livro para a *Allgemeine Literatur-Zeitung*, enviando o texto em janeiro de 1794[30]. Fichte endossa algumas objeções de Schulze contra Reinhold, mas procura mostrar que elas não se aplicariam a Kant, sobretudo no tocante a uma correspondência, pressuposta por Schulze, entre o princípio reinholdiano e coisas em si fora do sujeito, bem como à inobservância de Schulze dos estritos limites entre o teórico e o prático firmados por Kant. Fichte

---

29. Reinhold publica então *Ensaio de uma nova teoria da faculdade humana de representação* (1789), *Contribuições para a retificação dos mal-entendidos ocorridos até agora entre os filósofos I* (1790) – o volume II sairia em 1794 – e *Sobre o fundamento do saber filosófico* (1791).
30. A demora se deveu ao abalo provocado pelo texto de Schulze sobre suas convicções. Cf. *Carta de Fichte a H. Stephani*, de dez. de 1793: "O Sr. leu o *Enesidemo*? Ele me confundiu por bastante tempo, derrubou Reinhold para mim, tornou-me suspeito Kant e revirou todo o meu sistema desde os fundamentos. Mas não dá para viver a céu aberto! Portanto não teve jeito: tinha de ser construído novamente. Isto eu faço agora com devoção, há mais ou menos 6 semanas" (GA III/2: 28).

assume de Reinhold a tarefa de estabelecer a filosofia como ciência a partir dos resultados de Kant, mas, por recusar parte do programa de Reinhold, passa a operar em uma metafilosofia que deveria dar a base ou *fundação* da doutrina da ciência (*Wissenschaftslehre*). O *insight* inicial, comunicado na resenha de *Enesidemo*, é de que a razão prática, com sua lei fundamental (moral), permite colocar todo o fundamento do saber no eu, dirigindo-se os princípios de uma doutrina da ciência não a um ser, mas a uma ação. A remissão de tudo ao eu passa a valer como princípio do idealismo consequente. Vejamos um pouco mais no detalhe como essa tese é formulada.

Um dos aspectos importantes da avaliação fichteana do ceticismo de Schulze está nas objeções à filosofia prática kantiana, que ele chama de teologia moral. Segundo Schulze, Kant retiraria de um mandamento (*i.e.*, agir de acordo com uma máxima que pudesse se tornar lei universal da natureza) a existência real das condições sob as quais ele poderia ser cumprido[31] – e sobre essa ordem ou mandamento fundar-se-ia a crença em Deus e na imortalidade da alma. Schulze argumenta que não é possível exigir o cumprimento de uma ordem se não estão previstas as condições para sua realização (*ad impossibilia nemo obligatur*)[32]; ou seja, o acesso da faculdade de desejar ao objeto da lei estaria bloqueado até que estivessem presentes essas condições: "seria necessário fornecer aquilo que *devemos fazer ou deixar de fazer* para que *possamos fazê-lo e deixar de fazê-lo*"[33]. Sem o objeto da ordem e sem os meios para realizá-lo, a determinação da vontade não poderia provir da razão, mas seria mero produto do delírio[34]. Nisto reside um mal-entendido essencial de Schulze acerca da diferença entre filosofia teórica e prática, que o induz a crer que a lei moral é um mandamento para uma faculdade física que age na natureza. Fichte trata de expor

---
31. G. E. Schulze, *Aenesidemus oder über die Fundamente der von dem Herrn Professor Reinhold in Jena gelieferten Elementar-Philosophie*, Hamburg, Felix Meiner, 2013, 427.
32. Idem, 428.
33. Ibidem.
34. Idem, 429.

esse equívoco grosseiro, chamando a atenção para a diferença fundamental entre razão teórica e prática e, sobretudo, para o primado da razão prática em Kant, o que constitui igualmente o aspecto fundante da doutrina da ciência e do idealismo que ela propõe. Fichte observa: a lei moral se dirige a "uma faculdade hiperfísica do desejo ou do empenho (*Bestrebung*)" e não visa "produzir ações, mas apenas ao empenho contínuo por uma ação" (GA I/2: 64), mesmo que ela nunca se efetive. A razão teórica só pode ser explicada com base em um esforço (*Streben*) prático e livre do eu. Esse esforço é pensado na forma abstrata da autoposição do eu: "se o eu *é*, na intuição intelectual, *porque* ele é, e *é o que* ele é, então nessa medida ele é *ponente de si mesmo* (*sich selbst setzend*), pura e simplesmente autárquico e independente" (GA I/2: 65). Ele surge como esforço da absoluta autossuficiência do eu que tende a tornar dependente de si o que é inteligível, buscando unificar o eu que representa (o teórico) com o eu que se põe (o prático). Nesse sentido, "*a razão é prática*" (GA I/2: 65). Tal como Fichte interpreta, o espírito da filosofia kantiana está na fundação prática da razão teórica, tendo Kant deixado aberto o caminho para quem entendesse a tarefa e pudesse empreendê-la: "toda sua existência [*i.e.*, da razão teórica] se funda no *conflito* entre aquilo que é autodeterminante em nós com o que é teoricamente conhecedor, e ela seria suprimida caso o conflito fosse eliminado" (GA I/2: 66).

À medida que avalia os ataques de Schulze no ano de 1793, Fichte compreende melhor Reinhold e, com isso, começa a se afastar de sua terminologia. Datam do final desse período dois manuscritos contemporâneos à resenha de *Enesidemo*[35]: *Meditações próprias sobre filosofia elementar* (de Reinhold) e *Filosofia Prática*, redigidos entre novembro de 1793 e fevereiro de 1794[36], pouco antes de iniciar as pre-

---

35. Cf. *Carta a Reinhold*, de 1° de março de 1794: "Permito-me dar o testemunho de que, por ocasião da resenha [de *Enesidemo*], dediquei o esforço pertinente para compreender seu sistema, tendo redigido mais de doze cadernos sobre sua nova apresentação dos principais momentos da filosofia elementar nas *Contribuições* [*para a retificação dos mal-entendidos ocorridos até agora entre os filósofos* (1790/1794)]" (GA III/2: 78).
36. Cf. GA II/3: 19.

leções em Zurique. As *Meditações* constituiriam a primeira parte da fundamentação da filosofia elementar de Fichte (ele ainda não fala aqui de *doutrina da ciência*[37]), enquanto *Filosofia Prática* deveria ser a segunda. Ambos os manuscritos, publicados somente em 1971, representam uma espécie de doutrina da ciência *in statu nascendi*, na qual Fichte firma sua posição em relação a Reinhold[38]. Especialmente as *Meditações* são relevantes nesse contexto pelo fato de terem sido possivelmente concluídas antes do envio da redação final da resenha de *Enesidemo* à *Allgemeine Literatur-Zeitung*[39], cujo texto também se vale dos resultados dos manuscritos sobre Reinhold. Esse dado deve ser ressaltado por um motivo nada banal: se no texto publicado da *Fundação* Fichte designa o princípio de sua filosofia como um *estado-de-ação* (*Tathandlung*) a ser investigado, na resenha de *Enesidemo* ele o associa ao conceito de *intuição intelectual*, presente nas *Meditações* como a intuição de si mesmo (do eu) produzida e construída no *eu sou*[40], e posteriormente essencial para a reexposição da *Doutrina da ciência nova methodo* (1797-1798), cuja separação entre teórico e prático já não vale como na *Fundação*. Fora das *Meditações* e da resenha de *Enesidemo*,

---

37. Cf. GA II/3: 16.
38. Mais recentemente, E.-O. Onnasch ressalta a importância do teólogo e professor em Tübingen Johann Friedrich Flatt (1759-1821) para a leitura crítica que Fichte faz de Reinhold. De acordo com Onnasch, Flatt teria recebido com reservas a filosofia de Kant e de seu defensor Reinhold, tendo influenciado nesse sentido não apenas os seminaristas como Hegel e Hölderlin, mas propiciado também a Fichte elementos para pensar os "déficits da filosofia de princípios de Reinhold" (E.-O. Onnasch. Kant als Anfang der Klassischen Deutschen Philosophie?, in: Ch. Danz; M. Hackl [orgs.], *Die Klassische Deutsche Philosophie und ihre Folgen*, Göttingen, V&R Unipress, 2017, 27). Onnasch amplia a hipótese e afirma que Fichte teria feito um "hábil retoque na questão de fato histórica" ao escamotear a influência de Flatt e avaliar apenas o *Enesidemo* de Schulze como o mais importante documento de sua concepção; cf. E.-O. Onnasch, Fichte im Tübinger Stift: Johann Friedrich Flatts Einfluss auf Fichtes philosophische Entwicklung, in: M. D'Alfonso et al. (orgs.), *Fichte-Studien 43: Fichte und seine Zeit. Kontext, Konfrontationen, Rezeptionen*, Leiden/Boston, Brill/Rodolpi, 2016, 21.
39. Em 15 de janeiro de 1794, Fichte escreve a Reinhold e diz ter enviado a resenha de *Enesidemo* à ALZ; cf. GA III/2: 39. Segundo os editores da GA, Fichte deve ter finalizado o manuscrito das *Meditações* o mais tardar em meados de janeiro, mas provavelmente antes; cf. GA II/3: 15, 19.
40. Cf. GA II/3: 141.

nos anos de 1794 e 1795 Fichte não utiliza o conceito de *intuição intelectual*, nem mesmo nas preleções privadas, tendo-o retomado nas *Lições sobre Platner* a partir de 1796[41]. Esse dado reforça a importância da resenha na compreensão do ponto de partida da doutrina da ciência, caso se queira considerar o impacto da filosofia de Fichte na esfera pública daquele momento. Além disso, os textos das *Meditações* e de *Filosofia Prática* não correspondem aos documentos das preleções dadas ao pequeno grupo de Zurique, e tampouco aos do escrito programático e da *Fundação*. Do ponto de vista da exposição, o conjunto *Enesidemo/ Meditações* articula o princípio que antecede a concepção sistemática, para a qual se voltam o escrito programático *Sobre o conceito da doutrina da ciência* e a *Fundação*.

O sistema já se encontrava, por assim dizer, maduro nos manuscritos sobre Reinhold, mas não *exposto*, de modo que sua *compreensão* (*Einsicht*) veio antes. Ela se apresenta de duas formas: primeiro, na convicção partilhada com Reinhold de que a filosofia poderia "se tornar uma ciência pelo desdobramento a partir de um único princípio" (*Carta de Fichte a Flatt*, nov./dez. 1793, GA III/2: 18); segundo, pela discordância com Reinhold de que esse princípio pudesse ser a *cons-*

---

41. Cf. GA IV/3: 20. A rigor, na *Fundação*, Fichte não utiliza o conceito *ipsis litteris*, mas há uma formulação do § 10 que equaciona os resultados da investigação e a perspectiva obtida com o conceito de intuição intelectual dos demais escritos. Para evitar a contradição entre limitação (determinação) e espontaneidade do eu, Fichte distingue ambos mediante o sentimento e a intuição, entendida criticamente por ele como atividade do eu: "a limitação em C [um ponto estabelecido para a atividade reflexiva, W.Q.] é meramente *sentida* e não *intuída*. O livremente posto deve ser meramente *intuído*, e não *sentido*. Mas ambos, intuição e sentimento, não têm conexão. A intuição *vê*, mas é *vazia*; o sentimento *reporta-se à realidade*, mas é *cego*. — Mas na verdade X deve ser limitado, como é limitado. De acordo com isso, exige-se uma unificação, uma conexão sintética do sentimento e da intuição" (GA I/2: 443). Em outras palavras, no processo de determinação o intuído é a atividade do eu que não é limitada, porque a intuição em Fichte é postulada, ou seja, é um elemento ativo que não *sente*, mas *vê* a inibição da atividade e o obstáculo (*Anstoß*). Para mostrar a consistência da perspectiva do idealismo e do sentido de seu conceito de intuição intelectual, Fichte modifica a famosa afirmação de Kant de que "pensamentos sem conteúdo são vazios, intuições sem conceitos são cegas" (KrV: B76) vinculando o momento conceitual (intelectual) ao intuitivo e, com isso, deslocando o não conceitual ao sentimento. Agradeço a Luis Fellipe Garcia por chamar minha atenção para essa passagem.

ciência. Em uma longa carta a Reinhold, já em 1795, Fichte segue atribuindo a ele o mérito de ter percebido que a investigação do sujeito iniciada por Kant "deveria ser conduzida a partir de um princípio" (*Carta de Fichte a Reinhold*, mar./abr. 1795, GA III/2: 282). Nas *Meditações*, ele defende Reinhold da acusação (feita por Salomon Maimon) de colocar algo no sistema que seria necessariamente externo ao pensamento: "não a coisa em si, mas o representar de uma coisa é o objeto de sua filosofia. – Não se trata de coisas fora do representar" (GA II/3: 23). Mas a imanência da consciência não bastaria para fundar a filosofia como ciência. No final de 1793, Fichte percebe que há um conhecimento especial que funda a consciência. De fato, como atestam as *Meditações*, "o máximo que pode chegar à consciência é certamente o *reinholdiano*", mas isso não significa que junto com ele cheguem "os próprios fatos primeiros e supremos" (GA II/3: 25). Ele confessa a Reinhold entender seu princípio da consciência como um "teorema demonstrado e determinado por proposições superiores" (*Carta de Fichte a Reinhold*, 1º mar. 1794, GA III/2: 78), portanto como algo secundário. Falta a Reinhold o segundo elemento que aflora na concepção de Fichte, e em privado ele é menos comedido ao comentar Reinhold:

> Do novo ponto de vista que obtive, as recentes querelas sobre a liberdade parecem bastante cômicas, mesmo risíveis, quando Reinhold quer fazer da representação o genérico daquilo que ocorre na alma humana. Quem procede assim, não pode saber nada da liberdade e do imperativo prático se for consequente; ele precisa se tornar um fatalista empírico! (*Carta de Fichte a Stephani*, dez. 1793, GA III/2: 28).

O novo ponto de vista obtido "mais ou menos no fim do outono [de 1793]" (*Carta de Fichte a Böttiger*, 8 jan., GA III/2: 32) reforçava o que tinha sido comunicado cerca de um ano antes, a J. F. Schulz, em Königsberg, como a "ideia indeterminada de construir a filosofia inteira sobre o eu puro" (GA II/3: 11). Sobre a inflexão do outono de 1793, há relatos interessantes. Em 1863, o neto Eduard Fichte lembra que, entre amigos, o avô contava ter chegado à ideia de que "apenas o eu poderia ser o princípio supremo como conceito da pura unidade sujeito = objetividade" (*apud* GA II/3: 11). Henrich Steffens, que estudou em Iena, narra em *O que vivenciei* (1840-1844) a "ideia original" de Fichte na noção de que "a verdade repousaria na unidade do pensamento e do objeto". Segue Steffens:

[Fichte] reconheceu que essa unidade jamais poderia ser encontrada na sensibilidade (...). Então ele foi surpreendido pela ideia de que o ato com o qual a autoconsciência apreende a si mesma é manifestamente um reconhecer. O eu reconhece a si mesmo como produzido por si mesmo, o eu pensante e o pensado, reconhecer e objeto são um, e desse ponto de vista da unidade parte todo o reconhecer (*apud* GA II/3: 11).

Baggesen relata a Reinhold uma conversa com Fichte em fins de outubro de 1793, na qual ele teria afirmado a existência de um princípio superior à proposição da consciência. Sobre essa conversa, há uma entrada no diário de Baggesen, datada de 7 de dezembro de 1793: "Encontrado! Achado! Completamente! – ele exclamou. 'Agora me diga qual seu primeiro princípio, o princípio de toda a filosofia, sua primeira proposição'. Aqui você o tem: Eu sou. No eu, o eu é contraposto ao não-eu. [Em nota:] *Pono me existentem: Sum. Sum – ergo cogito*" (GA II/3: 13). A Niethammer, Fichte ainda relata: "há apenas um fato originário do espírito humano que fundamenta a filosofia universal e suas duas ramificações, a teórica e a prática (...). Quem encontrá-lo, apresentará a filosofia como ciência" (*Carta de Fichte a Niethammer*, 6 dez. 1793, GA III/2: 21).

Essas manifestações da correspondência e as formulações do princípio nas *Meditações*[42] devem ser levadas em consideração quando se lê as afirmações da resenha de *Enesidemo*. Nela, Fichte tem em mente a seguinte construção de Reinhold, condensada na *proposição da consciência* (*Satz des Bewußtseins*): "na consciência, a representação é distin-

---

42. Cf. GA II/3: 91: "Eu me ponho existindo, portanto eu existo: a proposição é idêntica. *Pono me existentem. Ergo existo*. Não *cogito, ergo sum*. Kant relaciona o mero não-eu ao outro. Eu relaciono o absoluto não-eu ao eu absoluto. Isso só ocorre propriamente na filosofia moral. – Isso daria uma doutrina da relação (*Beziehungslehre*) transcendental <incondicionada>. Como Fichte ainda não fala de doutrina da ciência, doutrina da relação é um dos candidatos provisórios para nomear sua filosofia.

guida, pelo sujeito, do sujeito e do objeto, sendo reportada a ambos"[43].
O processo descrito é, para Reinhold, um *fato (Tatsache)*, sendo a formulação proposicional sua expressão *imediata*. Representação, sujeito e objeto são conceitos *mediatos*, determinados pelo *fato da consciência* e possíveis *originariamente* apenas por meio dela. Pela simples *análise* da proposição, o conceito originário de representação seria definido como "aquilo que é distinguido na consciência, pelo sujeito, do objeto e do sujeito, e reportado a ambos"[44]; o de objeto como "aquilo que é distinguido na consciência, pelo sujeito, do sujeito e da representação, e ao qual a representação distinta do sujeito é reportada"[45]; finalmente o de sujeito como "aquilo que é distinguido na consciência, por si mesmo, da representação e do objeto, e ao qual a representação distinta do objeto é reportada"[46]. Essas ações e conceitos na consciência atestariam a anterioridade de uma *faculdade da representação*, por meio da qual a mera representação na consciência seria possível[47]. Por sua vez, os conceitos e as notas que os distinguem e relacionam são expressos mediante outras proposições que, de acordo com as exigências formais de um primeiro princípio, são derivadas do fato da consciência enquanto princípio universal.

Schulze atacara essa construção com argumentos céticos, valendo-se basicamente de princípios lógicos que contestam a validade da proposição da consciência como primeiro princípio da filosofia elementar. Fichte reconhece a proposição dentro dos limites da consciência, mas também recusa como primeiro princípio. Como resultado desse período de descoberta de uma nova perspectiva, Fichte propõe na resenha um princípio superior para avaliar a fragilidade da filosofia de Reinhold, apontada por Schulze. Tal princípio deveria remeter não à validade do princípio de não-contradição, mas à "proposição da identidade e da contraposição" (GA I/2: 44). As ações de distinguir e reportar deveriam ser pensadas

---

43. K. L. Reinhold, *Beyträge zur Berichtigung bisheriger Missverständnisse der Philosophie*, Jena, Mauke, 1790, 167.
44. Idem, 168.
45. Idem, 170.
46. Idem, 171.
47. Idem, 175.

não como simples determinações da ligação analítica entre o conceito de representação e os de sujeito e objeto, mas como *ações* compreensíveis quando se supõe um idêntico e um contraposto. Se a consciência é pensada como o conceito definido por sujeito, objeto e representação, a proposição que o expressa é certamente analítica, segundo sua validade lógica como proposição reflexiva. Por outro lado, o representar é um *ato* na consciência e, justamente por formar uma imagem a partir de elementos difusos, é um ato sintético no interior da consciência; é "a síntese suprema e o fundamento de todas as demais possíveis" (GA I/2: 45), que pressupõe tese (identidade) e antítese (contraposição).

Tanto como fato inegável quanto como fruto de abstração, a proposição da consciência carece, portanto, não de uma estéril análise lógica e crítica de sua facticidade abstrata em que se demoram Reinhold e Schulze, mas de uma explicação do ato que a engendra. Por isso, ela deve remeter a um outro fundamento capaz de fornecer a validade real que Reinhold reivindicara sem sucesso. Para Fichte, trata-se de pensar a proposição da consciência (*Satz des Bewußtseins*) como um teorema (*Lehrsatz*) demonstrável totalmente *a priori* a partir de um outro princípio (*Grundsatz*). O erro de Reinhold, portanto, teria sido identificar esse princípio com a estrutura da representação enquanto um fato dado. Seria preciso, igualmente, levar em conta que a consciência das representações pressupõe uma relação do representante aos objetos representados, o que necessariamente volta a atenção para a estrutura da subjetividade onde assentam as condições do representar em geral. É por isso que para chegar a um fundamento justificado, Fichte propõe que se parta não de um fato, mas da pura atividade autoconstitutiva, que ele denomina *estado-de-ação* (*Tathandlung*). Em alemão, as expressões *Tatsache* e *Tathandlung* traduzem respectivamente *fato* e *estado-de-ação*, sendo que o substantivo *Tat* guarda o sentido em português de fato como *feito*: a ação que produz imediatamente seu (f)ato. O neologismo *Tathandlung* é tomado por Fichte do vocabulário jurídico[48]. *Handlung*, ação em curso, associada a um fato, ação feita, pro-

---

48. Cf. R. Barbosa, op. cit., 35.

duz no constructo a noção de uma ação que conserva tanto o elemento da atividade quanto o de seu resultado[49]. Com a Tathandlung, Fichte reivindica um fundamento para toda a filosofia que deve ir além do fato teórico da consciência e englobar também o âmbito prático determinante. O pressuposto é de que, para além da lógica formal, só mediante *ação* – e aqui vale dizer que se trata em última instância de uma ação determinada pela razão prática pura – é que podemos pensar uma atribuição de realidade a um princípio. Desse modo, Fichte propõe uma solução para o impasse decorrente do ceticismo aplicado a Reinhold. Se Schulze logra demonstrar que, contra Reinhold, o que é dado *imediatamente* na consciência são os conceitos de sujeito e objeto, e o conceito de representação é por ela *mediado*[50], Fichte igualmente concede anterioridade a sujeito e objeto, mas não na consciência empírica. Aquilo que é dado como condição absoluta do sujeito antes de qualquer representação é o próprio *eu*, o qual não é *dado* na intuição empírica ou sensível, mas, afirma Fichte, "*posto*" por uma "intuição intelectual" (*intellektuelle Anschauung*) (GA I/2: 48). Na consciência empírica como resultado, eu e não-eu apareceriam mediante o reportar de uma representação a ambos enquanto representante e representado, mas nunca acessíveis como sujeito absoluto ou como objeto absoluto, por meio dos quais seria possível explicar todo o processo consciente. Esse momento da produção de uma representação não é de mesma natureza do ato originário que *põe* as condições de representar, em particular, e da consciência, em geral, mas um momento derivado; ainda que certamente

---

49. Sobre a tradução de *Tathandlung*, cf. as razões para "ato" em J. Beckenkamp, *Entre Kant e Hegel*, Porto Alegre, PUC-RS, 2004, 100, nota ii; para "estado-de-ação", cf. R. Torres Filho, Notas, in: J. G. Fichte, *A doutrina-da-ciência de 1794 e outros escritos*, 2. ed., São Paulo, Abril Cultural, 1984, 43, nota 9. Em inglês, D. Breazeale, Fichte's Aenesidemus Review and the Transformation of German Idealism, in: *Review of Metaphysics*, n. 34, 1981, 561, nota 37, adota "Act", enquanto H. Ch. Klotz (op. cit., 70) sugere "deed-action". R. Barbosa (op. cit., 35) endossa a tradução de Torres Filho. Apesar de concordar com os arrazoados de Beckenkamp, para quem *ato* sintetiza os sentidos da ação e do feito, sigo a tradução de Torres Filho para manter uma base terminológica em comum com os estudos de Fichte no Brasil.
50. Cf. G. E. Schulze, op. cit., 90.

importante no domínio do saber teórico e, assim, tanto passível quanto carente de dedução.

Contra uma leitura dogmática que identifica também em Schulze, Fichte propõe pensar o *ânimo* (*Gemüt*) humano hipoteticamente como *númeno* e ideia transcendental, com base na validade lógica do princípio do fundamento: "na medida em que o ânimo é *mera inteligência*, ele se torna fundamento real" e, como "fundamento último de certas formas de pensar", ele é *númeno* (GA I/2: 57). E se tais formas são leis incondicionalmente necessárias, então o ânimo é ideia transcendental. Mas não é uma ideia transcendental como as outras, definida por Kant como a unidade absoluta do sujeito pensante diante da unidade da sequência das condições do fenômeno e da unidade das condições de todos os objetos do pensamento[51]. Para Fichte, o ânimo como ideia transcendental é *realizado* pela *intuição intelectual*, pelo "*eu sou pura e simplesmente porque sou*" (GA I/2: 57), ou seja, por um ato do eu e, portanto, como um desdobramento da perspectiva do pensar como agir. Ao lado da circularidade da própria faculdade de representação[52], o *eu é o que é* e porque é *para o eu*. Fora disso, não pode haver qualquer coisa compreensível, pois é o círculo do próprio entendimento.

O que surge como alternativa crítica ao dogmatismo e ao ceticismo mitigado de Schulze é que, com a remissão de tudo ao *eu*, a filosofia encara a tarefa de reinterpretar uma suposta relação da faculdade da representação com uma coisa em si independente como *esforço* da inteligência, que acrescenta a si mesma no conhecimento da coisa[53]. A coisa em si dos dogmáticos estaria fechada, sem acesso, no máximo como um *limite* crítico (Kant), mas inteiramente situada fora do círculo cuja descoberta Fichte atribui a Kant e que, na doutrina da ciência, é o próprio *eu sou* que vale, com o não-eu, apenas *para* o *eu*. Por isso, Fichte propõe o abandono integral do pensamento de

---
51. Cf. KrV: B 391.
52. Cf. GA I/2: 51: "a faculdade da representação existe *para* a faculdade da representação e *através* da faculdade da representação; esse é o círculo necessário dentro do qual está encerrado todo entendimento finito".
53. Cf. GA I/2: 61.

uma tal coisa em si. Num esboço de carta a Baggesen (abril/maio de 1795), ele define essa proposta como uma filosofia da liberdade, por analogia à Revolução Francesa:

> Meu sistema é o primeiro sistema da liberdade; assim como aquela nação (*i.e.*, a francesa) arranca o homem dos grilhões externos, meu sistema o arranca das amarras das coisas em si e da influência externa que o enredam mais ou menos em todos os sistemas até hoje, mesmo o kantiano, e o coloca como essência autônoma em seu primeiro princípio (GA III/2: 298).

A relação entre liberdade e espontaneidade do pensamento, decorrente do abandono do conceito de coisa em si, é detalhada mais adiante com a reintrodução do conceito de intuição intelectual na segunda exposição de Iena, *i.e.*, na *Doutrina da ciência nova methodo* (1797-1798). O ato de autoposição do eu é nela descrito como a *forma* de uma intuição intelectual. Ele é apresentado explicitamente no ponto de partida da doutrina da ciência como "absoluta autoatividade do eu" (GA I/4: 224). Com isso, a atenção é voltada para a própria ação do pensamento, para sua própria atividade espontânea toda vez que pensa "eu", de modo que o pensamento é para si mesmo um *agir*: "o conceito ou o pensamento do eu consiste no agir do eu voltado para si mesmo e, inversamente, um tal agir dá a si mesmo um pensamento do eu, pura e simplesmente nenhum outro pensamento" (GA I/4: 272). A concepção do *pensar como agir* é também importante para Fichte definir seu conceito de intuição intelectual em relação ao negado por Kant, que o concebia como conceito negativo voltado à consciência imediata de um *ser* suprassensível. Contra isso, o conceito de intuição intelectual da doutrina da ciência "se dirige a uma *ação* [grifo meu, W.Q.], e ele não é de forma alguma descrito em Kant (exceto, caso se queira, pela expressão *apercepção pura*)" (GA I/4: 225). O primeiro patamar da especulação alcançado pelo idealismo transcendental se mostra aqui em um de seus elementos fundadores: não mais, como poderia querer o dogmático, associar imediatidade e espontaneidade do pensamento a algo dado como existente e subsistente *em si*, mas associá-los criticamente ao próprio agir, pelo que esse pensamento se põe em conexão com a esfera prática da filosofia. Pensar como agir é uma radicalização do princípio formal da dedução transcendental das categorias, "o *eu penso* [que] deve poder acompanhar todas as minhas representações" (KrV: B131). Para servir como princípio do idealismo transcendental da doutrina da ciência, ele ainda precisa ser articulado com um segundo elemento igualmente fundador: o conceito de liberdade kantiano. A *Segunda introdução* (1797) da *nova methodo* marca essa conexão:

> Também no sistema kantiano se deixa indicar com bastante precisão o lugar onde se deveria falar dela [*i.e.*, da intuição intelectual, W.Q.]. Há talvez consciência do imperativo categórico segundo Kant? E que tipo de consciência é essa? Kant esqueceu-se de colocar essa questão, pois ele em lugar algum tratou do fundamento de toda filosofia, mas na *Crítica da razão pura* apenas do fundamento teórico, no qual o imperativo categórico não pôde comparecer – e na *Crítica da razão prática* apenas do fundamento prático, no qual se tratou apenas do conteúdo, e a questão sobre o tipo de consciência não pôde emergir. Essa consciência é, sem dúvida, algo imediato, mas de modo algum sensível, ou seja, precisamente aquilo que eu chamo de intuição intelectual. E se na filosofia nenhum autor clássico assim a denomina, eu o faço com o mesmo direito pelo qual Kant a denomina de outro modo como um nada; e com o mesmo direito exijo que se familiarize com o significado da minha descrição antes de se voltar para meu sistema (GA I/4: 225).

Assim delimitado, o campo conceitual da doutrina da ciência permite associar liberdade moral e espontaneidade teórica como elementos constitutivos do primado kantiano da razão prática no interior da subjetividade, o que já tinha sido assumido por Fichte na resenha de *Enesidemo* e passa, então, a ser integrado à estrutura da *Fundação*. Se posteriormente, na *Nova methodo*, a divisão entre teoria e prática desaparece em favor de um tratamento unificado do eu e de sua experiência, a *Fundação* ainda mantém uma explicação separada para cada domínio do saber como lados da contraposição existente entre o eu prático e o eu teórico, cuja unificação é a de uma determinação do eu empírico pelo eu puro numa *aproximação infinita*. O primado da razão prática e a conexão entre pensamento e liberdade definem a doutrina da ciência como um sistema filosófico eminentemente dinâmico, que por isso *precisa* e *deve* ser construído em cada exposição.

1.3. Os princípios da Fundação de 1794-1795

Com exceção dos arrazoados da resenha de *Enesidemo*, o discurso fichteano público sobre sistematicidade e princípio da filosofia (de princípios) pré-*Fundação* não introduz nada de novo na terminologia filosófica tomada de Reinhold. Também em suas anotações, salvo *Filosofia Prática*, por toda a parte, das *Meditações* ao material de Zurique, predominam problemas teóricos pensados como filosofia da consciência. A *Fundação* dá encaminhamento aos mesmos problemas em suas duas primeiras partes e mobiliza, a partir da segunda e mais detidamente na terceira, uma terminologia que procura dar conta da gênese da subjetividade por meio das ações do espírito, com as quais Fichte pretende tanto sistematizar a doutrina da ciência quanto evidenciar a conexão com seu princípio teórico-prático.

Como mencionado, a *Fundação* foi publicada em fascículos, de junho de 1794 a julho-agosto de 1795. O texto final possui três partes e onze parágrafos. Os cinco primeiros são os fundamentais e apresentam três princípios (*Grundsätze*) e dois teoremas (*Lehrsätze*) derivados. Os princípios (primeira parte) seguem a estrutura formal já apresentada no escrito programático[54]: § 1 o princípio absoluto e incondicionado, *i.e.*, o *eu*; o § 2 o princípio condicionado segundo seu conteúdo, *i.e.*, o *não-eu*; § 3 o princípio condicionado segundo sua forma, *i.e.*, a partibilidade (*Teilbarkeit*) entre eu e não-eu. Os teoremas: § 4 a fundação do saber teórico (segunda parte); § 5 a fundação da ciência do prático (terceira parte). Os demais parágrafos, de 6 a 11, são teoremas de aplicação do teórico e do prático aos princípios inicialmente expostos.

[1] Os princípios buscam dar conta do fundamento pelo qual nos reportamos a representações conscientes de modo necessário, *i.e.*, a representações como fatos da consciência. Como dito, tais fatos derivam

---

54. Cf. GA I/2: 122.

de ações do espírito que se estruturam numa compreensão que unifica a subjetividade[55]. Além dos princípios, a *Fundação* também reexpõe e aplica o método de reflexão e abstração formulado no escrito programático. Ao investigar o princípio expresso no estado-de-ação (*Tathandlung*), a doutrina da ciência precisa realizar uma "*reflexão* sobre aquilo que inicialmente poderia tomar-se por ele, e uma *abstração* de tudo o que efetivamente não lhe pertence" (GA I/2: 255). A reflexão que abstrai permite *pensar*, *i.e.*, fixar no entendimento discursivo o produto da imaginação do que está no fundamento da consciência. No primeiro parágrafo dos princípios, Fichte procura demonstrar como uma proposição tomada como evidente, até mesmo pelo cético, remete a outra proposição da doutrina da ciência, que expressa uma ação fundada no *estado-de-ação* indemonstrável, no eu absoluto indeterminável. A proposição A = A – um juízo e, portanto, uma "ação do espírito humano segundo a consciência empírica" (GA I/2: 258) – remete, mediante reflexão que abstrai, a uma "faculdade de *pôr algo pura e simplesmente*" (GA I/2: 256). A condição lógica estruturante de A = A, ou seja, *se A, então A*, evidencia (como no escrito programático) uma *conexão* pura e simplesmente posta, sem qualquer fundamento ulterior. Essa conexão é a própria ação pré-judicativa do *eu*, que põe a si mesmo e, consigo, também as condições a partir das quais aparece na consciência empírica a certeza evidente do juízo A = A, *i.e.*, a certeza lógica. Como o que a aparece na consciência é, por assim dizer, "introduzido no discurso como objeto possível de juízos"[56], a certeza de proposições da identidade (A = A) não é autoevidente, mas derivada da estrutura autorreferente da subjetividade.

A ação de pôr (*setzen*) recebe o sentido do *ser* como posição no predicado, porque se *põe* e assim *é* (*eu sou*): "o *eu é porque* se pôs" (GA I/2: 259). Pôr e ser são aqui completamente unificados no juízo que expressa o *eu sou*. Como a construção remete à tese kantiana do ser como posição, então "*pôr a si mesmo e ser* são, desde o eu, plenamente iguais"

---

55. Como bem define Klotz, a tese central dos princípios da *Fundação* é a de que "fatos resultam de atos"; cf. H. Ch. Klotz, op. cit., 68.
56. Idem, 69.

(GA I/2: 260). Mas isso também evidencia o método desenvolvido nos limites da consciência: o *é* "expressa a passagem do eu do pôr para a reflexão sobre o posto" (GA I/2: 259, nota), pois como posição do *eu* ele é simultaneamente uma ação sua e o produto dessa ação. Ora, essa autoposição do eu na consciência empírica é elevada a um fato (*Tatsache*), mas é também uma espécie de marca consciente da estrutura do *estado-de-ação* que o possibilita. O eu é o "sujeito absoluto", ou seja, *"aquele cujo ser (Seyn) [essência (Wesen)] consiste meramente em pôr a si mesmo como sendo"* (GA I/2: 259) *"para o eu"* (GA I/2: 260). Como ponto de partida, também o eu absoluto sofre uma ação da reflexão que abstrai, a fim de se descartar o que não pertence ao princípio da filosofia. Nesse processo, evidencia-se a *forma* do ato do eu, justamente aquela que aparece na consciência em juízos como A = A, que são uma determinação lógica para cada coisa que possa ser pensada pelo eu. Como exposto, essa primeira abstração remete ao eu enquanto *"forma da dedução do estar-posto ao ser"* (GA I/2: 261), *i.e.*, a mera forma em que se afirma o ser como posição. Fichte efetua uma segunda abstração sobre o juízo que expressa essa relação do eu e reflete sobre ela como um modo de ação do espírito humano em geral. Com essa segunda reflexão que abstrai, ele obtém a categoria de *realidade* (*Realität*): "tudo a que se aplica à proposição A = A tem realidade *na medida em que lhe é aplicável*. Aquilo que é posto pelo mero pôr de uma coisa qualquer (posta no eu), é nela sua realidade, sua essência" (GA I/2: 261).

Ora, com essa "dedução" da categoria de realidade (em amplo sentido) como posição, a doutrina da ciência dá um passo além de Kant, que segundo Fichte teria indicado, sem determinar, a proposição fundamental de todo saber na dedução das categorias. Fichte pretende derivar todas as demais categorias da categoria de realidade, pondo em marcha um procedimento que não se encontra em Kant. Na *Crítica da razão pura*, a realidade é uma das doze categorias do entendimento e está sob a rubrica da qualidade, remetendo-se à forma dos juízos afirmativos. Em Kant, permanece a separação entre sensibilidade intuitiva e entendimento discursivo, de modo que as categorias operam funções de unidade, como os juízos, e são "conceitos de um objeto em geral, por intermédio dos quais a intuição desse objeto considera-se determinada em relação a uma das *funções lógicas* do juízo" (KrV: B128). O que a dedução faz, em Kant, é mostrar que esses conceitos são aplicáveis de modo justificado a intuições dadas, apesar da heterogeneidade das duas fontes de conhecimento, *i.e.*, da sensibilidade e do entendimento. Nesse aspecto, Fichte vai além e propõe as categorias como determinações *imanentes* do eu, cuja aplicação a intuições, entretanto, não considera na *Fundação*. Categorias são, para Fichte, fixações conceituais de modos de ação do eu obtidas por meio do duplo processo de abstração e reflexão[57].

Portanto, de acordo com o primeiro princípio, o eu se põe incondicionalmente e com ele é igualmente posto, como inferido na reflexão filosófica, o sentido da categoria fundante da realidade em geral. Ela certamente ainda não diz algo sobre a realidade-efetividade (*Wirklichkeit*) de uma coisa, mas estabelece como critério de *pensabilidade* de algo a correspondência entre a identidade lógica e a identidade do eu. Como ainda se verá, essa correspondência precisa ser *sentida* (*gefühlt*). Essa é a pura *forma* de elevação do *estado-de-ação* à consciência, *i.e.*, a que está na base dos processos conscientes, mas que não é ela mesma consciente.

[2] Igualmente pensável, embora também *formalmente* indemonstrável, é a posição do segundo princípio, condicionado segundo o conteúdo: assim como chega à consciência a simples proposição A = A, também chega à proposição 'não-A não é A'. Pelo mesmo processo anteriormente exposto, mantendo-se a formalidade geral da unidade da consciência, Fichte deriva dessa proposição sua ação originária no eu: não-eu não é eu. Da mesma forma como concedemos incondicionalmente a certeza de 'não-A não é A' entre os fatos da consciência empírica, segue Fichte, também aceitamos que "*é contraposto ao eu pura e simplesmente um não-eu*" (GA I/2: 266). Como o primeiro, esse princípio é formalmente incondicionado, mas a ele precede uma condição material: a negação do eu. Devido à contraposição (*Gegensetzung*) instaurada pelo modo de ação do eu, isso significa que o contrário do que

---

57. Sobre isso, cf. R. Schäfer, *Johann Gottlieb Fichtes ‚Grundlage der gesamten Wissenschaftslehre' von 1794*, Darmstadt, WBG, 2006, 39-43.

é atribuído ao eu é atribuído ao não-eu. Na linguagem da consciência, o que é contraposto na representação do representante é a condição de um objeto (*Gegenstand*) em geral, oposto ao sujeito. Em outras palavras: se o que se pretende elevar à consciência no primeiro princípio é a forma e o conteúdo indistintos do *estado-de-ação* como *sujeito*, o que se eleva à consciência com o segundo é o *objeto* com distinção de forma e conteúdo e, por abstração e reflexão, determinação do conteúdo: não-eu. A abstração material do não-eu a partir da contraposição ao eu fornece o princípio de oposição 'não-A não é A', tal como ele primeiro aparece na forma judicativa da consciência. E pela dupla abstração, como no primeiro princípio, deduz-se a categoria da *negação* como "forma da derivação do estar contraposto ao não-ser" (GA I/2: 267). Com a negação, obtém-se a primeira *demonstração* rigorosa: a do *conteúdo* do segundo princípio.

[3] Em resumo, a categoria de *realidade* é derivada pela identidade da autoposição do eu, e, pela contraposição do não-eu, a categoria de *negação*. Pôr e contrapor são, assim, dois modos de ação do espírito anteriores aos princípios de realidade e negação na consciência. Sem qualificações, ambos são exclusivos: "na medida em que o não-eu está posto, o eu não está posto, pois o eu é completamente suprimido pelo não-eu" (GA I/2: 268). Isso implicaria na anulação da unidade da consciência, que pressupõe identidade e, portanto, diferença. Para garantir a unidade, é preciso demonstrar o terceiro princípio, condicionado segundo a forma, a partir da unificação dos dois primeiros contrapostos na consciência. Embora derivado dos dois primeiros princípios, o terceiro também é um princípio, e não um teorema, porque não se especifica a partir dos anteriores[58]. Como nele ainda se trata de demonstração apenas da condicionalidade formal, a incondicionalidade material se explica, segundo Fichte, mediante um "decreto da razão (*Machtspruch der Vernunft*)" (GA I/2: 268), que deve entrar onde a dedução é interrompida e faz valer o princípio da autodeterminação do eu sobre o não-eu.

---

58. H. Ch. Klotz, op. cit., 72.

Ora, o terceiro princípio satisfaz a condição de unidade consciente por meio da *limitação* recíproca de eu e não-eu. Para Fichte, limitar é uma ação do espírito que não suprime a realidade *inteira* de algo, mas *em parte*: "ainda está contido no conceito de limites, além dos de realidade e de negação, o de *partibilidade* (*Theilbarkeit*) (de *quantificabilidade* em geral, não de uma quantidade determinada)" (GA I/2: 270). Assim, eu e não-eu são postos em parte, resultando daí a seguinte formulação completa do princípio: "*eu contrapõe no eu ao eu partível um não-eu partível*" (GA I/2: 272). Pela explicação desse princípio, demonstra-se que a condicionalidade formal é necessária à luz da unidade da consciência: o eu se põe certamente de modo absoluto, mas o que chega à consciência dessa autoposição como princípio incondicionado é uma posição *parcial*. É por isso que nada pode ser incondicionado na consciência, sob risco de regressão infinita, de indistinção entre sujeito e objeto e, consequentemente, supressão da própria consciência.

Somente no registro da parcialidade é que eu e não-eu chegam à consciência como *algo*, *i.e.*, como *ser*. O eu absoluto não podia ser algo, pois é pura atividade (*Tathandlung*) que funda as condições de toda a realidade. Pela limitação, o que cabe ao não-eu não cabe ao eu e vice-versa, de modo que pela primeira vez o eu é definido como *sendo* algo contraposto ao não-eu e vice-versa, e a realidade é então um *quantum* também posto parcialmente, de um lado e de outro. Sem a limitação, para o eu absoluto há apenas um não-eu como *nada pura e simplesmente* contraposto; com a limitação, há para o eu uma *grandeza negativa*. Com essa diferenciação, Fichte entende vincular as oposições na unidade da consciência e definir o domínio crítico dentro do qual a doutrina da ciência pode falar de um ser.

Mas, precisamente aí, no tornar-se *algo* é que se encontra uma dificuldade que atravessa a *Fundação* e que será objeto da crítica de Hölderlin. As três ações do espírito (autoposição, negação e limitação) explicam justamente o que ocorre como fato na consciência empírica e que, embora Fichte mobilize uma construção diferente, ainda se move dentro dos limites traçados por Reinhold. Para a consciência, eu e não-eu são modos originários de posição e contraposição, e ela permanece unificada pela limitação recíproca, deles derivada. Fichte oferece uma demonstração de condicionalidade em função da unidade da consciência, por um lado, e do primeiro princípio absolutamente posto, por outro. A dificuldade está em pensar que dentro desse círculo teórico fechado – o da limitação recíproca de eu e não-eu, além do qual para Fichte não há filosofia (e consciência) – deve caber ainda o primeiro princípio, *i.e.*, o *eu absoluto*. Essa manobra faz com que inevitavelmente o eu absoluto passe a ser submetido e condicionado ao princípio da contraposição:

O eu deve ser igual a si mesmo e, contudo, contraposto a si mesmo. Mas ele é igual a si mesmo em vista da consciência, a consciência é una: mas nessa consciência está posto o *eu absoluto* como indivisível/ não-partível; o eu, ao contrário, ao qual é contraposto o não-eu, [está posto] como divisível/partível. Com isso, na medida em que ao eu é contraposto um não eu, o eu é ele mesmo contraposto ao *eu absoluto* [grifos meus, W.Q.] (GA I/2: 271).

Aqui se situa a contraposição entre o eu absolutamente posto, como princípio da doutrina da ciência, e o eu empírico, posto parcialmente na contraposição a um não-eu. É como se houvesse um dentro e um fora da consciência explicados pelo vocabulário da consciência, pois, do modo como o idealismo transcendental a compreende, não caberia dentro da consciência qualquer coisa de absoluto. O caso particular da autoconsciência, na qual o eu consciente (o sujeito) acompanha o pensamento de qualquer coisa (objeto), *i.e.*, na qual o sujeito é o próprio objeto e jamais pode ser abstraído, é plenamente compatível com o princípio da limitação, e é distinto do eu absoluto de Fichte. Na construção fichteana, o eu igual a si mesmo é o eu ponente (*setzend*), mas desigual quando contraposto pelo não-eu, e isso se deixa pensar sem contradição no princípio da partibilidade. Porém, quando introduz o eu absoluto na consciência, Fichte pressupõe que a desigualdade é inerente a uma diferença no próprio eu, uma diferença entre o eu absoluto e o eu limitado. Quando Fichte diz que o eu absoluto é posto na consciência como indivisível, trata de sua *pensabilidade*, *i.e.*, de que para a consciência é apenas factível *pensar* o primeiro princípio, embora jamais seja viável *imaginá-lo* como efetivamente posto enquanto algo real. O eu absoluto é uma construção transcendental para explicar o eu limitado, mas não é *algo* ao qual se possa atribuir um *ser*, conforme Fichte enfatiza na passagem para o terceiro princípio. Como eu absoluto, ele é contraposto pelo eu limitado apenas na perspectiva do filósofo que procura refletir sobre os modos de agir do espírito, pois *em si* o eu absoluto não poderia ser contraposto a nada[59]. Apesar da distinção dos pontos de vista, o argumento não elimina a inevitável consequência: também o eu absoluto padece de uma condicionalidade, o que é uma *contradictio in terminis*, e de fato esse aspecto não é bem resolvido por Fichte na *Fundação*[60]. É o que será duramente criticado na primeira recepção mais detida da doutrina da ciência.

Para os propósitos da presente exposição esquemática da *Fundação*, os demais arrazoados do terceiro princípio podem ser enumerados como segue: a partir da proposição material da partibilidade (A em parte é não-A), Fichte determina e valida a *proposição do fundamento* (*Satz des Grundes*), que diz que algo está fundamentado pela igualdade ou distinção em relação a uma nota característica qualquer. Algumas consequências do terceiro princípio para a teoria do juízo: a ação que *fundamenta* pela busca comparada de uma nota *igual* para os contrapostos é *sintética*, a que *fundamenta* pela busca de uma nota *oposta* é *antitética*. Nenhuma antítese é possível sem síntese: "a antítese consiste no fato de que a nota característica contraposta é procurada nos iguais, mas os iguais não seriam iguais se não fossem igualados por uma ação sintética" (GA I/2: 274). Do mesmo modo, nenhuma síntese é possível sem antítese, pois é preciso haver a contraposição para que haja unificação. Fichte vai além e afirma, a partir de Kant, que não seria próprio falar em juízos analíticos (cujo predicado está necessariamente contido no sujeito), pois eles chegam à consciência pela reflexão que abstrai das ações antitético-sintéticas do eu. Para Fichte, a pergunta de Kant sobre

---

59. Cf. R. Schäfer, op. cit., 73-74.
60. Cf. H. Ch. Klotz, op. cit., 73. Klotz entende que a concepção da síntese fundamental do eu, na parte dos princípios, dá margem ao problema da "consistência interna do eu", semelhante ao descrito acima: por um lado, o eu é determinado como *algo* relativo a um *outro*, por outro lado, o eu não é nada além de pura atividade.

a possibilidade de juízos sintéticos *a priori* é respondida pela síntese entre o eu empírico (contraposto ao eu absoluto) e o não-eu através da partibilidade, sobre a qual se fundam igualmente "todas as demais sínteses válidas" (GA I/2: 275). Como o eu teórico-prático é fundamentalmente sintético, o sentido kantiano da síntese como unificação do múltiplo dado é reinterpretado como um ato primordial do sujeito (eu) que se põe em relação a algo que é diferente de si (não-eu).

O esboço de uma doutrina dos juízos antitético-sintéticos ainda tem consequências para o método da parte teórica da doutrina da ciência. Exponho brevemente, com vistas à compreensão sistemática: toda proposição da parte teórica conterá uma síntese, produto de uma ação antitética anteriormente abstraída. Partindo da síntese original de eu e não-eu, é tarefa do filósofo da doutrina da ciência indicar as contraposições que ainda estão presentes nas proposições derivadas, e unificá-las com base em um novo fundamento de relação até o fundamento supremo, quando se chega a contrapostos que não se ligam mais teoricamente, e a doutrina da ciência passa então à parte prática por meio de um decreto absoluto da razão (*Machtspruch der Vernunft*): "uma vez que o não-eu não se deixa unificar de modo algum com o eu, não *deve* haver um não-eu em geral" (GA I/2: 301) – o que, acrescenta Fichte, não desata o nó, mas o corta ao pôr a unificação "na infinitude" (GA I/2: 311). As ações de síntese e antítese na consciência pressupõem a *tese* do eu absoluto: um "pôr puro e simples, através do qual um A (o eu) não é igualado nem contraposto a nenhum outro, mas meramente pura e simplesmente posto" (GA I/2: 276). O juízo tético é determinado como juízo infinito, cuja característica é a mera posição sem contraposição, e está fundado no primeiro princípio: *eu sou eu*. Em face da tese, o sistema da doutrina da ciência, baseado em contraposições, é um sistema de sua unificação progressiva até uma unidade absoluta por "aproximação ao infinito" (GA I/2: 276), em si é impossível, porque a posição pura e simples é inteiramente distinta da posição sintético-antitética. Essa unidade absoluta é uma exigência prática ao saber teórico sistemático: "a *forma* do sistema se funda na síntese suprema; *que* deva haver um sistema em geral, funda-se na tese absoluta" (GA I/2: 276). No juízo tético, o eu sou não é determinado, mas a posição do predicado é completamente esvaziada para a determinação possível e infinita do eu. Para o sistema exequível, o eu não é um conceito, mas uma mera ideia da unificação, "cuja consciência não seria determinada por nada fora dele, mas antes determinaria tudo fora dele por sua mera consciência" (GA I/2: 277). Como isso não é possível na teoria, o eu constitui o fim prático supremo para nós, de modo que a impossibilidade se torna uma *aproximação infinita da liberdade*. O juízo tético é uma tarefa do espírito, provém da posição absoluta e dirige a ação para essa aproximação. Diferentemente dos juízos sintético-antitéticos, para ele não vale a proposição do fundamento.

Em resumo, a construção dos três princípios pode ser esquematizada como segue. A derivação lógica das ações do espírito recompõe a rubrica da *qualidade* das categorias kantianas:

Princípios	Leis lógicas	Categorias	Juízos
[1] eu	identidade	realidade	téticos
[2] não-eu	contraposição	negação	antitéticos
[3] partibilidade	fundamento	determinação	sintéticos

Fichte termina a explicitação do terceiro princípio por meio de uma aplicação diferenciada de juízos sintético-antitéticos e téticos com base na ideia de sistema, e define a doutrina da ciência nos quadros do criticismo e do idealismo enquanto sistema *imanente*, diferenciando-a do dogmatismo *transcendente* de Espinosa. Para os fins desta tese, não se faz necessário abordar em detalhe o primeiro aspecto[61]. Já a delimitação da doutrina da ciência em relação ao espinosismo interessa para compreender a crítica de Hölderlin.

1.4. Dogmatismo e criticismo: Espinosa e a fundação do saber teórico

No final do primeiro princípio da *Fundação*, Fichte expõe as referências histórico-filosóficas da doutrina da ciência. Como mencio-

---

61. Sobre isso, cf. a análise minuciosa de R. Schäfer, op. cit., 85-95.

nado, para ele o fundamento absoluto do saber já se encontra em Kant, na dedução das categorias, embora não exposto. Esse princípio também estaria anteriormente em Descartes, cujo *cogito, ergo sum* Fichte inverte em sua concepção crítico-sistemática *sum, ergo cogito*[62]. Reinhold teria dado um passo além de Descartes com o "*repraesento, ergo sum*" ou "*repraesentans sum, ergo sum*", mas avançado pouco na direção da doutrina da ciência, pois o representar é nela apenas uma "determinação particular do ser" (GA I/2: 262) que carece de dedução, e não é algo fundamental.

Entre os filósofos, Fichte avalia que Espinosa teria ido *além* do princípio da *Fundação*: "ele não nega a unidade da consciência empírica, mas nega inteiramente a consciência pura" (GA I/2: 263), *i.e.*, separa a consciência pura, exclusivamente em Deus, da empírica, na mente humana. Transpondo-se a linguagem reinholdiano-fichteana para a filosofia de Espinosa, a consciência empírica e suas representações não seriam mais do que uma representação particular na série de representações *imanentes* em Deus[63], que é a substância da concepção espinosana da realidade. Caso se pudesse entender, na perspectiva de Espinosa, a explicação fichteana da realidade na consciência figuraria como uma empreitada vã, uma vez que a substância é *causa sui* e abrange a realidade de tudo (*omnitudo realitatis*), o que inclui as determinações empíricas do eu como modificações (*modi*) suas. A introdução fichteana de um princípio puro na consciência a partir da própria consciência operaria uma clivagem na substância espinosana, de modo que a leitura de Fichte é correta quando afirma que Espinosa negaria a consciência pura da doutrina da ciência. Assim, na perspectiva de Espinosa, o eu da doutrina da ciência não poderia ser um eu por si, mas por causa de algo que o contém em princípio e que, paradoxalmente, estaria fora do eu, *i.e.*, o eu empírico fichteano, fiduciário de um eu absoluto, seria um eu por causa da substância. A substância espinosana não poderia aceitar um fundamento no eu como indivíduo; ela estaria

---

62. Cf. GA II/3: 13, 91.
63. Cf. E II, P 11, corol.: 95: "a mente humana é uma parte do intelecto infinito de Deus".

como um eu fora do eu ao qual o indivíduo se reporta, reduzindo a subjetividade efetiva e sua vida consciente a meras modificações internas e *imanentes* da substância. Como, na perspectiva fichteana, a concepção de Espinosa negaria a dupla estrutura do eu puro (tanto absoluto como empírico-concreto) ao localizar na substância o que caberia ao eu, a imanência dessa substância revela-se antes como uma *transcendência* aniquiladora do eu. Minha hipótese, a ser explorada na crítica de Hölderlin, é de que a compreensão fichteana do conceito espinosano de substância é análoga à estrutura do argumento fichteano que cria um dentro e um fora da consciência na *Fundação*.

Além do aspecto sistemático, vale lembrar que uma das razões por que Espinosa comparece como interlocutor primordial de Fichte remonta a um processo mais amplo de sua recepção ao longo do século XVIII. Excomungado no ambiente cultural judaico-cristão do século anterior, Espinosa carrega a imagem de "maldito" que se difundiu na Alemanha como a de um filósofo ateu, cuja doutrina representava um perigo moral, teológico e político[64]. Sua reabilitação positiva começa aos poucos a se fixar no seio do Iluminismo alemão, com G. E. Lessing e M. Mendelssohn, que desde a década de 1750 mantinham posições distintas sobre a compatibilidade do pensamento de Espinosa com o de Leibniz, àquela altura o principal expoente da *intelligentsia* germânica[65]. Comparar ambos colocava Espinosa em condições justas para uma avaliação de sua filosofia. Em meados dos anos 1770, J. W. Goethe e F. Jacobi também participam dessa recepção reagindo ao que reputavam como visão mecânica e desencantada do mundo, decorrente do projeto iluminista. A abordagem de Goethe tem motivação no sentimento, a de Jacobi na defesa do saber imediato da fé. Ambos compartilham a admiração por Espinosa, embora Goethe tivesse em mente o aspecto panteísta da unidade com a totalidade – bastante distante da tradicional visão de um Espinosa ateu e fatalista – e Jacobi visasse des-

---

64. Cf. M. J. Solé, *Spinoza en Alemania (1670-1789), Historia de la santificación de un filósofo maldito*, Córdoba, Brujas, 2011, 56-65.
65. Cf. M. J. Solé, Los amigos prussianos. Episodios de la recepción de Spinoza en el siglo XVIII, in: *O que nos faz penzar*, v. 26, n. 41, jul./-dez. 2017, 213-219.

tacar precisamente o ateísmo e o fatalismo do autor da *Ética*. Jacobi rechaçava uma compreensão panteísta da divindade, defendendo a tese da existência de um Deus pessoal[66], e em seus romances *Allwill* (1775) e *Woldemar* (1777) criticava a posição do *Sturm und Drang* e, portanto, a do jovem Goethe, que reage de modo virulento[67]. Noutra esfera, Lessing elogia *Woldemar*, o que leva Jacobi a procurá-lo e a ter com ele, no verão de 1780, uma conversação que seria posteriormente publicada em *Sobre a doutrina de Espinosa em cartas ao Sr. Moses Mendelssohn* (1785), livro que desencadeia a famosa querela do panteísmo e provoca uma série de reações que acabam por incorporar Espinosa definitivamente ao cenário filosófico alemão. Como Jacobi afinal demonstrasse que o pensamento de Espinosa, além de ateísta e fatalista, fosse a única e irrefutável filosofia racionalista[68], sua polêmica acabaria por despertar também o interesse de Kant que, na *Crítica da faculdade do juízo* (1790), critica a visão de um fatalismo espinosista ligado ao "idealismo das causas finais" (KU, AA 05: 392-393)[69], calibrando a linha racionalista do debate que Fichte também propõe encampar. Também voltarei a esse episódio por ocasião da crítica de Hölderlin a Fichte.

Assim, Espinosa já se encontra reestabelecido na Alemanha quando Fichte escreve a *Fundação*. Em sua construção, como dito, a consciência pura da *Fundação* está para o Deus da *Ética*. Vejamos sumariamente: Deus jamais é consciente de si mesmo, "pois a consciência pura jamais chega à consciência", e é por isso que deve ser negada no sistema espinosista; a consciência empírica está nas "modificações particulares da divindade" (GA I/2: 263). Para Fichte, como para Jacobi, esse sistema é consequente, mas sem fundamento: "afinal o que lhe justifica ir além da consciência pura dada na consciência empírica?" (GA I/2: 263)[70]. Ora, essa pressuposição fichteana de uma

---

66. Cf. J. Beckenkamp, A penetração do panteísmo na filosofia alemã, in: *O que nos faz pensar*, n. 19, fev. de 2006, 9-27.
67. M. J. Solé, op. cit., 220-226.
68. Cf. M. J. Solé, *Spinoza em Alemania*, 247-254.
69. Cf. J. Beckenkamp, *Entre Kant e Hegel*, 44-45.
70. Cf. R. Schäfer, op. cit., 51. Schäfer interpreta a objeção como uma pergunta "puramente retórica", como se Fichte estivesse questionando em Espinosa apenas a

consciência pura *dada* na empírica é problemática do ponto de vista do princípio da doutrina da ciência, e ela atinge o que H. Ch. Klotz chama de "consistência interna do eu"[71]. Sabemos que ela é parte da construção transcendental do eu puro para explicar o eu empírico, mas o eventual caráter do *dado* (*gegeben*) é uma das afirmações excedentes da *Fundação* que deixa margens para suspeitas: afinal, o que justifica Fichte afirmar a existência de uma consciência pura (*Tathandlung*) como dada na empírica (*Tatsache*) senão um desejo de saltar teoricamente por cima do empírico, com o risco de queda no velho dogmatismo? Além disso, ao recusar consciência à consciência pura (Deus), a contradição interna do argumento é evidente: se, por definição, a consciência pura não chega à consciência, qual o caso em que a consciência pura é dada na consciência empírica? Criticando Espinosa, Fichte talvez não tenha percebido que o arsenal argumentativo poderia retornar contra si mesmo, embora o programa da doutrina da ciência resulte, talvez deliberadamente, como uma espécie de espinosismo invertido[72].

---

transcendência dogmática da consciência empírica. Ao mesmo tempo, Schäfer reconhece que "essa citação torna claro que Fichte remete a consciência pura à empírica: também as determinações da consciência pura devem medir-se pelos fatos da consciência empírica e devem ser dados e compatíveis com a consciência empírica". Ora, se esse é o caso, a pergunta de Fichte não pode ser meramente retórica, pois mobiliza um dado essencial de seu pensamento que, como veremos, não passaria despercebido aos olhos de Hölderlin.

71. Cf. H. Ch. Klotz, op. cit., 73.

72. Sobre isso, cf. M. J. Solé, La crítica a Spinoza en las *Introducciones a la Doctrina de la ciencia* de Fichte: desarticulación de la contraposición dogmatismo-idealismo, in: *Cadernos de Filosofia Alemã*, v. 22, n. 4, dez. 2017, 115-128. Solé propõe uma desarticulação da forte oposição entre dogmatismo e idealismo, presente tanto na *Fundação* como na primeira das duas *Introduções à doutrina da ciência*, de 1797. Na *Segunda introdução*, Fichte mitigaria o discurso de uma oposição inconciliável em favor do idealismo, identificando no dogmatismo de Espinosa a contradição entre seu sistema teórico e a convicção de sua liberdade em poder pensar seu próprio pensar. Mesmo na proposição do sistema de um determinismo universal da coisa em si, o dogmático agiria por um ato de liberdade, havendo, portanto, entre os sistemas dogmático e idealista "uma unidade subjacente, ou seja, o ato primeiro de liberdade com que cada um postula seu princípio da filosofia" (p. 123). Haveria uma disposição dogmática natural nos seres humanos em postular a coisa em si como fundamento da experiência; o ponto de vista do idealismo consistiria num esforço para sair dessa situação, abstraindo-

Sistematicamente, porém, a posição de Espinosa é crucial na *Fundação*, pois representaria o realismo dogmático que a doutrina da ciência descontrói de ponta a ponta. Segundo Fichte, o que motiva o sistema espinosano é um *esforço prático* em produzir a unidade do conhecimento humano. Da perspectiva da doutrina da ciência, o erro desse sistema está em querer proceder por raciocínios teóricos onde ele é impelido por necessidade prática, acreditando obter um ideal jamais alcançável como algo dado efetivamente, *i.e.*, como uma *coisa*, em sentido metafísico. A unidade almejada não pode ser uma coisa, afinal, como já ensinava a resenha de *Enesidemo*, o objeto do querer jamais é posto para uma faculdade física com vistas a efeitos na natureza, mas é objeto de um empenho racional. Espinosa teria compreendido teoricamente seu esforço prático. Como Fichte parte do eu, a unidade nele concebível é a do ideal prático: "reencontraremos a unidade suprema" de Espinosa, avalia Fichte, "na doutrina da ciência, mas não como algo que *é*, senão como algo que *deve* mas não *pode* ser produzido por nós" (GA I/2: 264). A unidade não é a mesma do eu absoluto do princípio da *Fundação*, pois ele é forma pura da posição ainda não preenchida e especificada pelas diferentes ações do eu derivadas e explicadas na doutrina da ciência. É preciso realizar o sistema.

Na formulação da tarefa teórica, fica estabelecido que toda filosofia que ultrapassa o *eu sou* necessariamente deságua no espinosismo[73]. Com base nisso, definem-se dois sistemas: o do *criticismo* ou *idealismo* nos limites do *eu*, o do *espinosismo* ou *dogmatismo* para além dos mes-

---

se da experiência imediata para compreendê-la como derivada de um ponto de vista especulativo, que dispensa a dependência de uma coisa exterior para fornecer uma explicação. Também nesse processo dissolve-se a inicial impossibilidade de convencer o dogmático. Embora não exista nenhuma arte de convencimento, há a possibilidade de mostrar ao dogmático a impossibilidade de que esteja convencido de seu sistema: "não se trata de que o dogmático se *converta*. Trata-se de que reconheça que ele mesmo reivindica liberdade, ou seja, ele mesmo é idealista (…). [Trata-se de] fazê-lo duvidar" (p. 126). Embora Solé não sugira diretamente, aprendemos de sua leitura que é bem possível trazer essa desarticulação do dogmático, por meio da dúvida, para dentro da discussão acerca do ceticismo em Fichte, tanto em sua defesa de Kant contra Schulze como na incorporação das exigências céticas à tarefa da filosofia.
73. Cf. GA I/2: 264.

mos limites. O dogmatismo leva a um realismo de uma *coisa (ens) em si* fundante e determinante do eu, o que também é um *fatalismo*: o eu é inteiramente determinado por uma coisa transcendente que suprime a liberdade do eu finito. No sistema crítico, a coisa é posta no eu, de modo que, em função disso, "o criticismo é *imanente*" como o "dogmatismo [era] *transcendente*" (GA I/2: 279). Fichte ataca o dogmatismo com um argumento cético: ao questionar o dogmático sobre por que o absoluto deve ser a coisa fora do eu, e não o eu, ele não consegue responder sem admitir um fundamento para o fundamento da coisa em outra coisa etc. O dogmatismo, em suas consequências, deve negar a possibilidade do conhecimento ao conceber um fundamento por regressão infinita ou por um pressuposto (*dogma*) qualquer injustificado: "o dogmatismo levado a cabo é um ceticismo que duvida de que duvida" (GA I/2: 280). O ceticismo não pode ser um sistema porque nega a possibilidade de um sistema em geral, o que igualmente encerra uma contradição pelo fato de que a negação de um sistema só pode ser feita sistematicamente. Desse ceticismo radical que denomina dogmático[74], Fichte exclui Hume, Maimon e Schulze, os quais entende como defensores de um *ceticismo crítico*, que tanto aponta para a necessidade de fundamentos mais consistentes em face da insuficiência dos sistemas existentes como realiza a tarefa propedêutica de desconstrução do dogmatismo para preparar o terreno para o idealismo[75].

A desconstrução do dogmatismo é também tarefa da interpretação, e Fichte procura executá-la ao propor ler Espinosa nos termos dos princípios apresentados na doutrina da ciência. No final da exposição do ter-

---

74. A denominação também é dada por Reinhold, para quem o ceticismo dogmático, em oposição ao crítico, leva esse nome "porque tenta demonstrar que se deve duvidar sempre da verdade objetiva, ou seja, da concordância real de nossas representações com seus objetos" (K. L. Reinhold, *Versuch einer neuen Theorie des menschlichen Vorstellungsvermögens*, Praga/Jena, Widtmann & Mauke, 1795, 130-131). Sobre isso, cf. D. Breazeale, Putting Doubt in Its Place: K. L. Reinhold on the Relationship between Philosophical Skepticism and Transcendental Idealism, in: J. v. d. Zande; R. Popkin (eds.), *Skepticism Around 1800: Skeptical Tradition in Philosophy, Science, and Society*, Dordrecht, Kluwer, 1998, 130-132.
75. Cf. GA I/2: 280. Sobre o ceticismo em Fichte, cf. D. Breazeale, Fichte on Skepticism, in: *Journal of the History of Philosophy*, n. 29, 1991, 427-453.

ceiro princípio, Fichte retorna a Espinosa para dirigir-lhe a mesma pergunta cética que se faz ao dogmático em geral: em que consiste o fundamento da substância? Fichte mesmo responde: não pode haver qualquer fundamento, sua necessidade *é* porque *é*, uma vez que Espinosa foi movido pela necessidade prática (*i.e.*, liberdade) a aceitar uma unidade absoluta suprema. O espinosismo é inteiramente racional e sua refutação em favor do idealismo é tão descabida quanto a refutação das teses e antíteses nas antinomias kantianas. Justamente por isso é que Fichte diferenciará constantemente as posições do idealismo e do dogmatismo ao longo da *Fundação*[76]. No caso do espinosismo apresentado no final da parte dos princípios, trata-se de mostrar qual a posição de seu dogmatismo no sistema do espírito: se Espinosa tivesse compreendido a natureza da exigência de explicação da consciência empírica, conclui Fichte, "ele deveria ter permanecido na unidade dada na consciência" (GA I/2: 281).

Portanto há um encaminhamento estratégico na interpretação fichteana de Espinosa: ao identificar a exigência prática fundante do dogmatismo, Fichte logra expor a estrutura da doutrina da ciência teórica em vista de seu princípio prático. Ele detalha um pouco mais a natureza dessa exigência: "não foi, como se acreditava, um dado teórico que forçou o dogmático para além do eu, mas um dado prático, a saber, o sentimento (*Gefühl*) da dependência do nosso eu em relação a um não-eu livre" (GA I/2: 281). A dependência do eu empírico, que apontaria para algo fora dele, deve ser compreendida como um sentimento prático de dependência em relação a algo que não se encontra sob a legislação do eu: o não-eu[77]. A instabilidade gerada nesse sentimento provoca a busca

---

76. Sobre isso, cf. R. Schäfer, op. cit., 96-97.
77. Em nota ao prefácio da primeira edição de *Sobre o conceito de doutrina da ciência*, Fichte apresentava essa mesma noção fundamental como sendo propriamente o objeto de disputa entre dogmáticos e críticos: "a controvérsia poderá talvez ser decidida por uma futura doutrina da ciência que mostre que nosso conhecimento na verdade não tem conexão imediata com a coisa pela representação, mas talvez pelo *sentimento*; que as coisas são meramente *representadas como fenômenos*, mas que são *sentidas como coisas em si*; que sem sentimento nenhuma representação seria possível; mas que as coisas em si só são reconhecidas *subjetivamente, i.e.*, apenas na medida em que atuam sobre nosso sentimento" (GA I/2: 109).

de restauração do equilíbrio por meio do "sentimento de uma subordinação e unidade necessárias de todo não-eu sob as leis práticas do eu", que é propriamente objeto de uma ideia, ou seja, é "algo que *deve* ocorrer e que deve ser produzido por nós" (GA I/2: 281). Em outras palavras, a visão dogmática do mundo deve poder ser substituída por uma visão crítica, e o realismo espinosano, criticamente reinterpretado mediante subordinação da razão teórica à razão prática, revela o sentido *transcendental* de cada uma de suas teses: a unidade suprema é, na verdade, a unidade da consciência; sua coisa em si é o "substrato" da partibilidade em geral do terceiro princípio; inteligência e extensão espinosanas são eu e não-eu fichteanos. Sob essa ótica, o dogmatismo de Espinosa não chegaria até o primeiro princípio da doutrina da ciência, alcançando no máximo o não-eu e a partibilidade; caberia à filosofia crítica justamente o último passo, *i.e.*, a superação do dogmatismo (espinosano). Fichte situa a parte teórica da doutrina da ciência no quadro dessa leitura histórico-crítica do dogmatismo e, nesse sentido, denomina a teoria *espinosismo sistemático*, com a diferença de que, para esse espinosismo, o eu (realidade em geral) ocupa a posição da substância (*omnitudo realitatis*). Já a doutrina da ciência *in totum* revela o sentido crítico daquela primeira exigência prática que mobilizou o dogmatismo:

> Nosso sistema acrescenta uma parte prática que fundamenta e determina a primeira [teórica, W.Q.], completa com isso a doutrina da ciência inteira, esgota tudo que é encontrado no espírito humano e assim reconcilia inteiramente o senso comum (*gemeiner Menschenverstand*), abalado por toda filosofia pré-kantiana, com a filosofia que foi cindida por nosso sistema teórico, ao que parece, sem qualquer esperança de conciliação (GA I/2: 282).

1.5. A pensabilidade do teórico: categorias do eu e idealismo crítico

Enquanto partes constitutivas da teoria da representação, os aspectos teórico e prático da consciência são funções da relação derivada que, como representante, ela estabelece com o representado: ou os objetos são pensados enquanto realidade dada independentemente do sujeito, ou devem poder ser transformados mediante ação[78]. Logo nas especificações das proposições fundamentais de ambas as partes da doutrina da ciência, Fichte afirma que o princípio da parte prática se deixa pensar sem contradição, ou seja, ele é *problemático*: é possível pensar que o não-eu seja posto como determinado pelo eu, mas também o contrário, e que define a parte teórica, é igualmente possível. No entanto, a reflexão que abstrai parte da teoria para mostrar, em seu curso, que "somente a faculdade prática torna possível a teórica, que a razão em si é meramente prática e que só se torna teórica na aplicação de suas leis a um não-eu que a limita" (GA I/2: 286). Fichte define a reflexão filosófica como *pensabilidade (Denkbarkeit)*. Pensar é tecnicamente a "atividade de determinação de um produto da imaginação fixado no entendimento pela razão" (GA I/2: 380), e o pensável é propriamente "objeto da faculdade do juízo" (GA I/2: 381) que, por sua vez, consiste na "livre capacidade de refletir sobre ou abstrair de objetos já postos no entendimento e pô-los com outras determinações no entendimento, segundo os critérios dessa reflexão ou abstração" (GA I/2: 381). Nessa relação, faculdade do juízo e entendimento determinam-se reciprocamente. A essa reciprocidade são aplicadas reflexão e abstração, como definido nos primeiros parágrafos da *Fundação*. A faculdade do juízo permite executar o método da doutrina da ciência aplicado ao produto da imaginação que se encontra fixado no entendimento: reflete sobre tudo o que ele pode ser, abstrai do que não lhe pertence. Nesse processo, Fichte deixa claro que a *Fundação* parte da teoria porque já se encontra posta na consciência e pensável (*i.e.*, fixada no entendimento) a capacidade de sermos afetados por objetos – e isto tanto pela herança dos sistemas dogmáticos quanto pelo senso comum. Portanto trata-se de mostrar que a "pensabilidade do prático se funda sobre a pensabilidade do teórico" (GA I/2: 286). Em outras palavras: uma vez refletido sobre o que ocorre na consciência teórica, a doutrina

---

78. Cf. Ch. Klotz, op. cit., 67.

da ciência pode enfim mostrar que essas determinações teóricas estão fundadas na necessidade prática de autodeterminação da razão. Em termos lógico-sistemáticos, as partes teórica e prática da *Fundação* desdobram-se de teoremas obtidos das contraposições do terceiro princípio. Da partibilidade e limitação recíproca de eu e não-eu, deduzem-se logicamente outras duas relações proposicionais possíveis: (A) *o eu põe a si mesmo como limitado/determinado pelo não-eu*; (B) *o eu põe o não-eu como limitado/determinado pelo eu*. Enquanto forma da relação derivada sujeito-objeto, a primeira está no princípio da *fundação do saber teórico* (§ 4) e explica por que motivo a consciência representa para si objetos externos. A segunda está na *fundação da ciência do prático* (§ 5) e explica como a limitação imposta pelo sujeito a algo distinto dele é precisamente o que torna possíveis a modificação e a constituição do mundo pela ação prática.

Como bem ressalta Klotz, a limitação recíproca de eu e não-eu na terceira proposição ainda se move num nível lógico de análise e, como Fichte está interessado na constituição da subjetividade como *autoatividade*, a parte teórica inicia por um deslocamento daquela contraposição para o nível *dinâmico*[79]. Nesse registro, a síntese entre eu e não-eu e a divisão do *quantum* de realidade que cabe a cada um são experimentados na consciência como contraposição entre atividade (*Tätigkeit*) e passividade (*Leiden*), segundo a categoria kantiana da *comunidade*[80], que Fichte redefine em nova base:

---

79. Segundo Klotz (op. cit., 89, nota 10), a leitura da determinação recíproca no registro dinâmico encontra apoio na caracterização fichteana do não-eu como "grandeza negativa" (GA I/2: 271, 292), o que remeteria, por seu turno, ao argumento de Kant, no ensaio pré-crítico *Tentativa de introduzir o conceito de grandeza negativa na filosofia* (1793), de que a contraposição existe tanto em sentido lógico como no sentido de conflito de forças.
80. Cf. KrV: B106. Sob a rubrica da relação, a *comunidade* contém a reciprocidade de ação entre o que age ou *agente* (*der Handelnde*) e o que sofre a ação ou *paciente* (*der Leidende*) como partes reportáveis a um conceito que o entendimento divide coordenadamente na esfera de um juízo disjuntivo: "quando se põe um membro da divisão, todos os outros são excluídos e inversamente" (KrV: B112).

Pela determinação da realidade ou da negação do eu, determina-se simultaneamente a negação ou realidade do não-eu, e vice-versa. Posso partir de qualquer dos contrapostos e, a cada vez, obtenho simultaneamente determinado, por uma ação do determinar, o outro [contraposto]. Essa determinação mais determinada poderia ser denominada *determinação recíproca* (*Wechselbestimmung*) (segundo a analogia com a ação recíproca). É o mesmo que em Kant se chama *relação* (GA I/2: 290).

Ao contrário de Kant, que deriva a comunidade das categorias de substância e causalidade[81], Fichte inicia o arranjo categorial pela *determinação recíproca*, ou seja, parte simultaneamente de tese e síntese das duas outras categorias. Ele introduz os aspectos teórico e prático da experiência consciente depois dessa remissão da contraposição lógica ao seu conceito dinâmico, *i.e.*, mediante uma *síntese* por determinação recíproca das contraposições contidas no princípio do saber teórico. A proposição teórica (A) *o eu põe a si mesmo como determinado pelo não-eu* contém duas outras proposições: (A1) *o não-eu deve determinar o eu* e (A2) *o eu põe a si mesmo como determinado*.

Da síntese obtida na proposição (A1) resulta a categoria de *causalidade*. Também (A1) abriga contraposições: como "a fonte de toda realidade é o eu" (GA I/2: 293), não é possível que o não-eu limite a realidade no eu, ao mesmo tempo que, de acordo com a proposição (A1), o eu deve se pôr como limitado pelo não-eu: "a realidade ou a *atividade* deve ser suprimida no eu" (GA I/2: 293). Isso ocorre pela contraposição de uma *passividade* à atividade. Mas, segundo Fichte, "se a totalidade absoluta da realidade deve ser conservada no estado de passividade do eu, então necessariamente um mesmo grau de atividade deve ser transferido para o não-eu, de acordo com a lei da determinação recíproca" (GA I/2: 293-294). O não-eu não possui realidade a não ser à medida que o eu *sofre* uma ação (*leidet*) e atribui, via determinação recíproca, a atividade correspondente ao não-eu como negação rela-

---

81. Cf. KrV: B110: "a terceira categoria resulta sempre da ligação da segunda com a primeira da sua classe".

tiva (ao eu). Nesse sentido, o não-eu recebe realidade mediante uma *afecção* do eu. Nessa relação recíproca, atribui-se realidade e negação ora ao eu, ora ao não-eu, por meio de atividade e passividade. A realidade como atividade e não-passividade é denominada *causa (Ursache)*, a negação como passividade e não-atividade é denominada o *causado (bewirkte)* ou *efeito (Effekt)*. Pensados em conexão, causa e efeito são propriamente uma *atuação (Wirkung)*, ou seja, a própria "síntese da *causalidade (Wirksamkeit)*" (GA I/2: 294). Na explicitação da proposição teórica (A1), o não-eu deve determinar o eu assim como a causa deve determinar o causado.

A síntese das contraposições na proposição (A2) fornece a categoria de *substância*. De acordo com (A2), o eu se põe de modo determinado, o que significa dizer que o *eu determina a si mesmo*. Suas contraposições: o eu determina a si mesmo como *determinante (bestimmend)* e é consequentemente *ativo*; o eu determina a si mesmo como o que *se torna determinado (bestimmt werdend)* e é consequentemente passivo. Para dirimir a contradição, Fichte converte a oposição na seguinte proposição: "*o eu determina sua passividade por atividade, ou sua atividade por passividade*" (GA I/2: 295). Sendo realidade e atividade (*i.e.*, os modos de ação do eu) idênticas em Fichte, o eu se põe ativamente como realidade e totalidade absolutas e experimenta a passividade como uma falta de realidade, como um *quantum* de negação. Assim, de um lado o eu abrange "o domínio inteiro, pura e simplesmente determinado de todas as realidades e é *substância*" (GA I/2: 299). Mas como o eu é posto também numa "esfera não determinada pura e simplesmente desse domínio, ele é *acidental*, ou *ele é nela acidente*" (GA I/2: 299). O que difere substância de acidente é a abrangência do eu, pois o acidente está na substância e vice-versa: "nenhuma substância é pensável sem relação a um acidente (...). Nenhum acidente pensável sem substância (...). A substância é *toda alternância (Wechsel) pensada em sua generalidade*[82]: o acidente é algo *determinado, que alterna com um*

---

82. Na aplicação dos conceitos puros do entendimento aos fenômenos em geral (esquematismo), Kant define o esquema da substância como a "permanência do real no tempo" (KrV: B183), ou seja, a representação de um processo geral da imaginação

outro alternante" (GA I/2: 299-300). A contradição entre o eu como determinante e determinado é explicada pela posição do eu como substância (realidade absoluta na alternância de atividade e passividade) e acidente (negação/limitação da atividade pela passividade e vice-versa).

Desse ponto de vista crítico-idealista, ambos os subteoremas da proposição (A) explicam o modo como ocorre na consciência a categorialização da experiência em causalidade e substancialidade. Na construção crítica de Fichte, essas categorias cumprem a função originária de tornar possível ao eu atribuir a si mesmo uma determinação cuja causa ele considera estar em algum objeto, reportando-se a ele como sujeito *perceptivo* e atribuindo-lhe *realidade*. Causalidade e substancialidade estão na origem da compreensão que permite tanto afirmar que o eu produz, como *substância* autônoma, a determinidade prática do não-eu, quanto explicar o não-eu como *causa* teórica dessa determinidade, pela qual são possíveis representações de objetos. Portanto não se trata de explicar a coisa em si, mas a estrutura da subjetividade que funda esses modos de compreensão presentes no senso comum da experiência consciente. Se a doutrina da ciência revelasse algo distinto do que aparece para a consciência, ela não poderia pretender explicar a experiência humana como um fato de que nem mesmo o cético duvida.

Na síntese originária por determinação recíproca, trata-se da distribuição de *quanta* de realidade e negação pelo eu e pelo não-eu de acordo com a atividade ou afecção do eu e a respectiva contraposição (de afecção e atividade) no não-eu. Avançando o método, enquanto não entra o *decreto da razão*, esses dois polos contrapostos precisam ser sintetizados novamente. Como atividade e passividade são reciprocamente dependentes, elas entram em relação recíproca de segunda ordem com uma atividade não-dependente ou, dito formalmente, a

---

que subsume ao conceito de substância a imagem da realidade permanente, esquematizada como "preenchimento da sensação no tempo" (KrV: B183). Bem entendida, a substância seria a sensação permanentemente preenchida, e não comportaria negação, cujos graus determinam o(s) acidente(s). Ao definir o seu conceito de substância, Fichte estende essa permanência para a reciprocidade entre atividade e passividade, e pensa a alternância (*Wechsel*) em geral como aquilo que sustenta a relação de determinidade recíproca no tempo.

reciprocidade entra em relação recíproca com uma não-reciprocidade. Portanto a síntese de segunda ordem sobre atividade e passividade introduz uma *atividade independente* diante da relação recíproca anterior: "é posta no eu uma atividade à qual não é contraposta nenhuma passividade no não-eu, e uma atividade no não-eu à qual não é contraposta nenhuma passividade no eu" (GA I/2: 305). Essa atividade independente, sem contraposição em si, certamente contraria o princípio da oposição e da determinação recíproca, e precisa fazê-lo para se colocar em nova determinação recíproca (oposta) com as atividades *dependentes* anteriores de ação e passividade:

> A *atividade independente é determinada através da alternância agir e sofrer* (Wechsel-Tun und Leiden) (o agir e sofrer reciprocamente determinantes por determinação recíproca); *e, inversamente, a alternância agir e sofrer é determinada pela atividade independente* (GA I/2: 306).

Em relação recíproca com as atividades dependentes do agir e sofrer alternados, essa atividade independente também se encontra, portanto, em alternância com elas como atividades sintéticas da causalidade e da substancialidade. Uma vez que é pensada *internamente* sem determinação recíproca e sem sofrer *em si* a alternância entre agir e sofrer contraposta, a atividade independente é determinada na mera reflexão como a possibilidade da própria alternância, portanto como "*atividade absoluta que determina uma alternância*" (GA I/2: 313-314). Nessa construção, Fichte define a atividade independente como uma ação autônoma integrada na alternância dos estados do eu, e a denomina antecipadamente *imaginação* (*Einbildungskraft*). Não obstante o fato de ser uma atividade independente e, *em si*, não determinada por reciprocidade de causalidade e substância, a imaginação está em relação recíproca com a determinidade de eu e não-eu, como causalidade e substancialidade, fundando sua alternância.

A *síntese da imaginação* é a síntese entre os dois tipos contrapostos de determinação recíproca: o que define a relação entre eu e não-eu (vale repetir, como causalidade e substância) e o que funda sua alternância em relação a uma atividade independente no eu. Ela é a quarta das sínteses da fundação do saber teórico (sendo a primeira a *determinação recíproca*, a segunda e a terceira, respectivamente, *causalidade* e *substância*). Do ponto de vista lógico, a imaginação se desloca num registro mais abstrato que os anteriores, pois já não se trata de derivar proposições sintéticas pelo princípio da contraposição. Mas do ponto de vista transcendental, ela é a mais concreta e constitui o coração do saber teórico da *Fundação*. Fichte introduz essa síntese (denominada síntese E) ao situar a doutrina da ciência como um idealismo crítico intermediário entre idealismo e realismo, e esse capítulo da *Fundação* pode ser lido como uma contribuição ao debate iniciado pela refutação do idealismo[83], introduzida na segunda edição da *Crítica da razão pura* (1787), e levado adiante por Jacobi em seu *David Hume sobre a crença ou idealismo e realismo* (1787). Como o resultado da parte teórica é a *dedução da representação*, Fichte precisa trilhar o caminho que melhor explica a representação. Assim, o idealismo crítico entra com a tarefa de dissolver, na síntese E, a contradição existente entre o idealismo e o realismo dogmáticos e indicar um caminho intermediário.

Confrontando as versões fortes e mitigadas de idealismo e realismo, Fichte rejeita ambas com suas ramificações. Ele volta a descrever, entre as fortes[84], o espinosismo como realismo dogmático (*qualitativo*), que considera o não-eu (substância de Espinosa) enquanto fundamento real e causa das representações, rebaixando o eu a mero acidente do não-eu; e o idealismo dogmático[85] (*qualitativo*) como um sistema que explica a representação enquanto acidente do eu-substância, e o não-eu como mero fundamento ideal sem realidade fora da representação. Do outro lado do espectro, apresentam-se versões mais modestas de idealismo e realismo denominadas por Fichte *quantitativas*, que reconhecem respectivamente a atividade objetiva do eu (idealista) e a participação da constituição do sujeito (realista) na determinação dos objetos externos. Se no consequente idealismo dogmático a "atividade posta em si é suprimida pela natureza e essência do eu", no

---

83. Cf. KrV: B274-279.
84. Cf. GA I/2: 310.
85. Para Kant, Berkeley é o idealista dogmático, cf. KrV: B274.

qual se desenvolvem de modo obscuro – talvez numa "harmonia preestabelecida" entre eu e mundo – as representações a partir do eu (GA I/2: 333), no abstrato e mitigado idealismo *quantitativo* a atividade não é suprimida, mas pensada apenas em sua *mediatidade* como origem da realidade e da negação recíprocas de eu e não-eu. Como atividade *mediata*, o eu derivaria todas as representações segundo uma lei determinada de sua natureza, para a qual não há outro fundamento senão o de que "*o eu é finito porque é pura e simplesmente finito*" (GA I/2: 333). Ora, visto que isso está em frontal contradição com o fundamento da doutrina da ciência, um idealismo quantitativo é pouco defensável. Além disso, todo o finito é nele limitado por um contraposto, o que tornaria uma suposta finitude absoluta uma contradição em termos. Por outro lado, e na mesma linha, há um *realismo quantitativo*. Se o dogmático realista (*qualitativo*) supõe a afecção do sujeito pela ação do não-eu, o realismo brando declara sua ignorância sobre esse tipo de afecção e reconhece que só é possível atribuir realidade ao não-eu mediante indicação de um fundamento. Ao mesmo tempo, ele afirma haver a "*presença real de uma limitação do eu* sem qualquer intervenção própria" (GA I/2: 334), para a qual ele, porém, não fornece um fundamento. Nessa concepção, o realista falha porque não é capaz de indicar como ocorre a passagem de uma condição que é real em si para uma condição que é ideal para o eu.

Descartando todas essas versões, Fichte precisa mostrar que a mais adequada explicação da representação deve dar conta do já mencionado problema da "consistência interna do eu"[86], e o faz recorrendo à indeterminidade originária do eu desde o primeiro princípio. A par dessa indeterminidade, o filósofo transcendental não pode corroborar nenhuma das versões que coloquem o eu em uma relação tal que passe a viger como substância absoluta constitutiva do fundamento ideal do mundo, ou as que o considerem como efeito de um fundamento real. É necessário portanto um *idealismo crítico*, que é, em seu procedimento, "dogmático contra o idealismo e realismo dogmáticos" (GA

---

86. Ch. Klotz, op. cit., 73, 79, 82-83.

I/2: 328). O idealismo crítico tem por premissa a unificação dos fundamentos real e ideal no conceito de *atuação* (*Wirksamkeit*) (GA I/2: 326), fundamentos antes considerados unilateralmente em cada um dos sistemas passados em revista, ou como *causa* ou como *efeito* tanto no eu como no não-eu:

[O idealismo crítico] demonstra que nem a mera atividade do eu é o fundamento da realidade do não-eu; nem a mera atividade do não-eu é o fundamento da afecção no eu; mas, em vista da questão que lhe é posta sobre qual o fundamento da alternância entre ambos [idealismo e realismo, W.Q.], ele declara sua ignorância e mostra que aqui a investigação se encontra fora dos limites da teoria. Em sua explicação da representação, ele não parte nem de uma atividade absoluta do eu, nem do não-eu, mas de um estar determinado que é simultaneamente um determinar, uma vez que nada diferente disso está imediatamente contido na consciência, nem pode estar. Não está nada decidido na teoria sobre o que poderia determinar novamente essa determinação, e é em função dessa incompletude que também somos impelidos para além da teoria em uma parte prática da doutrina da ciência (GA I/2: 328).

Mas antes de passar à parte prática e fechar o sistema, Fichte procura unificar no idealismo crítico as perspectivas parciais e insuficientes do idealismo e realismo dogmáticos e mitigados, propondo uma espécie de síntese teórico-perceptiva das representações conscientes. Dado o caminho, Fichte tem em mente uma explicação da representação que é a um só tempo idealista, porque explica *para* o eu, e realista, porque a mera atividade do eu não explica sua relação a objetos. O primeiro momento é menos problemático, já que envolve toda a construção da *Fundação* até sua parte teórica. O segundo é o elemento propriamente *realista* do idealismo fichteano, e se explica mediante uma resistência sofrida pela atividade do eu, que o faz atribuir a si mesmo atos direcionados a uma realidade externa. Veremos, no próximo ponto, como Fichte explica o fundamento dessa atividade objetiva em termos teóricos e como ele realiza a passagem para o prático e suas categorias.

1.6. O realismo do idealismo crítico: obstáculo, imaginação e autoconsciência

Um dos pontos essenciais para compreender o problema do eu absoluto e de sua consistência está na introdução fichteana do elemento que podemos denominar realista, discutido na parte teórica da *Fundação*. Em sua argumentação, Fichte identifica um limite na explicação idealista da experiência objetiva. Em resumo, segundo o raciocínio até agora apresentado, a subjetividade é determinada a partir dos princípios da doutrina da ciência desdobrados em proposições fundantes do teórico e do prático, e categorializada por meio de determinação recíproca entre realidade e negação, das quais derivam os conceitos críticos de causalidade e substancialidade, aos quais ainda se acrescenta a imaginação como atividade independente do eu.

Até aí tudo bem. O problema começa justamente onde essa subjetividade só é bem entendida se em sua estrutura for possível dar conta da atividade objetiva do eu. Em si, o eu é infinitamente ativo e, de acordo com o *estado-de-ação*, totalmente indeterminado. Se, num primeiro momento, o eu é determinado como algo subjetivo (na alternância entre reciprocidade e atividade independente), então, em função disso, algo é "objetivamente excluído de sua esfera" (GA I/2: 354), o que precisa ser explicado em vista do *estado-de-ação* que diz que tudo está no eu e para o eu. Ou seja: o que deve ser excluído deve estar presente no eu, e é justamente isto o que falta explicar numa versão forte de idealismo, porque em sua posição dogmática a realidade ideal não carece de justificações. O idealismo crítico, ao contrário, propõe uma explicação:

> O [elemento] *objetivo* a ser excluído não precisa de modo algum estar presente, é preciso apenas, por assim dizer, que um *obstáculo* (*Anstoß*) esteja presente *para* o eu, *i.e.*, o *subjetivo* não deve poder seguir sendo estendido, por um fundamento qualquer apenas situado fora da atividade do eu. Uma tal impossibilidade de estender-se além constituiria a mera alternância (*Wechsel*) descrita ou o mero engrenar (*Eingreifen*); como ativo, ele não limitaria o eu, mas lhe daria a *tarefa* de limitar a si mesmo. Contudo, toda limitação ocorre por oposição; assim, precisamente para satisfazer aquela tarefa, o eu precisaria contrapor algo objetivo ao subjetivo a ser limitado e, assim,

unificar ambos sinteticamente, como já mostrado, e, desse modo, toda a representação poderia ser deduzida. Como salta aos olhos, esse modo de explicação é *realista*; com a diferença de que em seu fundamento se encontra um realismo muito mais abstrato do que todos os anteriormente estabelecidos, a saber: nele não é admitido um não-eu presente fora do eu, nem mesmo uma determinação presente no eu, mas apenas a *tarefa* para uma determinação a ser empreendida por ele mesmo, em si mesmo, ou a *mera determinidade* do eu (salvo o último, todos os demais grifos são meus, W.Q., GA I/2: 354-355).

Com a introdução de uma limitação da atividade do eu, Fichte define claramente a acepção de um realismo compatível com o idealismo crítico. O *obstáculo* não é uma atividade externa que afeta o eu, mas é, antes, a própria limitação *sentida* (*gefühlt*) pela subjetividade quando experimenta a própria incapacidade de manter a alternância e todas as outras atividades da consciência (o engrenar, o passar, o surgir por um perecer, o pôr e atribuir mediado etc.[87]) resultantes do jogo recíproco entre a imaginação e a reciprocidade entre eu e não-eu. Certamente se trata de uma forma mitigada de realismo, sobretudo por não haver na construção fichteana uma sensibilidade no sentido kantiano de receptividade[88]. O obstáculo, além disso, sequer é ativo em si mesmo, pois é sentido na inibição da subjetividade à medida que ela assume a tarefa do eu (absoluto) de limitar a si mesma: "não haveria obstáculo sem ação adicional do eu, ele só acontece na autoposição do eu sobre a atividade" (GA I/2: 356). Ou seja: tão logo o eu acate a tarefa de autodeterminação, a atividade infinita e indeterminada sofre a inibição do "estender-se além", e como não é possível uma inibição sem um inibido, este *obstaculizado* é o que constitui a explicação da experiência objetiva no idealismo crítico de Fichte.

Na definição de idealismo crítico da parte teórica, como aliás ocorre com outras figuras apresentadas pela primeira vez no curso da

---

87. Cf. GA I/2: 314, 320, 329, 331. Sobre essas atividades da consciência, cf. R. Schäfer, op. cit., 136-141.
88. Ch. Klotz, op. cit., 78.

Fundação, o obstáculo ainda é abstrato em vista de suas determinações ulteriores. A primeira concreção do obstáculo ocorre por meio da introdução do *sentimento* (*Gefühl*), que na parte prática da *Fundação* deriva da posição de um mero estado subjetivo, no qual encontra lugar a "síntese necessária de um contraposto no mero sujeito" (GA I/2: 401). Posteriormente, na assim denominada "doutrina da ciência aplicada", especialmente nos *Fundamentos do Direito Natural* (1796-1797), Fichte avança essa concepção com a noção de *interpelação* (*Aufforderung*) do eu para a "atuação livre [como] ser racional" (GA I/3: 345) e para a "livre autoatividade" (GA I/3: 347), o que pressupõe na relação jurídica com outros o "reconhecimento recíproco através do outro" (GA I/3: 413). Aqui não é difícil compreender que a inibição da atividade subjetiva é resultado do reconhecimento da posição simultânea de outros seres racionais[89]. O obstáculo é, nesse caso, também um encontro com a alteridade, tanto do ponto de vista teórico como do prático nas relações ético-jurídicas, e isso carrega elementos *sentidos* como conflitivos justamente por remeter o eu, enquanto pura atividade, à autodeterminação e limitação da atividade (*i.e.*, como passividade) em vista desses *outros* que o (me) interpelam como iguais da perspectiva da razão. Na interpelação, o eu é remetido a um *nós*[90].

Fora de uma teoria da intersubjetividade, o aspecto por assim dizer inflamável da alteridade do obstáculo não permite ainda uma saída clara de um impasse entre o eu absoluto e o eu teórico como *inteligência* na parte teórica da *Fundação*. Se para a inteligência o obstáculo permite a atividade objetiva e o conhecimento teórico mediante produção de um conteúdo pela "maravilhosa faculdade da imaginação" (GA I/2: 353), por outro lado a inteligência atribui esse conteúdo a um não-eu, de acordo com o princípio da filosofia teórica. O obstáculo traça um limite entre eu e não-eu que configura o conteúdo de sua atividade

---

89. Nesse contexto, segundo Klotz (Ibidem, 90, nota 13), o obstáculo conduz à teoria da intersubjetividade fichteana ainda não formulada em 1794-1795.

90. Sobre isso, cf. G. Zöller, "Liberté, Égalité, Fraternité" – "eu", "tu", "nós": o filosofar político de Fichte, in: *Aurora Revista de Filosofia*, Curitiba, v. 27, n. 42, set./dez. 2015a, 658-666.

finita ao mover o eu à autodeterminação que é ao mesmo tempo uma determinação objetiva do não-eu na representação, ou seja, uma tal que não visa transformá-lo em sentido prático, mas conhecê-lo. O eu é impelido a agir na síntese de contrapostos, e nessa unificação, onde há um limite comum, eu e não-eu não se fundem, mas *coligem (zusammenfassen)* e *coincidem (zusammentreffen)*[91]. Embora esse conteúdo seja gerado na reunião e comunhão dos limites pela atividade independente da imaginação produtiva, ele ainda não elimina o problema da consistência interna do eu. Nesse ponto da parte teórica, certamente se trata dos atos determinados e objetivos do eu, mas ainda assim ele segue originalmente infinito e indeterminado como pura atividade. Nisto entra de modo mais rigoroso a tarefa da imaginação, já anteriormente introduzida[92], em sua plena definição e potencialidade:

> A alternância do eu em si e consigo mesmo, uma vez que ele se põe simultaneamente finito e infinito – uma alternância que consiste como que num conflito consigo mesmo e reproduz a si mesmo por esse processo em que o eu quer unificar o inconciliável, ora tentando acolher o infinito na forma do finito, ora, retraído, pondo a si mesmo novamente fora dele e tentando, nesse momento, novamente acolhê-lo na forma da finitude – [essa alternância] é a faculdade da *imaginação* (GA I/2: 359).

Como bem observa Klotz sobre o problema da consistência interna do eu na *Fundação*, a imaginação permite aqui uma solução ao situar seu produto como algo que o eu não pode fixar na consciência como mera determinação, "mas sempre mantém simultaneamente uma distância da determinação e vai além dela"[93]. Dito de outro modo, na relação teórica do eu sua finitude é determinada em um momento do tempo, mas não fixada permanentemente em função da indeterminidade originária do eu absoluto que não cessa de atuar. A função de determinação e fixação é derivada como uma ação da razão sobre a

---

91. Cf. GA I/2: 357.
92. Cf. GA I/2: 313-314.
93. Ch. Klotz, op. cit., 79.

imaginação no entendimento (*Verstand*). O produto da imaginação é, portanto, apenas *determinável*, *i.e.*, passível de determinação como conteúdo ao lado do eu-razão determinante que, depois dessa determinação específica *produzida* através da imaginação, segue potencialmente capaz de transpor o estado fixado e de pôr a si mesmo diante de novas tarefas de determinação colocadas para o eu-consciência.

Nesse passo em que a imaginação é trazida à baila, Fichte começa a especificar o modo como seu produto constitui para *nós* a própria realidade e caminha para fornecer em sua teoria uma *dedução* da representação. No processo de síntese da imaginação, no qual são unificados o coligir e o coincidir no limite entre eu e não-eu como produto de um apreender (*Auffassen*) "*no* e *para o* apreender" (GA I/2: 359), primeiro a imaginação se coloca como *tese* absoluta, na medida em que é meramente produtiva. Em segundo lugar, esse produto da imaginação é contraposto à atividade do eu, e os coincidentes naquele limite de eu e não-eu passam por uma contraposição em que nenhum dos dois é posto nesse limite, ao que Fichte chama de *antítese* da imaginação. E como a atividade produtiva deve ser atribuída ao eu (a atividade independente da imaginação), ambas as posições novamente devem ser unificadas e os limitantes novamente *coligidos* no limite, processo que descreve a *síntese* da imaginação. Mas se a tese é produtiva, *i.e.*, posição da imaginação, antítese e síntese são reprodutivas.

O que ocorre nesse processo da contraposição dos limites em que a imaginação passa a operar é que os opostos são *coligidos* (*zusammengefasst*) no conceito da mera *determinidade* como um momento essencial da *unificação* das contraposições, que é o objetivo último do processo *sintético* da *Fundação*. Ora, a determinidade permite dar conta do aspecto por assim dizer *em aberto* do eu, em que ele pode se determinar mantendo seu potencial determinante. A unificação ocorre somente mediante *determinação*, e não por *determinidade*, quando os limites são fixados e já não mais apenas coligidos. Essa figura entra para dar conta da totalidade exigida pela autoatividade do eu, o que faz com que os limites não possam ser tomados como fixos pela faculdade da imaginação produtiva (Fichte chama alternativamente de imaginação *ativa*). Na determinidade permanece a determinação como ideia inalcançável, e a imaginação *sustenta* esse estado de indeterminidade que só é decidido pela razão: "a imaginação é uma faculdade que paira (*schwebt*) no meio entre determinação e não-determinação, entre finito e infinito" (GA I/2: 360). O pairar (*Schweben*) da imaginação é um dos momentos constitutivos de seu produto, que é tanto *ilusão*, se temos plena consciência de seu processo inteiro, quanto *realidade*, quando permanece para nós obscuro como esse produto se explica totalmente sem a necessidade de uma coisa fora do eu.

Além disso, o pairar da imaginação é a própria conexão do eu como estado subjetivo a um *momento do tempo* (*Zeit-Moment*), pois da perspectiva da razão pura e determinante tudo é simultâneo: "para a faculdade da imaginação, só existe um tempo" (GA I/2: 360). O tempo (também o espaço) não é, em Fichte, como é para Kant, uma forma pura e sensível da receptividade, mas resultado da faculdade *ativa* da imaginação. O tempo consiste em momentos estendidos da imaginação na passagem de um estado subjetivo para outro, e não de pontos estáticos em sequência. Vinculada ao tempo, a imaginação não consegue se sustentar mais do que um *momento*, o que exige aquele *decreto* da razão de que Fichte fala no início da exposição teórica e que aqui opera uma determinação desse estado subjetivo flutuante. No domínio prático, a imaginação seguiria infinitamente no processo reflexivo de determinação recíproca até a ideia suprema da unidade, sob a condição de uma impossível infinitude acabada. No teórico, a razão entra nas contraposições da consciência e assume o lugar do objeto limitante para a imaginação, de modo que ela já não carece de determinação ulterior para a "*representação do representante*" (GA I/2: 361)[94], pois a ra-

---

94. Não apenas Hölderlin, mas também os assim denominados primeiros românticos alemães (*Frühromantiker*), sobretudo Friedrich Schlegel e Novalis, acompanharam atentamente a construção fichteana da doutrina da ciência. Walter Benjamin destaca o interesse dos jovens românticos por Fichte: no momento da imaginação produtiva, situa-se o ponto de partida para o conceito de crítica de arte romântico, no qual a arte figura como uma espécie de *medium-de-reflexão* num sentido fichteano, ou melhor, "[n] um verdadeiro fichteanismo sem o *obstáculo* – sem o não-eu" (Novalis, *Notes for a Romantic Encyclopedia*. *Das Allgemeine Brouillon*, NYC, SUNY, 2007, 116, n. 639). Benjamin remete precisamente à passagem da *Fundação* supracitada (GA I/2: 361) para

zão determina-se completamente a si mesma e é, por assim dizer, tanto sujeito quanto objeto de si mesma nessa autodeterminação.

A relação da imaginação com o tempo também amarra melhor o argumento da abertura do eu em direção a uma ultrapassagem de seus estados fixados. A pertença do resultado de sua atividade a um fluxo temporal contínuo (e a uma estrutura espacial contínua) torna o eu consciente de sua determinidade como capacidade de, num outro estado subjetivo, ultrapassar certa determinação. Em função disso, o conteúdo produzido pela imaginação no limite entre eu e não-eu é realidade *para nós*, mas nisto reside igualmente o fascinante paradoxo, já aludido, de que não podemos tomar consciência do produto da imaginação sem que o tomemos simultaneamente por ilusão (*Täuschung*):

> A cada ilusão deve-se contrapor verdade (...). Se for demonstrado, como deve no presente sistema, que a possibilidade de nossa consciência, nossa vida, nosso ser para nós, *i.e.*, nosso ser como eu, se funda sobre aquela ação da faculdade da imaginação, então ela não pode ser eliminada se não devemos abstrair do eu, o que é contraditório, pois é impossível que o abstraente possa abstrair de si mesmo; por isso é que ela não ilude, mas dá a verdade, a única verdade possível (GA I/2: 368-369).

Mas há um desvio na argumentação que conecta a razão ao momento do tempo e fixa realidade. No processo de constituição da realidade como um produto da imaginação, a representação surge, ao lado das demais faculdades analisadas na parte teórica da *Fundação*, como um dos elementos da doutrina da ciência também entendida como "história pragmática do espírito humano" (GA I/2: 365). Assim, tanto do ponto de vista das faculdades do ânimo como da perspectiva de uma história do espírito a ser desdobrada, Fichte pretende explicar como se

---

mostrar que, na concepção dos românticos, a imaginação deveria ser deixada livre, sem a determinação (o *decreto*) da razão, para seguir o curso de sua reflexão (duplicação) infinita num *continuum* de formas artísticas onde também se encontra a *ideia* desvelada pela crítica, como desdobramento ou acabamento da(s) obra(s) de arte. Cf. W. Benjamin, *Der Begriff der Kunstkritik in der deutschen Romantik*, Gesammelte Schriften, Frankfurt a. M., Suhrkamp, 1974, 18-25.

estrutura a experiência consciente sem perder de vista o primado da razão prática e o princípio de toda a *Fundação*, que repousa na pura atividade livre do eu. A dedução da representação conduz da síntese imaginativa, produtora de realidade, até o grau mais elevado da autoconsciência a partir de um descolamento da relação sujeito-objeto deduzida geneticamente na filosofia teórica. Da atividade da imaginação, chega-se à definição da autoposição do eu como intuição: "*o eu deve se pôr como intuinte*" e "se põe na intuição como *ativo*" (GA I/2: 371). O intuído é produzido pela imaginação e, assim, inicia-se uma reflexão gerada pelo obstáculo da autoatividade, que revela por contraposição a direção absolutamente espontânea da atividade do eu. A intuição também é resultado do obstáculo como inibição da atividade subjetiva. Mas o obstáculo não inibe a atividade imaginativa espontânea, que segue pairando e não sai desse estado a não ser para a fixação também espontânea de uma intuição que é propriamente o processo da *compreensão* (*Verstehen*). Na dedução, o entendimento aparece como uma espécie de receptáculo para essa atividade racional de fixação da imaginação. Ele é descrito por Fichte como "a faculdade pela qual uma variável *subsiste* e como que é *assentada* (*verständigt*), e com razão é que ela [a faculdade] se chama *entendimento* (*Verstand*)". Tecnicamente: "o entendimento [é] a imaginação fixada pela razão ou a razão provida de objetos pela imaginação" (GA I/2: 374). O entendimento também é a faculdade do *efetivo* (*Wirkliche*), ou melhor, a condição por meio da qual percebemos realidade. Pois é somente nessa fixação da imaginação no entendimento que se entende, geneticamente, como se constitui a *realidade* para o eu – ou como "o ideal se torna real" – e a *compreensão* estabelece uma relação com algo "que deve vir de fora sem nossa participação" (GA I/2: 374). Com isso, justifica-se também que o não-eu, posto já no segundo princípio da *Fundação* e na parte determinante da proposição teórica (*i.e.*, o eu se põe determinado pelo não-eu), seja produto determinado da imaginação e, mais ainda, justifica-se para o eu uma fixação, *i.e.*, sua possibilidade de se tornar *intuitivo*.

No processo de fixação e intuição do eu, compreende-se também a *passividade* que se manifesta como a impossibilidade de uma atividade contraposta, ou seja, como o "sentimento da coação para uma ação determinada", que é "fixado no entendimento como necessidade (*Notwendigkeit*)" (GA I/2: 378). Não se trata, pois, da mera necessidade lógica, mas da experiência consciente e fundante da necessidade como sentimento. Mas esse sentimento também viabiliza a *pensabilidade* da atividade *livre*, contraposta à necessidade. Em relação à afecção, o pensar é uma atividade que se move no registro da reflexão filosófica e permite que aquele processo de fixação da imaginação no entendimento constitua propriamente um objeto. Na base de toda a fundação do saber teórico como autodeterminação prática do eu, o *pensável* (*das Denkbare*) entra em relação recíproca com o pensado, o objeto fixado, e a faculdade do juízo (*Urteilskraft*) reflete sobre o pensado e o coloca em novas situações de possível determinação ulterior. Portanto, o objeto do conhecimento teórico é determinado para o eu como um *pensável* sobre o qual a faculdade do juízo opera tanto em vista da determinação e da fixação como em vista de sua ultrapassagem em direção a outros conhecimentos compatíveis com os diversos estados subjetivos aos quais o eu está sempre submetido na experiência consciente. Sob esse prisma, o problema da consistência interna do eu encontra solução.

Com a construção da parte teórica, Fichte obtém ao fim um critério fundamental de distinção entre sujeito e objeto, que é o que aparece de modo imediato e abstrato para a consciência. Na demonstração genética da atividade objetiva do eu, Fichte só pode chegar à distinção concreta e justificada entre sujeito e objeto no final. Se o eu se determina a si mesmo, ele não determina nada fora de si e, portanto, constitui-se como *sujeito*. Se ele, no entanto, determina algo fora de si, ele não determina a si mesmo, mas estabelece uma relação com um *objeto*. O objeto é propriamente a suspensão da autodeterminação, enquanto o sujeito é a superação de todo o objeto por meio da abstração, quando nada mais subsiste além da pura subjetividade, e isso remonta precisamente ao processo de reflexão e abstração de toda a *Fundação* até o passo da dedução da representação. Por se tratar de distinção altamente abstrata, ela se encontra na parte final da explicação da consciência como instância em que a inteligência (o eu teórico) opera pela diferenciação de si mesma e é, por isso, denominada "autoconsciência" (GA I/2: 383). No curso da história pragmática do espírito, a autoconsciência aparece como a abstração ou descolamento de nossa experiência objetiva. Esse descolamento é tanto resultado de uma abstração ativa da reflexão filosófica e da autoconsciência como também aparece imediatamente à consciência comum sem que saibamos como esse abstrato sujeito-objeto em geral foi constituído em nossa experiência. Por isso, como abstração, a autoconsciência ainda se encontra intrinsecamente ligada à nossa percepção da relação sujeito-objeto, e seria equivocado tomá-la, em Fichte, como a superação dessa relação e da consciência. O que antes ocorre no pensamento da autoconsciência, ao qual a *Fundação* chega na explicação da subjetividade *inteligente* (teórica), é o estabelecimento de um espectro de diferenciações, desde a experiência consciente mais elementar da relação sujeito-objeto até o modo como o próprio eu explica para si mesmo, na dedução filosófica, todo o processo consciente[95]. A autoconsciência surge no processo final

---

95. Segundo Klotz, nessa passagem, Fichte estabelece com o conceito de autoconsciência uma relação diretamente proporcional entre a abstração e a aproximação individual mais ou menos pura da autoconsciência, "onde sua capacidade de abstrair de conteúdos relativos a objetos alcançaria seu máximo" (op. cit., 81). Já num registro menos geral da história do espírito, na teoria mais elementar da consciência e da *mente* humanas próxima do que a tradição anglo-saxã converteu em *mind*, não há nada de trivial na certeza envolvida na autoconsciência, constitutiva para o reconhecimento da própria identidade. Sobre isso, Manfred Frank remete a uma conhecida anedota narrada pelo físico austríaco Ernst Mach, na introdução de suas *Contribuições para a análise das sensações* (1886). Mach reflete brevemente sobre a aparente estabilidade do eu como resultado tanto da mudança gradual e lenta do corpo, ao longo dos anos, quanto da memória, e acrescenta ainda o autorreconhecimento: "Quando jovem, eu vi uma vez na rua um rosto de perfil que para mim era repulsivo e inteiramente desagradável. Não foi pouco o quanto me assustei quando reconheci que era meu próprio rosto ao passar por dois espelhos encostados um ao outro numa loja. E não faz muito tempo que embarquei exausto em um ônibus, depois de uma cansativa viagem noturna de trem, quando na direção contrária vinha um homem. 'Mas que professor decrépito aquele que embarcou!', pensei. Era eu mesmo, pois diante de mim havia um grande espelho" (E. Mach, *Beyträge zur Analyse der Empfindungen*, Jena, Gustav Fischer, 1886, 3, nota 1). Cf. M. Frank, *Unendliche Annäherung. Die Anfänge der philosophischen Frühromantik*, Frankfurt a. M., Suhrkamp, 1997, 726-727. Em suas considerações sobre o estranho ou inquietante (*das Unheimliche*), Freud remete-se a Mach e relata experiência semelhante, refletindo sobre o desagrado com o duplo da própria imagem incialmente não reconhecida. Cf. S. Freud. O inquietante, in: *Obras completas*, vol. 14, São Paulo, Companhia das Letras, 2010, 369-370. Frank acrescenta: "se Lacan estivesse certo com sua teoria do estádio do espelho, então todos nós nos encontraríamos por toda a vida na

de abstração em que o eu propriamente não pode ser abstraído, mas é considerado como se fosse, *i.e.*, como se a autoconsciência empírica pudesse se aproximar de uma autoconsciência pura: "desde a criança que abandona seu berço pela primeira vez e aprende com isso a se diferenciar de si mesma, passando pelo filósofo popular que ainda acolhe imagens materiais de ideias e pergunta pela sede da alma, até o filósofo transcendental, que ao menos concebe a regra para pensar um eu puro e a demonstra" (GA I/2: 383). O que o filósofo transcendental faz é justamente demonstrar na imaginação pura o processo de produção da realidade que jamais pode chegar até a consciência. A perspectiva do filósofo, distinta do senso comum e da filosofia popular, está precisamente nessa aproximação (artificial, reflexiva e abstrata) da autoconsciência pura.

O filósofo pode lançar a subjetividade a um tal patamar de abstração que podemos considerar a nós mesmos infinitos quando refletimos sobre o objeto em geral (o universo) enquanto determinado, ao mesmo tempo que, refletindo sobre nós mesmos, é o próprio objeto que se torna infinito e nós nos tornamos finitos. Segundo Fichte, essa reciprocidade de perspectivas instauradas pela filosofia transcendental (como doutrina da ciência) está no fundamento das antinomias kantianas e se coloca num momento em que o eu é unificado consigo mesmo e onde propriamente termina a abrangência explicativa da filosofia teórica, iniciando a da filosofia prática.

1.7. Esforço e sentimento, ser absoluto e existência efetiva

Excluindo o problema da datação, em torno do qual gira o debate sobre o impacto e a recepção crítica da parte prática da *Fundação*, a tese do primado do prático já se encontrava difundida, como vimos, na ideia do sistema, na compreensão do ponto de partida, nos princípios

---

nada invejável situação de Ernst Mach" (M. Frank, op. cit., 727). Para a psicanálise, o irônico é que este talvez seja o caso toda vez que, durante a vida, seja dada a oportunidade para estranharmos a experiência consciente através da imagem do próprio corpo. Cf. também J. Lacan, *Escritos*, Rio de Janeiro, Zahar, 1998, 96-103.

da doutrina da ciência e na introdução de sua parte teórica. Mas é na execução da parte prática que ela ganha consistência. Voltarei às datas na crítica específica de Hölderlin. Os seguintes arrazoados pretendem completar o raciocínio arquitetônico de Fichte por meio de seus conceitos de esforço (*Streben*) e de sentimento (*Gefühl*), mas também, em continuidade com o prático, na indicação apensa dos conceitos de impulso (*Trieb*), coação (*Zwang*) e anseio (*Sehnen*). O modelo genético resultante da parte prática da doutrina da ciência servirá para apresentar a concepção de Hölderlin, derivada de sua crítica a Fichte. Ele está mais para o final do quinto parágrafo com o segundo par de conceitos desta seção (ser absoluto e existência efetiva), mas julgo fundamental, para compreendê-lo bem, acompanhar os raciocínios que integram a parte prática da *Fundação*. Apresento-os, a seguir, de modo mais ou menos sucinto.

Fichte inicia a parte prática (§ 5) colocando o já antes estabelecido teorema prático, *i.e.*, de que o *eu põe o não-eu como determinado pelo eu*, em uma relação entre o eu como absolutamente *ativo* e o não-eu como um *atuado* pelo eu absoluto. Essa correlação é interpretada como autorrealização prática, ou seja, como a capacidade da subjetividade de unificar e fazer concordar o não-eu com o eu. Por óbvio, na esfera prática o eu teórico inteligente não cessa de existir, afinal a subjetividade inteira deve seguir pretendendo conhecer caso tenha de agir e provocar modificações em sua imagem do mundo. Surge, assim, a primeira contraposição do prático, que consiste na coexistência do eu-inteligência (teórico) e do eu absoluto (fundamental), os quais entram em conflito na perspectiva da unidade absoluta[96].

No final da dedução da representação, a inteligência provoca a contradição, mas não pode ser suprimida sem colocar o eu em nova contradição, afinal ele se põe pura e simplesmente e põe uma faculdade de representação com todas as suas determinações, como se depreende da teoria. O que deve ser suprimido (*aufgehoben*) é antes a *dependência* do eu como inteligência (um eu limitado à relação de

---

[96]. Cf. GA I/2: 387.

objeto) em direção ao eu prático. Essa *operação* é possível sob a condição de que o "eu determine por si mesmo aquele não-eu até então desconhecido e apenas associado ao obstáculo" (GA I/2: 387). Ao determinar por si e *imediatamente* o não-eu a ser representado, na construção prática o eu representante é determinado *mediatamente*. Superada a dependência teórica, o eu agora explica as próprias mediações por meio das quais, como inteligência, concebe o mundo. Assim, em função da reciprocidade entre eu e não-eu, uma explicação mediada das categorias do eu deve fornecer uma explicação imediata do não-eu ou mundo[97]. Ao mesmo tempo que completamente determinado por si mesmo, o eu se torna independente por si mesmo ao executar essa operação. Tal passo ainda não fora dado na parte teórica, e com ele Fichte obtém novas categorias da subjetividade.

Em primeiro lugar, essa nova perspectiva se volta para o estatuto do não-eu, sobre o qual Fichte acrescenta um elemento importante na parte prática. Se a relação de causalidade, já devidamente deduzida, supõe um *quantum* de atividade no eu (absoluto) e um causado que é um *quantum* de passividade no não-eu, a passividade é experimentada como um retorno do eu sobre si mesmo como atividade absoluta. A passividade é determinada como efeito do eu determinante sobre o não-eu e, não havendo efetividade vinda de fora, como uma "mera atuação (*Wirkung*) do eu sobre si mesmo" (GA I/2: 389) que é expressa como uma espécie de desvio (*Umweg*) do eu. O não-eu se apresenta, então, como resultado desse desvio do eu na atuação sobre si mesmo, e nisto tem lugar uma segunda contraposição: tomado de modo estrito, o eu absoluto deve ser causa do "não-eu em si e para si" (GA I/2: 389), ou seja, ele deve ser o que permanece no não-eu depois de abstraídas todas as formas demonstráveis da representação e, portanto, aquilo a que se atribui o *obstáculo*. Por outro lado, o eu absoluto não pode ser causa do

---

97. Cf. D. Henrich, *Between Kant and Hegel: Lectures on German Idealism*, Cambridge, Harvard University Press, 2008, 170. Henrich entende que a explicação fichteana do processo consciente das ações que engendram a relação sujeito-objeto é da ordem de uma correlação interna de consciência moral e imagem moral do mundo.

não-eu, porque a posição do não-eu implica limitação do eu absoluto. O não-eu posto implica um não pôr do eu, o que é contraditório.

Dessa segunda contraposição surge, a um só tempo, uma solução e um desdobramento: segundo o pressuposto geral da *Fundação*, o eu põe um não-eu pura e simplesmente, sem fundamento. Então, ele precisa igualmente se limitar pura e simplesmente, sem um fundamento, pondo-se em parte. Mas ele precisaria de um fundamento, em si mesmo, de se pôr e de não se pôr ao mesmo tempo. Assim, o eu seria algo em si contraposto, contraditório, e isso levaria à sua supressão. O passo da explicação para dirimir essa contradição está no apelo de Fichte ao modo como cada um *sente* o que ocorre na constituição de sua experiência: "no segundo princípio [*i.e.*, o não-eu, W.Q.], apenas algo é absolutamente; mas algo pressupõe um *factum* que não se deixa mostrar *a* priori, apenas exclusivamente na experiência própria de cada um" (GA I/2: 390). É evidente que a inibição da subjetividade não pode ser demonstrada segundo argumentos lógicos, mas ela é plenamente experimentada e sentida por cada um de nós como seres finitos e, assim, pressuposta como sentida pelos demais no processo de reconhecimento recíproco em uma coexistência possível de *eus*.

Dentro da mesma solução, Fichte insere como mera hipótese e fato da consciência (*Faktum des Bewusstseins*) um *pôr distinto do pôr do eu*, em todo caso indemonstrável por conceitos de razão:

> Está absoluta, pura e simplesmente fundamentado na essência do eu que, *se* há um tal pôr, esse pôr precisaria ser um *contrapor*, e o posto *um não-eu* – como o eu pode diferenciar algo de si mesmo, para isso não se deixa derivar de lugar algum um fundamento superior da possibilidade, mas essa diferença é que propriamente funda toda derivação e toda fundamentação (GA I/2: 390).

Ora, como é gerada essa diferença? É possível chegar à diferença de eu e não-eu por meio de um fato da consciência, mas não por meio de conceitos da razão que operam apenas na contradição e se enfrentam em antinomias. Se os raciocínios da doutrina da ciência valem simplesmente *a priori*, por outro lado suas proposições só obtêm realidade da experiência consciente. A própria consciência do objeto fornece a cada proposição a validade objetiva, e ela só se deixa postular *a priori*, não deduzir (afinal, não há consciência sem objeto). Assim, no exemplo de Fichte, Deus como consciência absoluta não tem nenhum teor na doutrina da ciência, uma vez que não haveria nenhum pôr distinto do pôr do eu numa tal consciência. Para a doutrina da ciência, uma distinção entre o eu absoluto e uma atividade *ponente* de si é objetivamente necessária.

Se na filosofia teórica a imaginação cumpria o papel de atividade independente, na filosofia prática o que se coloca nesse papel é uma *ação sintética* da causalidade do eu sobre o não-eu que acomoda tanto a representação (a inteligência) quanto resguarda o caráter absoluto e autoponente do eu. Ela atua imediatamente sobre o *querer (wollen)*, apenas mediatamente sobre o entendimento. A posição simultânea de eu e não-eu, tanto do ponto de vista da inteligência como do eu absoluto, carece de uma diferenciação dos sentidos das ações de posição e causalidade (prática), as quais apontam igualmente para uma contradição superior na essência do próprio eu: 1. O eu se põe pura e simplesmente como *infinito* e *ilimitado*; 2. O eu se põe pura e simplesmente como *finito* e *limitado*. A solução em terreno prático só é possível mediante determinação minuciosa das proposições contraditórias, pois em abstrato as contradições devem permanecer. Ou seja: em um sentido, o eu se põe como infinito, em outro, como finito. Em um só sentido, a contradição é insolúvel, precisamente no tipo em que Fichte situa a solução dogmática de Espinosa quando projeta para fora de nós o *infinito*, impedindo até mesmo a questão acerca de como essa ideia pode chegar até nós[98]. Na perspectiva da doutrina da ciência, o mero pôr (*Setzen*) é o fundamento tanto da finitude como da infinitude, de modo que o problema se resolve ao determinar a "diferença na mera ação desse pôr distinto" (GA I/2: 392).

A definição dos sentidos de finitude e infinitude é feita com base na diferenciação dos domínios da filosofia em relação aos princípios da *Fundação*: a *infinitude* está no eu como atividade cujo produto não é

---

98. Cf. GA I/2: 392.

um objeto, mas é um "círculo do qual a razão não pode sair"; um círculo no qual "produto, atividade e ativo são uma e mesma coisa (§ 1.) [*i.e.*, o primeiro princípio, W.Q.], e que diferenciamos apenas para poder nos expressar" (GA I/2: 393). A atividade do eu puro é infinita e não tem objeto, *i.e.*, ela é *prática*. A finitude entra quando o eu coloca limites a si mesmo pelo obstáculo e sua "atividade (do pôr) não atua imediatamente sobre si mesmo, mas sobre um não-eu a ser contraposto (§§ 2.3.) [*i.e.*, segundo e terceiro princípios, W.Q.]" (GA I/2: 393). Com esses limites, a atividade do eu não é mais pura, mas *objetiva* e, portanto, *teórica*. Nesse ponto encontra-se a definição fichteana talvez mais clara e concisa de objeto: "a palavra objeto (*Gegenstand*) descreve de modo primoroso o que deve designar. Cada objeto de uma atividade é necessariamente algo contraposto à atividade, o que lhe está *contra* (*wider*- oder *gegen-stehendes*)" (GA I/2: 393). O objeto é algo que está contraposto e que oferece *resistência* (*Widerstand*), de modo que, se não houver inibição da atividade do eu, não haverá atividade objetiva e, por conseguinte, não haverá objeto. Assim, colocadas as coisas em suas perspectivas, a atividade infinita é reservada ao eu *prático*, a atividade finita ao *teórico* pela inibição e pelo obstáculo.

A totalidade subjetiva é constituída pela mesma atividade considerada das duas perspectivas. A determinação exercida pelo eu sobre o não-eu como relação causal é um modo de unificação da atividade prático-infinita com a atividade teórico-objetiva, em que o eu se determina a limitar sua atividade para ter um objeto, conhecer e agir: "a atividade voltada para si mesma do eu se comporta com a atividade objetiva como a causa com seu efeito" (GA I/2: 393). A autoposição do eu é analogamente causa da atividade objetiva, de modo que o eu age e determina imediatamente a si mesmo e, mediata e simultaneamente, um não-eu. A objetividade surge da mediação estabelecida na relação do eu consigo mesmo em sua explicação do mundo. A posição de um objeto pelo eu ocorre sem determinação de limites, tratando-se, portanto, da posição em geral de um objeto. Não sendo uma posição determinada, fica estabelecido que o eu põe espontaneamente um limite *no infinito*, o que não suprime a finitude do eu, mas deve fazê-lo pôr-se como finito. No entanto ele é infinito nessa finitude e, inversamente, finito em sua infinitude.

Ao mesmo tempo, *contra*põe-se também em geral uma atividade do eu à posição de um objeto. A atividade contraposta à atividade objetiva está, *em certo sentido*, no eu e, também *em certo sentido*, no objeto. No sentido em que ela se encontra no objeto, a ela é contraposta novamente uma atividade *qualquer* que não é aquela posta *no* eu. Essa atividade, diz Fichte, é "a condição da possibilidade da posição de um objeto" (GA I/2: 395), *i.e.*, da atividade objetiva, posta *pela* ação absoluta do eu. Na medida em que ela é contraposta ao objeto posto na infinitude, ela deve ir para além de todo objeto possível, igualmente na infinitude, já que é contraposta ao objeto. Posto um objeto (§ 2.), a atividade infinita é posta pelo eu em si mesmo, e ela se comporta com a atividade objetiva do eu como o fundamento da possibilidade com o fundamentado. A construção é a seguinte: o objeto é meramente posto; é posta uma atividade resistente; sem atividade de posição, sem objeto posto. Da relação da atividade em geral com a atividade objetiva se desdobra a relação do determinante com o determinado. A atividade precisa sofrer resistência para que haja objeto, e embora a atividade e o objeto posto pelo eu sejam em si pensados como independentes um do outro, eles entram em relação *se um objeto é posto*. É dessa relação que depende a posição de um objeto em geral.

Ora, a mera relação entre atividade infinita e atividade objetiva ocorre pela mera posição simultânea de ambas. Como são coisas distintas em perspectiva, no entanto, elas não são por suposto iguais, mas sua igualdade é exigida: "elas *devem* ser pura e simplesmente iguais" (GA I/2: 396), embora não o sejam efetivamente (*wirklich*). A questão decisiva da ciência do prático é demonstrar que a concordância é exigida pelo eu como dever (*sollen*). Fichte argumenta a partir do primeiro princípio, reafirmando que a autoposição do eu implica simultaneamente a posição de toda a realidade: "tudo deve estar posto no eu; o eu deve ser pura e simplesmente independente, mas tudo deve depender dele" (GA I/2: 396). Assim, é exigida a concordância do objeto com o eu, e é o eu absoluto que a exige em função de seu *ser absoluto* (*absolutes Seyn*). Nesse passo, Fichte vincula a exigência (*Forderung, sollen*) ao ser como atividade: em função do ser absoluto do eu, *i.e.*, de sua pura atividade, a relação objetiva é instituída como um reportar-se a tudo que não é o eu, mas *deve ser* em relação ao eu. Precisamente nesse sentido, Fichte interpreta o imperativo categórico kantiano como um "postulado absoluto da concordância com o eu puro", pressupondo um "ser absoluto do eu pelo qual tudo seria posto ou, se não, ao menos *deveria* ser posto" (GA I/2: 396, nota). O eu tem o direito de postular porque é e na medida em que é absoluto e, portanto, postula inclusive seu ser absoluto. A concordância com o eu é inteiramente deduzida.

Uma coisa é a exigência do eu, outra é como seu cumprimento é experimentado pela consciência. Que toda a atividade deva ser igual à do eu é uma exigência fundada no eu absoluto que só haveria de ser paradoxalmente *efetiva* num mundo *ideal*. Para a consciência objetiva, essa exigência aparece como uma disparidade que é o próprio estatuto do estar contraposto (*entgegengesetzt*), e a relação *real*, *i.e.*, uma tal em que a pura atividade do eu tem de ser distinta das demais, é experimentada como *objeto*. Sem essa diferença, não haveria objeto para o eu, ele seria "tudo em tudo" ou um "nada" (GA I/2: 397). Fichte retoma aqui a condicionalidade da posição do não-eu (§ 2.), mostrando que já formalmente não-eu e eu não podem concordar: "a atividade do eu relacionada ao não-eu não é de modo algum um determinar (para a igualdade efetiva), mas é meramente uma *tendência*, um *esforço* (*Streben*) para determinação, que apesar disso tem plena força de lei por estar posto pelo pôr absoluto do eu" (GA I/2: 397). Fichte resume o caminho da construção da parte prática da seguinte forma: a atividade pura do eu sobre si mesmo é um *esforço* quando considerada em relação a um objeto possível. Por ser a atividade infinita, o esforço também é infinito em vista de um objeto qualquer, sobretudo porque a determinação completa do não-eu (objeto) pelo eu (sujeito) jamais chega a seu termo, permanecendo a *cisão* entre *real* e *ideal* em toda a doutrina da ciência, que já declarava que a unidade absoluta do sistema só poderia "ser produzida por uma aproximação finalizada do infinito (*geendete Annäherung zum Unendlichen*), o que em si é impossível" (GA I/2: 276).

Na remissão do teórico ao prático, o eu como inteligência (dependente de um não-eu) deve depender do eu absoluto. Isso é possível assumindo-se uma causalidade do eu para determinação do não-eu (como objeto do eu inteligente). Tomada consequentemente, essa causalidade suprimiria a si mesma, suprimindo também eu e não-eu; assim, deve-se superar essa supressão pela diferenciação de duas atividades contrapostas do eu, a pura e a objetiva. Seus pressupostos: a atividade pura atua imediatamente como causa sobre a atividade objetiva; a atividade objetiva atua imediatamente como causa sobre o objeto. A atividade pura do eu está em relação *mediada* com o objeto na relação de causalidade *imediata* com a atividade objetiva. Nenhum objeto pode ser posto se não há atividade (pura como condição de toda atividade que põe um objeto) do eu contraposta ao objeto. A atividade pura não se reporta originalmente a um objeto, é uma ação absoluta do eu. A ação é absoluta segundo a forma (fundando a espontaneidade absoluta da reflexão no teórico, e a espontaneidade do querer no prático); mas condicionada segundo a matéria, e é por isso um *reportar* (*beziehen*): "a atividade pura é nesse sentido [material, W.Q.] *condição do reportar*, sem o qual não é possível um pôr do objeto" (GA I/2: 398). A atividade pura só se reporta a um objeto possível por meio de um *esforço*.

Ora, é a própria *razão prática* que exige que tudo concorde com o eu e que toda a realidade seja posta pura e simplesmente pelo eu. A *Fundação* demonstra que a razão não pode ser teórica se não for prática: "não haveria qualquer inteligência no homem se ele não tivesse uma faculdade prática. A possibilidade de toda a representação se funda na razão prática" (GA I/2: 399). Sem esforço (prático do eu para que tudo concorde com ele), não há objeto possível. A hipótese de uma atividade do objeto relacionada à atividade do eu leva a uma circularidade que precisa ser dissolvida. Para isso, Fichte investiga o fundamento da relação (*Grund der Beziehung*). Em primeiro lugar: o eu absoluto é pura e simplesmente igual a si mesmo e esforça-se (*strebt*) para manter-se nesse estado. Então, ocorre para ele uma desigualdade, um desequilíbrio, algo de estranho. Isso não se deixa comprovar *a priori*, mas cada um pode atestá-lo segundo a própria experiência da inibição e do obstáculo. O estranho e externo aparecem em conflito com o esforço do eu para se tornar idêntico a si mesmo. Como não há inteligência fora do eu, ele mesmo coloca essa limitação que aparece como desigualdade e desequilíbrio. Surgindo a desigualdade, o eu precisa novamente restaurar a atividade (*i.e.*, o esforço de determinação) que não fora interrompida por ele mesmo. Portanto ocorre uma *comparação* entre o estado de sua limitação e a restituição de seu esforço obstaculizado, sem que se acrescente qualquer objeto nessa fase. Essa comparação é possível mediante um *fundamento relacional* entre esses dois estados, o de limitação e o de restituição do esforço de determinação do eu.

Só o eu pode pôr em si mesmo tanto o obstáculo quanto a restituição de seu estado inibido, que é a atividade determinante de tudo em concordância consigo mesmo. Em relação recíproca, restituível é uma atividade posta como inibida e inibível é uma atividade posta como restituída: "com isso, os estados a serem unificados já se encontram unificados sinteticamente *em* e *para* si" (GA I/2: 401). A síntese permite a coexistência recíproca de atividades aparentemente contraditórias, mesmo que uma delas seja apenas pensada como posta por uma inteligência distinta do eu, o que de modo algum é possível. Não há posição possível de um obstáculo a não ser pelo próprio eu. Todo pôr do eu parte da *posição de um estado meramente subjetivo*[99]. Esse estado meramente subjetivo é o *sentimento* (*Gefühl*), que aparece como *resultado* de toda *síntese de um contraposto no sujeito*, necessária em si mesma, e essa síntese é o *estado subjetivo* para a consciência: "como fundamento desse sentimento, segue sendo posta uma atividade do objeto; essa atividade é dada ao sujeito que refere pelo sentimento, e só assim é possível a relação exigida a uma atividade do eu puro" (GA I/2: 401).

Na consciência objetiva, o sentimento dá conta da disparidade provocada pela existência, no sujeito, de contraposições que se colocam em uma relação real de objeto, onde a atividade pura é diferenciada. Como visto, a atividade pura atua imediatamente como causa sobre a atividade objetiva e mediatamente sobre o objeto. O sentimento é o índice da síntese entre a atividade pura do eu e a atividade objetiva, ao qual Fichte apela quando remete à experiência de cada um. Ele aparece como uma espécie de fundamento último na experiência subje-

---

99. Cf. GA I/2: 401.

tiva que precisa ser elevado à consciência através do trabalho filosófico sobre as contraposições no sujeito. O sentimento explica igualmente por que motivo a suposta atividade de um objeto deve ser posta no sujeito para fins de determinação e explicação de sua experiência teórica. O sentimento é, ainda, a ligação dessa atividade objetiva com a atividade pura do eu absoluto por causa de seu ser absoluto. Não é à toa que Fichte definirá a doutrina da ciência, conforme já aludido, como "sistema das representações acompanhadas pelo sentimento de necessidade" (GA I/4: 186, 211). De acordo com toda a construção e explicação da subjetividade empreendida pela doutrina da ciência, o fundamento último de toda a realidade para o eu é o de uma ação recíproca originária entre o eu e algo considerado externo a si mesmo, do qual se pode dizer apenas que é um contraposto *no* sujeito; como estado meramente subjetivo, esse contraposto move o eu a agir, e sua existência consiste apenas no agir: "a esse movente não cabe nada mais do que o fato de que é um movente, uma força contraposta que, como tal, é apenas sentida (*gefühlt*)" (GA I/2: 411).

Com isso, a inibição do obstáculo vincula-se ao sentimento, e a *realidade* é criticamente compreendida em sua relação com a *idealidade* das condições postas pelo eu na explicação de si mesmo e do mundo. Vinculando isso tudo ao resultado da investigação, a atividade infinita se reporta como esforço a um objeto, aparecendo como atividade objetiva. Fichte pretende mostrar que a atividade infinita do eu é objetiva em sentido diverso ao de sua atividade finita. A distinção feita é, portanto, entre a atividade objetiva do eu que se volta para um objeto *efetivo/real* e o esforço infinito do eu que se volta para um objeto meramente *construído*, posto numa infinitude da qual só é possível aproximar-se pelo esforço. Diante da atividade objetiva limitada, o esforço é infinito, vai além da determinação de limites indicada pelo objeto. O esforço "determina um mundo tal como ele seria se toda a realidade fosse posta pura e simplesmente pelo eu; ou seja, um mundo ideal posto meramente pelo eu e sem um não-eu" (GA I/2: 403). Mas o esforço também é finito quando se dirige a um objeto e precisa colocar-lhe limites, constituindo realidade. Já o ideal "é um produto absoluto do eu" (GA I/2: 403), ele vai ao infinito, mas em cada momento tem marcado seu limite, que no próximo momento determinado já não precisa ser o mesmo. Essa explicação já dá conta do que Klotz, como vimos, denomina problema da consistência interna do eu. O esforço em geral é infinito e não chega à consciência: mas tão logo se reflita sobre ele, torna-se necessariamente finito: "assim que o espírito souber que é finito, ele se estende novamente; mas tão logo ele se pergunte se é infinito, torna-se finito exatamente por meio dessa pergunta; e assim até o infinito" (GA I/2: 403).

Se na infinitude perfeita não há objeto, por outro lado esse *ideal* paira (*schwebt*) diante de nós, "está contido no íntimo de nossa essência" (GA I/2: 403). Então o que nos cabe é resolver essa contradição. Trata-se de pensar a unidade egoica de reflexão e esforço à luz da lei dos costumes. A marca da determinação subjetiva para "nossa existência estendida além, para toda eternidade" (GA I/2: 404), repousa sobre a ideia inalcançável de uma infinitude acabada, objeto do esforço. Portanto o eu só é infinito por causa do esforço, ou melhor, esforça-se por ser infinito, e no próprio esforço já se encontra a finitude como índice de resistência para que haja o esforço. O eu não pode ser mais do que o que se esforça infinitamente, pois não tem causalidade infinita. O esforço infinito é, por isso, um conceito crucial da parte prática da doutrina da ciência, pois permite pensar uma ação sem a necessidade de recair no conceito acrítico de causalidade, que foi demonstrado como secundário na parte teórica. Por meio dessa construção, e por causa do esforço, a causalidade é *exigida* em função do ser absoluto do eu. A prova dessa exigência deve ser feita de modo genético: deve-se demonstrar um esforço pela causalidade em geral que fundamenta todo o tipo de causalidade determinada. O esforço se define justamente por ir além do objeto, uma vez que na atividade objetiva o conhecimento teria seu fim, mas o eu segue cumprindo a exigência da razão prática de fazer o objeto concordar com o sujeito. De acordo com isso, o fundamento para o "sair de si mesmo do eu (*herausgehen des Ich aus sich selbst*)" está no próprio eu, e é somente nele que obtemos "o verdadeiro ponto de unificação entre o eu absoluto, o prático e o inteligente" (GA I/2: 405).

Recapitulando, o eu absoluto já está posto no primeiro princípio da *Fundação* como *estado-de-ação* (*Tathandlung*); na parte teórica, Fichte explica como se estrutura o eu inteligente. Na parte prática, ele procura mostrar como o conceito de eu absoluto pode ser ele mesmo a condição de possibilidade da influência alheia de um não-eu, ou seja, enquanto a própria instância que permite o não-eu, e põe em si a possibilidade de que algo atue sobre ele sem prejuízo de seu pôr absoluto, mantendo-se "como que aberto para outro pôr" (GA I/2: 405). O *prático* da doutrina da ciência como *prima philosophia* é uma explicação das categorias do eu puro em sua relação recíproca com o eu inteligente, sendo prático em sentido convencional na assim chamada doutrina da ciência aplicada: no sistema da ética, no direito natural etc. Assim, o prático é uma instanciação do eu absoluto no qual também repousa uma diferenciação (*Verschiedenheit*) originária: "o eu deve encontrar em si algo heterogêneo, alheio, a ser distinguido dele próprio: esse é o ponto de partida mais conveniente para nossa investigação" (GA I/2: 405).

Esse algo heterogêneo é apenas uma *mudança* de direção da atividade do eu depois do obstáculo, quando retorna sobre si mesmo e gera *reflexão*, não se reportando a algo externo. A atividade do eu, indo ao infinito ou sendo obstaculizada, segue sendo atividade do eu, apenas nesse retorno é que se torna estranha e contrária ao eu. O eu possui então dois movimentos, por analogia a dois conceitos da "doutrina da natureza" (física): um que é *centrípeto* e indica uma direção do eu sobre si mesmo, outro que é *centrífugo* e indica um movimento para fora, que não obstante é recíproco em relação ao retorno do eu a si mesmo:

> [O eu] deve ter em si mesmo, tão certo de que é um eu, o princípio da vida e da consciência. De acordo com isso, tão certo de que é um eu, ele precisa incondicionalmente ter em si um princípio para refletir sobre si mesmo; e assim temos o eu em duplo sentido: em parte, na medida em que é reflexionante, a direção de sua atividade é centrípeta; em parte, na medida em que é aquilo sobre o que se reflete, a direção de sua atividade é centrífuga, e na verdade centrífuga em direção à infinitude (GA I/2: 407).

Ambas as direções do eu estão fundadas nele mesmo, com a diferença colocada pela reflexão na perspectiva do eu reflexionante ou na do refletido. Mas a reflexão *in totum* só é possível mediante exigência de que "toda realidade deva estar no eu" (GA I/2: 407). Em função disso, ambas as direções do eu constituem, na verdade, uma e mesma direção. Para a consciência efetiva, no entanto, é necessário que a atividade centrífuga do eu seja obstaculizada em algum ponto para que tenha lugar a reflexão e o eu se encontre em seus limites no movimento centrípeto, e isto é um fato que não se depreende de nenhum princípio, mas está no fundamento da consciência. Ao mesmo tempo, a reflexão do eu sobre si mesmo e a instauração de seu limite como realidade é também o fundamento de todo "sair de si mesmo do eu" com a subsequente exigência, cumprida pelo esforço, de uma causalidade em geral que se completasse na infinitude: "ambas as coisas estão fundadas exclusivamente no ser absoluto do eu" (GA I/2: 408).

No fim do § 5 da parte prática da *Fundação*, Fichte estabelece o vínculo entre o eu absoluto (*absolutes Seyn*) e a existência efetiva (*wirkliches Daseyn*), *i.e.*, a finitude em que se estrutura nossa subjetividade. O ponto de unificação entre a essência absoluta, prática e teórica (inteligente) do eu está na ideia de um eu posto pura e simplesmente como infinito, o eu absoluto. A ideia do eu é propriamente a exigência infinita prática da concordância do objeto com o sujeito, a qual, todavia, é inalcançável para nossa consciência e jamais poderá chegar à consciência imediatamente, a não ser pela reflexão filosófica. O eu *precisa* refletir sobre si a fim de saber se abrange *efetivamente* toda realidade em si. Esse processo já foi estabelecido desde os primeiros parágrafos da *Fundação*, quando Fichte estabelecia o *estado-de-ação* fundante da doutrina da ciência por meio de *reflexão e abstração*. E ele chega à conclusão de que não se pode ter toda a realidade na teoria porque essa reflexão é imposta pela obstaculização da infinitude da atividade prática. O que é e pode ser dado pelo eu, o que *deve ser*, é a série do *ideal*. Mas quando o eu é levado ao encontro do *obstáculo* e sua atividade do sair de si é limitada, o que resulta é uma série inteiramente distinta, a do *efetivo*, e aqui, como diversas vezes repetido, o eu é teórico. Novamente, Fichte reforça a tese segundo a qual não haveria inteligência sem uma faculdade prática[100], agora nos seguintes termos: "sem faculdade prática no eu, nenhuma inteligência é possível; se a atividade do eu vai apenas até o ponto do obstáculo, e não para além de todo obstáculo possível, então não há no eu e para o eu um obstaculizante, um não-eu" (GA I/2: 410). Inversamente, tampouco haveria faculdade prática ou autoconsciência sem a inteligência, pois é por ela que se chega ao obstáculo e à consciência da atividade em função de direções distintas. Por fim, é nessa relação inversa que se justifica o método truncado da *Fundação*, que começa pela parte teórica: "aqui é feita a abstração de que a faculdade prática, para que chegue à consciência, precisa antes de tudo percorrer a inteligência e assumir a forma da representação" (GA I/2: 410). Com isso, estaria justificado na *Fundação* o modo de proceder do teórico para o prático que será posteriormente abandonado na *Nova methodo*.

O vínculo entre ser e existência está justamente na concatenação da experiência subjetiva em naturezas racionais finitas. Fichte considera esgotado o todo da explicação dessa experiência da seguinte forma: a gênese da subjetividade teórico-prática começa com a "ideia originária de nosso ser absoluto", passa pelo "esforço para a reflexão sobre nós mesmos segundo essa ideia" e resulta numa "limitação de nós mesmos, de nossa *existência efetiva* posta" como um não-eu ou finitude. A autoconsciência é, nesse processo, a "consciência de nosso esforço prático", do qual decorre a "determinação de nossas representações", sem ou com liberdade, sob a condição verificável sobre se por nossas ações permanecemos no nível da sensibilidade efetiva ou ampliamos nossos limites ao infinito[101]. Fichte distingue essa construção de um "estoicismo consequente", segundo o qual o ser absoluto e a existência efetiva não seriam distintas precisamente pelo constitutivo da moral estoica, *i.e.*, seu caráter autossuficiente e irrestrito. Para a doutrina da ciência, ser absoluto e existência efetiva são distintos, de modo que o primeiro só é posto no fundamento para poder explicar o segundo. A não distinção

---

100. Cf. GA I/2: 399.
101. Cf. GA I/2: 410.

entre ser absoluto e existência efetiva não permite a explicação da consciência. Segundo esse raciocínio explorado exaustivamente na *Fundação*, e por causa do ser absoluto do eu (que é um nós), a doutrina da ciência é *realista* porque não se esquiva da tarefa de explicar a experiência consciente, afirmando uma "força contraposta que só é meramente sentida mas não reconhecida pelo ser finito" (GA I/2: 411). O método da doutrina da ciência é, portanto, o de dedução dessa contraposição sentida, processo que só é reconstituível para a consciência da perspectiva da filosofia transcendental.

Fichte aduz ainda outros arrazoados que situam seu idealismo crítico na explicação da realidade, sobre o qual já discorremos. Ao sentimento e ao esforço, ele acrescenta o *impulso* (*Trieb*) da faculdade prática à realidade, que serve para modificar o contraposto[102]. Além da determinação do objeto pelo sujeito (segundo teorema título do § 5), Fichte deriva na parte prática mais seis teoremas que articulam esforço, sentimento e impulso e suas relações de modo mais determinado[103]. Na construção final, a posição do esforço é interpretada como causalidade voltada para si mesma, produzindo a si mesma como esforço e, com esse sentido, denominada *impulso* (*Trieb*), limitado ao meramente subjetivo[104]. Como o eu se esforça por preencher a si mesmo ao infinito e, pelo obstáculo, segue a *tendência* à reflexão, ele não pode refletir sobre si mesmo sem se limitar em face do *impulso*, que como atividade autorreferente novamente é limitado em algum ponto no qual a tendência reflexiva é satisfeita, mas "o impulso à atividade real é limitado" (GA I/2: 419). A autolimitação do impulso o coloca numa ação recíproca em que é impelido adiante, e do fato de ser detido pela reflexão (e por si mesmo como autorrelação) resulta a

---

102. Cf. GA I/2: 413.
103. Completam a *Fundação*: § 6. No esforço do eu, é posto simultaneamente um contraesforço do não-eu, que equilibra o primeiro (cf. GA I/2: 416-417); § 7. Precisam ser postos o esforço do eu, o contraesforço do não-eu e equilíbrio entre ambos (GA I/2: 417-420); § 8. O próprio sentimento precisa ser posto e determinado (cf. GA I/2: 421-426); § 9. O sentimento precisa seguir sendo determinado e delimitado (cf. GA I/2: 426-429); § 10. O próprio impulso precisa ser posto e determinado (cf. GA I/2: 430-446); e § 11. Os próprios sentimentos precisam poder ser contrapostos (cf. GA I/2: 446-451).
104. Cf. GA I/2: 418.

unificação de impulso limitado e ilimitado que é sentida como *coação* (*Zwang*) ou um *não-poder* (*Nichtkönnen*): "eu sinto, sou passivo (*leidend*) e não ativo (*tätig*), há uma coação" (GA I/2: 419). Além da constituição dessa passividade, na determinação ulterior do impulso o objeto da reflexão é por princípio o próprio eu como *impelido* (*getrieben*) por uma propulsão (*Antrieb*) que está nele mesmo, sem arbítrio ou espontaneidade. Essa atividade impelida dirige-se a um objeto irrealizável como coisa pelo eu, nem mesmo representável como atividade ideal. Apesar disso, essa atividade dirige-se irresistivelmente (*unwiderstehlich*) a um objeto meramente sentido, e Fichte descreve essa atividade como um *ansiar* (*sehnen*): "um impulso para algo totalmente desconhecido que se manifesta meramente por uma *carência* (*Bedürfnis*), por um *desconforto* (*Misbehagen*), por um *vazio* (*Leere*) que busca preenchimento sem indicar de onde. O eu sente em si um ansiar, sente-se carente" (GA I/2: 431).

Com essas determinações práticas do esforço, Fichte procura articular sua interpretação racional da subjetividade em face de fundamentos não discursivos, ou melhor, procura elevar à consciência o dado e desconhecido do sentimento através do trabalho filosófico. Os sentimentos derivados de anseio, carência, desconforto, vazio etc. são próprios de uma ausência de objeto em sentido realista forte, e o idealista transcendental consequente ou idealista prático[105] precisa dar conta desses sentimentos em sua explicação da experiência subjetiva, mesmo que isso somente seja possível em uma perspectiva crítica e, portanto, claramente delimitada. Dentro do modelo genético resultante, em que a ideia do *ser absoluto* está posta como objetivo do *esforço* para sua realização em nossa *existência efetiva* finita, Fichte deriva a autoconsciência prática de uma relação subjetiva que almeja objetividade em aproximação infinita, desde o mais imediato da sensibilidade efetiva até a imagem moral acabada do mundo. Veremos mais adiante como esse modelo é compreendido e reinterpretado na construção original de Hölderlin, em *Juízo e Ser*.

---

[105]. Klotz (op. cit., 82-97) interpreta a ciência do prático em termos de um "idealismo prático", complementando o conceito de idealismo crítico apresentado por Fichte na parte teórica.

CAPÍTULO 2
A crítica de Hölderlin a Fichte

El estudiante resuelve dedicar su vida a encontrarlo.
Jorge Luis Borges, El acercamiento a Almotásim.

A partir da exposição dos argumentos da *Fundação* de 1794-1795, gostaria de sustentar que a concepção filosófica de Hölderlin em Iena comporta, por um lado, em perspectiva sistemática, uma inegável e radical crítica dos limites do pensamento, tecnicamente definido por Fichte como a determinação racional da imaginação para o entendimento[1]. Como procurarei mostrar, essa crítica é radical na medida em que, para ela, o eu absoluto ou eu-razão fichteano ultrapassa inteiramente a teoria que pretende explicar por meio de uma construção reflexivo-abstrata da subjetividade. Por outro lado, gostaria de sustentar, também, que a concepção de Hölderlin é alternativa ao modelo genético resultante da parte prática da *Fundação*, no qual Fichte finalmente estabelece a relação entre o ser absoluto e a existência efetiva, *i.e.*, entre sistematicidade e individualidade. É alternativa porque dá uma formulação para o problema sem ultrapassar os limites da cons-

---

1. Cf. GA I/2: 380.

ciência. Como o ser absoluto é transcendente aos olhos de Hölderlin, o que há não é uma relação entre sistema e existência efetiva, mas uma cisão intransponível entre ambas as esferas. Em sua concepção, o absoluto figuraria apenas como uma espécie de unidade pré-cisão nos limites da atividade do pensamento, divisada na cisão apenas por meio da contraposição dos conceitos de *juízo* e de *ser*. A concepção hölderliniana propriamente dita deriva daquela crítica e dessa cisão, ao lado da concepção de uma unificação ou união, elaborada nas versões de *Hipérion* em Waltershausen-Iena (1794-1795), Nürtingen (1795-1796) e Frankfurt (1796). Portanto, neste capítulo, discutirei detalhadamente a crítica de Hölderlin a Fichte porque é propriamente a ocasião para o arranjo dos elementos dispersos de sua concepção. Com base na fortuna crítica, proponho um comentário estendido da carta de Hölderlin a Hegel, de janeiro de 1795, na qual se agrupam elementos do debate conhecido como *crítica a Fichte (Fichte-Kritik)*. Ao articular os dois momentos acima, minha leitura procura mostrar que a relação de Hölderlin com Fichte é mais ambivalente do que se aceita, em geral, ao se enfatizar, por um lado, a imagem de um Hölderlin que não compreendeu Fichte[2] e, por outro, a de um Hölderlin que, com sua crítica, influenciou o sistema da parte prática da *Fundação*[3].

O percurso esquemático deste capítulo é o seguinte: primeiramente, estabeleço algumas informações sobre a datação dos feitos e dos eventos importantes para a aproximação de Hölderlin ao pensamento de Fichte entre 1794 e 1795 (2.1). Em seguida, discorro acerca dos temas de sua crítica na carta a Hegel. Tratarei da suspeita de dogmatismo levantada contra Fichte, buscando situar os termos dessa suspeita, proveniente de uma acusação à época em voga (2.2). No passo seguinte, explico em que sentido a crítica situa a extrapolação dos limites da consciência empírica no sistema fichteano (2.3). Faço um apa-

---
2. Cf. P. Kondylis, *Die Entstehung der Dialektik. Eine Analyse der geistigen Entwicklung von Hölderlin, Hegel und Schelling bis 1802*, Stuttgart, Klett-Cotta, 1979, 313; S. Jürgensen, Hölderlins Trennung von Fichte, in: *Fichte-Studien 12*, Amsterdam-Atlanta, Rodopi B. V., 1997, 73.
3. Cf. V. Waibel, *Hölderlin und Fichte*, 49-70.

nhado sobre a presença de Niethammer, nesse contexto, para mostrar que os termos da *Fichte-Kritik* não são uma novidade de Hölderlin, mas atravessam a conversa da constelação de Iena (2.4). Em seguida, passo à reação de Fichte e apresento o modo como podemos ler a participação de Hölderlin nesse debate, ao recolocar Espinosa na linha de frente de sua crítica e, com isso, pôr a nu uma ambiguidade presente na estratégia argumentativa fichteana como um todo (2.5). Como Espinosa será importante para a construção de *Hipérion*, apresento em linhas gerais a leitura de Jacobi que influenciou a discussão do espinosismo da geração de Hölderlin, ao lado das anotações que Hölderlin fez do livro de Jacobi (2.6). Encerro com a objeção de Hölderlin ao eu absoluto fichteano, avaliando tanto o alcance da crítica e os limites nos quais ele passa a propor o conceito de consciência quanto a extensão em que sua crítica atinge a *pensabilidade* da doutrina da ciência (2.7).

2.1. As datas e a carta a Hegel

Para a crítica de Hölderlin a Fichte, é necessário estabelecer brevemente algumas datas, em primeiro lugar, para o período de Hölderlin em Waltershausen-Iena e, em segundo, para as preleções públicas e privadas de Fichte, em Iena. Com isso, obtemos uma hipótese sobre que leitura, exatamente, Hölderlin pôde ter feito do texto da *Fundação*. A primeira datação é importante para a segunda parte desta tese, de modo que detalhes serão oportunamente recapitulados; o conjunto da segunda vale para os tópicos subsequentes.

Hölderlin termina os estudos no Instituto de Tübingen, em meados de dezembro de 1793, e se muda para Waltershausen no final do mês para trabalhar como preceptor do filho de Charlotte von Kalb, na casa de quem passa a morar[4]. Por um ano, essa é a principal ocupação ao lado

---

4. Cf. *Carta de Hölderlin a Stäudlin e Neuffer*, 30 de dezembro de 1793 (StA 6: 100-101). O trabalho na casa dos von Kalb foi intermediado por Schiller, que recebeu o pedido de ajuda de Charlotte para a escolha de um preceptor e, mediante sondagens, obteve de G. F. Stäudlin a recomendação do nome de Hölderlin. Stäudlin enfatiza o talento poético de Hölderlin, que Schiller inicialmente não aprecia e apenas repassa a

do trabalho nos manuscritos de *Hipérion*. Em Waltershausen, Hölderlin relata leituras mais detidas de Schiller e de Kant, eventualmente de Herder e "dos gregos"[5]. Em novembro de 1794, ele vai a Iena com seu aluno Fritz von Kalb e chega provavelmente a tempo de assistir à primeira preleção de Fichte do semestre de inverno, proferida em 9 de novembro de 1794[6], passando a ouvi-lo diariamente na universidade[7]. Nesse mesmo

---

recomendação a Charlotte. A avaliação de Schiller muda com a leitura do *Fragmento de Hipérion*, enviado a ele por intermédio de Charlotte; cf. U. Gaier, Rousseau, Schiller, Herder, Heinse in: J. Kreuzer (org.), *Hölderlin-Handbuch*, Stuttgart, J. B. Metzler V., 2002, 78ss.
5. Cf. *Carta a Neuffer*, n. 77, meados de abril (StA 6: 113): "Minha última leitura foi o tratado de Schiller sobre *Graça e dignidade*. Não me lembro de ter lido algo em que o melhor do reino das ideias e do domínio da sensação e da fantasia estivessem tão fundidos em um só". Sobre Kant, cf. *Carta ao irmão*, 21 de maio de 1794 (StA 6: 119); cf. também *Carta a Hegel*, 10 de julho de 1794 (StA 6: 128): "Kant e os gregos são minhas únicas leituras. Procuro especialmente me familiarizar com a parte estética da filosofia crítica".
6. Cf. StA 6.2: 700. R. Barbosa (Fichte e o ethos do erudito, 102) afirma equivocadamente que Hölderlin estava presente na primeira preleção de maio, o que não pode ter ocorrido porque ele se encontrava em Waltershausen e não se deslocou para Iena antes de novembro. O lapso é reproduzido por U. Vaccari (O titã de Iena: a recepção de Fichte por Hölderlin, in: *Aurora Revista de Filosofia*, Curitiba, v. 27, n. 42, set./dez. 2015, 860). Apresento o contexto menos para corrigir a informação do que para avaliar adequadamente o especial significado de Fichte para Hölderlin na segunda metade de 1794. Em 21 de maio, Hölderlin escreve ao irmão, a partir de Waltershausen, e declara ler apenas Kant (cf. StA 6: 119). Em seguida, no feriado de Pentecostes, em 8 de junho daquele ano, Hölderlin escreve ao cunhado Breulin, a partir de Völkershausen, e novamente diz se ocupar com a "filosofia kantiana e com os gregos" (StA 6: 120). Dado o impacto da primeira preleção no meio ienense, é difícil crer que Hölderlin pudesse deixar de registrar sua presença em Iena na eloquente correspondência com os familiares, ou mesmo não mencionasse Fichte nas cartas que se seguem imediatamente ao período. Sobre isso só nos chega o silêncio. O que se sabe é que Hölderlin provavelmente assistiu à primeira preleção do segundo ciclo de *Sobre os deveres do erudito*, em 9 de novembro, intitulada *Sobre a destinação dos eruditos*.
7. Cf. *Carta a Neuffer*, nov. de 1794, StA 6: 139-140: "Conto também alguma coisa daqui. Fichte é agora a alma de Iena. E louvado Deus que ele o seja! Não conheço um homem com tal profundidade e energia de espírito. Investigar e determinar nos mais remotos domínios do saber humano os seus princípios e, com ele, os princípios do direito e, com a mesma força de espírito, pensar as mais remotas e artificiais consequências a partir desses princípios, escrevê-los e proferi-los, apesar da violência da escuridão, com uma luz e uma determinação, cuja unificação teria talvez me parecido um problema

mês, Schiller publica com atraso[8] o volume da *Neue Thalia* com o *Fragmento de Hipérion*. No final de dezembro, Hölderlin viaja com Fritz e Charlotte para Weimar e, no começo de janeiro de 1795, deixa o posto de preceptor, fixando-se em Iena até o começo de junho. Desde o elogio inicial às lições de Fichte e à sua performance como orador[9] e pensador capaz de "investigar e determinar os princípios dos mais remotos domínios do saber humano" (StA 6: 139), até final de janeiro de 1795 Hölderlin não faz nenhum juízo mais detalhado da filosofia fichteana, embora declare estudá-la intensamente[10]. Também do final de janeiro chega-nos a menção do entusiasmo de Hölderlin por Fichte, comunicada por Hegel a Schelling: "Hölderlin me escreve às vezes de Iena; ele fala de Fichte como de um titã que lutasse pela humanidade e cuja influência certamente não ficará limitada aos muros do auditório"[11]. Mas o entusiasmo logo é minimizado quando Hölderlin expõe sua leitura mais circunstanciada do programa fichteano na carta de que tratarei neste capítulo. Para a adequada abordagem da tomada de posição crítica será necessário mostrar que o recuo é compreensível se levarmos em conta, na constelação de Iena, a importância de Niethammer para Hölderlin, que, como já exposto, trarei à baila na exposição do argumento contido na carta.

Quanto à *Fundação* de 1794-1795, Violetta Waibel[12] fez um levantamento minucioso sobre o que se sabe a respeito do acesso de Höl-

---

insolúvel sem esse exemplo – isso, caro Neuffer! é certamente bastante, mas também não muito para falar desse homem. Eu o ouço todos os dias. Falo com ele às vezes".
8. A edição correspondia à quarta parte, volume 5 do ano de 1793, publicado em Leipzig por Göschen. Cf. J. Schmidt, Zu Text und Kommentar, in: *Friedrich Hölderlin Sämtliche Werke und Briefe*, v. 2, Frankfurt a. M., Deutscher Klassiker Verlag, 2008, 1073.
9. Sobre isso, cf. U. Vaccari, Os deveres do erudito: filosofia e oratória em Fichte, in: *Cadernos de Filosofia Alemã*, São Paulo, v. 20, n. 2, jul./dez. 2015, 87-103.
10. Cf. *Carta à mãe* de 17 de nov. 1794: "A nova filosofia de Fichte me ocupa inteiramente. Ouço apenas a ele [*i.e.* a suas lições, W.Q.] e a nenhum outro" (StA 6: 142).
11. G. W. F. Hegel, *Briefe von und an Hegel*, Ed. J. Hoffmeister, Hamburg, Felix Meiner, 1952, 18.
12. Para as seguintes informações cotejadas com as da StA, cf. V. Waibel, op. cit., 23ss.

derlin aos textos de Fichte no ano de 1794, podendo ser complementado com informações da edição crítica das obras de Fichte. Numa carta de 11 de agosto, Charlotte von Kalb solicita a um aluno de Reinhold, Johann Pohrt, que lhe envie os "ensaios impressos que Fichte publica semanalmente" (StA 7/2: 9). Antes, em abril, Goethe prometera a Charlotte o escrito inaugural da cátedra, ou seja, *Sobre o conceito de doutrina da ciência*, mas em junho afirma necessário acompanhar as preleções presenciais, dando a entender que o conteúdo dos escritos não seria compreensível sem elas[13]. Diante do insucesso, ela se dirige a Charlotte Schiller para saber de Schiller se o mais recente escrito de Fichte seria compreensível para ela[14]. Waibel supõe que a insistência de Charlotte pudesse levar em conta o interesse de Hölderlin. Para a questão de fato, registra-se em 1º de setembro o agradecimento de Charlotte a Pohrt pelo recebimento do "pacote com o escrito de Fichte" e o pedido para que o editor envie a continuação[15]. Como se tratasse de pedido dos "ensaios impressos", deve-se tomar por tais os cadernos da *Fundação* publicados semanalmente por Fichte, corrigindo-se apenas a hipótese de A. Beck[16] de que Charlotte também pudesse ter recebido nessa época as *Preleções sobre a destinação do erudito*, que seriam publicadas somente em 29 de setembro[17]. Portanto, de 11 de agosto a 1º de setembro (entre o pedido e o agradecimento), situa-se com grande probabilidade o primeiro contato de Hölderlin com primeiros fascículos da *Fundação* em Waltershausen.

Acerca da publicação desses fascículos, o que sabemos igualmente é o seguinte: no dia 26 de maio de 1794, iniciam-se as preleções privadas sobre filosofia teórica ministradas a partir de um manual para ouvintes que Fichte pretende publicar à medida que vai redigindo[18]. Em

---

13. Cf. E. Fuchs, J. G. *Fichte im Gespräch. Berichte der Zeitgenossen*, vol. I, Stuttgart-Bad Cannstatt, Frommann-Holzboog, 1978, 127.

14. Cf. E. Fuchs, op. cit., 125.

15. Cf. StA 7/2: 9.

16. Cf. StA 7/2: 10. Para Beck, o indício a favor da *Fundação* é o pedido do envio da continuação.

17. Cf. V. Waibel, op. cit., 23-24, nota 9.

18. Cf. GA I/2: 181.

14 de junho, ele escreve a J. K. Lavater: "a partir de hoje, será publicada por mim, em fascículos, a *Fundação de toda a doutrina da ciência*. O escrito não irá para as livrarias, mas intermediarei a entrega pela editora aos meus ouvintes e a outros amigos que solicitarem" (GA I/2: 182). Até setembro, Fichte consegue publicar os primeiros 14 cadernos da *Fundação*, incluindo-se aí a primeira parte com os *Princípios de toda a doutrina da ciência* (§§ 1-3) e a segunda com a *Fundação do saber teórico* (§ 4). As preleções privadas continuam no semestre de inverno de 1794/1795, mas a publicação da parte prática (§ 5), com a qual Fichte pretendia esclarecer aspectos não resolvidos da parte teórica, é adiada em função de conflitos com os estudantes no início de 1795[19]. O anúncio da publicação completa (§§ 5-11) é feito somente em julho de 1795 em carta a Reinhold, e no final de agosto são enviados a Jacobi e a Reinhold exemplares da *Fundação* já "prontos há algumas semanas" (GA I/2: 186).

Sobre o que chegou até Hölderlin em agosto de 1794, e que é importante para compreender a carta a Hegel de janeiro de 1795, pode-se supor com Waibel que ele tenha tido em mãos, antes de setembro, algo entre 9 e 11 fascículos da *Fundação* a contar da carta a Lavater, o que incluiria integralmente a parte dos princípios (§§ 1-3) e, da parte teórica (§ 4), parcial ou quase integralmente a "síntese E"[20], que trata longamente do princípio ou proposição fundamental do saber teórico, do obstáculo e da imaginação. A hipótese de um bom conhecimento da parte teórica confirma-se na interpretação da carta a Hegel, precisamente no que ela remete a Waltershausen. Já no começo do semestre de inverno, em Iena, é provável que Hölderlin tenha finalizado o estudo da parte teórica e, caso se aceite a hipótese de Waibel, ele ainda teria podido ter plena compreensão da fundamentação sistemática da doutrina da ciência prática no mês de janeiro de 1795[21].

---

19. Cf. GA I/2: 186.
20. Cf. V. Waibel, op. cit., 23.
21. Waibel situa a redação completa da parte prática (§ 5) no final de 1794 ou início de 1795, oferecendo como indício bastante plausível a referência de Fichte, no final do § 5 da versão publicada posteriormente, à acusação de transcendentismo à dou-

Diante desse quadro, é razoável analisar a primeira manifestação detalhada de Hölderlin na carta a Hegel, de ponta a ponta, considerando que ele tivesse plena compreensão das intenções e do programa de Fichte em 1794/1795, afastando a tese segundo a qual ele não teria entendido a *Fundação* por falta de conhecimento textual[22]. Não obstante a adequada compreensão hölderliniana de Fichte, deixo de lado a posição mais enfática de Waibel, segundo a qual a crítica a Fichte na virada de 1794/1795 teria podido influenciar a concepção da parte prática da *Fundação*, para me concentrar exclusivamente em sua crítica. Como procurei mostrar nos capítulos anteriores e ressalto agora, Fichte já tinha comunicado de forma clara, tanto na resenha de *Enesidemo* quanto na transformação de suas *Preleções de Zurique* em um "programa alemão", sua perspectiva sistemática de fundação da filosofia a partir da subordinação do teórico ao prático. No meu entender,

---

trina da ciência (cf. GA I/2: 414), a qual é formulada por Niethammer no final de 1794 e aparece tanto no prefácio do primeiro número do *Philosophisches Journal* quanto no anúncio da revista no *Intelligenzblatt der Allgemeinen Literaturzeitung*, de 3 de janeiro de 1795, que circulou em folhas avulsas antes da publicação – segundo Waibel, o mais tardar em 26 de dezembro de 1794. Cf. Waibel, op. cit., 51; cf. também D. Henrich, *Der Grund im Bewußtsein. Untersuchungen zu Hölderlins Denken (1794-1795)*, 2d., Stuttgart, Klett-Cotta, 2004, 777, nota 33. A hipótese é de que a crítica a Fichte já vinha sendo feita ao longo da segunda metade de 1794. D. Henrich (op. cit., 805, nota 197) também reforça a hipótese a favor da datação do § 5 no começo de 1795. Além da datação do texto, deve-se considerar a agenda de preleções do semestre de inverno 1794-1795. Segundo os arquivos do decanato da faculdade de filosofia de Iena, de segunda a sexta Fichte lecionou "philosophiam transscendentalem theoreticam", "philosophiam transscendentalem praticam" e "Logicam et Metaphysicam" (sobre os *Aforismas* de E. Platner); cf. Waibel, op. cit., 19. Excetuando-se os *Aforismas*, Fichte lecionava desde o semestre anterior segundo os próprios manuais, o que leva a concluir que nas lições de filosofia prática ele tenha também apresentado a parte prática da *Fundação*; cf. M. Frank, *Unendliche Annäherung*, 737.
22. Essa tese foi difundida sobretudo por P. Kondylis. Esquecendo-se de mencionar que a autoconsciência é um elemento importante também na parte teórica de *Fundação*, S. Jürgensen (op. cit., 73) compartilha da mesma opinião, supondo que Hölderlin desconhece o lugar sistemático da autoconsciência em Fichte por desconhecimento da intenção prática de fundamentação. Jürgensen demonstra ignorar dados essenciais sobre a datação da *Fundação* e das preleções de inverno de 1794-1795 ao afirmar, além disso, que Hölderlin não pôde compreender a autoconsciência prática porque a parte prática da *Fundação* foi publicada somente depois que ele deixa Iena. Cf. S. Jürgensen, op. cit., 75.

por mais enviesado o modo pelo qual as afirmações públicas de Fichte puderam ser ouvidas, sua notoriedade enfraquece a hipótese básica de Waibel e a literatura precedente que ela bem refuta quanto ao suposto desconhecimento de Hölderlin acerca de Fichte.

Reproduzo a parte central da carta a Hegel, de 26 de janeiro de 1795 e passo ao comentário por tópicos:

> [StA 6: 155] As páginas especulativas de Fichte – Fundação de toda a doutrina da ciência – e também suas preleções impressas sobre a destinação do erudito vão te interessar bastante. No começo, eu o tinha em alta suspeita de dogmatismo; se me é permitido conjecturar, ele parece realmente ter estado, ou ainda estar, no divisor de águas – ele queria ir além do fato (*Factum*) da consciência na teoria, é o que mostram muitas de suas afirmações, e isto é tão evidente, e ainda mais notoriamente transcendente, como quando os metafísicos precedentes quiseram ir além da existência do mundo – seu eu absoluto (= substância de Espinosa) contém toda realidade; ele é tudo e fora dele não há nada; não existe para esse eu absoluto um objeto, pois então não estaria nele toda a realidade; mas uma consciência sem objeto não é pensável, e se eu mesmo sou esse objeto, então como tal sou necessariamente limitado, mesmo que fosse apenas no tempo, portanto não sou absoluto; no eu absoluto não é então pensável nenhuma consciência, como eu absoluto não tenho consciência, e se não tenho consciência não sou nada (para mim), o eu absoluto é nada (para mim).
>
> Assim eu anotava meus pensamentos ainda em Waltershausen, quando li suas primeiras páginas [StA 6: 156] imediatamente depois da leitura de Espinosa; Fichte me confirmou
>
> [manuscrito interrompido nesta parte]
>
> Sua discussão da determinação recíproca de eu e não-eu (segundo sua linguagem) é certamente digna de nota (*merkwürdig*)[23]; tam-

---

23. Como lembra W. Wirth (Transzendentalorthodoxie?, 220-221, nota 139), em alemão o adjetivo *merkwürdig* não tinha uma conotação fortemente negativa como hoje, no sentido de raro ou estranho, mas podia ser lido como *des Merkens würdig* no sentido positivo que se encontra nas variantes latinas oferecidas pelo dicionário dos irmãos Grimm: "notatu dignus, notatione dignus, res memorabiles" (Deutsches Wörterbuch von

bém a ideia de esforço etc. Preciso interromper e te peço para considerar tudo isso como não escrito (...). Em relação às antinomias, Fichte tem um pensamento bastante digno de nota, sobre o qual eu te escrevo em outra ocasião.

(*Carta de Hölderlin a Hegel*, 26 de janeiro de 1795, StA 6: 155-156).

2.2. A suspeita de dogmatismo

O primeiro tópico da carta é o da suspeita de dogmatismo de Fichte. Com relação a isso, deve-se considerar que ela tem dois momentos: primeiramente, Hölderlin remete à época de Waltershausen (agosto de 1794), o que significa que a maior parte da impressão deva ter vindo da leitura dos três primeiros parágrafos da *Fundação*, precisamente no final dos quais Fichte contrapõe a filosofia crítica (na forma de *doutrina da ciência*) à filosofia dogmática[24]; depois, para o Hölderlin de Iena, Fichte "ainda" parece estar no limite entre ser ou não um dogmático, uma dúvida que se encontra em conflito com a diminuição da suspeita, embora não com o fato de "ainda" fazer sentido. Como Fichte se manifesta expressamente (e publicamente na resenha de *Enesidemo*) tanto sobre ceticismo quanto sobre criticismo e dogmatismo, Hölderlin não deve ter se dado totalmente por satisfeito com a exposição fichteana nem mesmo em Iena, passados alguns meses e várias preleções[25].

Cumpre lembrar que, até o contato com Fichte, o sentido vigente de dogmatismo pertence ao bem conhecido vocabulário kantiano.

J. und W. Grimm, 1971/2017) – ou, segue Wirth, como algo que "produz lembrança por meio da particularidade de ser notável" (W. Wirth, op. cit., 221, nota 139).

24. Cf. GA I/2: 279.

25. Noutro quadrante, sem conhecer o programa da doutrina da ciência, Hegel expressa suspeita semelhante na já mencionada carta a Schelling, também de janeiro de 1795: "É indiscutível que Fichte tenha favorecido o disparate, sobre o qual escreves e cujo raciocínio bem posso imaginar, com sua 'Crítica de toda revelação' [1792]. Ele mesmo fez um uso moderado; mas, se seus princípios forem aceitos, então não é possível pôr freios à lógica teológica. Ele raciocina sobre como Deus deveria agir, a partir de sua santidade, em função de sua natureza puramente moral etc. e, com isto, reintroduziu a velha maneira de demonstrar do dogmatismo" (G. W. F. Hegel, op. cit., 17).

Quando Hölderlin finaliza seu *magister specimen* em 1790, Kant já é bastante lido no Instituto de Tübingen entre os teólogos que, como Gottlob Christian Storr, pretendiam fundamentar uma religião compatível com a filosofia crítica, ao menos em sua letra, e isso três anos antes de Kant publicar o ensaio sobre religião[26]. Além disso, em Tübingen, são conhecidas tanto a discussão em torno do alegado panteísmo espinosista de Lessing quanto a reabilitação de argumentos céticos contra Kant, ambos debates incitados pelo *début* filosófico de Friedrich Heinrich Jacobi, nos anos 1780, e que ajudaram a fixar os termos em que a partir de então se passou a entender dogmatismo, ceticismo e criticismo[27]. Para Kant, que procurava fixar os termos críticos do idealismo transcendental, dogmático é o procedimento da razão pura "*sem a crítica prévia de sua própria faculdade*" (KrV: BXXXV), e o dogmatismo da metafísica precedente é justamente a intenção de progredir nela sem a crítica da razão[28]. Portanto, como programa, a *crítica* se opõe ao *dogmatismo* em sua presunção de proceder pela razão *pré-crí-*

---

26. *A religião nos limites da simples razão* (1793); esse fato pressupõe, na constelação de Tübingen, um bom conhecimento da *Crítica da razão prática* (1788). Com a cátedra de filosofia teórica vaga entre 1782 e 1790, em função de doença incapacitante de seu detentor, o leibniziano G. Ploucquet, a escola teológica de G. Storr avança sua influência sobre a formação dos seminaristas em Tübingen. Sobre isso, cf. D. Henrich, *Grundlegung aus dem Ich. Untersuchungen zur Vorgeschichte des Idealismus. Tübingen – Jena 1790-1794*, Frankfurt a. M., Suhrkamp, 2004, 29-72. As reações ao projeto de Storr de uma reteologização da filosofia via Kant viriam sobretudo de C. Diez e de Schelling. Sobre isso, cf. M. Frank, op. cit., 429.

27. Sobre isso, cf. J. Beckenkamp, A penetração do panteísmo na filosofia alemã, in: *O que nos faz pensar*, n. 19, fev. de 2006, 9-27; também J. Beckenkamp, *Entre Kant e Hegel*, Porto Alegre, PUC-RS, 2004, 41-66. Não é à toa que esse vocabulário ganha concreção posteriormente com o egresso de Tübingen Schelling, em 1795-1796, com suas *Cartas sobre o dogmatismo e o criticismo*, publicadas no *Philosophisches Journal* de Niethammer. Quanto ao teor, uma das discussões sensíveis nesse ambiente teológico de Tübingen é o problema da estreita separação kantiana entre razão e sensibilidade, a mesma discussão que interessa, por outro viés, ao pensamento moral-pedagógico e estético de Schiller quando Hölderlin o encontra em Weimar. Cf. W. Wirth, op. cit., 167.

28. Cf. KrV: BXXX. Na passagem acima, deve-se considerar uma distinção mais precisa: por um lado, como exposto, o dogmatismo é a pretensão da razão de proceder sem crítica; por outro, ressalvada a crítica, ele não é reprochável em seu empreendimento de procurar proceder segundo princípios seguros, antes de toda experiência; a crítica não se opõe ao procedimento dogmático no conhecimento puro da razão como

tica apenas com conhecimento puro por conceitos, *i.e.*, a presunção de obter conhecimento objetivo mediante uma lógica geral que permite tratar apenas as leis do pensamento sem as condições de sua aplicação. O dogmático pensa sem crítica ao não desconfiar "de seus princípios objetivos originários" (KrV: B791), deixando de determinar, desse modo, "os limites de seu conhecimento possível segundo princípios" (KrV: B796). De modo oposto, todo o programa da *Crítica da razão pura* realiza seu escrutínio em um "verdadeiro tribunal" para todas as controvérsias, na extensão dos "direitos da razão em geral segundo os princípios de sua primeira instituição" (KrV: B779). Visto que, em seu uso puro, a razão não se envolve na relação imediata com objetos, não é lícito valer-se de suas afirmações para além da experiência possível sem que se faça sua *crítica*.

Nesse contexto, *dogmatismo* deve igualmente ser tomado em oposição a criticismo e idealismo, pois é justamente com a filosofia crítica que se coloca em questão a história da metafísica por meio de uma delimitação clara dos conceitos e princípios do conhecimento teórico. Na metáfora do esclarecimento como saída da minoridade racional, o dogmatismo representaria para Kant o primeiro passo no terreno da razão pura, em que se busca determinar por meio de conceitos de razão, e segundo um princípio *a priori*, o conjunto de todos os objetos possíveis do conhecimento, *i.e.*, o conceito de uma totalidade incondicionada[29]. O ceticismo, como segundo passo, demanda cautela nesse domínio e adverte, residindo nisto o mérito de Hume, contra as pretensões de ir com a razão além do empírico[30]. O criticismo, por fim, representa o passo do juízo maduro que, em vez de submeter a exame os fatos da razão, submete antes a própria razão em vista de toda sua faculdade e capacidade de conhecimentos puros *a priori*: "isso não é censura, mas *crítica* da razão, pela qual se demonstram não as meras limitações, mas seus *limites* determinados, não a mera ignorância em

---

ciência, pois a razão "é sempre dogmática, isto é, estritamente demonstrativa, baseando-se em princípios *a priori* seguros" (KrV: BXXXV).
29. Cf. KrV: B787.
30. Cf. KrV: B788.

uma ou outra parte, mas em relação a todas as questões possíveis de um certo tipo" (KrV: B789).

Essa forma de entender a posição do criticismo é levada adiante por Fichte, que desloca a ênfase para um programa sistemático do idealismo transcendental. Se, para Kant, o estabelecimento dos limites do pensamento é o único meio de proceder de forma crítica, para o Fichte de 1794 esses limites estão dados precisamente no princípio do eu absoluto da doutrina da ciência. Após a famosa crítica de Jacobi a Kant, segundo a qual o problema do idealismo transcendental estaria no fato de seu sistema ter de partir da afecção de objetos externos como causa de representações, fundando inversamente uma doutrina conceitual que reduz o dado a fenômenos[31], firmou-se o entendimento de que os dogmáticos sustentam o conhecimento de uma coisa em si na base das representações conscientes, e os céticos, como G. E. Schulze, negam. Ao apontar as incoerências do ceticismo de Schulze, Fichte entra no debate e mostra que o programa do idealismo é mais complexo, e os argumentos de Schulze aplicados a Kant deságuam numa concepção dogmática de um nexo das representações da consciência "com as coisas fora de nosso ânimo"[32]. Fichte propõe abandonar inteiramente o conceito de coisa em si como "princípio do dogmático", princípio que não possui "nenhuma realidade além daquela que se deve obter dele para a explicação da experiência" e que, portanto, para o idealista, revela-se como "uma total quimera" (GA I/4: 192-193).

Como vimos, no final da primeira parte da *Fundação*, da qual Hölderlin teve conhecimento ainda em Waltershausen, Fichte é muito claro sobre esses temas. Formulando a questão em termos de seu próprio programa, ele afirma que a "essência da filosofia *crítica* consiste no fato de que um eu absoluto está estabelecido como pura e simplesmente incondicionado e não determinável por nada superior" (GA I/2: 279). Ao contrário, a filosofia é *dogmática* quando "iguala e contrapõe algo ao eu em si" (GA I/2: 279), *i.e.*, o conceito de uma coisa (*ens*) posta

---
31. Cf. F. H. Jacobi, Über den transscendentalen Idealismus, in: *David Hume über den Glauben oder Idealismus und Realismus*, Breslau, Gottl. Loewe, 1787, 220-227.
32. G. E. Schulze, *Aenesidemus*, 94.

de modo totalmente arbitrário como algo supremo. Como no sistema crítico a "coisa" é posta no eu e, no dogmático, ela põe o eu, o criticismo é definido por Fichte como um sistema "*imanente*" que "põe tudo no eu", e o dogmatismo um sistema "*transcendente*" que "vai ainda além do eu" (GA I/2: 279, grifados no original). Fichte argumenta que o modo de proceder do dogmático é facilmente desmontado: se ele questiona o fundamento no eu, perguntando-se por seu fundamento superior, segundo essa lógica ele deve aceitar que o crítico igualmente pergunte por um fundamento superior para seu conceito de coisa em si, ao que ele não pode responder sem procurar outro fundamento superior para o superior *ad infinitum*: "assim, um dogmatismo levado a cabo ou nega que nosso saber simplesmente tenha um fundamento, que haja um sistema no espírito humano, ou contradiz a si mesmo" (GA I/2: 280). O dogmatismo consequente, cujo produto Fichte identifica no sistema de Espinosa, revela-se ao fim como um ceticismo radical, "que duvida de que duvida" (GA I/2: 280) e que, portanto, está próximo daquilo que Reinhold definia como ceticismo dogmático[33]. Para Fichte, e isso é ilustrativo de seu programa de 1794, o dogmatismo em sua variante forte precisa suprimir a unidade da consciência e, com ela, a lógica inteira ao negar a posição (*Setzen*) do fundamento no eu (como consciência e como atividade). Retomando a definição de Reinhold, Fichte distingue o ceticismo crítico do ceticismo consequente, chegando a afirmar que "jamais alguém foi um tal cético [dogmático] de modo sério" (GA I/2: 280), e situando Hume, Maimon e Schulze entre os críticos que mereceriam consideração justa.

Ora, diante dessas afirmações categóricas não é possível imaginar que Hölderlin tenha suspeitado desde o início de um dogmatismo ve-

---

33. O ceticismo dogmático, em oposição ao crítico, leva esse nome "porque tenta demonstrar que se deve duvidar sempre da verdade objetiva, ou seja, da concordância real de nossas representações com seus objetos" (K. L. Reinhold, *Versuch einer neuen Theorie des menschlichen Vorstellungsvermögens*, Praga/Jena, Widtmann & Mauke, 1795, 130-131). Sobre isso, cf. D. Breazeale, Putting Doubt in Its Place: K. L. Reinhold on the Relationship between Philosophical Skepticism and Transcendental Idealism, in: J. van der Zande; R. Popkin (eds.), *Skepticism Around 1800: Skeptical Tradition in Philosophy, Science, and Society*, Dordrecht, Kluwer, 1998, 130-132.

A crítica de Hölderlin a Fichte

lado em Fichte por ignorância. Ao contrário: como Hölderlin relata ter lido as primeiras "páginas especulativas" de Fichte "ainda em Waltershausen, imediatamente depois da leitura de Espinosa" (StA 6: 156), é de supor com segurança que ele tenha lido com bastante atenção o que Fichte escreveu nas passagens supramencionadas da *Fundação*. Além disso, pelas razões expostas, a acusação de dogmatismo é a mais dura que se poderia fazer a um sistema que se entende radicalmente crítico, o que nos leva a investigar ainda mais detidamente a manutenção da suspeita de Hölderlin em relação a Fichte. Infelizmente não sabemos o que Fichte pode ter confirmado a Hölderlin, uma vez que o manuscrito foi rasgado após "Fichte me confirmou" e a parte seguinte foi perdida, não se encontrando na correspondência nenhuma informação adicional sobre essa lacuna[34]. Independentemente disso, é necessário determinar o que há de dogmático em Fichte aos olhos de Hölderlin. Como a suspeita se relaciona com a afirmação de que o eu absoluto corresponde à substância de Espinosa, este tópico será retomado no comentário pontual à passagem correspondente.

---

34. Como é possível imaginar, há muita especulação a esse respeito. G. Kurz (*Mittelbarkeit und Vereinigung. Zum Verhältnis von Poesie, Reflexion und Revolution bei Hölderlin*, Stuttgart, Metzler, 1975, 235, nota 230) supõe que Fichte possa ter confirmado a suspeita de dogmatismo, só equacionando o problema no § 5. Também Waibel (op. cit., 21-22) vê nessa "confirmação" o indício de que Fichte pudesse ter ouvido de Hölderlin sua crítica ao eu formulada em Waltershausen, e que ele a teria considerado e incorporado ao § 5 (cf. Ibidem, 64). Por outro lado, como aponta W. Wirth (op. cit., 188, nota 75), é possível ler a afirmação não tão ao pé da letra, e considerar que, ao contrário, Hölderlin possa ter compreendido algo em Espinosa que o texto de Fichte não refuta. Para ele, além disso, não seria possível imaginar que Fichte, para quem é crucial a defesa de um ponto de vista transcendental diametralmente oposto ao dogmático, pudesse ter acolhido a acusação de dogmatismo de modo condescendente, ainda mais de um aluno; mas não é igualmente implausível que Hölderlin, que pedia a Hegel para considerar "tudo isso como não escrito" (StA 6: 156), fosse cauteloso ao expor seu ponto de vista a Fichte e deixasse de lado o problema do dogmatismo para antes falar de sua crítica ao eu absoluto.

2.3. Para além da consciência

Ao lado da suspeita de dogmatismo, a crítica determinada também recai sobre a radicalização fichteana do idealismo kantiano: "Fichte queria ir além do fato da consciência na teoria", o que Hölderlin conclui a partir de "muitas de suas afirmações" (StA 6: 155). Retomando a formulação kantiana, o "ir além", se confirmado, equivaleria formalmente à infração da advertência cética de que não se pode ultrapassar os limites da experiência com conceitos de razão. Mas, no que diz respeito ao teor da afirmação, se tivermos em mente a construção de Kant, Fichte também estaria extrapolando uma formulação básica do idealismo transcendental que estabelece a consciência como uma espécie de condição para a síntese de representações que se reportam a objetos[35], em cuja unidade a teoria pode funcionar criticamente, *i.e.*, ciente de sua limitação à experiência possível. Hölderlin fala de *fato* (*Factum*) da consciência, preferindo a variante latina do termo. A expressão germanizada *fato da consciência* (*Tatsache des Bewußtseins*) já se encontra estabelecida desde 1789 na terminologia alemã[36], quando Reinhold a emprega para interpretar a filosofia kantiana a partir de um único princípio, o da *proposição da consciência*, que, como vimos, é duramente criticado por Schulze e criticamente revisto por Fichte. A expressão não ocorre em Kant, para o qual a consciência não comporta uma unidade sistemática amarrada em um princípio, conforme pretende Rei-

---

35. Cf. KrV: B137: "objeto é aquilo em cujo conceito está *reunido* o diverso de uma intuição dada. Mas toda a reunião de representações exige a unidade da consciência na respectiva síntese. Por conseguinte, a unidade da consciência é o que por si só constitui a relação das representações a um objeto, à sua validade objetiva, portanto àquilo que as converte em conhecimentos, e sobre ela assenta, consequentemente, a própria possibilidade do entendimento".

36. Cf. D. Henrich, *Der Grund im Bewußtsein*, 796s, nota 153. Niethammer distingue numa resenha de um comentário de Visbeck à filosofia de Reinhold (Idem, 790, nota 104) entre fato e fatos da consciência. Fichte também utiliza *Tatsache* em sentido programático, na segunda edição (1793) do *Ensaio de uma crítica de toda revelação*, argumentando de um modo formalmente semelhante ao de Hölderlin na carta: "*é fato da consciência* que se anuncie à consciência uma forma originária da faculdade de desejar (…); e *além desse último* [*über dieses hinaus*] *princípio universal* válido para toda a filosofia *não há nenhuma filosofia*" (GA I/1: 140, grifos meus, W.Q.).

nhold[37]. Como também vimos, ao acatar as críticas de Schulze à tese de Reinhold, Fichte propõe o *estado-de-ação* (*Tathandlung*) para evitar uma ontologização acrítica do princípio do idealismo[38] e apontar para um outro tipo de consciência, o da liberdade (prática), no fundamento de sua filosofia[39]. Ao mesmo tempo, Fichte deixa claro desde o início que, para fins de método, a doutrina da ciência encontrará em sua reflexão e abstração o fato da consciência (*Tatsache des Bewusstseins*), mesmo que ela busque primordialmente expor o estado-de-ação; por isso, como também afirma, a *Tathandlung* não pode tornar-se um fato de consciência que ela não é[40]. Mas, igualmente na visão de Fichte, uma filosofia que recorra a um fato da consciência onde não pode prosseguir, é "tão pouco fundada como a desacreditada filosofia popular" (GA I/2: 396)[41].

Hölderlin utiliza fato da consciência no sentido teórico reinholdiano[42], porém não o entende, como de resto também Schulze e Fichte, enquanto princípio da filosofia. Em linhas gerais, pode-se dizer apenas que é um fato que a consciência procede pela separação de sujeito e objeto (os elementos da proposição de Reinhold), e na concepção kantiana seguida por Niethammer e Hölderlin não é necessário um princípio unificante dos fatos da consciência. Também é evidente,

---

37. Cf. K. L. Reinhold, *Beyträge zur Berichtigung bisheriger Missverständnisse der Philosophie*, Jena, Mauke, 1790, 167-175.

38. Cf. Resenha de *Enesidemo*: "Precisamos antes de tudo de um princípio real, não meramente formal; mas tal princípio não pode expressar um fato (*Tatsache*), ele pode também expressar um estado-de-ação (*Tathandlung*), se posso arriscar uma afirmação que não posso esclarecer nem demonstrar aqui" (GA I/2: 46). Quanto à perspectiva crítica do idealismo transcendental desenvolvido na doutrina da ciência, fala-se mais recentemente de uma "ontologia prescritiva ou performativa" em Fichte. Sobre isso, cf. A. Bertinetto, A ontologia performativa de Fichte, in: *Aurora Revista de Filosofia*, Curitiba, v. 27, n. 42, set./dez. 2015, 801-817.

39. Sobre isso, cf. também D. Henrich, op. cit., 229.

40. Cf. GA I/2: 255.

41. Filosofia popular é o termo com o qual ficou conhecida a filosofia escocesa do senso comum na Alemanha, cuja recepção inicia nos anos 1770. Entre os autores posteriormente desacreditados se encontram C. Garve, J. Tetens e E. Platner. Cf. J. Beckenkamp, *Ceticismo e idealismo alemão. Com tradução do texto de Hegel "Relação do ceticismo com a filosofia" (1802)*, São Paulo, Loyola, 2019.

42. Cf. D. Henrich, op. cit., 797.

ainda nesse contexto, o emprego de *factum*, por Hölderlin, como alusão à consciência da lei moral enquanto o *"Faktum* da razão", que está literalmente em Kant[43]. Mas, uma vez mais, a conexão filológica e semântica figuraria aqui como indicação de que é fato estabelecido, tão certo quanto o *Faktum* da razão, que a consciência tem seus limites teóricos. E o jovem Hölderlin de Iena sempre pareceu ter em conta tais limites colocados por Kant, com quem aprendeu a "examinar algo antes de aceitá-lo"[44], reforçando sua convicção no contato com a precoce rekantianização da filosofia pós-kantiana, iniciada por Niethammer. A meu ver, a filiação kantiana pode explicar a escolha do termo para definir a ultrapassagem dos limites da consciência na teoria. Quando afirma claramente que, para a consciência, há limites além dos quais a teoria não consegue ir, Hölderlin entende também que tentar fazê-lo teoricamente seria suspeito para quem opera nesses marcos.

Em vista disso, é compreensível que, na carta a Hegel, Hölderlin fale de consciência no sentido forte de *consciência empírica*[45] ao destacar seu caráter fático, *i.e.*, como consciência que se deixa descrever de modo reflexivo segundo a relação de objeto. Mas há uma estratégia argumentativa a ser evidenciada, e aqui creio estar o cerne decisivo da questão: como vimos na parte dos princípios da *Fundação*, Fichte trabalha com dois sentidos de consciência que se chocam quando ele denomina consciência tanto a consciência empírica quanto a *Tathandlung*, por exemplo, ao comentar que Espinosa "não nega a unidade da consciência empírica, mas nega inteiramente a consciência pura", ao mesmo tempo que, seguindo o comentário, afirma que "a consciência pura jamais chega à consciência" (GA I/2: 263). A observação de Hölderlin a Hegel, de que não há nada sem consciência, atinge em cheio essa ambiguidade de Fichte ao evidenciar uma manobra conceitual subjacente à atribuição de um tipo de consciência ao eu absoluto, segundo a qual Fichte gostaria de mostrar que, diferentemente da imanência da substância de Espinosa, *o seu* modo de argumentar é que

---

43. Cf. KpV: A 55-56. Sobre isso, cf. D. Henrich, op. cit., 797, nota 153.
44. Cf. *Carta de Hölderlin ao irmão*, 13 de abril de 1795, StA 6: 164.
45. W. Wirth (op. cit., 195) defende enfaticamente essa tese.

seria imanente, movendo-se no interior da consciência. Desse modo, podemos ler que a referência de Hölderlin a um *fato* (*Factum*) *da consciência* elimina a ambiguidade que manteria se suas notas sobre Fichte em Waltershausen falassem sobre um conceito de consciência sem qualificação. Intencional ou não, a precisão conceitual nesse ponto reforça que, para compreendermos a suspeita de Hölderlin, tudo depende de verificar se há em Fichte ultrapassagem dos limites da consciência empírica com sua insistente fundamentação na consciência pura.

Isto posto, a ultrapassagem é localizada no eu absoluto. Se "muitas das afirmações" de Fichte mostram "o ir além do fato da consciência na teoria", por outro lado sabemos que outras mostram o contrário: precisamente na passagem em que a pergunta retórica de Fichte sobre o que justificaria Espinosa "ir além da consciência pura dada na consciência empírica" (GA I/2: 263) supõe que a consciência pura, que paradoxalmente não chega à consciência, pode ser derivada de modo imanente da consciência empírica. Mas uma das "muitas afirmações" de Fichte já seria suficiente para questionar o sistema. Hölderlin se atém àquelas que apontam para o oposto da imanência, decidindo-se por uma interpretação plenamente compatível com o programa fichteano: a *imediatidade* do eu absoluto é problemática porque não se deixa apresentar na reflexão da consciência empírica, pois nesta há sempre momentos distintos *mediados*. Esse problema tende a perder força posteriormente, por exemplo, na *Doutrina da ciência nova methodo* (1796-1799), quando Fichte procura tratar o teórico e o prático de modo unificado, partindo não mais de um fato, mas da projeção do conceito do eu para observar a si mesmo nesse procedimento[46]. Enquanto ele não é solúvel, ou seja, enquanto ele atravessa o programa de 1794, sua forma de exposição aparece como extrapolação da consciência empírica, *i.e.*, para Hölderlin, como *dogmatismo*.

---

46. Cf. GA IV/2: 32. Sobre isso, cf. M. Ivaldo, *Fichte*, São Paulo, Ideias & Letras, 2016, 60; G. Zöller, *Fichte lesen*, 29-33.

Excurso: *Sobre a presença de Niethammer em Iena e o Philosophisches Journal*[47]

Antes de passar aos pontos centrais do argumento da carta, gostaria de aproveitar a afirmação de que a ultrapassagem da consciência é transcendente para desdobrar, com mais detalhe, a referência dessa afirmação a partir de alguns elementos acerca da contribuição de Niethammer para a formação de uma recepção crítica de Fichte no final de 1794, bem como apresentar brevemente os objetivos e a importância de sua edição do *Philosophisches Journal* (1795-1798) na constelação de Iena.

Primo em quarto grau de Hölderlin e quatro anos mais velho, Friedrich Immanuel Niethammer (1766-1848) ingressa no Instituto de Tübingen em 1784 e finaliza os estudos universitários em 1789, com os exames de teologia[48]. Em Tübingen, Niethammer também foi repetidor e lecionou teologia para seminaristas como Hölderlin e Hegel (Schelling ingressa somente em 1790). Na Páscoa de 1790, muda-se para Iena com uma bolsa de estudos e trabalha até o final de 1791 como preceptor e tradutor junto ao editor K.W. Ettinger, de Gotha. Em Iena, trabalha em novas traduções a pedido de Schiller e, depois de habilitar-se com *De vero revelationis fundamento* (1792), que discutia a *Crítica de toda revelação* de Fichte[49], avança a professor extraordinário em fins de 1793 e assume o posto de professor regular de filosofia na Universidade de Iena em 1795. De 1797 a 1804, com nova tese, atua como professor de teologia na mesma universidade, tendo em seguida migrado para Würzburg, depois Bamberg (1806) e, finalmente, Munique (1808), ocupando posições de destaque em conselhos educacionais vinculados ao protestantismo[50].

---

47. Uma versão deste excurso foi publicada em artigo na revista *Outramargem*, da Universidade Federal de Minas Gerais. Cf. W. Quevedo. A presença de Niethammer nos anos ienenses de Fichte, in: *Outramargem: Revista de Filosofia*, v. 6, 2019, 114-125.
48. Cf. D. Henrich, Über Hölderlins philosophische Anfänge im Anschluß an die Publikation eines Blattes von Hölderlin in Niethammers Stammbuch, in: *Hölderlin Jahrbuch XXIV* (1984/1985), 4-6.
49. Cf. M. Frank, op. cit., 433.
50. Cf. StA 6: 705.

Ao chegar em Iena, em crise com a teologia, Niethammer se volta especialmente para a filosofia kantiana e ali assiste às aulas de Reinhold na esperança de poder se "dedicar ao estudo dessa filosofia sob orientação de um homem que teria penetrado em seus segredos"[51]. Dentro do instituto, a motivação para estudar seriamente Kant teria vindo de Immanuel Carl Diez, que se aproximava da filosofia kantiana em divergência com os propósitos teológicos do catedrático G. C. Storr. No seu contato intenso com Diez[52], também com Erhard e Reinhold, Niethammer forma aos poucos a convicção de que uma filosofia de princípios (*Grundsatzphilosophie*) era um programa superficial. A ideia de uma filosofia sistemática que se realizasse por meio de uma progressão infinita não convencia Niethammer a aceitar pressupostos iniciais que se confirmariam somente em seu acabamento (nunca completo)[53]. Essa convicção só aumenta quando Reinhold deixa Iena, em 1794, e Fichte assume a cátedra com o programa da doutrina da ciência. Em carta a Herbert, de 2 de junho de 1794, Niethammer reafirma seu ponto de vista, declara assistir calmamente aos esforços de fundamentação sistemática e, embora não comungue com seus princípios, não nega os avanços que eles provocavam no campo filosófico[54]. Diplomático, ele não confronta diretamente Fichte, como também não o fizera com Reinhold. Em vez disso, concebe uma revista com o objetivo de fornecer, na linha do pós-kantismo que ajuda a gestar, um programa alternativo aos de Reinhold e de Fichte[55]. Ele assume o *Philosophisches Journal für Moralität, Religion und Menchenwohl*, de C. C. E. Schmid, e o transforma no *Phi-*

---

51. *Carta de Niethammer a Reinhold*, de 3.12.1794, *apud* M. Frank, op. cit., 430.
52. Diez escreve intensamente a Niethammer de 1790 a 1796, cf. I. C. Diez, *Briefwechsel und Kantische Schriften. Wissensbegründung in der Glaubenskrise Tübingen-Jena (1790-1792)*, ed. por D. Henrich, Stuttgart, Klett-Cotta, 1997.
53. Cf. M. Frank, op. cit., 430.
54. *Carta de Niethammer a Herbert*, de 02.06.1794, *apud* D. Henrich, *Der Grund im Bewußtsein*, 832.
55. Niethammer comunica a Reinhold que pretende "expressar provisoriamente [sua] opinião contra o sistema de Fichte"; cf. *Carta de Niethammer a Reinhold*, de 3.12.1794, *apud* M. Frank, op. cit., 431.

losophisches Journal einer Gesellschaft teutscher Gelehrten[56]. O órgão se tornaria, assim como seu mentor[57], um catalisador de articulistas de campos distintos: na lista de colaboradores constavam, além de Fichte e do próprio Reinhold, nomes como Erhard, Maimon, Schiller, Wilhelm von Humboldt, entre outros. Hölderlin também é convidado a contribuir, mas a participação não se concretiza. É no *Philosophisches Journal* de Niethammer que Schelling publica suas *Cartas sobre dogmatismo e criticismo* (1795-1796) e que Friedrich Schlegel passa a escrever em 1796. Com a entrada de Fichte na coedição, especialmente a partir da publicação de suas *Duas introduções à doutrina da ciência*, em 1797, e do ensaio interrompido contendo a primeira exposição pública das aulas da *Nova methodo* (1797), perde espaço o espírito inicial de uma leitura de Kant não alinhada aos propósitos sistemáticos de seus epígonos. A passagem de Niethammer para a faculdade de teologia significa o abandono do projeto de 1794. Com a querela do ateísmo, em 1798, provocada em função de um ensaio de F. Forberg, que Fichte defende com um posfácio que lhe custou cátedra, a revista tem publicados seus derradeiros fascículos.

Mas esses recuos não apagam a importância do órgão, nem mesmo a influência de seu editor naquele primeiro pedaço de década, especialmente para Hölderlin. O próprio Niethammer assina o prospecto preliminar e o ensaio introdutório *Sobre as exigências do entendimento comum à filosofia*, no primeiro volume de 1795; faz resenhas de Stäudlin e Visbeck, no primeiro e segundo volumes, ainda em 1795, e escreve mais dois ensaios, em 1795 e 1796[58]. Para o que nos interessa, o prospecto representa a posição amadurecida da crítica à *Grundsatzphilosophie* de 1791 a 1795. Em vez de interpretar a recepção da filosofia

---

56. Cf. D. Henrich, *Der Grund im Bewußtsein*, 807, nota 203.
57. A casa de Niethammer e sua esposa Rosine Döderlein, em Iena, tornou-se um ponto de encontro apreciado por intelectuais, entre os quais também circularam os primeiros românticos alemães; cf. M. Frank, op. cit., 437. Niethammer recebe Hölderlin, Fichte e Novalis, no começo de 1795, e relata, em seu diário, terem falado muito "sobre religião e revelação, e que para a filosofia ainda há muitas questões em aberto" (StA 7: 27).
58. Cf. M. Frank, op. cit., 435.

crítica na direção de seu desdobramento sistemático, Niethammer argumenta que o caminho para encontrar a "unidade e solidez do saber humano", procurada por tanto tempo "em vão", estaria num "desenvolvimento mais determinado e uma concatenação mais estreita das partes individuais do sistema", de modo a lhe proporcionar "coerência e sustentação interna", que "de fora" careceria de um "fundamento inabalável"[59]. Para ele, os defensores da filosofia crítica contra os ataques céticos procederiam de modo equivocado ao buscar incessantemente um fundamento para o idealismo transcendental, e seu empreendimento talvez fosse mais convincente se partissem dos resultados dessa filosofia e os aplicassem a outras ciências, aproximando seu uso da vida comum.

O *zelo* dos filósofos que chamarei aqui de fundacionalistas (*Grundsatzphilosophen*) evidenciaria, para Niethammer, muito mais a *dúvida* de que pudessem chegar a um acabamento da filosofia crítica. Assim, ele entende que os resultados desses esforços demonstram justamente o contrário do que pretendem:

> Quanto mais se exige que a filosofia deveria ela mesma ser construída sobre um fundamento universalmente válido, tanto mais parece insatisfatório o que forneceram os conhecedores da filosofia crítica nesse sentido, quando se considera que não poucos deles deságuam no velho dogmatismo, em parte por *transcendentismo*, em parte por *hipercriticismo*, aumentando com isso a confusão[60].

Como bem observa na sequência, e aqui podemos pensar diretamente em Reinhold e em Fichte, os fundacionalistas são unânimes quanto à necessidade de um princípio superior de todo saber, mas divergem totalmente em sua determinação. No diagnóstico de Niethammer, também os opositores do criticismo concordavam que Kant provocou uma revolução no modo de ver a filosofia, a ponto de considerar-se

---

59. Cf. F. I. Niethammer, Vorbericht. Über Zweck und Einrichtung dieses Journals, in: *Philosophisches Journal einer Gesellschaft Teutscher Gelehrten I*, Hildesheim, G. Olms, 1969, s.p.
60. Ibidem.

no horizonte a possibilidade de sua realização como ciência. Com a crítica da razão, Kant teria indicado ao menos o caminho correto para esse objetivo, e as tentativas fracassadas não deveriam abalar o empenho para persegui-lo: "posto que um tal sistema do saber humano, presente para nós na *ideia de uma ciência das ciências*, seja um objetivo jamais alcançado, isso não diminui nosso interesse em nos aproximarmos tanto quanto possível do alcance dessa ideia"[61]. O caminho correto partiria da "crítica do sujeito" e de suas "leis originárias", para demonstrar nele a "universalidade e necessidade dos princípios e conceitos fundamentais" do saber. Ao contrário dos fundacionalistas, Niethammer não vê problema no fato de que a filosofia ainda não pôde fornecer o fundamento de sua universalidade como ciência *stricto sensu*; antes considera que manter-se no caminho é a garantia de aproximação daquele objetivo.

Mas Niethammer não está preocupado apenas com esse acabamento sistemático da filosofia, a cujos esforços "assiste calmamente". O que ele espera da filosofia, e declara no prospecto, é que ela possa fornecer conceitos e princípios claros e evidentes sobre os "fins de todo o saber e agir" humanos, oferecendo igualmente aos homens a "direção determinada e imutável" para que não se mantenham "jamais presos à mera condução do sentimento"[62]. Embora para isso seja necessário que a filosofia se torne ciência e não um mero agregado de opiniões e princípios improváveis, não é apenas suficiente que ela seja uma ciência. Como saber mais elevado da humanidade, falta à filosofia o contato com o uso comum do entendimento, *i.e.*, com o senso comum, o que ela somente lograria caso se aproximasse por meio das esferas intermediárias do saber científico, ou seja, por meio de ciências particulares tais como filosofia da religião, filosofia do direito, pedagogia etc. Essa aproximação não seria possível por meio de uma popularização em que se procurasse trazer os fundamentos últimos da filosofia diretamente para o campo do senso comum: seria necessário mostrar,

---

61. Ibidem.
62. Ibidem.

nas ciências particulares, de que modo seus princípios são *deduzidos* pela filosofia como ciência das ciências.

Assim, para Niethammer, a tarefa dos filósofos consiste em conciliar esses dois objetivos, tanto o de realizar a filosofia como ciência quanto o de aplicar seus resultados, de modo que progressivamente ela se aproxime, pela via que lhe é própria, do uso comum do entendimento. Ele pondera que a revolução da crítica levou os filósofos a procurar apenas o primeiro objetivo, fazendo-os "dependentes de mera especulação" e como que paralisados enquanto "a filosofia [não] estivesse totalmente segura em seus fundamentos", enxergando com desconfiança qualquer tentativa de um uso possível de seus resultados[63]. Niethammer vê esse esforço dos fundacionalistas como justificado, mas entende o desenvolvimento da filosofia nessa direção como uma ideia da qual nos aproximamos a passos infinitos: "cada passo deve prover uma maior determinidade ao sistema de todas as ciências, e uma maior certeza ao uso prático de seus conceitos"[64].

Na unificação desses dois esforços, o objetivo do *Philosophisches Journal* é, em certo sentido, mais amplo do que os de programas fundacionalistas. As dúvidas de Niethammer quanto ao fundacionalismo filosófico eram antigas, como confessa a Herbert no começo de 1794[65], e a ida de Fichte para Iena apenas as atualizou, como mostra a correspondência de Niethammer com Herbert e Erhard, os quais assistiram às últimas preleções de Fichte em Zurique. Em tom exacerbado, Herbert chega a se declarar como o "mais irreconciliável inimigo de todos os assim chamados primeiros princípios da filosofia", considerando tolos os que carecem de princípios além do aperfeiçoamento moral[66]. Ele aconselha Niethammer a ensinar a filosofia de Kant e tomar de Reinhold e de Fichte somente o que for útil, procurando não enfrentar Fichte. Erhard subscreve Herbert, e contrapõe, ao "sofisma" de uma

---

63. Ibidem.
64. Ibidem.
65. Cf. M. Frank, op. cit., 439.
66. Cf. *Carta de Herbert a Niethammer*, de 04.05.1794, *apud* M. Frank, op. cit., 439-440.

filosofia que deduz tudo de um princípio, uma "filosofia verdadeira" que antes elevaria tudo em perfeita harmonia até o princípio supremo e indemonstrável da "natureza moral do homem"[67]. Para Erhard, os jovens kantianos tomam sua filosofia de modo constitutivo, e Reinhold precisaria não de uma teoria, mas de uma "análise da faculdade de representação"[68]. Niethammer responde a Herbert em 2 de junho de 1794, aquiescendo à crítica dos primeiros princípios e apresentando um retrato a um só tempo crítico e sóbrio dos propósitos de Reinhold, atacados por Schulze:

> Se o Sr. prefere, eu poderia também dizer que o aguaceiro [do *Enesidemo*] não inundou o universalmente válido do fundamento [de Reinhold], mas levou por diante a areia jogada entre as rochas de apoio com as quais o mestre de obras artificioso preencheu os abismos intransponíveis e construiu assim uma estrada plana para nós outros, criaturas humanas comuns, enquanto o artista perplexo se encontra agora sobre sua rocha[69].

Com a acusação da artificialidade de Reinhold, Niethammer consola Herbert dizendo que, como espectadores, eles estariam seguros em um pedaço de *terra continens* (a filosofia kantiana) que, ainda que flutuasse à deriva no mar e pudesse ser lançado em um abismo, não mereceria ser abandonado por um pedaço de rocha que, em última instância, repousa sobre a terra. No caso mais esdrúxulo, valendo-se de metáfora comum já utilizada por Fichte no escrito programático, e de que Hegel se valerá mais tarde ao apresentar a filosofia de Jacobi[70],

---

67. Cf. *Carta de Erhard a Niethammer*, de 19.05.1794, *apud* M. Frank, op. cit., 441-443.
68. M. Frank (op. cit., 443-454) desdobra a argumentação da carta de Erhard, mostrando o sentido por ele empregado com o conceito de análise, o que foge do escopo desta breve incursão.
69. Cf. *Carta de Niethammer a Herbert*, 02.06.1794 *apud* D. Henrich, *Der Grund im Bewußtsein*, 828.
70. Cf. G. W. F. Hegel, Gauben und Wissen oder Reflexionsphilosophie der Subjektivität in der Vollständigkeit ihrer Formen als Kantische, Jacobische und Fichtesche Philosophie (1802), in: *Werke 2. Jenaer Schriften 1801-1807*, Frankfurt a. M., Suhrkamp, 1986, 365: "Jacobi transforma essa construção genuinamente racional em um *apoio* das faculdades umas nas outras. 'A razão *apoia-se* para vocês *sobre* o entendi-

a pergunta sobre o fundamento da *terra continens* levaria a uma regressão infinita: "a terra está sobre um elefante e o elefante sobre uma tartaruga, sem nada mais dizer sobre onde repousa a tartaruga"[71]. Ou então, segue Niethammer, teríamos de aceitar que a terra não precisa nem de elefante, nem de tartaruga, mas se mantém por si mesma, e essa seria uma resposta totalmente satisfatória para a razão, segundo as leis da natureza. Com a delimitação das leis e princípios do entendimento, a *Crítica da razão pura* teria garantido a solidez do terreno ao limitar-nos ao círculo de nossas representações e mostrar o disparate de sair em busca de uma ponte para um outro pedaço de terra onde quiséssemos habitar: "onde representamos, pensamos e temos sensações, ali estamos nós e o mundo; onde não representamos, não pensamos e não temos sensações, ali não estamos e nem tampouco o mundo (ao menos para nós)"[72]. A especulação dos filósofos de profissão, como Niethammer denomina os fundacionalistas, mitiga a questão da autodeterminação prática dos sujeitos em tomar as rédeas sobre a realização de sua vida de acordo com o ideal que representam para si. A existência humana não seria nada sem essa possibilidade, e Niethammer se associa à reivindicação anterior de Herbert de que não há nenhum princípio supremo além do aperfeiçoamento moral.

Essas declarações atestam a sobriedade com que o observador Niethammer avalia Reinhold (e Fichte), considerando totalmente dispensável um único fundamento de todo saber. A convicção não o leva a depreciar a busca de um tal princípio por um motivo: Niethammer crê necessário que a filosofia esteja de acordo consigo mesma para que sirva à humanidade, pois a vitória sobre os sofismas do "hipercriticismo" e do "transcendentismo" não poderia ter lugar enquanto a filosofia estivesse em conflito. A complexa sofisticação das construções ar-

---

mento; o entendimento *sobre* a imaginação; a imaginação *sobre* a sensibilidade; a sensibilidade de novo *sobre* a imaginação como faculdade das intuições *a priori*; essa imaginação, finalmente, sobre o quê? Evidentemente sobre nada! Ela é a verdadeira tartaruga, o fundamento absoluto, o essente em toda essência'".

71. Cf. *Carta de Niethammer a Herbert*, 02.06.1794 *apud* D. Henrich, *Der Grund im Bewußtsein*, 830.

72. Ibidem.

tificiais que vieram no bojo do fundacionalismo pós-kantiano levaria a resultados conflitantes com o senso comum, de modo tanto mais dramático quando atingem a liberdade e a moralidade, o que na avaliação de Niethammer não produz a mesma *ataraxia* que ele experimenta diante das especulações da nova filosofia. Quando elas abalam esses aspectos cruciais, Niethammer crê necessário uma filosofia que "refute o juízo que ultrapassa seus limites, expondo seus dogmas indemonstráveis (...), assegurando para nós o que possuímos, ou seja, a vantagem de poder seguir nosso caminho e construir em paz no pedaço de terra a nós conferido, enquanto o querelante sofista não nos torna dependente de sua ajuda"[73]. Nesse sentido, fechando com um exemplo o retrato ambivalente de Reinhold e de seus propósitos, Niethammer vê a crença dos fundacionalistas de que a Revolução Francesa só poderia ter sucesso quando se chegasse a um princípio do direito natural como algo tanto risível, pois distante do entendimento comum, quanto correto, pois reivindica a unidade da filosofia consigo mesma para os fins da humanidade[74].

A carta a Herbert já contém *in nuce* o programa do *Philosophisches Journal*, evidenciando que, apesar do ataque de Herbert a Fichte, a maior parte das reservas de Niethammer vinha de seu longo trato com Reinhold. Meses mais tarde, em 27 de outubro de 1794, ele escreve a Erhard, estendendo tais reservas diretamente a Fichte e, saindo de uma posição mais condescendente, assume um tom bastante duro. Para Niethammer, o conceito de eu fichteano é uma espécie de sucedâneo mais consequente de um índice de egoísmo infame anterior, compreendido num processo em que os velhos partidos do fatalismo, determinismo e espinosismo retornariam em sua forma transcendente com trajes críticos. O novo egoísmo (*Ichismus*) de Fichte é o novo "espinosismo transcendente"[75]: "Fichte procedeu com o sujeito do mesmo

---

73. Idem, 833.
74. Idem, 834.
75. Na constelação de Iena, é importante lembrar a acusação de "espinosismo subjetivo", formulada por A. F. Weißhuhn, amigo convidado por Fichte para Iena, que defendia a perspectiva do senso comum contra a doutrina da ciência. Em cartas a Erhard

modo que Espinosa com o objeto; este coloca tudo no objeto, aquele tudo no sujeito; um eleva o objeto, o outro o sujeito à divindade"[76]. Contra o programa de Fichte, Niethammer retorna a Kant e reafirma a experiência como único fundamento da filosofia crítica, mas não como seu princípio. Para além disso, o estabelecimento de um princípio resultaria em uma quimera. A experiência é um pressuposto da crítica, não havendo demonstração conceitual satisfatória ao cético que questione esse pressuposto. Mantendo-se Niethammer desde sempre nos limites seguros da crítica, a doutrina da ciência aparece para ele como um "labirinto monstruoso de silogismos escolásticos", contra os quais ele defende a tarefa de procurar entender "o que realmente a filosofia deve proporcionar"[77].

Feito o breve excurso, cumpre mostrar que Hölderlin estava ciente desses arrazoados implicados na leitura que ele inicialmente faz de Fichte. Embora a primeira carta de Hölderlin a Niethammer date de dezembro de 1795, sabemos de seu contato através de uma menção a Neuffer, em meados de novembro de 1794, de que, em Iena, "às vezes"[78] visita Niethammer. Em 26 de dezembro, relata à mãe encontrar amizade nos professores de Iena, entre eles Schiller e Niethammer: "também [ele] se comportou de modo muito honesto comigo" (StA 6: 144) – e vislumbra o possível proveito de uma estada maior na cidade. Em janeiro, volta a falar da amizade com Niethammer a Neuffer e, em abril, ele conta ao irmão sobre o convite para colaborar com o *Philosophisches Journal*[79]. Em função do grau de parentesco com

---

e a Goethe, em fins de outubro de 1794, Schiller relata essa acusação. Weißhuhn resenhara *Sobre o conceito de doutrina da ciência* para o *Philosophisches Journal für Moralität, Religion und Menschenwohl*, de C. C. E. Schmid, e expôs sua perspectiva em um texto postumamente publicado por Niethammer, no *Philosphisches Journal*, em 1795: *Proposições e contraposições sobre a fundamentação de um novo sistema da filosofia*. Weißhuhn morre na casa de Fichte, em abril de 1795; cf. V. Waibel, op. cit., 27, nota 16; cf. D. Henrich, op. cit., 796, nota 152.

76. Idem, 835.
77. Ibidem.
78. Cf. *Carta de Hölderlin a Neuffer*, nov. 1794, StA 6: 141.
79. Cf. *Carta de Hölderlin a Neuffer*, 19.01.1795, StA 6: 153; cf. *Carta de Hölderlin ao irmão*, 13.04.1795, StA 6: 164.

Niethammer, as menções desses contatos à mãe e ao irmão são esperadas. A relação entre os dois é antiga, bastante próximos em Tübingen, mas possivelmente menos estreita em Iena por conta da enorme timidez de Hölderlin diante da prestigiada posição social que Niethammer então ocupa[80]. Mas se a relação intelectual se consolida com o convite para a revista, então a honestidade de Niethammer e o proveito que Hölderlin vê para si na cidade de Iena em fins de 1794, ao lado da assiduidade nas preleções de inverno de Fichte, certamente são elementos que permitem aproximar e colocar em constelação a crítica de Niethammer a Fichte, o programa do *Philosophisches Journal* e o dedicado estudo que Hölderlin faz da doutrina da ciência.

2.4. O "transcendentismo" e a autodefesa problemática de Fichte

Esclarecida a posição de Niethammer e localizada a ocorrência da acusação sob o termo transcendentismo, a carta de Hölderlin a Hegel se torna mais legível em relação ao que analisa em Fichte. Além da datação do prospecto do *Philosophisches Journal*, estabelecida por Henrich e Waibel[81] na virada de 1794 para 1795, cumpre mencionar dois outros dados: ao lado do final da parte prática da *Fundação*, testemunha uma possível reação imediata de Fichte ao "transcendentismo" o relato de Reinhold a Niethammer, segundo o qual Fichte encarava acusações dessa espécie de modo pouco benévolo[82]. Niethammer responde em janeiro, referindo-se ao programa da revista e dizendo que quase teria perdido colaboradores que se sentiram atingidos com a provocação de hipercriticismo e transcendentismo[83]. O segundo dado é que a expressão transcendentismo não é corrente no vocabulário da época[84], o que força a concluir que o destinatário da autodefesa de

---

80. Cf. D. Henrich, Über Hölderlins philosophische Anfänge..., 12.
81. Cf. nota 21.
82. Cf. W. Wirth, op. cit., 188, nota 75.
83. Segundo Waibel (op. cit., 52), que cita a carta a partir de um manuscrito do arquivo Goethe-Schiller de Weimar, o hipercriticista seria Schmid e o transcendentista Fichte.
84. Cf. V. Waibel, op. cit., 51.

Fichte seja Niethammer. Como venho sugerindo, as formulações de Niethammer são importantes para a perspectiva crítica que Hölderlin inicialmente adota em relação a Fichte. Por esse motivo, se alguém devesse ser considerado como provocador de correção no sistema fichteano[85], hipótese que em todo caso não subscrevo, faria mais sentido pensar em Niethammer, colega de Fichte na universidade, e não no aluno e *outsider* Hölderlin, ao contrário do que propõe enfaticamente Waibel[86].

Fichte considera que as objeções ao programa da doutrina da ciência são aparentes quando elas não compreendem adequadamente sua ideia. Ele enumera duas acusações desse tipo: a de idealismo dogmático e a de transcendentismo realista[87]. A acusação de idealismo baseia-se numa falsa interpretação da doutrina da ciência como uma ideia existente apenas no eu, negando-se dogmaticamente toda a realidade fora dele. Segundo Fichte, essa acusação resulta da falta de compreensão do sentido da doutrina da ciência ao contrapor-se à mesma as sentenças do senso comum (*gesunder Menschenverstand*), com as quais "ela concorda intimamente, se bem compreendida" (GA I/2: 414). Essa afirmação pode ser lida como resposta ao programa de Niethammer de uma aproximação da filosofia ao senso comum através das ciências particulares. O que Fichte afirma é que a doutrina da ciência já daria conta dessa tarefa: ela não opera por meio de uma dualidade implícita na divisão entre ciência das ciências e ciências particulares, cuja dedução de princípios deveria ser feita pela filosofia – como se ao cabo fosse possível transmitir a "determinidade dos conceitos das ciências particulares para o uso comum do entendimento"[88], levando a humanidade ao alcance de seus objetivos. Pelo contrário: a assim chamada doutrina da ciência "aplicada" aos domínios do di-

---

85. Cf. M. Frank, op. cit., 744.
86. Waibel (op. cit., 52) reconstrói todo esse contexto para concluir, contra o que parece mais plausível, que é possível considerar "até a prova genética inteira [do parágrafo 5] como consequência da crítica de Hölderlin".
87. Cf. GA I/2: 414.
88. Cf. F. I. Niethammer, Vorbericht. Über Zweck und Einrichtung dieses Journals, s.p.

reito, da moral, da história e da política é antes entendida como "derivação ('dedução') das condições concretas da constituição factual do eu ('autoconsciência')"[89]. Dessa perspectiva, a acusação de Erhard quanto ao sofisma de uma filosofia que deduz tudo de um princípio[90] talvez se aplicasse melhor a Niethammer.

O segundo tipo de má compreensão é o do "realista transcendente", que considera que o objeto da ideia de uma doutrina da ciência é um não-eu real e autônomo. De acordo com Fichte, esse objetor é precisamente aquele que, "caso tenha se apropriado de alguns pensamentos de *Kant* sem ter se apoderado do espírito de sua filosofia inteira", acusa a doutrina da ciência de transcendentismo "a partir do seu próprio transcendentismo, sem perceber que com suas próprias armas só atinge a si mesmo" (GA I/2: 414). A defesa da doutrina da ciência é feita mediante defesa de seu espírito, que consiste em fazer a faculdade da imaginação pairar diante dessas duas fixações da consciência e produzir as ideias fundamentais da doutrina da ciência "em todo aquele que a estuda pela própria imaginação criadora" (GA I/2: 415). Na defesa, Fichte está acusando o objetor (Niethammer) de não ter captado o espírito da filosofia kantiana e de ter projetado o seu próprio realismo para dentro da doutrina da ciência. Esse realismo é apenas uma das fixações do entendimento humano. O não-eu "do nosso objetor ou sua coisa em si" está em todo lugar e em lugar algum, pois é "algo para o eu, e *no* eu, que, contudo, *não* deve estar *no* eu" (GA I/2: 414). Essa condição paradoxal está na consciência e não pode ser suprimida sem a supressão da última. Somente a "imaginação produtiva e pairante", *i.e.*, o espírito humano em sua completude, é capaz de dirimir essa contradição na ideia que unifica uma coisa em si realista, *i.e.*, a posição do transcendentista, e o eu do idealista.

Ora, a defesa de Fichte aqui apresentada é ampla, atinge Niethammer apenas no que diz respeito à unificação da filosofia com o senso comum e na devolução da acusação de transcendentismo, a qual, bem

---

89. G. Zöller, "Liberté, Égalité, Fraternité" – "eu", "tu", "nós": o filosofar político de Fichte, 660.
90. Cf. *Carta de Erhard a Niethammer*, de 19.05.1794, *apud* Frank, op. cit., 441-443.

considerada, parece menos fundada ao pressupor que Niethammer não entendeu algo como sendo *o espírito* de Kant que nem o próprio Kant endossa[91]. Para Hölderlin, também interessado no espírito, essa (auto)defesa de Fichte não afasta que seu propósito de "ir além do fato da consciência na teoria (...) é (...) ainda mais notoriamente transcendente, como quando os metafísicos precedentes quiseram ir além da existência do mundo" (StA 6: 155).

Nessa desconfiança há dois elementos: em primeiro lugar, o fato de Fichte proceder na teoria de modo transcendente precisa ser compreendido em oposição ao "transcendental", que em Kant diz respeito às condições de possibilidade da experiência. A razão em seu uso puro exige do entendimento um completo acordo consigo mesmo na síntese do diverso da intuição[92], o que deve ser entendido em sentido crítico e, portanto, não pode ser estendido aos objetos como seu fundamento de determinação. A extensão desse princípio da razão pura para os fenômenos é *"transcendente"*, *i.e.*, não comporta "qualquer uso empírico adequado", porque no entendimento os princípios têm uso "inteiramente *imanente"*, visando apenas à "possibilidade da experiência" (KrV: B365)[93]. Como vimos, o uso fichteano do conceito de consciência não é unívoco na defesa do projeto da *Fundação*: por um lado, ele pretende demonstrar o princípio de uma consciência pura que, como uma *Tathandlung* que precisa ser *performada*, não chega à consciência; por outro, essa mesma consciência pura deve poder ser dada na consciência empírica, assegurando-se assim a *imanência* do programa da *Fundação*. Ora, como o *transcendente* marca de modo enfático uma posição semântica contrária ao *imanente* e ao *transcendental*, a suspeita de Hölderlin aponta para um aspecto crucial na avaliação da doutrina da ciência: se ela vai além da consciência na teoria,

---

91. Cf. I. Kant, Declaração acerca da Doutrina da Ciência de Fichte, in: J. Beckenkamp, *Entre Kant e Hegel*, Porto Alegre, EdiPUCRS, 2004, 245-246.
92. Cf. KrV: B362.
93. Cf. também o que diz Kant nos *Prolegômenos*: "transcendente é como denomino o uso de conceitos puros do entendimento que ultrapassa toda experiência possível" (Prol., AA 04: 316).

ela é transcendente, *i.e.*, dogmática. Sua orientação prática não salva a ambiguidade do princípio que reforça essa suspeita: ou se trata de um princípio imanente-transcendental, portanto aferível na *consciência empírica*, ou se trata de um princípio transcendente, portanto situado além dos limites críticos do idealismo transcendental kantiano.

Em segundo lugar, a desconfiança de transcendência recolocaria Fichte na lista dos "dogmáticos consequentes" como Espinosa. Isso demonstra a um só tempo uma consciência aguda da revolução kantiana no horizonte filosófico, como também a consciência de que só se tem conhecimento do limitado. No fundo, como veremos, a ultrapassagem do fato da consciência em direção a um eu absoluto, como Hölderlin entende o programa de Fichte, é uma espécie de tentativa metafísica de abranger epistemologicamente o ilimitado (eu absoluto) no interior do necessariamente limitado (consciência empírica), o que representaria uma tarefa evidentemente impossível.

2.5. O Espinosa de Jacobi e as anotações de Hölderlin

Para o Hölderlin de Tübingen que vai para Waltershausen-Iena, a recepção de Espinosa desempenha um papel crucial no cenário em que Jacobi assume o protagonismo ao longo da década anterior. Nele, Espinosa não está associado ao dogmatismo, mas ao panteísmo, ao fatalismo e ao ateísmo. Em julho e agosto de 1780, Jacobi encontra-se com Lessing e ambos conversam sobre Espinosa depois que Jacobi lhe apresenta a inédita ode *Prometeu*, de Goethe. Na ocasião, visitam o poeta J. W. Gleim, no jardim de quem, inclusive, Lessing teria gravado o lema Ἓν καὶ Πᾶν em um pedaço de madeira[94]. Lessing morre em fevereiro de 1781 e, em 1782, Jacobi publica um escrito no qual afirmava que ele teria declarado preferir o despotismo dos papas ao dos príncipes, provocando a reação imediata de Moses Mendelssohn. No ano seguinte, Elisabeth Reimarus passa a intermediar o contato de Jacobi

---

94. Para o que segue, cf. M. J. Solé, *Spinoza en Alemania (1670-1789). Historia de la santificación de un filósofo maldito*, Córdoba, Brujas, 2011, 228ss.

com Mendelssohn, que pretendia escrever uma biografia intelectual do amigo falecido. Jacobi logo reage afirmando que Mendelssohn precisava saber que, em seus últimos dias, Lessing foi um espinosista convicto, e que ele mesmo, Jacobi, haveria de se pronunciar sobre o encontro do verão de 1780. Elisabeth repassa a revelação potencialmente escandalosa a Mendelssohn, que pede a Jacobi mais explicações. Inicia-se, então, a correspondência entre ambos até que, em 1785, Jacobi assume a dianteira e resolve tornar público o testemunho da conversa com Lessing. Ele edita a correspondência com Mendelssohn, acrescida de uma introdução e de considerações próprias. Assim surge *Sobre a doutrina de Espinosa em cartas ao Sr. Moses Mendelssohn*, que teve reações imediatas distintas: por um lado, Mendelssohn não pouparia esforços para defender a memória de Lessing da difusão do que então era uma acusação pública de ateísmo à principal figura da intelectualidade alemã[95]; por outro, em Weimar, Herder e Goethe festejariam as afirmações atribuídas a Lessing, pois nelas viam renovado seu interesse por Espinosa[96].

Na compilação das cartas, Jacobi apresenta sua própria leitura do espinosismo, valendo-se da figura de Lessing apenas para desarticular a posição do Iluminismo alemão. Ao todo, Jacobi apresenta quatro interpretações entrelaçadas de Espinosa: a primeira, na conversa com Lessing, a segunda em uma carta a F. Hemsterhuis, que Jacobi também fizera chegar a Mendelssohn por intermédio de E. Reimarus; a terceira é uma resposta às considerações de Mendelssohn e a quarta um resumo de sua concepção que faz a conexão entre espinosismo e *Aufklärung*[97]. Na conversa com Lessing, Jacobi vale-se do poema de Goethe como uma espécie de isca para que o interlocutor confessasse seu espinosismo. Como *Prometeu* representasse uma apologia à autonomia humana diante dos deuses, e como Jacobi desconfiasse que Lessing simpatizava com uma concepção panteísta da divindade, a asso-

---

95. Cf. Idem, 231.
96. Cf. M. J. Solé, Los amigos prussianos. Episodios de la recepción de Spinoza en el siglo XVIII, in: *O que nos faz penzar*, v. 26, n. 41, jul./dez. 2017, 224.
97. Cf. M. J. Solé, *Spinoza en Alemania*, 233.

ciação entre panteísmo espinosista e Iluminismo alemão (na autoridade de Lessing) serviria como uma estratégia de ataque. A conversa é assim reproduzida:

> Lessing (depois de ler o poema que me devolvia): Não me escandalizou, há muito que tenho isso de primeira mão.
> Eu: O Sr. conhece o poema?
> Lessing: O poema eu jamais li, mas acho bom.
> Eu: A seu modo, eu também acho, de resto não lhe teria mostrado.
> Lessing: Quero dizer outra coisa com isso... a perspectiva do poema é minha própria perspectiva. Os conceitos ortodoxos da divindade não são mais para mim, deles não posso tirar proveito. Ἓν καὶ Πᾶν! Não conheço nada mais. E é disso que se trata nesse poema; preciso confessar que me agrada muito.
> Eu: Então o Sr. estaria totalmente de acordo com Espinosa?
> Lessing: Se devo me reportar a alguém, não conheço nenhum outro[98].

O relato é interrompido e, no diálogo seguinte, Jacobi se diz surpreso, pois pensava encontrar em Lessing uma ajuda *contra* Espinosa e "não um espinosista ou um panteísta" – ao que Lessing responde: "não há como ajudá-lo. Melhor que o Sr. se torne seu amigo. Não há filosofia a não ser a de Espinosa"[99].

Com isso, Jacobi mobiliza estrategicamente a primeira parte de sua tese sobre Espinosa. Se um racionalista afirma que Espinosa é o único filósofo, então os mesmos autores que defendem uma concepção racionalista e mecanicista de mundo são aqueles que aceitam, contrabandeada para dentro do sistema, uma concepção panteísta. Como o espírito do espinosismo reside em afirmar que "nada provém do nada (*a nihilo fit nihil*)"[100], a compatibilidade dessa filosofia com a posição do racionalismo é operada na base do princípio de razão suficiente. E como esse princípio não permite vazios numa argumentação logi-

---

98. F. H. Jacobi, *Über die Lehre des Spinoza in Briefen an den Herrn Moses Mendelssohn*, Breslau, Loewe, 1785, 11-12.
99. Idem, 13.
100. Idem, 14, 59.

camente encadeada, ele necessariamente é fatalista em sua explicação do mundo. Com isso, Espinosa rejeitaria a ideia de criação, substituindo a doutrina da emanação pela ideia de um cabalístico "*En-Sof* imanente"[101]. A consequência é que ele precisa endossar uma posição monista, na qual Deus e mundo (*Deus sive natura*) não existem como entidades separadas, e para a qual, portanto, a fórmula de Lessing Ἐν καὶ Πᾶν é a expressão adequada[102]. Ao mesmo tempo, essa posição representa o ateísmo para a posição teísta de Jacobi que, contra isto, sustentará que todos os sistemas racionalistas são diferentes posições do espinosismo; e se o determinista, que visa à explicação do condicionado, deve ser consequente, ele precisa ser um fatalista, "o restante seguindo-se daí"[103], *i.e.*, a negação de Deus e da liberdade. Assim, ao propor um *salto mortale* sobre uma "causa pessoal e sensata do mundo", Jacobi argumenta em favor da separação de racionalismo espinosista e revelação cristã, uma vez que se trata para ele de um *credo* jamais presente em Espinosa com sua "causa infinita sem entendimento [sem objeto do pensamento] nem vontade [sem objeto do querer]", atributos decorrentes da "unidade transcendental e infinitude absoluta universal [da *causa sui*, W.Q.]"[104].

Uma vez que o Deus espinosano figuraria, portanto, como fundamento mecânico de uma necessidade cega, Jacobi expõe o ateísmo de

---

101. Idem, 14.
102. A fórmula remonta a Xenófanes de Cólofon, que segundo Aristóteles foi o primeiro a postular a unidade como deus (*Met.* A 5: 986 b21), *i.e.*, um deus que identifica o uno com o todo (Ἐν καὶ Πᾶν). A expressão está numa paráfrase de Simplício, em que afirma que o princípio de Xenófanes (ἓν τὸ ὂν καὶ πᾶν) pertence a uma disciplina distinta da física. Cf. *Phys.* 22.24-26 *apud* H. Diels, *Die Fragmente der Vorsokratiker (Erster Band)*, Berlin, Weidmannsche Verlagsbuchhandlung, 1960, 121. A versão alemã "Eins und Alles" da fórmula grega está presente no vocabulário do pietismo do século XVIII, e migra para a literatura como expressão do sentimento panteísta da totalidade. Sobre isso, cf. M. Baeumer, Eines zu Seyn mit Allem, in: *Heinse-Studien*, Stuttgart, J. B. Metzler, 1966, 61-62. Numa folha do álbum de amigos de Hegel, Hölderlin escreve: "Goethe / Prazer e amor são / As asas para grandes feitos. / Tübingen, 12 de fev. 1791" (StA II: 349); abaixo da data, encontra-se o "S(ímbolo) Ἐν καὶ Πᾶν", provavelmente acrescentado por Hegel (StA II/2: 965).
103. F. H. Jacobi, op. cit., 14.
104. Idem, 15, 17.

Espinosa na depuração de eventuais ilusões salvadoras do discurso teológico: "bem compreendida, a doutrina da Espinosa não admite qualquer tipo de religião. Do contrário, uma certa espuma de espinosismo é bastante compatível com todos os gêneros de superstição e fanatismo, e com isso são possíveis as mais belas borbulhas. O ateu convicto não deve se esconder sob essa espuma, os outros não precisam se enganar com isso"[105]. Ao mesmo tempo que reivindica o ateísmo como a verdadeira razão de ser da filosofia de Espinosa, Jacobi exige dos espinosistas coerência com o espírito de seu sistema. Esse recado é provavelmente dirigido a Goethe, que com sua crença de um Deus na natureza aceitaria também uma espécie de cosmoteísmo danoso à fé teísta, somente pela qual Jacobi crê poder revelar-se a verdadeira espiritualidade humana[106]. Esse também é o motivo por que a filosofia é posta em suspeição com sua explicação do mundo enquanto cadeia de razões intelectuais finitas, sendo a grande novidade do argumento de Jacobi a de que essa filosofia não pode ser refutada: "Espinosa, mais do que qualquer outro filósofo, convenceu-me inteiramente de que há certas coisas que não se deixam explicar, e que diante das quais, por isso, não se deve fechar os olhos, mas se deve aceitá-las como são"[107].

Além da correspondência editada, Jacobi resume em seis proposições sua compreensão da filosofia de Espinosa: 1. Espinosismo é ateísmo; 2. O espinosismo é a filosofia cabalística reinterpretada; 3. A filosofia wollfiano-leibniziana é tão fatalista quanto o espinosismo; 4. Toda demonstração deságua no fatalismo; 5. Toda demonstração pressupõe um demonstrado; 6. O conhecimento e ação humanos se fundam na crença[108]. Essas proposições articuladas ao "fato" fundamental de que a filosofia de Espinosa é a única filosofia irrefutável servem como estratégia global de ataque à posição do Iluminismo que, na mesma época, com a filosofia kantiana, caminha para o estabelecimento crítico de uma filosofia da liberdade. Como, além disso, o livro rendesse reações,

---

105. Idem, 170-171, nota.
106. Cf. M. J. Solé, *Spinoza en Alemania*, 243.
107. F. H. Jacobi, op. cit., 29.
108. F. H. Jacobi, op. cit., 170-172.

Jacobi faz uma segunda edição (1789) em que acrescenta oito apêndices, dos quais o VII é o mais elucidativo de sua perspectiva. Nele, o autor apresenta a história da filosofia como uma longa discussão racional voltada para a explicação da origem do mundo e da existência natural das coisas, na qual convergem dois problemas que chegam à modernidade cartesiana: por um lado, a "impossibilidade de derivar as propriedades da essência pensante das propriedades da essência corpórea" e, por outro, o problema da atribuição de "existência *natural* ao movimento e suas modificações"[109]. Essas dificuldades seriam enfrentadas por Espinosa com seu Ἓν καὶ Πᾶν, a partir do qual empreende uma união necessária de matéria e forma segundo a fusão ilusória, *i.e.*, meramente lógica, dos conceitos de causa e fundamento no conceito de incondicionado, o que seria justamente o ponto de partida do racionalismo para a representação do condicionado[110]. Consequentemente, e nisto Espinosa não teria se equivocado do ponto de vista racional, Jacobi afirma que o racionalismo não logra explicar de modo compreensível "a existência real de um mundo sucessivo composto de coisas finitas singulares"[111]. Ao mesmo tempo que propõe uma explicação de um mundo sucessivo, a razão está empenhada em investigar suas condições de possibilidade fora da sucessão, transformando "o natural em sobrenatural" e atuando "fora de sua competência" adstrita apenas à explicação do condicionado[112]. Procedendo desse modo, a razão especulativa vai além de si mesma, afinal tudo o que pode descobrir restringe-se a "simples coisas da natureza", às quais ela mesma pertence "como ser limitado"[113]. Como a explicação do condicionado, de nós mesmos e do mundo, repousa sempre sobre *mediações*, a tarefa da ra-

---

[109]. F. H. Jacobi, Apêndice VII a "Sobre a doutrina de Espinosa", in: J. Beckenkamp, *Entre Kant e Hegel*, Porto Alegre, PUCRS, 2004, 49.

[110]. Nas conversas com Lessing, Jacobi declara compreender os sistemas racionalistas de Espinosa e de Leibniz como inteiramente compatíveis. Cf. F. H. Jacobi, *Über die Lehre des Spinoza*, 24; cf. F. H. Jacobi, Apêndice VII, 49, 53-54, 58; cf. J. Beckenkamp, *Entre Kant e Hegel*, 43.

[111]. F. H. Jacobi, Apêndice VII, 55.

[112]. Ibidem, 56.

[113]. Ibidem, 57.

zão estaria em investigar apenas o que faz a mediação da existência das coisas: "aquelas coisas de que entendemos o mediador, isto é, cujo *mecanismo* descobrimos, essas podemos também produzir, se aqueles meios estão em nossas mãos. O que podemos construir desta maneira, isso compreendemos, e o que não podemos construir, isso não compreendemos"[114]. Portanto o racionalismo, incluindo o princípio espinosano da substância, empreenderia uma tarefa absurda de explicação das condições do incondicionado, de cuja existência Jacobi afirma possível a certeza imediata, *i.e.*, sem *mediações*. Ao mecanicismo que repousa em si mesmo no *naturalmente mediado*, Jacobi propõe a compreensão do imediato e sobrenatural como fato: "esse sobrenatural é chamado por todas as línguas: o *Deus*"[115]. Na perspectiva de Jacobi, a fé em um deus pessoal é a alternativa ao espinosismo e ao racionalismo em geral[116].

Essa discussão repercute em Tübingen. Conforme relata à mãe em fevereiro de 1791, Hölderlin teria em mãos escritos de e sobre Espinosa, "um grande nobre do século passado e ateu de acordo com conceitos rigorosos" (StA 6: 64). Não se sabe ao certo o que Hölderlin de fato leu de Espinosa nessa época, mas o que leu "sobre" Espinosa está documentado em suas notas *Acerca das cartas de Jacobi sobre a doutrina de Espinosa*[117]. Na mesma carta à mãe, ele menciona dúvidas sobre a verdade religiosa, as quais teriam surgido antes mesmo do contato com o espinosismo, o que remete também a Kant e à recepção, no instituto, de sua doutrina da indemonstrabilidade da existência de Deus[118]. De Jacobi, ele registra no primeiro ponto (1.) das notas precisamente todos os tópicos da discussão das cartas: o espinosismo de Lessing, a peculiaridade da filosofia espinosana, o determinismo e o fatalismo, a impossibilidade da geração a partir do nada (*a nihilo nihil*

---

114. Ibidem, 58.
115. Ibidem, 60.
116. Cf. M. J. Solé, *Spinoza en Alemania*, 255-259.
117. StA 4: 207-210.
118. Cf. D. Henrich, Über Hölderlins philosophische Anfänge..., 13-14.

fit), o *Ensof* imanente, o problema da série infinita de efeitos[119]. No segundo ponto (2.), Hölderlin destaca a crença de Jacobi em uma causa pessoal do mundo, e afirma que ele compreende tão bem os pensamentos de Espinosa "que eles quase se tornam propriedades suas" (StA 4: 208), deixando transparecer a ambiguidade da leitura de Jacobi. Em seguida, ele reproduz a conversa de Jacobi com Lessing acerca da concordância da filosofia de Leibniz com o espinosismo e acrescenta a seguinte observação que resume as passagens correspondentes do livro, cujas páginas ele anota à margem das notas: "tanto em Leibniz como em Espinosa, toda causa final pressupõe uma causa eficiente. O pensamento não é a fonte da substância, mas a substância é a fonte do pensamento" (StA 4: 209)[120]. Hölderlin fecha com a seguinte avaliação: "o grande mérito do investigador é desvelar e revelar a existência. A explicação é para ele o meio, o caminho para o objetivo, o fim próximo, mas jamais último. Seu fim último é o que não se deixa explicar: o indissolúvel, imediato, simples" (StA 4: 210).

Ora, mais do que a imediatidade exclusiva da fé, a noção do incondicionado dado imediatamente na consciência e a ideia de que a substância está na fonte do pensamento é que serão os pontos importantes para a concepção filosófica de Hölderlin em *Juízo e Ser*. Na função crítica que cumpre a comparação de Fichte com Espinosa na carta de Hölderlin a Hegel, o conhecimento do debate fomentado por Jacobi, bem como do *imanentismo* da substância espinosana e do sentido da identificação entre ela e o eu absoluto fichteano, pressupõe um maior alcance da compreensão que Hölderlin teria de Espinosa. Assim, ao dizer que o eu fichteano é equivalente à substância de Espinosa, Hölderlin certamente não ignora o que Fichte expressa a respeito de suas diferenças. Ao contrário da suspeita de dogmatismo, isso deveria despertar em Hölderlin muito mais a expectativa de ver em Fichte um "programa filosófico desenvolvido no espírito de Espinosa"[121],

---
119. Cf. StA 4: 207-208.
120. Cf. F. H. Jacobi, *Über die Lehre des Spinoza*, 26.
121. M. Wegenast, *Hölderlins Spinoza-Rezeption und ihre Bedeutung für die Konzeption des „Hyperion"*, Tübingen, Max Niemeyer, 1990, 58.

como uma filosofia racional consequente. No entanto, se inicialmente coloca Fichte ao lado de Espinosa no rol dos pensadores dogmáticos, é porque Hölderlin mantém no horizonte a diferença entre uma ontologia de princípios (Espinosa) e uma explicação filosófica da subjetividade (Fichte), para qual Jacobi oferecia – como atestam as notas de Tübingen – o desvelamento da existência em seu fim último como o indissolúvel e imediato *contra* uma filosofia racionalista das mediações. O elemento da imediatidade mobilizado por Jacobi contra o racionalismo acaba por encontrar um *pendant* produtivo numa concepção filosófica que pensa a unidade na diferença, como se verá na compreensão de Hölderlin.

2.6. Os alcances da objeção: o eu absoluto e a anulação da consciência

Depois de situados em contexto os elementos da crítica a Fichte, cumpre avaliar a posição específica de Hölderlin em relação ao problema da consciência. Central na carta, como visto, é a figura de Espinosa, que representa os "metafísicos anteriores" aos quais a suspeita de Hölderlin associa Fichte. Para Hölderlin, o eu absoluto fichteano é equivalente[122] (=) à substância espinosana, e isso se relaciona com a desconfiança de dogmatismo. Na perspectiva bem conhecida de Jacobi, o empreendimento racionalista para compreender as condições do incondicionado[123] corresponderia à definição kantiana do dogma-

---

122. Contra a redução da igualdade (=) à mera identificação, aceitando-se a sugestão de Henrich "*na medida* em que for igual à substância de Espinosa" (D. Henrich, *Der Grund im Bewußtsein*, 383), talvez seja útil ler (p ~ q), onde p = o eu absoluto vai além da consciência na teoria, q = o eu absoluto é substância de Espinosa. Trivialidade não tão óbvia quando lembramos que P. Kondylis difundiu a tese de que Hölderlin teria crassamente substancializado o eu absoluto de Fichte, e explicou esse "desentendimento" como desconhecimento da doutrina da ciência prática, o que não se confirma em vista da documentação atualizada; cf. P. Kondylis, *Die Entstehung der Dialektik. Eine Analyse der geistigen Entwicklung von Hölderlin, Hegel und Schelling bis 1802*, Stuttgart, Klett-Cotta, 1979, 313; contra Kondylis, cf. W. Wirth, Transzendentalorthodoxie?, 204-212.
123. Cf. F. H. Jacobi, Apêndice VII, 58.

tismo como a busca teórica pela totalidade incondicionada[124]. O próprio Kant se pronunciou a respeito do livro de Jacobi e o fez associando o espinosismo ao dogmatismo, distinguindo-o da filosofia crítica[125]. Mas vimos também que o interesse de Hölderlin pelo espinosismo entendido por Jacobi como ateísmo estava mais próximo da compreensão do "imediato da existência" (StA 4: 210) e do modo como a consciência se reporta a esse dado que aos poucos vai se deslocando para outro centro de articulação da filosofia: a *beleza*. De um modo geral, a pressuposição da representação imediata e certa do incondicionado no condicionado interessava como ferramenta de superação da filosofia reinholdiana do princípio (condicionado) da consciência[126]. No entanto, esses interesses tomam caminhos distintos. Jacobi coloca um Deus pessoal no lugar da substância. Hölderlin restituirá o *ser* como beleza numa perspectiva de caráter mais abrangente e unificante do que seu teor unilateralmente marcado nos debates religioso (dogmático) e lógico-ontológico (racionalista), conforme veremos mais de perto na análise de *Juízo e Ser* e das versões de *Hipérion*.

Dito isso, o adequado é tratar separadamente dogmatismo e espinosismo e avaliar o específico do espinosismo positivo em Hölderlin[127]. Na carta a Hegel, Espinosa ocupa uma posição *negativa* que se encontra no centro desta exposição; posteriormente, o teor de verdade do espinosismo que chegara a Tübingen será deslocado para uma filoso-

---

124. Cf. KrV: B787.
125. Cf. I. Kant, O que quer dizer: orientar-se no pensamento?, in: J. Beckenkamp, *Entre Kant e Hegel*, 33-34, nota: "a *Crítica* mostra ser de longe insuficiente, para a afirmação da possibilidade de um ser apenas pensado, que em seu conceito não haja nada contraditório; mas o espinosismo pretende compreender a impossibilidade de um ser cuja ideia consiste apenas em conceitos puros do entendimento, dos quais se separam tão-somente todas as condições da sensibilidade, nos quais, portanto, jamais pode ser encontrada uma contradição, e não é capaz, no entanto, de apoiar com o que quer que seja esta pretensão que ultrapassa todos os limites. Justamente por essa pretensão o espinosismo leva diretamente ao devaneio".
126. Cf. J. Beckenkamp, *Entre Kant e Hegel*, 65, nota vii.
127. Sobre isso, cf. M. Wegenast, op. cit., D. Henrich (*Der Grund im Bewußtsein*, 379) situa as leituras que Hölderlin faz de Espinosa ao lado dos estudos estéticos, do verão ao outono de 1794, em Waltershausen.

fia que passa a pensar como problema a relação da unidade-individualidade (em Fichte, existência efetiva) com a totalidade (em Fichte, ser absoluto). Há, por assim dizer, dois Espinosas em Hölderlin, o primeiro dos quais é mobilizado metodologicamente, na carta a Hegel, dentro do argumento crítico-transcendental e se mantém dogmático; o segundo volta à cena na concepção de *Hipérion*, no prefácio da penúltima versão e no primeiro volume do romance definitivo.

Na crítica a Fichte, a estrutura da objeção de Hölderlin é a seguinte: a suspeita de dogmatismo recai sobre a extrapolação da consciência na teoria fichteana do eu absoluto, e este, confirmando-se a extrapolação, pode ser equiparado à substância de Espinosa, nos termos em que Kant situava espinosismo e dogmatismo. Numa formulação mais precisa: o conceito de substância necessariamente infinita (Espinosa) no começo de uma demonstração *more geometrico* corresponderia ao procedimento dogmático da razão teórica (Kant), *i.e.*, a um racionalismo consequente. Para o Hölderlin de Iena, Fichte estaria fazendo um uso semelhante da razão com seu conceito de eu. Certamente ciente da objeção de transcendentismo de Niethammer em fins de 1794, bem como das reservas de Weißhuhn que, ao que se sabe, o mais tardar em outubro do mesmo ano teria propagado a acusação de espinosismo subjetivo[128], Fichte antecipa-se com uma diferenciação estratégica de seu sistema em relação ao de Espinosa no § 1 da *Fundação*. Cito a passagem integralmente:

> Nossa proposição, no sentido indicado, foi ultrapassada por Espinosa (...). Pare ele, o eu (aquilo que ele denomina *seu* eu, ou que eu denomino *meu* eu) não é pura e simplesmente (*schlechthin*) porque

---

128. Weißhuhn chega em agosto de 1794 em Iena, mas sua estreita amizade com Fichte permitia manifestar discordâncias já um pouco antes: "ao menos a mim, até agora, Kant é completamente satisfatório quanto aos principais fins da filosofia. Pelo menos desde o exame de Schultz, não saberia argumentar contra a idealidade do tempo e do espaço; e em geral, segundo meu modo de ver, ele justificou perfeitamente sua limitação de nossa faculdade de conhecimento à experiência possível" (*Carta de Weißhuhn a Fichte*, 20.06.1794, cf. GA III/2: 163). Essa convicção é partilhada por Niethammer e outros alunos de Reinhold. Já quanto à acusação de "espinosismo subjetivo", cf. *Carta de Schiller a Erhard*, 26.10.1794, *apud* M. Frank, *Unendliche Annäherung*, 601, nota 12.

é; mas porque *algo outro é*. – Decerto o eu é, segundo ele, *para* o eu – eu, mas ele pergunta: o que seria o eu para algo fora do eu[?]. Um "tal fora do eu" seria igualmente um eu, do qual o eu posto (por exemplo, *meu* eu) e todos os possíveis eus poníveis seriam modificações. Ele separa a consciência *pura* e a *empírica*. Põe a primeira em Deus, que nunca toma a consciência de si, pois a consciência pura nunca chega à consciência: e a última nas modificações particulares da divindade. Assim estabelecido, seu sistema é plenamente consequente e irrefutável, porque se encontra em um campo onde a razão não pode mais segui-lo; mas é infundado, pois o que lhe dá o direito de ultrapassar a consciência pura dada na consciência empírica? O que o impeliu a seu sistema pode-se bem indicar: a saber, o *esforço* (*Streben*) *necessário para produzir a suprema unidade no conhecimento humano* [grifo meu, W.Q.]. Há essa unidade em seu sistema; e o erro está meramente nisto: que ele acreditava concluir fundado em argumentos teóricos, onde era impelido meramente por uma carência (*Bedürfnis*) prática; que ele acreditava estabelecer algo efetivamente dado, ao estabelecer meramente um ideal proposto, mas nunca alcançável (GA I/2: 263)[129].

A posição desse comentário no texto da *Fundação* é crucial, pois, pela datação, certamente é uma das primeiras passagens a que Hölderlin tem acesso. Se analisarmos o argumento da carta à luz dessa passagem, percebemos um paralelismo estrutural quase perfeito. Fichte começa com a constatação de que Espinosa teria ultrapassado o "eu sou", a esta altura da exposição da *Doutrina da ciência* já tão estabelecido como o "fato da consciência" na carta de Hölderlin a Hegel: a equivalente "consciência pura dada na consciência empírica" teria sido abandonada por Espinosa com base em argumentos teóricos, onde ele teria sido impelido antes por *esforço* e *carência* práticos. A isso corresponderia precisamente o "ir além da consciência na teoria" de Hölderlin contra Fichte, caso se especifique a *carência prática* na carta de Hölder-

---

129. Passagem citada a partir da tradução de Rubens Torres Filho. Cf. J. G. Fichte, A *doutrina-da-ciência de 1794 e outros escritos*. 2. ed., São Paulo, Abril Cultural, 1984, 48-49.

lin por meio da interpretação de sua parte propositiva[130]. Mas há uma diferença no que diz respeito ao estabelecido como consciência e eu: conforme visto, em Hölderlin, o *fato da consciência* se refere à consciência empírica e não é *princípio* da filosofia, ao passo que, em Fichte, a *consciência pura* dada na *consciência empírica* não é um fato, mas a própria *Tathandlung* enquanto *princípio*. Isso torna o paralelismo truncado, visto que, para Fichte, o conceito de consciência precisa de uma explicação complementar[131].

Se considerarmos no "espinosismo transcendente" (Niethammer) a articulação de dois aspectos que, confirmados, fariam a doutrina da ciência ultrapassar o criticismo e sucumbir no velho dogmatismo, a estrutura de defesa fichteana é interessante ao aparar as rebarbas do ataque condensado em duas frentes de análise: em primeiro lugar, nessa parte dos princípios que é mais uma clara delimitação (em oposição a Espinosa) do que propriamente uma defesa da doutrina da ciência; em segundo, no final da parte prática (em oposição a objetores como Niethammer), que é propriamente uma defesa do espírito da *nova* filosofia. Independentemente de Hölderlin ter percebido (ou não) essa estratégia fichteana, sua crítica ao eu absoluto reagrupa o "espinosismo transcendente" do qual Fichte se defende, apontando, por um lado, para o fato de que a diferença supostamente abissal entre a doutrina da ciência e a filosofia de Espinosa encobre também uma semelhança metodológica decisiva e,

---

130. A parte de que tratarei adiante começa com a tese de que não existe um objeto para o eu absoluto. Henrich sugere ler a afirmação conexa de que um eu na posição hipotética de objeto é limitado, "mesmo que fosse apenas no tempo" (StA 6: 155), como indício da dimensão prática do sujeito em tentar se livrar dessa limitação em uma progressão infinita. Cf. D. Henrich, op. cit., 384.
131. M. Wegenast (op. cit., 56) interpreta o paralelismo como uma "crítica imanente" a Fichte, na medida em que o argumento de Hölderlin se vale da mesma estrutura – mas deixaria Espinosa de fora da crítica, visto não ser possível extrair da passagem a compreensão que Hölderlin teria de Espinosa. Contra essa leitura, Wirth (op. cit., 212-213, nota 127) defende que o argumento não pode ser imanente, uma vez que Hölderlin tematiza o eu fichteano de um modo que não é formulado na *Fundação*. Para Wirth, ao contrário de Wegenast, Hölderlin teria avaliado o argumento de Fichte contra Espinosa como verdadeiro e fundamental, de modo que o paradigma espinosano seria bem mais negativo, no sentido de uma metafísica, do que positivo, como entende Wegenast. Sobre o paralelismo, cf. também V. Waibel, *Hölderlin und Fichte*, 27-48.

por outro, para a necessidade de considerar o *espírito* sem negligenciar os limites da *letra* da filosofia kantiana. Tratarei, no que segue, de explicitar um pouco o *espinosismo* apontado por Hölderlin, sua crítica ao *eu absoluto* e, para finalizar, como resultado do raciocínio na carta a Hegel à luz da crítica, o problema de se pensar um eu absoluto numa *consciência* fundada nos marcos referenciais da *Fundação da doutrina da ciência*.

O trabalho mais consequente da fortuna crítica sobre a relação de Hölderlin com Espinosa até o presente é certamente a monografia *Hölderlins Spinoza-Rezeption* (1990), de Margarethe Wegenast, que explora a recepção de Espinosa via Jacobi em Tübingen, a incorporação de Espinosa ao vocabulário teórico de Hölderlin no debate com Schelling e os resultados dessa recepção na concepção de *Hipérion*. Na delimitação da questão, Wegenast analisa a "motivação espinosista" de Hölderlin em sua crítica a Fichte. Justamente por isso, ela isola a crítica de Fichte a Espinosa e considera a crítica de Hölderlin voltada apenas para Fichte. Nesse contexto, Wegenast retoma as notas de Hölderlin do livro de Jacobi, destacando a passagem em que a substância espinosana é compreendida como causalidade imanente do Ἕν καὶ Πᾶν, como "fonte do pensamento" (StA 4: 209)[132]. Hölderlin anotava sobre o imanentismo de Espinosa a proposição que define o espírito de sua filosofia a partir da fórmula *a nihilo nihil fit*: "por meio de um surgir no finito e de cada mudança nele, algo é posto a partir do nada", um *En-Sof*[133] ou uma divindade "imanente" contra qualquer "passagem do infinito para o finito" (StA 4: 207)[134]. Ainda segundo a intérprete, conforme dito, o sentido da identificação entre a substância espinosana e o eu absoluto fichteano por Hölderlin diria respeito à expectativa de ver em Fichte um programa desenvolvido no espírito de Espinosa.

---

132. Cf. F. H. Jacobi, *Über die Lehre des Spinoza*, 26: "O pensamento não é a fonte da substância, mas a substância é a fonte do pensamento".

133. Para a cabala, o mundo surge do En-Sof divino por emanação; a fórmula corresponderia ao *deus sive natura* de Espinosa. Cf. J. Schmidt, Zu Text und Kommentar, in: *Friedrich Hölderlin Sämtliche Werke und Briefe*, v. 2, Frankfurt a. M., Deutscher Klassiker Verlag, 2008, 1225.

134. Cf. F. H. Jacobi, op. cit., 14.

Essa leitura tem a vantagem de não precisar lidar com o fato de que Hölderlin leu adequadamente o que Fichte diz de Espinosa e, ainda assim, expressou reservas. Mas há um outro aspecto das notas sobre Jacobi, apontado por Henrich, que revelam um Espinosa de Hölderlin mais depurado pelo kantismo do que Wegenast supõe: em primeiro lugar, a leitura de Jacobi é posterior aos estudos de Kant, em Tübingen. Na perspectiva de Hölderlin, isso levaria, em segundo lugar, a uma ligação entre Kant e Espinosa precisamente lá onde Jacobi toma posição contrária a ambos, e em bloco, ao recolocar um Deus cristão no lugar esvaziado pela substância (Espinosa) e pela refutação das provas teóricas de sua existência (Kant). Segundo Henrich, essa ligação estaria numa compreensão de Espinosa mais próxima do vocabulário kantiano, quando Hölderlin lê o argumento acerca de uma infinitude sem objeto alinhado à tese de que só há consciência de objeto: "seria um disparate produzir um conceito diante de seu objeto, ou ter uma vontade determinada, antes de algo ao qual se pudesse reportar (*sich beziehen*)" (StA 4: 207)[135]. Um Espinosa assim modificado parece mais próximo do dogmatismo definido por Kant.

Ora, na carta de Hölderlin a Hegel, isso se liga à convicção de que Fichte teria ido além do fato da consciência (na teoria), de modo transcendente, com um conceito de eu que, à semelhança da substância de Espinosa, "contém toda a realidade" (StA 6: 155). Na *Ética*, Espinosa define a substância como aquilo que existe em si mesmo e que é concebido por si mesmo sem o conceito de outra coisa[136], sendo Deus a substância que consiste em infinitos atributos[137]. Além disso, Deus é a

---

135. Cf. D. Henrich, Über Hölderlins philosophische Anfänge..., 17. Na sequência da passagem comentada por Hölderlin, Jacobi não utiliza o verbo referir-se ou reportar-se (*sich beziehen*), que na terminologia da época, influenciada por Reinhold, está associado à teoria da consciência: "uma faculdade capaz de produzir um conceito antes do conceito, ou um conceito que fosse causa *completa* de si mesmo antes de seu objeto, bem como uma vontade que tivesse efeito sobre o querer e que determinasse a si mesma, são coisas visivelmente absurdas" (F. H. Jacobi, op. cit., 15-16). Henrich vê a "mão" terminológica de Hölderlin sobre o que de fato escreve Jacobi acerca de Espinosa.

136. Cf. E I, def. 3: 13.

137. Cf. E I, def. 6: 13.

única substância concebida[138], estando nela tudo o que existe (*quicquid est in Deo est*)[139]. Como o atributo é aquilo que o intelecto percebe enquanto essência da substância[140], como toda substância é necessariamente infinita[141] e, além disso, como é atribuída mais realidade a uma coisa quanto mais atributos lhe competem[142], segue-se que a *substância* única contém realidade infinitamente, *i.e.*, *toda a realidade* (*omnitudo realitatis*). Essa construção das primeiras definições, axiomas e postulados da *Ética* é evidentemente importante para o argumento de Fichte caso ele queira afastar seu eu absoluto da compreensão de um idealismo dogmático, para dentro do qual a *realidade* pré-crítica estivesse sendo sistematicamente empurrada. Assim, a crítica de Hölderlin vai além da mera identificação, pois coloca um problema para o texto da *Fundação* que Fichte não resolve de modo satisfatório.

Conforme exposto anteriormente, Fichte introduz o conceito de eu absoluto no § 3 e afirma, retomando o que explicitara como "sujeito absoluto" (GA I/2: 259) e "ação absoluta" (GA I/2: 262) do primeiro princípio, que ele não é "algo", ou seja, não é substancial e não possui nenhum predicado: o eu simplesmente é o que é, e por meio dele "toda a realidade está na consciência" (GA I/2: 271). A demonstração de que a realidade está na consciência precisa ser feita de modo a garantir sua unidade, sem a qual nenhum saber é possível. Esse é um aspecto crucial da *Fundação* e a dificuldade logo se coloca: na fundação do saber teórico, em que se trata de demonstrar a pensabilidade da determinação do eu (sujeito) pelo não-eu (objeto), Fichte observa que a unificação entre o eu finito (determinado) teórico e o eu infinito (que põe a si mesmo) prático revela-se impossível ao exigir que a finitude seja suprimida em favor do "eu infinito, que deve permanecer como *Um* e como *Tudo* (*Eins und Alles*, grifo meu, W.Q.)" (GA I/2: 301). Mas essa tarefa não se resolve nos liames da consciência reflexiva, pois ela não admite

---

138. Cf. E I, P 14: 29.
139. Cf. E I, P 15: 31.
140. Cf. E I, def. 4: 13.
141. Cf. E I, P 8: 19.
142. Cf. E I, P 9: 23.

um objeto que extrapole suas condições (objetivas). Como aponta Wegenast[143], Fichte lança mão de duas estratégias para tentar resolver o impasse: em primeiro lugar, em vez de tomar, como ele vê em Espinosa, "algo efetivamente dado" por "um ideal meramente proposto" (GA I/2: 263), Fichte recorre, como sabemos, ao decreto da razão (*Machtspruch der Vernunft*): "já que o não-eu não se deixa unificar de modo algum com o eu, não *deve* haver um não-eu em geral, o que não desamarraria o nó, mas o cortaria" (GA I/2: 301). O "não *deve* haver um não-eu em geral" é propriamente a exigência da razão prática para fazer o não-eu concordar com o eu em um "ponto de unificação entre a essência absoluta, prática e a essência inteligente do eu", para que ele "abranja em si toda a realidade e preencha a infinitude" (GA I/2: 409). No limite, há em todo aquele que ultrapassa a consciência um sentimento de uma "subordinação necessária e unidade do não-eu sob leis práticas do eu", como o "objeto de uma ideia, [*i.e.*,] algo que *deve* estar aí" (GA I/2: 281) e que se explica de modo prático. Vista dessa perspectiva, a construção fichteana não se resume à substância de Espinosa, uma vez que Fichte identifica nela justamente o "dado prático" do "esforço necessário para produzir a suprema unidade no conhecimento humano (...) que ele [Espinosa] acreditava concluir fundado em argumentos teóricos" (GA I/2: 263).

Mas em sua segunda defesa, Fichte permanece no caminho teórico e postula o eu absoluto como *quantum* absoluto ou "totalidade absoluta da realidade" (GA I/2: 288), na qual ele é expressamente – embora criticamente, como vimos – definido como substância: "na medida em que o eu é considerado como o domínio pura e simplesmente determinado e abrangente de toda a realidade, ele é *substância*" (GA I/2: 299), fora da qual não há nada[144]. Como "totalidade de determinidade determinada" ou totalidade de relações possíveis[145], a substân-

---

143. M. Wegenast, op. cit., 59-61.
144. Cf. GA I/2: 261: "Tudo o que existe, só existe posto no eu, e fora do eu não há nada".
145. Como vimos, na *Fundação do saber teórico*, Fichte opera no quadro das categorias kantianas sob a rubrica da *relação*, de modo que a totalidade e a especificidade

cia não é possível sem que se parta do eu e que, com isso, "algo, que aqui é um não-eu posto ou um objeto, seja excluído do eu", ao mesmo tempo que seu "pôr a si mesmo" (*sich setzen*) possa determinar essa totalidade[146]. Esse *leitmotiv* subjacente à construção inteira da *Fundação* apresenta dificuldades ao saber teórico, porque em seu fundamento é pressuposta a necessidade de um não-eu em geral para a inteligência, que a afirmação e busca contínua da *Tathandlung* (antes prática do que teórica) sistematicamente anula na parte do conhecimento objetivo. A solução nesse caso não é unificadora, como sugere o final da parte prática, mas passa pela justaposição de um "eu primeiramente posto como absoluto", depois como "realidade limitável pelo não-eu" (GA I/2: 286), remanescendo uma estrutura dupla do eu absoluto. E é isto o que confirma o modelo genético do final da parte prática:

> E assim se encontra abrangida e esgotada a essência inteira de naturezas racionais finitas. Ideia originária de nosso ser absoluto: esforço para a reflexão sobre nós mesmos segundo essa ideia: limitação, não desse esforço, mas de nossa *existência efetiva* posta somente por meio dessa limitação, por um princípio oposto, um não-eu ou, em geral, por nossa finitude: autoconsciência e em particular consciência de nosso esforço prático: determinação de nossas representações segundo a mesma consciência: (sem liberdade e com liberdade) por esta e de nossas ações, a direção de nossa faculdade sensível efetiva: constante alargamento de nossos limites na direção do infinito (GA I/2: 410).

Como visto anteriormente, esse modelo remete o não-eu à exigência prática do eu que é resguardado na indeterminidade para novas determinações, e procura coordenar a relação entre o eu finito e o eu absoluto, contornando-se aí o já mencionado problema da "consistência

---

(relacional) das realidades fazem parte da terceira síntese e categorização do eu no saber teórico, depois de realizadas as sínteses da determinação recíproca e da causalidade. Cf. GA I/2: 295-301.

146. Cf. GA I/2: 347.

interna do eu"[147]. Mas quando entra no fundamento do saber teórico, *i.e.*, no fundamento da consciência, a investigação do princípio da doutrina da ciência tem também de contornar uma *coisa de fato* (a limitação de nossa existência efetiva), cuja extrapolação, para a realização do *estado de ação*, não deixa intocáveis os limites da própria investigação sistemática se ela atropela o conhecimento teórico[148].

Em sua crítica ao eu absoluto, Hölderlin torna ainda mais apertado esse nó górdio[149] que Fichte pretende desfazer com uma espécie de golpe de razão (*Machtspruch*):

> Não existe para esse eu absoluto um objeto, pois então não estaria nele toda a realidade; mas uma consciência sem objeto não é pensável, e se eu mesmo sou esse objeto, então como tal sou necessariamente limitado, mesmo que fosse apenas no tempo, portanto não sou absoluto; no eu absoluto não é então pensável nenhuma consciência, como eu absoluto não tenho consciência, e se não tenho consciência não sou nada (para mim), o eu absoluto é nada (para mim) (StA 6: 155).

Em outras palavras, se em Fichte o eu absoluto é o princípio imanente do sistema, então uma de suas partes, a teórica, deixaria de ser

---

147. H. Ch. Klotz, Fichte's Explanation of the Dynamic Structure of Consciousness in the 1794-94 *Wissenschaftslehre*, in: D. James; G. Zöller (ed.), *The Cambridge Companion to Fichte*, Cambridge, Cambridge University Press, 2016, 65-92.
148. Como M. Wegenast (op. cit., 61) bem formula o problema, "a consciência empírica pode realizar a Tathandlung (a autoposição originária do eu absoluto em seu puro ser para si) apenas como Tatsache (infinitude do eu como totalidade das relações)", *i.e.*, apenas criticamente e sem poder propor um princípio além dos limites do idealismo transcendental.
149. Ao analisar relações de medida em política, O. Negt e A. Kluge interpretam a lenda em que Alexandre corta o nó górdio com sua espada como uma recusa da determinação da linha nodal das relações de medida (Hegel), o que também implicaria, ao lado do sucesso, o fracasso dos projetos políticos do conquistador – embora "talvez a afirmação inexata de que ninguém conseguiria desatar o nó górdio fosse precisamente aquilo que no mito significa o engano" (O. Negt; A. Kluge, *O que há de político na política?*, São Paulo, Unesp, 1999, 23). Guardadas as proporções, pode ser que a excessiva aposta fichteana no fio da navalha da razão, diante de um entendimento que não acolhe uma imaginação que paira indeterminada (GA I/2: 360-361), desconsiderasse as relações de medida para que algo como a consciência empírica fosse possível, a despeito do desengano do Eu-razão.

imanente por ter de lidar com um princípio estranho (uma ação do eu que é apenas imanente sobre si mesma) e ficaria prejudicada pela impossibilidade de uma consciência objetiva do absoluto como um fato. Para a consciência, ou o eu absoluto é um *contrassenso* (*Unding*) ou é um *nada* (*Nichts*). Não é necessário recorrer à defesa da ciência do prático para entender a extensão da objeção de Hölderlin: em última instância, para que a *Fundação* seja condizente com seu princípio, é preciso que, como ciência da ciência, vá além do fato da consciência na teoria, ou melhor, *extrapole a teoria de ponta a ponta*, revelando-se o rearranjo categorial no saber teórico *contrário* ao espírito da filosofia crítica em sua dedução das categorias, cujo princípio da apercepção transcendental, que apenas diz que a consciência do (meu) pensar *tem de ser capaz de*[150] acompanhar representações, de modo algum *deve ser* acoplado *necessariamente* à consciência da lei moral, como faz Fichte na *Nova methodo*[151], crendo, aliás, tornar mais claro e irrefutável o seu argumento. Em função do seu caráter *absoluto* (posto não se sabe como), o eu perde o seu caráter de eu consciente, justamente aquele que legitima a unidade sintética da apercepção para que o diverso da intuição se submeta ao entendimento, *i.e.*, seja *ligado* numa consciência (possível) *da* experiência (possível)[152]. Ora, como o pensar em Fichte é a determinação racional da imaginação, a crítica de Hölderlin formula para essa definição um limite claro: o eu absoluto ou eu-razão não é capaz de determinar a imaginação para a consciência sem que extrapole os seus marcos teórico-críticos. É com base nessa percepção que Hölderlin desloca seu interesse da determinação racional para o conceito de beleza, a partir do qual o limite identificado na cons-

---

150. KrV: B131: "Das: Ich denke, muß alle meine Vorstellungen begleiten *können*" (grifos meus, W.Q.).

151. Cf. *Nova methodo*, Fichte resolve esse problema ao procurar mostrar que a reflexão filosófica é ela mesma autoconsciente de sua atividade no processo. A intuição intelectual, que na *Segunda Introdução* é uma fusão de *apercepção transcendental* e *consciência da lei moral*, passa a ser denominada "egoidade", ou seja, "o retorno da atividade em si mesma para todo aquele que for capaz do mínimo de atenção" (GA I/4: 278).

152. Cf. KrV: B136-137.

trução fichteana de 1794-1795 é tratado em termos de cisão e união, como veremos no projeto de *Hipérion*.

Na avaliação geral, entretanto, e bem considerado o ponto em questão, podemos dizer que o limite da letra kantiana, que com Fichte se torna a moeda miúda da Iena *fin de siècle*, é tanto superado (na visão de Hölderlin) quanto incorporado ou, na linguagem hegeliana posterior, suprassumido (*aufgehoben*) (na visão de Fichte) no espírito da filosofia transcendental desdobrado em uma ciência da ciência, bastando para isso assumir um ponto de vista adequado do problema. Como proponho aqui, a crítica de Hölderlin coloca dificuldades que uma leitura atenta de Fichte poderia muito bem reelaborar, e daí a hipótese de atribuir a Hölderlin a influência para modificações significativas na parte prática da *Fundação*[153]. Mas de sua crítica aos limites do pensamento resulta uma concepção filosófica alternativa que abre uma nova perspectiva para a subjetividade humana, precisamente em seus limites.

Como ainda aponta M. Wegenast, é precisamente essa objeção de Hölderlin que permite aproximar Fichte de Espinosa, no mesmo sentido em que o próprio Fichte afirmava que a ultrapassagem do "eu sou" desaguava "necessariamente no espinosismo" (GA I/2: 264). Aquilo que Fichte identifica em Espinosa como *esforço* prático se encontra na *Ética*, na parte sobre os afetos, como *conatus, i.e.*, como o esforço de cada coisa para manter sua essência contra tudo o que ameaça retirar sua existência[154], ou seja, seu caráter de substância. Como visto, Fichte também mobiliza uma categoria semelhante em sua ciência do prático, a do *esforço* (*Streben*) do eu para determinar e levar o não-eu a concordar com o eu: "o esforço infinito como *condição de possibilidade de todo objeto*" (GA I/2: 397). Nessa construção, o conhecimento objetivo é resultado de uma determinação da faculdade prática do eu como *impulso para realidade* (*Trieb nach Realität*) e para modificação do *não-eu*, que está ligado ao sentimento (*Gefühl*) correspondente à "posição (*Setzen*) de um mero estado subjetivo" do eu, no qual tem

---

153. Cf. V. Waibel, op. cit.
154. Cf. E III: P 5-7: 173-175.

lugar toda a síntese possível e que, portanto, é a condição da *atividade* (por oposição a *afecção*) do objeto sobre o estado subjetivo[155]. Na subdivisão do esforço em vontade (mente) e apetite (mente e corpo) da *Ética*, o impulso (*Trieb*) fichteano corresponderia ao "apetite (*appetitus*)" como "consciência" do impulso "simultaneamente referido à mente e ao corpo" (E III, P 9 schol.: 177). Wegenast sugere interpretar a admiração de Hölderlin quanto à "ideia de esforço" (StA 6: 156) à luz das semelhanças entre essa ideia e o conceito de *conatus*[156]. Mas todas essas afinidades não explicam por que Hölderlin se vale da crítica de Fichte a Espinosa para elaborar sua própria crítica a Fichte, se ele não considerasse a passagem da *Fundação* bem fundamentada. Além disso, uma compreensão tão filtrada de Espinosa, que de resto pode estar na base da concepção de *Juízo e Ser* e das versões ienenses de *Hipérion*, não poderia ser comunicada a Hegel sem um maior detalhamento, pois Hegel, à época em Berna, não tinha elementos para avaliar adequadamente o alegado *imanentismo* da *Fundação* e compará-lo com o espinosismo.

Para avaliar o alcance da objeção de Hölderlin, que aponta em Fichte uma consequente anulação da consciência decorrente de sua extrapolação com o conceito de eu absoluto, a noção de esforço associada ao *conatus* é produtiva, porque também Espinosa elabora com ele a consciência de um esforço da mente por "perseverar em seu ser numa duração infinita" (E III, P 9: 175), afinal sobre sua existência paira uma ameaça exterior. W. Wirth explora o aspecto do *esforço* para relativizar a crítica de Hölderlin, sem abordar aqui a afinidade com Espinosa, e chega à conclusão de que também o eu absoluto fichteano precisa sofrer um obstáculo (*Anstoß*)[157]. Contribui para a relativização da crítica uma avaliação mais justa de Fichte, que Hölderlin expressa ao irmão em 13 de abril de 1795 ao compreender a limitação da atividade infinita como *esforço*: "limitação necessária em um ser que tenha consciência", diz Hölderlin, "pois se não fosse limitada, não haveria nada

---

155. Cf. GA I/2: 401.
156. Cf. M. Wegenast, op. cit., 63.
157. Cf. W. Wirth, op. cit., 222.

fora dela; (...) se nada nos fosse contraposto (*entgegen*), não haveria para nós um objeto (*Gegenstand*)" (StA 6: 164). A explicação fichteana pormenorizada do esforço procura dar conta da relação do eu absoluto com a inteligência, na medida em que a própria infinitude do eu vem apenas de seu esforço: "se o eu não fizesse esse esforço infinito, então ele não poderia jamais pôr a si mesmo, pois não poderia contrapor nada a si mesmo; não seria portanto um eu, mas um nada" (GA I/2: 404). Apesar da semelhança com a formulação de Hölderlin, trata-se em Fichte da necessidade do eu absoluto obstaculizado (*angestoßen*) de contrapor algo a si mesmo para que não seja nada, ao passo que em Hölderlin o eu absoluto não escapa dessa nulidade sem objeto, na medida em que põe um objeto *apenas* para si, e ele expressa esse entendimento igualmente na carta ao irmão. Na construção de Fichte, como o eu absoluto não consegue eliminar a contraposição (que ele mesmo põe), sempre haverá um objeto, e o saber teórico é justamente a necessidade de dar conta desse hiato entre eu e não-eu. Assim, o esforço pressupõe resistência (um contra-esforço), e o eu infinito (*i.e.*, absoluto) inclui em si a finitude, submetendo-a às exigências de determinação da razão prática, mesmo que essa unificação jamais seja completamente realizada. Quando Fichte identifica em Espinosa um esforço prático perseguido por meios teóricos, ele reivindica acabamento para o sistema mediante razão prática como *liberdade*, fazendo com que a teoria dê conta de problemas do saber teórico que a razão *pura* não resolve com o seu *decreto* (*Machtspruch*).

Postas as coisas desse modo, percebe-se que Fichte estava ciente dos limites críticos e os procurou aplicar de modo consequente. Não se poderia pensar aqui em um idealismo dogmático. Tampouco essa é a leitura de Hölderlin, para quem se trata muito mais de perguntar sobre o que acontece com o saber teórico nas páginas especulativas de Fichte. Como Hölderlin estivesse bastante atento aos limites traçados por Kant, certamente o mais precoce conhecimento dos arrazoados da *Fundação* prática precisaria ainda de tempo, que na minha hipótese decorre de janeiro a abril de 1795, para que fossem bem assimilados. Há, desde sempre, algo fora do eu para o senso comum: o que a doutrina da ciência propõe é que todo o discurso acerca desse algo enquanto *coisa em si* se dissolva como um inteiramente outro independente do eu, passando o discurso ao domínio de representações e conceitos. Como enfatizado, a *doutrina da ciência* é a explicação da *experiência* (*Erfahrung*) do "sistema das representações acompanhadas pelo sentimento de necessidade" (GA I/4: 186, 211). Engana-se sobre o ponto de partida da doutrina da ciência quem entende, como teria feito Jacobi na avaliação de Fichte[158], que o idealismo transcendental é por ela suposto na perspectiva da *vida*, quando na verdade se trata da perspectiva da filosofia: *grosso modo*, ninguém vive no idealismo – assim como ninguém filosofa do ponto de vista do senso comum. O senso comum está inserido na perspectiva filosófica na medida em que seus pressupostos devem poder chegar à consciência ao serem deduzidos pela doutrina da ciência, mas o *teórico* dessa filosofia (*Lehrer*) tampouco poderá abandonar a imediatidade com a qual mundo *aparece* para ele na vida cotidiana, *i.e.*, no sentimento.

Certamente é possível concordar com Wirth e tirar consequências da tese de que o eu absoluto também sofre obstáculo. A meu ver, a mais interessante está num tipo de resistência sofrido pelo eu que Fichte não chama de *Anstoß*, pelo fato de que o eu absoluto precisa determinar a si mesmo, mas de um *desvio* (*Umweg*) do Eu:

> O eu é o que põe a si mesmo, e não há nada nele que ele não ponha em si. Assim, aquele não-eu tem de ser ele mesmo um efeito do eu, na verdade do eu absoluto: e assim nós não teríamos portanto nenhum efeito externo sobre o eu, mas apenas uma ação dele sobre si mesmo, a qual certamente toma um desvio cujos fundamentos não são conhecidos até o momento, mas talvez se deixem mostrar no futuro (GA I/2: 388-389).

Se temos presente que o móbil do eu é a razão prática, o argumento é circular: ela obriga o eu a determinar o não-eu, o que ocorre sem sucesso em função de um obstáculo que é a condição da atividade objetiva em geral. Esse obstáculo não pode ser explicado como efeito externo sobre o eu, o que de novo remete à autodeterminação do

---

158. Cf. *Segunda Introdução à Doutrina da Ciência* (1797), GA I/4: 236, nota.

eu absoluto que, na sua atividade infinita, age sobre si mesmo provocando novamente uma resistência. Lembremos o lugar sistemático em que Fichte fala do *desvio*, ou seja, na primeira parte do § 5 da ciência do prático: trata-se ali de tirar as consequências do teorema *o eu põe a si mesmo determinando o não-eu*. Nesse primeiro passo, surge a questão de uma diferença interna gerada por ação recíproca dos elementos dispostos nesse *ato* designado no teorema: se o eu determina *imediatamente* o não-eu, por outro lado ele determina a si mesmo *mediatamente*[159]. A dificuldade é compreender como o eu absoluto pode diferenciar algo de si mesmo, uma vez que para isso não há nenhum fundamento superior, pois "essa diferença está no fundamento de toda a dedução e de toda a fundamentação" (GA I/2: 390).

Vimos que a diferença se explica através de um pôr diferente do pôr do eu que é ao mesmo tempo uma "mera hipó-tese" e "um fato da consciência" que está na experiência de cada um: sendo o eu pura e simplesmente igual a si mesmo, ele se esforça, como a substância de Espinosa, a manter-se nesse estado, mas emerge nele uma "desigualdade e por isso algo alheio" (GA I/2: 400). Vimos que a síntese prática do eu permite a coexistência recíproca de atividades aparentemente contraditórias, mesmo que uma delas seja pensada como posta por uma inteligência distinta do eu, o que não é possível. Não há posição possível de um obstáculo a não ser pelo próprio eu, e todo pôr do eu parte da posição de um estado meramente subjetivo, de um mero sentimento.

Sem embargo da confirmação ou não das suspeitas, o comunicado do anotado ainda em Waltershausen, com o pedido de que Hegel o levasse em consideração, revela que Hölderlin mantém o cerne da crítica a Fichte, estabelecendo, apesar disso, a concordância a respeito de que o dogmatismo é uma pretensão teórica de transgressão da consciência. Para Fichte, que almeja se livrar inteiramente do pensamento

---

159. Cf. GA I/2: 387: "a *independência* do eu como inteligência deve ser suprimida *para que o eu determine por si mesmo aquele não-eu até agora desconhecido*. Desse modo, o não-eu a ser representado seria determinado *imediatamente*, o eu que representa *mediatamente* por meio daquela determinação do eu absoluto".

dogmático, resta suficientemente claro que a posição do idealismo deve igualmente abandonar *in totum* o conceito de coisa em si, tanto o dogmático, como correspondência de nossas representações com coisas fora de nós, quanto o crítico, enquanto estabelecimento dos limites do e no pensamento[160]. A meu ver, esse abandono total, que levaria ao pensamento especulativo do idealismo e à fusão de lógica e ontologia em Hegel, permanece como suspeita e uma espécie de vazio para Hölderlin, pelo fato de que o conceito de eu absoluto não realiza inteiramente a ruptura ao tentar se explicar no imanentismo da consciência. Em outras palavras: a consciência empírica ainda poderia ver-se presa a uma consciência pura, da qual, por outro lado, só estaria livre pelo pensamento da cisão constitutiva.

Quanto à crítica de Fichte, creio ter demonstrado como sustentável a seguinte interpretação: motivado por Niethammer, Hölderlin percebe claramente o conflito entre a explicação da teoria e o princípio de toda a fundação da doutrina da ciência. Fichte procura mostrar que o princípio não se explica na teoria, mas lhe é fundamental. Assim, ele complementa a parte teórica com uma ciência do prático que subordina toda a explicação anterior à determinidade do subjetivo desdobrada segundo o modelo estrutural que vincula o ser à existência ou, caso se queira, o ontológico ao ôntico: ideia do ser absoluto – esforço – limitação da existência efetiva – autoconsciência do esforço/teoria. Na teoria, o eu absoluto fica como que solto para determinações ulteriores que só a ciência do prático pode fornecer. Para Hölderlin, há uma cisão fundamental entre esses dois âmbitos: o primeiro deles é o da consciência objetiva em que não se pode incluir o eu absoluto, sob pena de aniquilamento. Fichte concorda com isso. O segundo abarca aquela autoexplicação do eu absoluto que Fichte entende como um

---

160. O abandono do conceito crítico transparece na localização do peso da coisa em si mesmo para a filosofia kantiana. Cf. esboço de carta a J. I. Baggesen; abril/maio de 1795: "Meu sistema é o primeiro sistema da liberdade; assim como aquela nação (*i.e.*, a francesa) arranca o homem dos grilhões externos, meu sistema o arranca das amarras das coisas-em-si e da influência externa que o enredam mais ou menos em todos os sistemas até hoje, mesmo o kantiano, e o coloca como essência autônoma em seu primeiro princípio" (GA III/2: 298).

desvio sobre si mesmo que, para Hölderlin, não se dá no nível da consciência, mas totalmente descartado e perdido como explicação possível para a consciência. Essa ideia do ser absoluto permanece inexplicável, mas sobre ela pode-se projetar a noção de *desvio* do eu como a de uma diferença que é em si mesma uma unidade, justamente porque a consciência não tem acesso a ela e não pode *cindi-la*. Ela reaparecerá em *Hipérion* como a noção de uma unidade que se diferencia em si mesma, e nisto o espinosismo retornará positivamente, como elemento fundamental. Hölderlin explica essa unidade como estrutura do ser absoluto em *Juízo e Ser*, mostrando que compreendeu precisamente a construção fichteana, mas a transpõe em um modelo distinto da unificação fichteana da razão consigo mesma.

Passo, a seguir, à construção dessa concepção filosófica de Hölderlin. No que foi tratado até aqui, creio ter apresentado a consistência do programa de Fichte, procurando situar as linhas gerais e os desdobramentos de sua vinculação sistemática da razão teórica com o prático. O conceito de eu absoluto aparece nessa leitura como uma espécie de "fecho de abóboda", que não arremata o sistema tão facilmente, segundo seus propósitos, como o conceito kantiano de liberdade. Opositores mais atentos como Niethammer, cujas ideias não caminhavam para uma filosofia de princípios, notaram desde cedo, em Reinhold, as dificuldades envolvidas no acabamento sistemático da filosofia de Kant. Hölderlin aproxima-se das ideias de Fichte ciente tanto das reservas de Niethammer quanto conhecedor dos limites traçados por Kant e das incursões filosóficas de Jacobi, e não se convence, em suas primeiras abordagens, da consistência de uma progressão infinita. Sua crítica não pretende refutar inteiramente o programa de Fichte. Pelo contrário: pela compreensão da doutrina da ciência, Hölderlin ganha novos elementos para seu próprio pensamento, e na verdade essenciais para o projeto de *Hipérion*. A incorporação crítica de Fichte resulta em uma concepção de filosofia que desata o nó que a doutrina da ciência pretendia cortar sem muita certeza. Hölderlin coloca, de um lado, os problemas pertinentes à filosofia da consciência, de outro, o ser absoluto, que sem esse nó com a razão prática viabiliza a relação entre pensamento e estética. Hölderlin atingirá, de um lado, os limites da fixação racional da imaginação em um sistema, *i.e.*, a pensabilidade da doutrina da ciência, e, de outro, complementará aquele quadro dado pela *Fundação* com a relação entre ser absoluto e existência efetiva, no que ambos significam para uma existência finita e imersa, como unidade, nessa totalidade no *modo* da união e da cisão.

CAPÍTULO 3
Juízo e Ser: reconstrução e ruptura com o sistema fichteano[1]

Tudo isso esticava as cordas da alma.
Franz Kafka, Durante a construção da muralha da China.

Juízo e Ser, na posição de documento filosófico central da formação do idealismo alemão, é resultado do investimento de Dieter Henrich em uma perspectiva de análise que, como pesquisa constelacional, mudou o modo de ler a filosofia alemã clássica a partir da segunda metade do século XX. Embora significativa, a revisão do quadro histórico é apenas um dos resultados que a pesquisa prometia, pois o entusiasmo de Henrich visava também à relação da história com o pensamento filosófico, a ponto que se pudesse responder à questão sobre o lugar próprio da filosofia na investigação de uma época que "ainda conecta também nosso presente com a filosofia alemã clássica para além de todas as transformações ao longo do tempo"[2].

---
1. Uma versão modificada da parte inicial deste capítulo foi publicada numa compilação de estudos brasileiros sobre a filosofia alemã de Kant a Hegel. Cf. W. Quevedo, O fragmento *Juízo e Ser* de Hölderlin: a motivação teórica para uma revisão do idealismo alemão, in: A. Bavaresco; E. Pontel; J. Tauchen, *De Kant a Hegel. Leituras e Atualizações*, Porto Alegre, Editora Fi, 2019, 501-513.
2. Cf. D. Henrich, *Konstellationen*, 46.

Ignorado por Ch. Schwab, editor e primeiro biógrafo de Hölderlin, e entregue a um colecionador no século XIX, o manuscrito apareceu em um leilão da casa Leo Liepmannsohn, em 1930, e foi editado sem alarde por F. Beissner, em 1961, no volume IV da *Stuttgarter Ausgabe*. Sugere-se que tenha sido escrito em abril ou maio de 1795, quando Hölderlin ainda assiste às aulas de Fichte em Iena. Entrarei em detalhes mais adiante. Pode-se creditar com segurança ao próprio Hölderlin a originalidade do que se afasta de Fichte nesse pequeno texto, uma vez que, mesmo que tivesse lido os escritos de Schelling sobre o mesmo tema antes de escrever *Juízo e Ser*, não há nada neles que não se encontre formulado já em Fichte. Hegel, o outro amigo próximo, a essa altura estava ocupado com a filosofia moral kantiana em Berna, sem qualquer contato com os problemas filosóficos tratados por Hölderlin, na proximidade de Fichte, a não ser por meio da correspondência com o amigo[3].

Com base em *Juízo e Ser*, já no ano de 1965 Henrich formula uma abordagem de conjunto dos problemas da história do idealismo. O primeiro campo que se abre é o da relação entre a filosofia kantiana e a presença do espinosismo a partir de meados dos anos 1780, o que reflete o embate entre as diversas posições teístas que resistem à tendência consequentemente ateísta do pensamento moderno. A *querela do panteísmo*, iniciada por Jacobi em *Sobre a doutrina de Espinosa* (1785), torna o panteísmo a posição intermediária e com maior adesão na cultura alemã clássica, entre o teísmo racionalista e o deísmo[4]. Não obstante a atuação sempre polêmica de Jacobi que, além do ataque a Espinosa, volta-se contra Kant[5] e, mais tarde, desempenha marginalmente um papel ambíguo na demissão de Fichte da Universidade de

---

3. Cf. D. Henrich, Hölderlin über Urtheil und Sein: Eine Studie zur Entstehungsgeschichte des Idealismus, 56.
4. Cf. J. Beckenkamp, A penetração do panteísmo na filosofia alemã, 7.
5. Cf. F. H. Jacobi, Über den transscendentalen Idealismus, in: *David Hume über den Glauben oder Idealismus und Realismus*, Breslau, Gottl. Loewe, 1787, 220-227.

Iena com a acusação de *niilismo*[6] à doutrina da ciência, a promoção que seu livro faz de Espinosa encontra uma acolhida positiva e fértil na formação de Hölderlin, Schelling e Hegel, para os quais o panteísmo passa a ser valorizado a despeito das intenções do próprio Jacobi, que se mantém um teísta cristão. Como categoria histórica, o panteísmo dá um contorno mais definido às posições em destaque, justamente quando o espinosismo é descrito por Jacobi como uma forma de ateísmo, e estabelece uma disjunção exclusiva de teísmo ou ateísmo[7]. Se o Iluminismo alemão era então oficialmente teísta, por outro lado a relação com o panteísmo emergente coloca a teoria da liberdade no ponto de apoio da filosofia alemã, ao mesmo tempo que ela só se completa na "recepção do pensamento que antes valera, enquanto panteísmo e fatalismo, como uma das mais importantes ameaças à consciência da liberdade"[8]. A importância de Jacobi e do espinosismo para Hölderlin seria explorada posteriormente por Henrich em seu livro sobre a concepção filosófica hölderliniana de Iena, que nos ocupa neste estudo[9].

A querela do panteísmo, com forte repercussão em Tübingen, e a presença de Jacobi em vários quadrantes, em um dos quais ajuda a desencadear a reação cética à filosofia crítica com efeitos sobre a contrarreação de Fichte no *Enesidemo*, são elementos a contar em uma história de problemas filosóficos, entre os quais estariam situadas as evidências a que Henrich alude quando entende a década de 1790 como o abrigo dos "segredos do sentido próprio da especulação idealista"[10]. Henrich persegue esse "sentido" ao lado dos elementos que soma à his-

---

6. Cf. F. H. Jacobi, *Lettre sur le nihilisme*, Paris, Flammarion, 2009, 41-80. Sobre a carta, cf. I. Radrizzani, Présentation, traduction et notes, in: F. H. Jacobi, *Lettre sur le nihilisme*, Paris, Flammarion, 2009, 7-13.
7. Cf. J. Beckenkamp, op. cit., 8.
8. Cf. D. Henrich, Hölderlin über Urtheil und Sein: Eine Studie zur Entstehungsgeschichte des Idealismus, 52.
9. Cf. D. Henrich, *Der Grund im Bewußtsein*, 146-185; sobre o mesmo tema, cf. J. Beckenkamp, op. cit., 21ss.
10. Cf. D. Henrich, Hölderlin über Urtheil und Sein: Eine Studie zur Entstehungsgeschichte des Idealismus, 52.

tória do idealismo para explicar o que escapa mesmo à enorme publicidade das discussões, e que por isso ele atribui à interlocução pessoal pouco documentada, tanto em Tübingen quanto em Iena, como depois em Frankfurt-Homburg. Os elementos não são arbitrários, afinal encampam justamente os temas mais debatidos no Instituto de Tübingen e na Universidade de Iena, com impacto na esfera pública. Quanto à importância dos três amigos, Hölderlin, Schelling e Hegel, o grau de incertezas sobre suas ideias e posições precoces na fonte da especulação idealista move o extenso debate, sempre inconcluso, sobre a autoria do famoso fragmento *O mais antigo programa de sistema do idealismo alemão* (1796), em que se encontram argumentos fortes, quando não rebatidos por evidências materiais, a favor da autoria de qualquer um dos três, ou mesmo de uma quarta mão[11].

Com *Juízo e Ser*, portanto, Henrich coloca Hölderlin no cruzamento dessas discussões, sugerindo uma reconstrução das três constelações nas quais, aos poucos, o poeta assume o papel central. Mas isso também representa um deslocamento dentro da pesquisa de Hölderlin, que nos anos 1950 e 1960 ainda se alimenta do legado de Hellingrath no que diz respeito ao estudo da fase poética tardia. A crescente consciência do significado do Hölderlin tardio deixava de lado a compreensão de seu percurso filosófico. Assim, quanto à fase de trabalho em *Hipérion*, a discussão oscila dos anos 1920 aos 1940, de E. Cassirer a W. Böhm e J. Hoffmeister, entre afirmar ou negar o predicado de filósofo a Hölderlin, no mesmo sentido em que o atribui aos amigos de Tübingen[12]. Os estudos seminais de Ryan (1960) e de Gaier (1962) integram o *Hipérion* ao desenvolvimento da poetologia hölderliniana, e *Juízo e Ser*, contemporâneo do romance, não tem então o eco que poderia ter tido se tivesse sido publicado logo que descoberto, na década de 1930.

O manuscrito, provavelmente anotado em uma folha de guarda arrancada de um livro, que Beissner não descartava tratar-se da *Fun-*

---
11. Cf. J. Beckenkamp, *Entre Kant e Hegel*, 199-204.
12. Cf. D. Henrich, op. cit., 53.

dação de toda a doutrina da ciência de Fichte[13], traz de um lado dois parágrafos sobre os conceitos de *juízo* e *efetividade/possibilidade* e, de outro, três sobre o conceito de *ser*. Beissner editou na sequência *juízo-efetividade/possibilidade-ser*[14]; já M. Franz sugeriu inverter a leitura, na ordem *ser-juízo-efetividade/possibilidade*, aludindo ao fato de que as páginas não se encontram numeradas[15]. Pela sequência de Beissner, o fragmento partiria do conceito de juízo como "a separação (*Trennung*) original de objeto e sujeito unidos intimamente na intuição intelectual" (StA 4: 216), divergindo ligeiramente da tradicional acepção de juízo como ligação. Segundo a concepção do manuscrito, a "partição" (*Teilung*) promovida pela forma do juízo só é possível em função de uma "relação recíproca de objeto e sujeito" mediante a "pressuposição de um todo, do qual objeto e sujeito são as partes" (StA 4: 216). Tomando Fichte como referência, essa construção modifica estruturalmente a compreensão de um todo como unidade de sujeito (eu) e objeto (não-eu): para Fichte, uma unidade progressiva segundo o princípio da *Fundação*; para Hölderlin, um pressuposto a ser percebido e reproduzido[16]. Se em Fichte só é possível falar do absoluto a partir de um princípio que, na *Fundação*, é também investigado na forma de proposições e juízos, em Hölderlin já deve ter havido a partição original (*Ur-Teilung*) a fim de que algo como um juízo possa ser enunciado, não cabendo considerar *a posteriori* um conceito de absoluto: "'eu sou eu' é o exemplo mais apropriado para esse conceito da partição original como partição original teórica, pois na partição original prática ele se contrapõe ao não-eu, não a si mesmo" (StA 4: 216). Da distinção entre teórico e prático resulta para Fichte a remissão do objeto ao eu na prática; para Hölderlin, a afirmação teórica "eu sou eu" figuraria antes

---

13. Cf. StA 4: 402.
14. Cf. StA 4: 216-217.
15. Cf. M. Franz, Hölderlins Logik: Zum Grundriß von 'Seyn Urtheil Möglichkeit, in: *Hölderlin-Jahrbuch XXV* (1986-1987), 100-101.
16. Cf. M. Frank, *Unendliche Annäherung*, 718: "Hölderlin evocou com 'ser' um pressuposto que não pode mais propriamente ser chamado 'princípio'. Pois no sentido da palavra pressuposto – 'princípio' significa começo – não há mais nada para começar. Dele não há nada para derivar".

como uma separação fundamental na consciência, cuja unidade é apenas pressuposta.

Assim, escapando à lógica tética fichteana, o absoluto é pensado como *ser puro e simples* (*sein schlechthin*) na parte do manuscrito dedicada ao *ser*. O texto apresenta o "ser" como expressão da ligação de sujeito e objeto e acrescenta que, onde sujeito e objeto estão ligados sem que possa haver qualquer separação, "somente ali se pode falar de um *ser puro e simples*, como é o caso da intuição intelectual" (StA 4: 216). O ser é o que se situa antes de qualquer referência de sujeito a objetos e, por isso, não pode tornar-se objeto de conhecimento. Também nesse sentido, o manuscrito adverte para não confundir ser com identidade: no pensamento do idêntico "eu sou eu" já tem lugar uma separação, somente pela qual é possível um eu ou uma "autoconsciência" (*Selbstbewusstsein*): "a identidade não é = ao ser absoluto" (StA 4: 217). Ao lado do ser, diferentemente, a intuição intelectual assume em Hölderlin um tipo de ligação ou unidade que é negada ao juízo, ao mesmo tempo que mantém com sua forma uma analogia em que ao ser é atribuída a total ligação, ao juízo ("no mais alto e rigoroso sentido") a total separação. Como no juízo se trata de conhecimento conceitual mediado e como o ser puro e simples só pode ser pressentido e não apreendido conceitualmente, seu modo de acesso só poderia ser comparado ao da intuição. Aquilo que não se deixa conceituar, constrói-se na intuição pura, o que Kant já tinha mostrado para juízos matemáticos. Também Fichte lança mão dessa terminologia, mas compreende a construção em sentido estritamente prático, a partir da lei da liberdade. Hölderlin, ao contrário, pensa antes na manifestação do ser, para o qual a intuição intelectual seria como que um suporte do momento estético[17], também metafó-

---

17. Cf. *Carta de Hölderlin a Schiller*, de 04 de setembro de 1795: "procuro desenvolver a ideia de um progresso infinito da filosofia, mostrando que a exigência incontornável a cada sistema, a unificação de sujeito e objeto em um eu absoluto ou como quer que o chame, só é possível de modo estético na intuição intelectual, mas teoricamente apenas por uma aproximação infinita, como do quadrado ao círculo, de modo que para realizar um sistema do pensamento é necessário uma imortalidade, como é para o sistema do agir" (StA 6: 181). Voltarei a esta carta mais adiante, quando tratar das versões de *Hipérion*.

rico[18], desse aparecimento. Nas considerações intermediárias sobre as categorias modais, ele reproduz a construção kantiana ao abordar o juízo quanto à modalidade e atribuir a aplicação da "possibilidade (...) aos objetos do entendimento", a efetividade "aos objetos de percepção e intuição" (StA 4: 216). Juntando-se à compreensão de *Hipérion*, sobretudo em sua penúltima versão (ago/set. a dez. de 1795), essa construção permitiria pensar um tipo de acesso à efetividade do "ser puro e simples" na experiência estética do "ser no sentido próprio da palavra" como "beleza" (StA 3: 237). Além disso, pela intuição intelectual entendida analogicamente[19], ou seja, mediante descrição de uma relação simples, como a existente entre intuição sensível e objetos da experiência, poderia ser representada metafórica e esteticamente uma relação teórica e praticamente impossível, como a de uma intuição capaz de abranger a unidade absoluta do *ser simples*. Nesse sentido, a precedência estrutural da intuição intelectual figuraria apenas como um conceito limite diante da pressuposição do ser[20]. Com recurso à recepção positiva de Espinosa, os movimentos de separação e unificação são pensados como modificações do ser puro e simples, os quais Henrich ainda associa a elementos platônicos, que ficam evidentes nas versões de *Hipérion*, transpostos para a doutrina espinosana[21]. Assim, no quadro de referências de *Juízo e Ser*, percebe-se o encontro do espinosismo que chega por Jacobi a Tübingen com o platonismo e o kantismo já presentes. E, nesse cenário, Fichte entraria com a radicalidade de seu programa fundado no eu, alargando o horizonte das discussões das quais Hölderlin já tem ciência quando vai para Iena.

---

18. Cf. StA 4: 266: "o poema trágico, heroico na aparência, é ideal em seu significado. Ele é a metáfora de uma intuição intelectual".

19. Como observa Zöller, nos casos de relação analógica em que um domínio é familiar e o outro não, a "relação proporcional do primeiro domínio pode ser usada para identificar o mesmo tipo de relação no segundo domínio", descrito por analogia ao primeiro. Cf. G. Zöller, Mechanism or Organism. Kant on the Symbolic Representation of the Body Politic, in: P. Kauark-Leite et al., *Kant and the Metaphors of Reason*, Hildesheim/New York, Olms, 2015, 307.

20. Cf. M. Frank, op. cit., 725: "só imediata intuição acessa o ser; juízos, como conhecimentos mediados por conceitos, perdem-no". Cf. também D. Henrich, op. cit., 57.

21. Cf. D. Henrich, *Hegel im Kontext*, 3. ed., Berlin, Suhrkamp, 2015, 12-17.

Antes de avaliar a posição de *Juízo e Ser* mais detalhadamente em relação a Fichte, cumpre observar que essas formulações são bastante precoces na formação do idealismo especulativo. Para situar a originalidade do que ali se encontrava pela primeira vez, Henrich ainda recorre ao esboço de sistema de Isaac von Sinclair, amigo que Hölderlin conhece ainda em Tübingen (1793), encontra em Iena (1795), e com quem mantém relação duradoura até Homburg, quando se juntam aos dois Hegel e Zwilling[22]. Os *Raciocínios filosóficos* de Sinclair, escritos quando deixa Iena no verão de 1795, replicam as linhas gerais da concepção de *Juízo e Ser*, também presentes nas versões de *Hipérion*: há uma unidade do ser como um todo pressuposto antes de toda a reflexão; há também uma distinção entre o juízo ou partição originária e o ser originário; sua reconstrução a partir das separações é uma meta infinita e jamais se realiza na reflexão; há na bela natureza um sentido para o que não é reflexão etc.[23]. Segundo Henrich, uma revisão do espólio de Sinclair permite confirmar a posição única de *Juízo e Ser* para a compreensão das discussões do ano de 1795, o que mais uma vez motiva a localização de Hölderlin no centro da formação do idealismo na terceira constelação que se forma a seguir, a de Frankfurt-Homburg.

Ao propor uma unidade anterior a sujeito e objeto, Hölderlin já esboça o que estaria posteriormente no cerne do pensamento especulativo quando Hegel faz retrospectiva do idealismo desde Kant, cujo trabalho de dedução das categorias expressaria de forma mais determinada o *princípio* da especulação: a identidade de sujeito e objeto[24]. De Kant a Hegel, passando por Fichte, Schelling e Hölderlin, trata-se

---

22. Cf. V. Lawitschka, Freundschaften, in: J. Kreuzer (org.), *Hölderlin-Handbuch*, Stuttgart, J. B. Metzler V., 2002, 39-40. Também sobre Hölderlin e Sinclair, cf. P. Bertaux, Hölderlin-Sinclair: „ein treues Paar"?, in: C. Jamme; O. Pöggeler, *Homburg von der Höhe in der deutschen Geistesgeschichte*, Stuttgart, Klett-Cotta, 1981, 189-193.

23. Cf. D. Henrich, Hölderlin über Urtheil und Sein: Eine Studie zur Entstehungsgeschichte des Idealismus, 67-69. Sobre Sinclair, cf. Ch. Jamme, *Isaak von Sinclair: Politiker, Philosoph und Dichter zwischen Revolution und Restauration*, Bonn, Bouvier, 1988.

24. Cf. G. W. F. Hegel, Differenz des fichteschen und schellingschen Systems der Philosophie (1801), in: *Werke 2. Jenaer Schriften 1801-1807*, Frankfurt a. M., Suhrkamp, 1986, 10.

de um desenvolvimento desse princípio, em que a noção de ser como pressuposto, em *Juízo e Ser*, representa um primeiro passo ao considerar as esferas antitéticas do saber e da autoconsciência como suas modificações. Se o marco temporal que Hegel firma para o pensamento especulativo genuíno (*echte Spekulation*) deve ser divisado numa comparação entre os princípios filosóficos de Fichte e de Schelling (sobre Hölderlin, nenhuma palavra[25]), em que o sistema do primeiro se define como uma unidade *subjetiva* entre sujeito e objeto, o do segundo como a mesma relação *objetiva* na filosofia da natureza[26], é significativamente precoce a data limite de maio de 1795 estabelecida para *Juízo e Ser*, que expressa uma primeira versão do pensamento da unidade. *Do eu como princípio da filosofia*, de Schelling, publicado na mesma época, é uma leitura motivada pela primeira parte da *Fundação de toda a doutrina da ciência*[27], e ainda não expressa o assim chamado idealismo objetivo de sua filosofia da natureza, desenvolvida a partir de 1797[28] e, portanto, a rigor, não é alternativa ao sistema fichteano. Além disso, *O mais antigo programa de sistema do idealismo alemão*, que apresenta um movimento de superação de Kant na direção de uma filosofia da natureza, reivindicando a centralidade do estético e uma nova mitologia[29], foi datado por Ch. Jamme e H. Schneider entre fins de 1796 e início de 1797[30], o que favorece a hipótese de uma anterioridade da percepção filosófica de fundo que Henrich propõe reconstruir no fragmento *Juízo e Ser*, escrito mais de um ano e meio antes.

Por outro lado, isso tudo nos remete à já explicitada importância de Niethammer para a formação de Hölderlin como leitor crítico de Fichte. Quando Niethammer convida Hölderlin para contribuir com o

---

25. Cf. D. Henrich, *Hegel im Kontext*, 9.
26. Cf. G. W. F. Hegel, op. cit., 12.
27. Cf. F. Beiser, *German idealism: The struggle against subjectivism, 1781-1801*, 469.
28. Idem, 483s.
29. Cf. J. Beckenkamp, *Entre Kant e Hegel*, 204-206.
30. Idem, 202.

Philosophisches Journal[31], Hölderlin não chega a enviar as prometidas *Cartas filosóficas*, mas redige três fragmentos na virada de 1794 para 1795, que em parte refletem os objetivos da revista: *Hermócrates a Céfalo*, *Sobre o conceito de punição* e, ainda, *Sobre a lei da liberdade*. Sobretudo *Hermócrates a Céfalo* pode ser lido como uma primeira tentativa de colocar na forma de cartas sua contribuição a Niethammer. Nele é possível ler o que Hölderlin vinha comunicando a seus interlocutores na correspondência, bastante próximo da filosofia fichteana da ação e da liberdade, e o que elaborou em *Juízo e Ser*: o ideal do saber e do agir talvez já tivesse se tornado efetivo, caso se quisesse vê-lo em um sistema qualquer em um tempo determinado; mas só se realizaria para o ser humano em um progresso infinito, em um tempo ilimitado "para se aproximar do ideal sem limites" (StA 4: 213)[32]; Hölderlin ainda acusa de "quietismo científico" (StA 4: 213) a opinião de que a ciência poderia ser completada em um tempo determinado. Ele reproduz a crítica de Niethammer ao que chamou de retorno ao velho dogmatismo via "transcendentismo" e "hipercriticismo" por parte daqueles que exigiam da filosofia seu acabamento na base de um fundamento universalmente válido[33]. Nesse cenário, a crítica de Hölderlin a Fichte, como visto, não é um mero ataque circunstancial que pudesse ser caracterizado como uma avaliação incorreta dos alcances da doutrina da ciência. Hölderlin levaria sua posição de 1795 em outra direção. Ainda nos anos 1960, Henrich enfatiza a surpresa com que se descobre um viés crítico a Fichte devido às várias manifestações de forte apreço de Hölderlin pelo filósofo que considera ser a "alma de Iena" (StA 6: 139), e mesmo em face da compreensão correta de que

---

31. Cf. *Carta de Hölderlin ao irmão*, abril de 1795 (StA 6: 164), *Carta ao irmão* de fev. 1796 (StA 6: 201), a *Niethammer*, de fev. 1796 (StA 6: 202).

32. O postulado de uma reconstrução da unidade em aproximação infinita não está explícito em *Juízo e Ser*, mas se encontra também, mais tarde, claramente expresso na correspondência. Cf. a já citada *Carta de Hölderlin a Schiller*, de 04 de setembro de 1795, StA 6: 181. Sendo *Hermócrates a Céfalo* de fins de 1794 ou início de 1795, a noção de progresso infinito acompanha a concepção de Hölderlin ao longo do ano de 1795.

33. Cf. F. I. Niethammer, Vorbericht. Über Zweck und Einrichtung dieses Journals, s.p.

as versões ienenses de *Hipérion* representaram uma aproximação contínua a Fichte[34]. Na mesma época em que descobre Fichte, Hölderlin ainda se liga à tarefa teórica de Schiller, cujo escrito então mais famoso, *Sobre graça e dignidade* (1793), propunha com seu conceito de bela alma[35] a perspectiva de uma união harmônica entre razão e sensibilidade, a fim de superar o rigorismo da filosofia moral kantiana. Antes de partir para Iena, na última carta escrita de Waltershausen ao amigo Christian Neuffer, Hölderlin fala de seu trabalho já concluído e enviado a Schiller para publicação na *Neue Thalia*, i.e., o *Fragmento de Hipérion*, e promete um ensaio sobre as "ideias estéticas" como um comentário do *Fedro*, de Platão, onde uma análise do belo e do sublime deveria ir além dos limites kantianos que Schiller não ousou ultrapassar em *Sobre graça e dignidade*[36]. Com o recurso à doutrina platônica das ideias, o passo além de Kant e de Schiller pretenderia abranger diferentemente a questão da unidade no homem, segundo o modo de Henrich interpretar as três versões ienenses de *Hipérion*[37] enquanto sucedâneos do ensaio jamais escrito e prometido a Neuffer. Assim, o simbolismo ético do belo kantiano, tão evocado por Schiller[38], passaria a ter o sentido de um reporte à dimensão humana suprassensível não como lei moral racional, mas como modelo da unidade entre razão e sensibilidade numa "bela vida ética"[39].

No quadro que se forma, tanto na correspondência quanto nos esboços dos ensaios para Niethammer, vê-se um Hölderlin leitor atento de Kant, Schiller e Fichte, mas que busca ir além. Mas nas palavras

---

34. Henrich remete ao estudo de Ryan (1965), cf. Henrich (1991, 59).
35. Cf. SW 5: 468: "uma bela alma é aquela em que se assegurou o sentimento ético de todas as sensações do ser humano a um tal grau que ele concede ao afeto a tutela da vontade sem embaraço, e jamais corre o risco de entrar em contradição com suas decisões".
36. Cf. *Carta de Hölderlin a Neuffer*, 10 de outubro de 1794, StA 6: 136-37.
37. Isto é, a *Versão métrica* e seu esboço em prosa (cf. StA 3: 186-198), da virada de 1794 para 1795, e a *Juventude de Hipérion* (cf. StA 3: 199-234), escrita entre março e maio de 1795. Sobre a datação, cf. J. Schmidt, Zu Text und Kommentar, 930-931.
38. Cf. KU, AA 05: 351-354; cf. SW 5: 409s, 1035-40.
39. Cf. D. Henrich, Hölderlin über Urtheil und Sein: Eine Studie zur Entstehungsgeschichte des Idealismus, 60.

de Henrich, "original é sua intenção, não seu procedimento"[40]. Henrich pretende indicar a originalidade de *Juízo e Ser*, que fugiria à regra que se depreende do contexto em que Hölderlin se move entre 1794 e 1795. Ele não inova em conceitos, o que para a história das ideias filosóficas em geral não significa regra de avanço[41]. Mas o manuscrito representa um ataque intencional aos princípios do pensamento fichteano, e é nessa intenção que se devem esclarecer os elementos da concepção filosófica de Hölderlin.

Quanto à revisão do idealismo que *Juízo e Ser* provoca, Henrich conclui por uma definição mais clara do modelo então vigente: Hölderlin passa a ser o mentor de uma concepção que influencia Schelling, que segue seus próprios passos; do contato com Hölderlin, Sinclair e Zwilling em Frankfurt, Hegel conhece um Fichte interpretado pelos amigos, o que modifica sua perspectiva filosófica com auxílio de uma terminologia desenvolvida mais a partir do sistema de Sinclair do que de Schelling, e assim põe os pés no solo que o levaria ao sistema de Iena – em todo caso, um sistema ao qual chega pelas próprias mãos[42].

3.1. Contexto e datação

Em função de sua descoberta tardia com a publicação de Beissner (1961), *Juízo e Ser* é assunto da segunda metade do século XX. No bojo das discussões sobre o Hölderlin filósofo, a partir dos anos 1970 há esforços para uma interpretação não alinhada ao que, aos poucos, se tornou leitura dominante com a colocação de *Juízo e Ser* no centro do idealismo alemão por D. Henrich, desde o artigo de 1965. Entre tais, é importante mencionar Friedrich Strack, cujo trabalho nasce em divergência com o programa de Henrich e procura inicialmente asso-

---

40. Idem, 62.
41. Remeto aqui à afirmação de W. Benjamin (*Ursprung des deutschen Trauerspiels*. Gesammelte Schriften I.1, Frankfurt a. M., Suhrkamp, 1974, 217): "no curso de sua história, tão frequentemente objeto de zombaria, a filosofia é com razão uma luta pela apresentação de algumas poucas e sempre mesmas palavras – de ideias".
42. Cf. D. Henrich, op. cit., 79.

ciar ética, estética e filosofia da história em Hölderlin, mobilizando o conceito de beleza como unificação de estética e moral na proximidade das perspectivas de Kant e de Schiller, com forte ênfase platônica. Esse caminho é bastante instrutivo e, a meu ver, explica boa parte da concepção filosófica de Hölderlin na gênese de *Hipérion*; aliás, como visto na correspondência anterior a Iena, a dupla alemã é frequentada assiduamente nas leituras de Hölderlin em Waltershausen[43], e o forte platonismo de Tübingen[44] revela-se crucial[45]. Em sua tese de 1976, Strack se concentra na conexão de *Hipérion* com dois fragmentos possivelmente anteriores a *Juízo e Ser*, escritos na mudança de Waltershausen para Iena: *Sobre a lei da liberdade* (mais tardar no outono de 1794)[46] e *Sobre o conceito de punição* (sem uma data mais precisa estabelecida no ano de 1795) – e colocava Fichte em segundo plano ao explorar a relação de Hölderlin com Kant e Schelling.

Logo em seguida à apresentação dos resultados da monografia de Henrich *Der Grund im Bewusstsein* (1992), Strack volta à investida e debate os vínculos nela estabelecidos entre a teoria da autoconsciência fichteana e a assim chamada concepção de Hölderlin. Ele denomina a leitura de Henrich provocativamente "irritação do belo", questionando a tese de que a ideia de beleza em Hölderlin estaria no fundamento de explicação da consciência. Para isso, Strack polemiza com a posi-

---

43. Cf. *Carta de Hölderlin a Neuffer*, n. 77, abril de 1794, StA 6: 113; cf. *Carta ao irmão*, 21 de maio de 1794, StA 6: 119; cf. também *Carta a Hegel*, 10 de julho de 1794, StA 6: 128.
44. Cf. M. Franz, *Tübinger Platonismus. Die geimeinsamen philosophischen Anfangsgründe von Hölderlin, Schelling und Hegel*, Tübingen, Francke Verlag, 2012.
45. Cf. *Carta a Neuffer*, 10 de outubro de 1794, StA 6: 137: "Talvez eu possa te enviar um ensaio sobre as ideias estéticas; visto que ele pode valer como um comentário do *Fedro* de Platão, sendo uma parte meu próprio texto, talvez ele fosse útil para Konz. Fundamentalmente, ele deve conter uma análise do belo e do sublime, pela qual a de Kant é simplificada e, por outro lado, diversificada, como Schiller já o fez em parte em seu escrito sobre *Graça e dignidade*, sem, no entanto, ter arriscado nenhum passo além do limite kantiano, o que na minha opinião ele deveria ter ousado".
46. Strack lê o fragmento *Sobre a lei da liberdade* como um texto de estética, e sugere que tenha sido redigido ao mesmo tempo que o prefácio do *Fragmento de Hipérion*. Cf. F. Strack, *Ästhetik und Freiheit. Hölderlins Idee von Schönheit, Sittlichkeit und Geschichte in der Frühzeit*, Tübingen, Max Niemeyer Verlag, 1976, 45s.

ção de texto-chave ocupada por *Juízo e Ser* na história dos documentos (re)escrita por Henrich[47], retomando uma datação diferente da geralmente aceita: em vez de situá-lo em abril-maio, no contexto da carta a Hegel, Strack empurra o fragmento para o segundo semestre de 1795, quando Hölderlin está em Nürtingen a caminho do novo preceptorado que assumirá em Frankfurt, conectando-o, por conseguinte, a um segundo *corpus* textual que englobaria uma carta a Schiller, de 4 de setembro, o prefácio à penúltima versão de *Hipérion* (escrita entre agosto e dezembro de 1795, com possível extensão do trabalho até maio de 1796) e uma carta a Niethammer, de 24 de fevereiro do ano seguinte, escrita já da casa dos Gontard[48]. Strack vincula esse segundo grupo de textos a uma concepção estética expressa com o conceito de intuição intelectual na linha de um "ser *estético* harmonicamente estruturado – beleza pura e simples"[49], procurando purgá-lo do matiz fichteano de Iena.

Também W. Wirth observa que parte da literatura secundária comprimiu *Juízo e Ser* e a carta a Hegel ao pressupor que Hölderlin criticara o eu absoluto fichteano em favor de seu conceito de *ser*, esquecendo-se, em geral, de enfatizar que a crítica na carta é feita antes "precisamente por causa do eu, pela manutenção de sua consciência fática finita"[50]. Como a concepção de *Juízo e Ser* é bastante próxima do que Hölderlin reivindica na carta para o conceito de *consciência*, acaba-se não avaliando adequadamente a crucial diferença entre ambos documentos no discurso de uma intuição intelectual que ultrapassa os limites do que pode ser caracterizado como experiência consciente. Na carta, Hölderlin fala de limitação do eu consciente, em *Juízo e Ser* de

---

47. Cf. D. Henrich, *Der Grund im Bewußtsein*, 30-40.
48. Cf. F. Strack, Das Ärgernis des Schönen. Anmerkungen zu Dieter Henrichs Hölderlindeutung, in: *Deutsche Vierteljahrsschrift für Literaturwissenschaft und Geistesgeschichte*, Stuttgart, J. B. Metzler, v. 68, 1994, 161. G. Meinhold (Die Deutung des Schönen. Zur Genese der intellectualen Anschauung bei Hölderlin, in: F. Strack [org.], *Evolution des Geistes: Jena um 1800*, Stuttgart, Klett-Cotta, 1994, 378) assume a mesma datação de Strack para *Juízo e Ser*.
49. Cf. F. Strack, Das Ärgernis des Schönen. Anmerkungen zu Dieter Henrichs Hölderlindeutung, 159.
50. Cf. W. Wirth, Transzendentalorthodoxie?, 231.

separação entre consciência e unidade absoluta de sujeito e objeto[51].

Do ponto de vista das consequências críticas da carta, a intuição intelectual em *Juízo e Ser* não escaparia da censura de dogmatismo, considerando-se como o déficit da construção o fato de que a intuição intelectual identificada com o *ser* não encontre reflexo ao lado da consciência, atribuída ao eu[52].

São boas as razões para rejeitar o amálgama dos dois documentos, mas elas não careceriam de um manejo habilidoso das datas para que o teor de *Juízo e Ser* pudesse ser interpretado com o fim de escamotear o elemento fichteano. De todo modo, o que há objetivamente sobre o fragmento *Juízo e Ser* são suposições: valendo-se da edição de Beissner, Henrich estabelecia a possibilidade de redação de *Juízo e Ser* antes de 20 de abril[53], tendo depois ampliado a margem para o manuscrito cair o mais tardar na segunda metade do mês[54]. Em seus pressupostos, essa datação é em parte assumida por Frank[55] e Franz[56], que incluem aí maio, e também por Wegenast[57]. Todos situam *Juízo e Ser* em Iena (portanto até maio) apoiados na hipótese de que teria sido discutido com Isaac von Sinclair, para a casa de quem Hölderlin se muda em abril. Sinclair replica a problemática de *Juízo e Ser* em seus *Raciocínios filosóficos*, do final de 1795[58], e até então, depois da partida de Hölder-

---

51. Cf. F. Strack, op. cit., 157.
52. Nesse sentido, cf. M. Wegenast (*Hölderlins Spinoza-Rezeption und ihre Bedeutung für die Konzeption des „Hyperion"*, 86-87): "não fica claro como o eu, contraposto ao puro ser em função de sua autochancela, deve poder repetir a 'consciência imediata' – por sua vez idêntica a esse 'ser' – correlata à intuição intelectual. Cada atividade consciente do eu precisa contar entre as da consciência imediata, precisa se fundar em sua autoestrutura. A 'separação' constitutiva da autoconsciência não pode ser superada para o eu nesse caminho".
53. Cf. D. Henrich, *Hölderlin über Urtheil und Sein: Eine Studie zur Entstehungsgeschichte des Idealismus*, 55-56.
54. Cf. D. Henrich, *Der Grund im Bewußtsein*, 792.
55. Cf. M. Frank, *Unendliche Annäherung*, 690.
56. Cf. M. Franz, Hölderlins Logik: Zum Grundriß von 'Seyn Urtheil Möglichkeit, in: *Hölderlin-Jahrbuch XXV* (1986-1987), 110.
57. Cf. M. Wegenast, op. cit., 79, nota 150.
58. Cf. M. Franz, op. cit., 110; cf. sobretudo D. Henrich, *Hölderlin über Urtheil und Sein: Eine Studie zur Entstehungsgeschichte des Idealismus*, 64-72.

lin de Iena (entre 28 de maio e 5 de junho), não há registro de correspondência entre os amigos para que se pudesse situar *Juízo e Ser* mais tarde. A hipótese mais circunscrita de Henrich tem base nas tabelas ortográficas comparativas organizadas por Maria Cornelissen, que constata uma mudança em Iena com reverberações na grafia de conceitos de *Juízo e Ser*, como *Seyn* e *Bewußtseyn* com "y", *Urtheil* e *Theilung* com "h", embora também apareçam *Bewußtsein* e *Gegenteil*. Como o fragmento foi anotado com bastante probabilidade em uma folha de rosto destacada de um livro desconhecido[59], não há indícios objetivos sobre datas, salvo as estatísticas de Cornelissen. Strack ataca esse argumento, sustentando que *Juízo e Ser* oferece uma base textual escassa para aplicar os resultados obtidos por ela a partir da correspondência e dos fragmentos de *Hipérion*, igualmente valendo-se da observação de Cornelissen de que depois de Iena, enquanto Hölderlin segue trabalhando no *Hipérion*, a ortografia sofre uma leve recaída na forma anterior. Ainda segundo o próprio Strack, o livro sobre o qual fora redigido *Juízo e Ser* poderia ter influenciado a escrita titubeante de Hölderlin[60].

A discussão por aí não teria fim. No entanto, existe um elemento que há décadas mobiliza a pesquisa sobre a possível interlocução com Schelling, que envia *Do eu como princípio da filosofia* para publicação em meados de abril, com o prefácio datado em 29 de março[61]. Em seu parágrafo oitavo, Schelling trata da dedução da forma do estar posto do eu na intuição intelectual (*intellectuale Anschauung*)[62], sendo o

---

59. Beissner cogitava a *Fundação de toda a doutrina da ciência* (1794), cf. StA 4: 402. D. Henrich (*Konstellationen*, 266-267, nota 16) lembra que não poderia se tratar de *Do eu como princípio da filosofia*, de Schelling, porque o formato da folha de *Juízo e Ser* é maior do que a primeira edição de *Do eu* impressa pelo livreiro J. F. Heerbrandt, de Tübingen. Henrich não exclui a hipótese de Beissner, embora não seja possível tirar conclusões definitivas pela comparação do formato da folha de *Juízo e Ser* com os cadernos da primeira publicação da *Fundação*.
60. Cf. F. Strack, op. cit., 157-158.
61. Ver o relatório editorial de H. Buchner; cf. F. W. J. Schelling, Werke 2, in: *Historische-Kritische Ausgabe im Auftrag der Schelling-Kommission der Bayerischen Akademie der Wissenschaften*, H. Buchner et al. (ed.), Stuttgart, Frommann-Holzboog, 1980, 17.
62. Cf. F. W. J. Schelling, op. cit., 103-106.

primeiro a grafar *intellectuale*, diferentemente de *intellectuelle*, como era o usual em Kant, Reinhold e Fichte. Visto que Hölderlin se vale da mesma grafia, *Juízo e Ser* frequentemente é lido como resposta a Schelling, uma vez que já sabemos, desde a carta a Hegel, sobre a discordância de Hölderlin quanto à fundamentação da filosofia a partir do eu. Como *Do eu* fosse uma adesão a Fichte com poucas variações, e o teor de *Juízo e Ser* se voltasse principalmente contra a doutrina da ciência, Hölderlin atingiria Schelling apenas indiretamente[63]. A inovação de maior alcance de Schelling diz respeito mais ao tratamento das categorias modais kantianas, filtradas pela filosofia fichteana, do que a uma concepção filosófica própria que pudesse sugerir uma reação fundamental em *Juízo e Ser*[64]. E aqui, a meu ver, se encontra o argumento definitivo contra a tese que considera *Juízo e Ser* uma resposta a *Do eu*: o tratamento das categorias em conexão com o escrito *Sobre o conceito de doutrina da ciência*, de Fichte, é levado a cabo por Schelling no escrito *Sobre a possibilidade de uma forma da filosofia em geral* (1794). Nele, Schelling dá destaque para o conceito de possibilidade em conexão com o conceito de absoluto, além de atribuir prioridade ao possível, o que a tese central de *Juízo e Ser* rebate no parágrafo das modalidades. Ora, em *Do eu*, Schelling empreende uma revisão de sua dedução das categorias de *Sobre a possibilidade de uma forma da filosofia em geral*, onde o conceito de possibilidade é afastado do absoluto e colocado em uma posição subordinada. A hipótese de que a entrada de Hölderlin sobre as categorias modais pudesse ser uma reação ao primeiro escrito de Schelling, que ele certamente conhecia bem, traz o problema para aqueles que afirmam a centralidade de *Do eu* para *Juízo e Ser*, pelo

---

63. O próprio Fichte declara a Reinhold, em carta de 2 de julho de 1795: "Tanto quanto pude ler, o escrito de Schelling é apenas comentário dos meus" (GA III/2: 347). Hölderlin também teria influenciado a segunda parte das *Cartas filosóficas sobre dogmatismo e criticismo* (1795), escrita depois do encontro de ambos em fins de julho de 1795. Sobre isso, cf. J. Beckenkamp, *Entre Kant e Hegel*, 103.

64. Sobre isso, cf. D. Henrich, *Der Grund im Bewußtsein*, 718ss.

fato de que Hölderlin teria de ter ignorado a revisão e mesmo autocrítica de Schelling em relação ao seu primeiro escrito[65].

Mas há razões para aceitar, integrando-se a interpretação filológica de *Juízo e Ser*, que Hölderlin possa ter tido *Do eu* por alvo inicial e catalisador de sua crítica, afinal ali agrupam-se conceitos essenciais de *Juízo e Ser* que se encontram espalhados em Fichte. Fora isso, Schelling leu a primeira versão da doutrina da ciência ainda em Tübingen, antes de janeiro de 1795[66]. Diferentemente de Hölderlin, que estava em Iena e teve acesso às preleções de Fichte sobre filosofia prática, Schelling só pôde ter em mãos os quatro primeiros parágrafos da *Fundação*, publicados nos fascículos semanais até a feira de Michaelis, em setembro de 1794[67]. A falta de conhecimento da parte prática é evidente na ausência de seus conceitos essenciais em *Do eu*. Quanto à terminologia, provavelmente na segunda metade de 1794 Schelling leu a resenha de *Enesidemo*[68], na qual Fichte emprega textualmente o conceito de intuição intelectual. Apesar da grafia, não há em Schelling qualquer mudança de sentido, a não ser por uma ênfase espinosista que não se encontra na resenha e que se conecta bem mais ao cenário de Tübingen, com a recepção do livro de Jacobi, do que ao de Iena, com Fichte. Nesse aspecto, ele partilha de certas concepções com Hölderlin, para quem, em Tübingen, o Espinosa de Jacobi é essencial. Quanto à questão de fato, Franz supõe que Hölderlin tenha comprado um exemplar de *Do eu*, e anotado seus conceitos-chave, nas últimas semanas em Iena. A evidência é o sumário de *Do eu*, no qual se encontram quase todos os tópicos de *Juízo e Ser*: ser, ser absoluto, intuição intelectual, identidade, possibilidade, efetividade e necessidade, com exceção de

---

65. Cf. D. Henrich, op. cit., 723. Um dado relevante é o fato de que Schelling tenha escrito seu *Sobre a possibilidade de uma forma da filosofia em geral* antes de ler os primeiros parágrafos da *Fundação de toda a doutrina da ciência* e as lições sobre a *Destinação do erudito*, depois dos quais aderiu ao princípio da identidade.

66. Cf. *Carta de Schelling a Hegel*, 6 de janeiro de 1795 *apud* F. W. J. Schelling, op. cit., 18-19.

67. Cf. GA I/2: 183-185.

68. Para o que segue, cf. M. Franz, op. cit., 109-111.

juízo (*Urtheil*) e partição original (*Ur-Theilung*)[69]. Os arrazoados de Franz levam a aceitar que *Juízo e Ser* possivelmente tenha sido escrito em maio, mas não oferecem sustentação para o que afirma Strack, que propõe setembro e, para isso, precisa calar sobre os *Raciocínios* de Sinclair no que diz respeito à datação. Também Frank parte do pressuposto de que Hölderlin tenha podido tomar conhecimento de *Do eu* antes de redigir *Juízo e Ser*[70], mas isso deixaria inalterada a interpretação que o associa a Fichte.

A hipótese de Franz é coerente e não deve fazer crer que *Do eu* pudesse ter maior importância além do exame filológico. Henrich defendia que *Juízo e Ser* foi escrito ao mesmo tempo que *Do eu*, portanto independentemente de Schelling: "Hölderlin chegou às ideias sobre *Juízo e Ser* sem a ajuda de seus amigos"[71], tendo escrito o fragmento "evidentemente em relação a Fichte, certamente com intenção crítica"[72]. Portanto não haveria inconveniente em situar *Juízo e Ser* mais cedo. Para o que segue, subscrevo a seguinte hipótese: independentemente de Hölderlin ter tomado *Do eu* como ocasião para *Juízo e Ser*[73], sua interpretação filosófica é corretamente legível se o considerarmos voltado contra Fichte, pois Schelling não avança nada de novo em relação à doutrina da ciência em termos de fundamentação. Com fins meramente terminológicos, o cotejo com Schelling foge do escopo desta tese. Além disso, mesmo a hipótese da historiografia oficial influenciada por Hegel, segundo a qual opera-se de Fichte para Schelling uma passagem do idealismo subjetivo para o objetivo, torna-se mais factível se consideramos que foi provocada pelas exigências colocadas por Hölderlin[74] – acrescento, diretamente a Fichte, sem in-

---

69. Cf. F. W. J. Schelling, op. cit., 82-84.
70. M. Frank, op. cit., 691.
71. Cf. D. Henrich, Hölderlin über Urtheil und Sein: Eine Studie zur Entstehungsgeschichte des Idealismus, 56.
72. Cf. D. Henrich, op. cit., 58.
73. F. Strack (op. cit., 159, nota 18) confunde as datas de Henrich com as de Franz, que também argumenta em favor da leitura de *Do eu* e, com isso, claramente assume a possibilidade da redação de *Juízo e Ser* em maio.
74. Sobre isso, cf. J. Beckenkamp, op. cit., 102-104.

fluenciá-lo, e indiretamente a Schelling, com boa influência. A desconfiança em relação a Fichte tem origem em Waltershausen, quando Schelling ainda está em Tübingen bastante envolvido com o conceito de eu absoluto[75]. Como venho argumentando, a datação mais importante não é a de *Juízo e Ser* em relação a *Do eu*, mas de *Juízo e Ser* em relação ao parágrafo 5 da *Fundação* e, com maior margem de segurança, às aulas de Fichte no semestre de inverno de 1794-1795, que Hölderlin frequentou com Zwilling e Sinclair[76], tanto as sobre filosofia teórica como as sobre filosofia prática e os aforismos de Platner, onde podemos situar a terminologia empregada para falar de juízo (*Urteil*) como partição original (*Urteilung*). Na linha de Henrich, entendo *Juízo e Ser* como o primeiro documento da posição própria de Hölderlin em relação a um problema cuja gênese ele acompanha desde agosto de 1794.

3.2. *Juízo e Ser* na reconstrução de Henrich (1992)

Visto que a posição de *Juízo e Ser* no centro do debate sobre a formação do idealismo alemão foi reivindicada primordialmente por Henrich, apresento, neste item, com algumas intervenções, sua reconstrução do fragmento realizada em *Der Grund im Bewusstsein* (1992). A meu ver, a leitura de Henrich é um marco para a adequada avaliação

---

75. Cf. X. Tilliette, Hölderlin und die intellektuale Anschauung, in: *Philosophie und Poesie. Otto Pöggeler zum 60. Geburtstag*, Ed. A. Gethmann-Siefert, Stuttgart-Bad Cannstatt, Frommann-Holzboog, 1988, 219-220. F. Beiser (op. cit., 470), que coloca Schelling no cerne do idealismo absoluto, reconhece que sua trajetória em Iena é a de um defensor do *espírito* de Fichte, marcando diferenças apenas em 1799. E. Watkins (The early Schelling on the unconditioned, in: *Interpreting Schelling. Critical Essays*, L. Ostaric [ed.], Cambridge, Cambridge University Press, 2014, 10-31) argumenta em favor de uma independência de Schelling já em 1794, quando publica, em setembro, *Sobre a possibilidade de uma forma da filosofia em geral*, procurando mostrar suas filiações kantianas. Como as semelhanças com o escrito programático *Sobre o conceito de doutrina da ciência*, de Fichte, são gritantes, Watkins enfatiza o vínculo entre o conceito de incondicionado de Schelling com o de Kant, mas o resultado é o mesmo: em Schelling, o eu é posto como princípio absoluto da filosofia, do mesmo modo – talvez com menos complicadores – como no programa fichteano.
76. M. Frank, op. cit., 723.

de *Juízo e Ser* como concepção filosófica de Hölderlin em Iena, e ela desdobra os pressupostos implícitos numa análise detalhada do fragmento. Considerando possíveis reservas a respeito do fato de Henrich trabalhar com a projeção de perspectivas posteriores, sobretudo com foco no desenvolvimento do sistema hegeliano[77], creio não ser demasiado enfatizar que o impacto da descoberta de *Juízo e Ser* motivou antes o contrário, qual seja, procurar pautar não uma hegelianização do discurso de Hölderlin, mas os elementos de uma dialética que se encontram esboçados no pensamento da cisão da unidade que se diferencia em si mesma (em *Juízo e Ser* e no *Hipérion*), em confronto com Fichte; tudo isso, sem fazer passar, ao mesmo tempo, a imagem de um Hölderlin preterido pela descoberta à qual Hegel chegaria por conta e risco próprios. Segundo percebo, bem mais visível é o vocabulário posto em primeiro plano por Henrich com a ideia de um fundamento na consciência, em que a concepção de Hölderlin derivaria "toda a consciência a partir de um ato autossuficiente que possui já a apreensão de um saber autorreferente"[78]. Nisso, Henrich é justamente favorecido pela centralidade da limitação do conceito de autoconsciência em *Juízo e Ser* e pela crítica à supressão da consciência no eu absoluto fichteano, conforme encontramos elaborada na carta a Hegel. Como a consciência ocupa um lugar especial apenas na filosofia do espírito subjetivo de Hegel, ler o projeto de Henrich como uma projeção de Hegel sobre Hölderlin implica um Hegel parcial, o que parece traduzir bem pouco os propósitos de uma pesquisa constelacional em seus diversos níveis de análise.

---

77. Cf. sobretudo D. Henrich, *Hegel im Kontext*, 41-72.
78. D. Henrich, *Der Grund im Bewußtsein*, 11. Esta, aliás, continua a ser a intuição fundamental com a qual Henrich conduz suas pesquisas mais recentes. Cf., p. ex., D. Henrich, *Sein oder Nichts. Erkundungen um Samuel Beckett und Hölderlin*, München, C. H. Beck, 2016, 145: "a primeira origem do par de ideias ser e nada e da oposição entre ambas é indicado por dois aspectos da consciência do 'eu sou'. Trata-se da consciência de um fundante que é simultaneamente um fato. Nela assentam-se tanto o conjunto do pensável como também a capacidade de superação de todo individuado. Esse primeiro contraste é acolhido pelo impulso e elevado à tarefa de apreender a ideia de um todo".

Feita a apresentação, neste e no próximo subitem, trabalho ao final com a hipótese do vínculo entre a crítica a Fichte na carta a Hegel e *Juízo e Ser*. Procuro mostrar que a crítica a Fichte se consuma numa mudança estrutural pela cisão da determinação racional da imaginação, i.e., a pensabilidade da *Fundação* – e que faz mais sentido ler *Juízo e Ser* enquanto ruptura com a construção fichteana dentro das preocupações de Hölderlin tanto em compreender a doutrina da ciência quanto em elaborar os próprios pensamentos nas versões de *Hipérion*. Reproduzo o fragmento da edição de Beissner:

[StA 4: 216] *Juízo* é, no sentido mais alto e rigoroso, a separação original do objeto e do sujeito intimamente unidos na intuição intelectual, aquela partição tão-somente pela qual objeto e sujeito se tornam possíveis, a partição original. No conceito da partição já se encontra o conceito da relação recíproca do objeto e do sujeito um ao outro e a pressuposição de um todo, de que objeto e sujeito são as partes. "Eu sou eu" é o exemplo apropriado para este conceito da partição original como partição original teórica, pois na partição original prática ele se contrapõe ao *não-eu*, e não a *si mesmo*. Efetividade e possibilidade se distinguem como consciência mediata e imediata. Quando penso um objeto como possível, apenas retomo a consciência precedente, pela qual ele é efetivo. Não nos é possível pensar uma possibilidade que não foi efetividade. Por isto, o conceito da possibilidade também não se aplica de maneira alguma aos objetos da razão, porque eles nunca comparecem na consciência como aquilo que eles devem ser, mas apenas o conceito da necessidade [se aplica aos objetos da razão]. O conceito da possibilidade se aplica aos objetos do entendimento, o da efetividade aos objetos da percepção e da intuição.
[Fim da página no manuscrito].
Ser – expressa a ligação do sujeito e do objeto.
Onde sujeito e objeto estão unidos pura e simplesmente, e não apenas em parte, portanto unidos de tal maneira que não se pode proceder a nenhuma partição sem lesar a essência daquilo que é para ser separado, ali e somente ali pode se falar de um *ser puro e simples*, como é o caso na intuição intelectual.

Mas não se deve confundir este ser com a identidade. Se digo "eu sou eu", então o sujeito (eu) e o objeto [StA 4: 217] (eu) não estão unidos de tal maneira que não se possa proceder a uma partição sem lesar a essência daquilo que é para ser separado; pelo contrário, o eu só é possível através desta separação do eu e do eu. Como posso dizer "eu" sem autoconsciência? Por me contrapor a mim mesmo, por me separar de mim mesmo, e, apesar desta separação, reconhecer-me no contraposto como o mesmo. Mas em que medida como o mesmo? Eu pode [alternativamente *kann*: posso, W.Q.], Eu tem [alternativamente *muß*: tenho, W.Q.] de perguntar assim, pois em outra perspectiva ele é contraposto a si mesmo. Portanto a identidade não é uma união do objeto e do sujeito que se desse pura e simplesmente, portanto a identidade não é igual ao ser absoluto[79].

O primeiro debate da reconstrução é o da sequência do fragmento. Em 1986, Franz sugeria inverter o texto estabelecido por Beissner[80]. Henrich também reconhecia, em 1965, a possibilidade de interpretar na ordem contrária, iniciando-se pelo verso da folha de rosto com a parte sobre o ser, seguindo pela frente com a parte sobre juízo[81]. Bem considerada, a ordem da concepção torna menor o problema da sequência numa interpretação reconstrutiva. Em seu teor, *Juízo e Ser* articula a concepção de um ser puro e simples como a unidade originá-

---

79. Cito a tradução de J. Beckenkamp, *Entre Kant e Hegel*, 106-107.
80. M. Franz (Hölderlins Logik: Zum Grundriß von 'Seyn Urtheil Möglichkeit, 100-102) sugere que a apresentação de Hölderlin seja lida *more geometrico*: assim como as definições da *Ética* de Espinosa, as definições do fragmento não deveriam ser tomadas como afirmações ou juízos de existência, mas definições justapostas, das quais poderiam ser derivadas proposições. Diferentemente de como procede em outros textos, segundo Franz, Hölderlin não lança mão de definições existenciais, como a de que "há um estado natural da imaginação", de *Sobre a lei da liberdade*, ou de que "há dois ideais de nossa existência", do *Fragmento de Hipérion*. Em *Juízo e Ser*, Hölderlin simplesmente lista as definições: 1. "Ser expressa a ligação de sujeito e objeto"; 2. "Juízo é a separação originária de sujeito e objeto"; 3. "Efetividade e possibilidade são distintas, como consciência mediata e imediata". Para Franz, a justaposição resulta numa leitura que poderia extrair conclusões sobre a construção de uma *lógica* própria de Hölderlin a partir dos conhecimentos que adquire em Tübingen.
81. Cf. D. Henrich, Hölderlin über Urtheil und Sein: Eine Studie zur Entstehungsgeschichte des Idealismus, 63.

ria de sujeito e objeto que, enquanto união de inconciliáveis opostos na diferença, mereceria o oximoro *intuição intelectual*. Esse conceito traçaria inicialmente um limite: ele não se aplica a um objeto em geral do conhecimento, e é também inteiramente diferente da forma de saber da autoconsciência, na qual sujeito e objeto são distintos ainda que considerados como o mesmo[82]. Na relação de conhecimento, se há um objeto como si mesmo na autoconsciência, ele só se torna objeto à medida que é separado de si mesmo. A união de eu e eu na autoconsciência é parcial, pois a separação é sua condição. Não se pode dizer da separação que é parcial, porque redundante: a separação é condição da união parcial e da diferença total, ou seja, na (auto)consciência sujeito e objeto são inteiramente distintos no ato de reconhecimento e apenas parcialmente unidos. Por seu turno, o conceito de *ser* jamais é pensado como identidade, assim como a intuição intelectual jamais o é como autoconsciência. Na identidade "eu sou eu", como um juízo do sujeito sobre si mesmo, sujeito e objeto são possíveis pela separação do eu-sujeito e do eu-objeto. A autoconsciência do eu só é possível como autoconsciência ao se reconhecer como o mesmo no contraposto da separação. A identidade obtida na autoconsciência não é uma unidade pura e simples de sujeito e objeto, não é o ser e não é absoluta; ela é, antes, uma unidade cindida, cisão na união ou união na cisão.

Na cisão, encontramos o juízo como separação, como *partição* (*Urteilung*) original de sujeito e objeto. Essa separação está no fundamento de nosso conhecimento objetivo que, embora se expresse na forma predicativa, é distinto do ser que está fora da relação de sujeito e objeto e jamais se torna objeto de conhecimento. Juízo é, rigorosamente, a separação original do que está absolutamente unido (na intuição intelectual). Em princípio, essa frase resume a concepção inteira do fragmento[83]. Na emissão de um juízo, pressupõe-se a unidade ori-

---

82. Sobre o pensamento da autoconsciência no idealismo alemão, cf. J. Stolzenberg, Selbstbewusstsein. Ein Problem der Philosophie nach Kant: Zum Verhältnis Reinhold-Hölderlin-Fichte, in: *Revue Internationale de Philosophie*, v. 50, n. 197 (3), set. 1996, 461-482.
83. Cf. D. Henrich, *Der Grund im Bewußtsein*, 700-702.

ginária indiscernível de sujeito e objeto somente distintos na separação (*Trennung*), em função da qual entram em relação recíproca precisamente por causa do todo pressuposto em que são partes (*Teile*): a separação é uma ruptura com a unidade ao mesmo tempo que só é possível mantendo-a como o negativo do processo judicativo. Na teoria, "eu sou eu" é o exemplo que corresponde à separação original em que se fundam consciência e autoconsciência como substratos da operação judicativa; na prática, o eu contrapõe-se não a si mesmo, mas a um outro como não-eu, sobre o qual, portanto, se remetemos à construção de Fichte, não há propriamente conhecimento, mas determinidade.

Hölderlin acrescenta o parágrafo acerca dos conceitos modais kantianos: efetividade, possibilidade e necessidade. O efetivo se coloca do lado do que é imediato para a consciência, o possível ao do que é para ela mediato. Ele concede à efetividade o primado sobre a possibilidade, o que corresponderia paralelamente a um primado da consciência imediata sobre as mediações da consciência. A rigor, como o imediato está mais próximo da percepção-intuição, nada seria imediato para a consciência a não ser sob o critério da efetividade; por outro lado, as medições da consciência só teriam lugar em função da repetição ou atualização do que lhe foi imediato. Observando a divisão kantiana das faculdades, Hölderlin associa o efetivo e o possível respectivamente a objetos do entendimento e da percepção-intuição (sensível), reservando aos objetos da razão o conceito modal de necessidade. Veremos mais adiante como isso se articula com a concepção global de Hölderlin.

Do ponto de vista da interpretação possível, as duas construções justapostas do fragmento resultam para a consciência discursiva numa relação que proponho chamar de *cisão estrutural*. Há, na verdade, dois tipos de cisão em *Juízo e Ser*: a cisão-partição (*Urteil-Teilung*) entre sujeito e predicado, inerente à forma do juízo, como união parcial na autoconsciência; e a aludida cisão estrutural entre as concepções de juízo e de ser. De um lado, na página sobre o juízo, a separação é descrita como um processo em que sujeito e objeto apartam-se de modo pacífico, como mero acontecimento em que, no caso exemplar do eu, o eu-sujeito sofre passivamente uma separação de si mesmo como eu-objeto. De outro, na página sobre o ser, o processo de partição é descrito por meio de um ato no processo da partição original, uma partição que fere a união, resultando no exemplo correspondente do eu-sujeito que se contrapõe ao eu-objeto e dele se separa[84]. Entretanto, de um modo geral, no sentido da cisão estrutural, não ocorre partição sem que existam as partes cindidas, sejam elas dadas ou tacitamente pressupostas, *i.e.*, a cisão não ocorre se uma das partes, a mais rarefeita, não puder ao menos ser pensada somente pelo fato de que não é possível reconstituir logicamente a passagem a ela pela parte palpável, afinal o ser puro e simples não se explica pela consciência judicativa com base nos princípios da identidade ou do fundamento, as regras mais próximas do entendimento discursivo. Se pudéssemos lançar mão desses princípios para a concepção de *Juízo e Ser*, colocaríamos juízo e ser numa relação de causa-efeito ou de fundamento-fundamentado, *i.e.*, numa relação tal que a estrutura do juízo tivesse sua razão ou fundamento na estrutura do ser. Ora, isso é abertamente contraditório de acordo com a concepção estrutural de *Juízo e Ser*, pois não é possível explicar lógica e criticamente como é que uma divisão tem origem numa unidade indivisível. Contudo reconhecer a cisão entre ser e juízo significa reconhecer a relação entre ambos. O deslocamento inventivo da terminologia, de juízo (*Urteil*) para separação ou partição original (*Urteilung*), pretende dar conta de uma explicação para a passagem de um a outro[85].

---

84. Cf. Idem, 690-691.
85. Além da inversão da sequência, M. Franz (op. cit., 95-97) propunha reconstruir a estrutura de *Juízo e Ser* como sugestão de uma espécie de lógica hölderliniana própria, baseado no material utilizado em Tübingen pelos professores repetidores, sobretudo por C. G. Bardili. Para Franz, Bardili desempenharia um papel essencial na concepção de *Juízo e Ser*, uma vez que mais tarde publicaria seu *Esboço de lógica primeira* (1800), no qual se encontra a interpretação pseudoetimológica de juízo (*Urteil*) como partição original (*Ur-teilung*). Posteriormente, V. Waibel (Hölderlins Fichte-Studien in Jena, in: U. Gaier et al., *Hölderlin Texturen 2. Das ‚Jenaische Project'*. *Das Wintersemester 1794/95 mit Vorbereitung und Nachlese*, Tübingen, Hölderlin-Gesellschaft, 1995, 120) demonstrou que o exemplo direto para *Juízo e Ser* pode ser extraído das lições de Fichte sobre *Lógica e Metafísica*, a partir dos aforismos de E. Platner: "*Julgar, originalmente partir* (Urtheilen, ursprünglich theilen); e é verdade: está em seu fundamento um partir original (ursprüngliches Theilen) [...] Um terceiro <de antemão já escolhido> [precisa] ser relacionado a elas [às partes, W.Q.]: *i.e.*, no qual ambas são mantidas. *P. ex.*: a mesa é *vermelha*: o que seria então o terceiro: a mesa *não é vermelha* [;]

Passo à reconstrução específica de Henrich. Quase três décadas depois de sua primeira interpretação de *Juízo e Ser*, ele desmembra em *Der Grund im Bewusstsein* (1992) a análise da composição de *Juízo e Ser* em ser e juízo, por um lado, e conceitos modais e faculdades do conhecimento, por outro, sugerindo que a parte correspondente aos conceitos modais poderia ser considerada como o terceiro elemento estruturante do texto. Quanto à sequência, ele mantém a tese de 1965, sustentando impossível estabelecer uma rigidez que antes dificultaria o trabalho interpretativo, mas faz um acréscimo que veremos a seguir. Nesse sentido, pode-se dizer que Henrich não afasta a sugestão de Franz, pois considera cada página uma nova inserção[86]. Entretanto ele analisa *Juízo e Ser* como um só texto e não como duas reflexões sobre temas conexos. Assim, seria possível pensar os tipos de relação entre ser e juízo na interpretação, excluindo-se a hipótese de que o par de conceitos deveria ser complementado por um terceiro que os equilibrasse, afinal cada parte termina com um parágrafo e com o ponto culminante de uma ideia ou pensamento, e a parte sobre a modalidade

---

o que quer dizer então esse terceiro? Que <ela não é vermelha>" (GA II/4: 182). Como aponta M. Frank (op. cit., 723-724), a segunda fonte pode ser remontada ao *Ensaio de uma nova teoria da faculdade humana da representação* (1789), de Reinhold: "compreende-se juízo como aquela ação do entendimento pela qual duas representações são ligadas. (...) Acreditou-se explicar o surgimento do predicado ao atribuir ao entendimento uma faculdade de *separar* independente da faculdade de conectar, uma faculdade de abstração pela qual o entendimento separa uma intuição, a representação total, em suas notas características, as representações parciais, chamando-se *ajuizar* (*urtheilen*) a ligação do predicado com a representação total com sujeito" (K. L. Reinhold, *Versuch einer neuen Theorie des menschlichen Vorstellungsvermögens*, Praga/Jena, Widtmann & Mauke, 1795, 436-437). Frank vê nessa construção de Reinhold precisamente a concepção de juízo como o *partir* (*teilen*) de um todo em representações parciais e como um reconectar das representações parciais na representação total, o que corresponderia à pressuposição do todo do qual fazem parte sujeito e objeto, em *Juízo e Ser* (StA 4: 216, linhas 7-8). Bem mais tarde, em 1830, essa mesma terminologia é utilizada por Hegel, no § 166 da *Enciclopédia das Ciências Filosóficas*: "a significação *etimológica* do *juízo* em nosso idioma é mais profunda, e exprime a unidade do conceito como o [que é] primeiro, e sua diferenciação como a divisão *originária*; o que o juízo é na verdade. [Urteil = *ur*sprüngliche *Teil*ung.]" (G. W. F. Hegel, *Enciclopédia das Ciências Filosóficas em compêndio* [1830], v. 1: *A ciência da Lógica*, 2. ed., São Paulo, Loyola, 2005, 301).

86. Para o que segue, cf. D. Henrich, op. cit., 683-707.

não seria um elemento constitutivo da concepção esboçada, mas uma reflexão independente redigida junto com a parte sobre o juízo.

Para resolver a questão sempre inconclusa da sequência, refletida na ordem diferente editada por Sattler (*FHA*), Henrich propõe não apenas uma maleabilidade, mas uma análise sob quatro sentidos possíveis de sequência com vistas a dirimir o problema na interpretação: a sequência em que um texto realmente foi escrito (ser-juízo/juízo-ser); a sequência intencional de um texto em relação a um leitor (podendo a redação ter iniciado pela parte final); a sequência das ideias, teses ou afirmações, na qual uma parte é o pressuposto ou fundamento da seguinte e; a sequência, no caso particular de *Juízo e Ser*, em que se colocam os conteúdos e o teor da concepção filosófica de Hölderlin. A primeira sequência não é relevante para a leitura, afinal é impossível decidir objetivamente sobre a ordem da escrita; a segunda tem pouca importância porque o texto foi redigido como uma reflexão para o próprio autor. Restam as ordens dos argumentos e dos pensamentos da concepção de Hölderlin. A ordem dos argumentos é importante porque eles devem partilhar as referências comuns com o intérprete, ou seja, os argumentos permitem organizar os conceitos articulados de acordo com o que é plausível que Hölderlin possa ter tido em mente diante dos diversos desafios colocados desde Tübingen, com a recepção de Espinosa via Jacobi, até Iena, com a doutrina da ciência de Fichte. Ambas as sequências ou ordens estão entrelaçadas, mas distinguem-se pelo fato de a concepção filosófica poder exigir uma leitura a partir de princípios ontológico-metafísicos, *i.e.*, a concepção propriamente dita, e a ordem argumentativa exigir uma leitura a partir dos passos de fundamentação necessários para a formulação daquela concepção, *i.e.*, o processo discursivo.

Na ordem da concepção filosófica, Henrich propõe que os dois conceitos centrais do fragmento sejam os originalmente sublinhados por Hölderlin no manuscrito: *Juízo* e *Ser* – e seus derivados. A expressão "ser puro e simples" também foi sublinhada possivelmente com a mesma pena, e Henrich atribui os demais termos sublinhados ao acréscimo posterior da parte final do parágrafo sobre *Juízo*: "'eu sou eu' é o exemplo apropriado" etc. Como originalmente na página sobre *Ser*, além de ser, apenas "ser puro e simples" esteja sublinhado, o intérprete sugere que se tome pelo conceito principal a ser articulado com o principal da página sobre *Juízo*. Nesta última, Henrich acrescenta como uma definição especulativa a expressão "no mais alto e rigoroso sentido", entendendo-se o mais rigoroso o proposto por Hölderlin, afinal a terminologia *Ur-teilung*, vinda de Fichte ou de Bardili, não corresponde à noção tradicional de juízo como proposição[87]. Portanto, na interpretação de *Juízo e Ser*, podem ser correlacionados os conceitos de *juízo no mais alto e rigoroso sentido* e *ser puro e simples*, admitindo-se que ambos os sentidos específicos sejam as definições de Hölderlin para os termos gerais *juízo* e *ser*, tomados em significação kantiana. Além disso, segundo Henrich, a substituição de cada um dos termos por sua definição na página do conceito justaposto falaria em favor de uma clara orientação pelos sentidos de juízo e de ser: na página sobre juízo, ser aparece não como ser ou ser puro e simples, mas como "sujeito e objeto intimamente unidos"; na página sobre ser, juízo aparece não como juízo ou partição original, mas como simples "partição" e "separação". Essa construção daria ao texto a forma de um díptico, de modo que cada lado funcionaria como complemento do outro em relação recíproca entre as concepções de ser e de juízo, união e separação, tornando-se obsoleta a questão da sequência a não ser do ponto de vista de seus argumentos[88].

Partindo do uso ordinário dos conceitos, Hölderlin estabelece respectivamente para juízo e para ser a separação e ligação de sujeito e ob-

---

87. Segundo M. Franz (op. cit., 95-96), o "Compendium Logicae Wirtembergense", utilizado em Tübingen como material das aulas de Lógica, registra a definição aristotélica de juízo ou proposição como ação de ligar ou separar dois conceitos. A inovação terminológica de *Ur-teilung* deveria chamar atenção, pois a separação medieval entre uma proposição, como formulação de um estado de coisas, e um juízo como afirmação ou negação de tal estado, é apagada no renascimento e somente retomada a partir de Frege. Daí, para Franz, a importância de Bardili. Como não é possível saber se o que o último expressa somente em 1800 fora tratado em Tübingen, parece factível aceitar a sugestão de Waibel quanto à ocorrência da derivação de juízo como efeito de uma separação original nas preleções fichteanas sobre Platner, às quais Hölderlin seguramente pôde assistir no semestre de inverno de 1794/1795.
88. Cf. D. Henrich, op. cit., 687-689.

jeto. A rigor, no mesmo sentido, um juízo é um ato em função do qual sujeito e objeto são ao mesmo tempo reciprocamente distintos e relacionados. Essa terminologia já se encontra em Reinhold: como visto, sua proposição da consciência dizia que, "na consciência, a representação é distinguida, pelo sujeito, do sujeito e do objeto, sendo reportada a ambos"[89]. Definem-se analiticamente tanto a representação como o "distinto na consciência, pelo sujeito, do objeto e do sujeito, e reportado a ambos"[90], quanto sujeito e objeto, por análise, derivados da mesma tríade. É importante apontar a terminologia reinholdiana, afinal Hölderlin mostrava reservas quanto ao avanço proposto por Fichte em direção a um outro princípio e Reinhold constituiu em Iena o vocabulário do pós-kantismo inicial[91]. Entretanto Hölderlin não se vale da teoria da representação, mas exclusivamente dos conceitos de sujeito e objeto unidos ou separados por meio de atos de ajuizamento, separação ou contraposição. Nesse sentido, em relação ao juízo como expressão de uma relação por meio da cópula ("é"), M. Frank chama a atenção para a diferenciação kantiana entre posição absoluta e relativa, de onde derivou-se o conceito de *pôr (setzen)* fichteano. Kant opera com o conceito de posição em que o ser adquire um sentido existencial na posição absoluta, e predicativo na posição relativa. Com isso, segundo Frank, Kant unifica o sentido de ser em suas aplicações judicativas, por um lado, e acopla os sentidos existencial e predicativo, por outro, de modo que o predicativo apareça como uma forma derivada do existencial[92]. Assim, o ser lógico ou relativo expressa-se na cópula do juízo, enquanto o existencial ou absoluto está em proposições cuja posição implica seu objeto sem acréscimos ulteriores, como na proposição "Deus é" ou "eu sou". Enquanto forma do juízo, a cópula como que infringe o conteúdo expresso na posição absoluta de ser e o relati-

---
89. Cf. K. L. Reinhold, *Beyträge zur Berichtigung bisheriger Missverständnisse der Philosophie*, 167.
90. Cf. Idem, 168.
91. Sobre a importância de Reinhold para Hölderlin, cf. J. Stolzenberg, op. cit., 472-478.
92. Cf. M. Frank, op. cit., 697-698.

viza na posição de sujeito e objeto[93]. Em *Juízo e Ser*, Hölderlin vincularia o sentido relativo da posição à identidade e à autoconsciência, que não devem ser confundidas com o ser da posição absoluta. Tanto identidade quanto autoconsciência são desmembradas no juízo em dois *relata* "apenas exteriormente ligados, relativizando o que deve ser pensado como absoluto"[94].

Portanto, a terminologia de Hölderlin é precisa ao afirmar a estrutura de um ser absoluto cujos rastros estão latentes, de modo derivado, na estrutura do juízo. Ou melhor: a estrutura judicativa é bem compreendida pela suposição de uma união ideal de sujeito e objeto, para ela sempre inacessível e expressa apenas formalmente na posição relativa do ser (juízo). Entre o sentido relativo (lógica) e o sentido absoluto de ser (ontologia) encontra-se já em 1795 uma cisão a ser operada mais tarde na lógica hegeliana (1812), numa radicalização do programa da lógica transcendental kantiana em que se unem lógica e ontologia na concepção do *ser* como o mais abstrato apreendido concretamente numa doutrina do *conceito*, que conjuga o ser ao momento reflexivo de sua *essência*[95]. Diferentemente desse programa, e bem mais cedo, Hölderlin enfatiza o momento da cisão *onto-lógica*: no conceito de intuição intelectual de *Juízo e Ser*, o momento *conceitual* se encontra acoplado ao *intuitivo* do conceito de *ser* absoluto, sem que seja ferida sua *essência* por uma separação. No sentido kantiano da posição absoluta, Hölderlin associa o momento do conceito ao da intuição, acarretando nisto uma modificação estrutural das faculdades em que o ideal que escapa à forma judicativa está na unidade entre entendimento e intuição, por um lado, e entre razão e sensibilidade, por outro. Sem descurar os limites críticos, Hölderlin assume os resultados de Kant para a circunscrição do entendimento dentro do registro das separações constitutivas do juízo. Por recurso à esfera do ser puro e simples, essa radical (e ín-

---
93. Cf. Idem, 722-723.
94. Idem, 704.
95. Cf. a divisão geral da *Ciência da Lógica*: G. W. F. Hegel, *Ciência da Lógica. 1. A doutrina do ser*, Petrópolis/Bragança Paulista, Vozes/Ed. Un. São Francisco, 2016, 62-67.

tima) união conceitual-intuitivo-sensível é expressa na intuição intelectual como variação *relativa* de ser enquanto íntima e *absoluta* unificação de sujeito e objeto. Afinal, seguindo a sugestão de Henrich, a conexão operada pela intuição intelectual aparece como única aplicação possível do *ser puro e simples*: onde sujeito e objeto estão unidos não apenas em parte, mas de modo que não seja possível separação-partição (*Urteilung*)[96]. Se for permitido especular sobre como é articulada a tríade ser-essência-conceito em Hölderlin, poderia ser dito que a *essência* (em Hölderlin, não se situa aqui o momento da reflexão) do ser puro e simples está na *unidade* (passiva) absoluta de sujeito e objeto; seu conceito está na *unificação* (ativa) absoluta com a intuição. Como para ele o momento da cisão é constitutivo, a intuição como *pendant* sensível é o índice de uma união imperfeita acessível à consciência. A união parcial também garante a essência dos unidos, como no caso da autoconsciência e demais tipos de juízos ordinários, afinal sujeito e objeto constituem um todo que não se dissolve apenas porque a união não é absoluta. Na construção ideal, o ser puro e simples é a única aplicação filosoficamente fundamentada e possível de duas expressões para o mesmo conceito: do ser absoluto como "união pura e simples de sujeito e objeto" e da intuição intelectual como "união íntima de sujeito e objeto". A meu ver, essa estrutura permite situar o aspecto fundante da união absoluta de sujeito e objeto pela exigência expressa conceitualmente, ainda do lado ideal e fora da cisão judicativa, como unificação

---

96. No sentido dessa união, não creio que a utilização do conceito de intuição intelectual, em Hölderlin, descreva um tipo de "unificação como unidade sem diferença" (D. Henrich, op. cit., 555, 700). Certamente o ser puro e simples, em sua união absoluta, pode ser pensado como o "sem diferença" (cf. D. Henrich, op. cit., 255), mas as coisas mudam na perspectiva da cisão na consciência. Como aplicação derivada do ser puro e simples, o conceito de intuição intelectual supõe ainda uma diferença essencial no modo como a união aparece para a consciência, afinal sua impossibilidade nos termos kantianos é latente. Não fosse, Hölderlin poderia permitir-se um uso dogmático do conceito, o que não pode ser o caso em função dos complicadores da união e da divisão com os quais *Juízo e Ser* precisa lidar. Afirmar que o ser puro e simples está dado "sem distância" (D. Henrich, op. cit., 43), como ocorre no conceito de beleza, não é o mesmo que afirmá-lo como indiferenciado. Pelo contrário, a unidade na diferença é o constitutivo da concepção de filosofia que Hölderlin formulará em *Hipérion* (cf. StA 3: 81).

com o intuitivo, *i.e.*, com a sensibilidade. Essa exigência se manifesta do lado judicativo no caso especial da autoconsciência, conforme explicitado a seguir.

Do lado da união ideal expressa com o conceito de ser puro e simples, a separação e partição não é trabalhada como processo ao qual o ser se submete. A função conceitual da separação na união é antes a de uma distinção dos tipos da unificação em relação a uma separação possível. Assim como há dois tipos de cisão implicados em *Juízo e Ser*, há, segundo Henrich, dois tipos de união: a completa, em que não pode haver partição sem ferir sua essência; a parcial, em que a separação também não pode ferir a essência porque concilia as partes ao negar tanto a unificação quanto a separação completa (e aqui é possível reportar a separação parcial ao terceiro princípio da *Fundação de toda a doutrina da ciência*, o da partibilidade). Em relação à união completa "pura e simples", a união parcial é derivada do mesmo modo como o caso exemplar da união entre eu-sujeito e eu-objeto na autoconsciência é derivado em relação à união do ser "puro e simples". Esse tipo de união parcial se diferencia ainda em unificações que permitem ou exigem separação. Para o caso do "eu sou eu" da autoconsciência, Hölderlin é claro ao dizer que ela não é uma união imune a separação. Pelo contrário: autoconsciência só é possível mediante – portanto exige – separação. Na rubrica de uma união parcial, são permitidas todas as demais separações que não caiam sob o caso especial da autoconsciência. Na sequência estabelecida por Henrich para as uniões-separações, temos o seguinte trio estruturante: união completa sem separação do ser puro e simples; união parcial, que permite separação sem lesar a essência da união; também sem lesar sua essência, a unificação da autoconsciência, que exige separação para que se possam unir eu e eu em contraposição com o mesmo[97].

Retomando a diferenciação entre uma atividade atribuída ao eu, na página sobre o ser, e a descrição da separação como processo sem atividade implicada, na página sobre juízo, Henrich situa o acréscimo poste-

---

97. Cf. D. Henrich, op. cit., 693.

riormente redigido por Hölderlin nas três linhas finais do parágrafo sobre juízo, onde reaparece a terminologia do contrapor como atividade do eu: "'Eu sou eu' é o exemplo apropriado para este conceito da partição original como partição original teórica, pois na partição original prática ele se contrapõe ao não-eu, e não a si mesmo" (StA 4: 216). O apêndice indicaria duas coisas: em primeiro lugar, que há dois tipos de partição original e que apenas a teórica é o exemplo apropriado para uma separação em vista de um todo pressuposto, de acordo com a entrada textual imediatamente anterior (cf. StA 4: 216, linhas 6-7); em segundo, que a partição original teórica é apropriada para a pressuposição do todo, porque nela o eu contrapõe-se *a si* mesmo e, separável, não é autoexplicativo, mas carece de um todo indivisível para a explicação. O teor não evidente e carente de explicação da relação "eu sou eu" é explicitado na página sobre o ser com o pensamento da autoconsciência como necessária separação. O fato desse acréscimo se valer do vocabulário da página sobre o ser acerca da separação de si do eu", e acoplar-se à página do juízo, na qual Hölderlin evita o momento ativo da separação, poderia ser encarado como uma inconsistência. Do lado da partição original entre sujeito e objeto, não há uma separação por si mesma, ao passo que, na separação derivada de eu-sujeito e eu-objeto na autoconsciência, a separação acontece na própria união de ambos. A separação por si mesma de eu-sujeito e eu-objeto se explica pela atribuição de atividade ao sujeito que se distingue na relação de objeto, o que caracteriza a capacidade do sujeito de contrapor-se e reconhecer-se como o mesmo em um outro na relação "eu sou eu". Essa atividade subjetiva é, a um só tempo, contraposição e conhecimento da identidade no caso especial da autoconsciência. Acrescida na parte sobre juízo, a contraposição sinaliza a passagem de uma separação de sujeito e objeto, como mero processo condicionante de ambos, para a separação ativamente realizada pelo sujeito entre eu-sujeito e eu-objeto, ao mesmo tempo que se perfaz a unificação pelo reconhecimento de si em um outro. Portanto é na própria união que tem lugar a compreensão do sujeito como o ativo, de modo que o acréscimo ao parágrafo sobre juízo, que firma os termos de uma separação em um todo, corresponde à autoatividade subjetiva no processo judicativo da consciência.

De acordo com a reconstrução de Henrich, a diferença dos modos de explicação da separação originária de sujeito e objeto, marcada ora como simples processo de cisão, ora como atuação do sujeito na cisão pelo interior da unificação parcial, estrutura igualmente a diferenciação entre ser puro e simples absolutamente unificado e autoconsciência que permite e exige a separação na união. Como ambos se reportam a uma separação em geral, aqui se intensifica aquela cisão fundamental no cerne da concepção filosófica de *Juízo e Ser*: de um lado o ideal da união, de outro a separação. O que sobressai na reconstrução de Henrich é precisamente o fato de que do lado da separação, estruturalmente inerente ao juízo embora também presente no parágrafo sobre ser, opera-se o tipo de união parcial que se encontra no caso especial da autoconsciência. Se de um lado há uma união absoluta, de outro há uma separação que é uma cisão na união, e que tem consequências importantes para o saber filosófico pelo fato de que é a única esfera da concepção acessível à linguagem da consciência judicativa. Em outras palavras, a união completa e a partição original são processos distintos que se projetam do ser puro e simples e da separação estrutural sujeito-objeto para o processo simultâneo de união parcial na autoconsciência e separações constitutivas da relação sujeito-objeto na consciência em geral.

Mas, nesse aspecto, parece-me que Henrich propõe dar um passo além e sugerir que, da perspectiva de Hölderlin, também o ser puro e simples sofre um processo de separação. No que tange à aplicação dos dois modos de explicação da separação à gênese da autoconsciência – de um lado sua origem no processo de separação sem atividade, de outro na contraposição a si mesmo realizada pelo sujeito – Henrich sugere analisá-los conjuntamente dentro da separação original de sujeito e objeto antes do efeito de uma atividade qualquer no interior da separação. No caso da separação de eu-sujeito e eu-objeto, a atividade entra em cena com a proposição "eu sou eu" depois da mera separação (*Trennung*) originária de que trata a parte sobre juízo. Em relação a ela, ganha maior contorno a diferenciação entre ser puro e simples e autoconsciência, respectivamente pela exclusão ou pela exigência da separação. Mas se existe uma separação primeira, seria possível reportar a tese da partição original ao ser e, com isso, o originariamente unido como ser puro e simples, pensado como irrestritamente unificado, também seria ferido em sua essência. Essa lesão da essência ocorreria primeiramente pelo simples processo de separação; depois, ela seria marcada na relação entre eu-sujeito e eu-objeto. O totalmente unificado (ser puro e simples) sofre uma espécie de abalo em que surge a diferença em si mesmo, havendo, em seguida, o momento do ato de separação realizado pelo eu-sujeito, depois do qual a separação adquire o caráter de contraposição (eu-eu). O caráter genético do processo da partição original traz para dentro da união do ser simples sua apreensão como um extenso e contínuo ferimento de sua essência. Nisso, o eu-sujeito desempenha um papel essencial de consecução desse processo de ferimento do ser puro simples, processo que tem seu desdobramento no seguinte movimento: ser puro e simples como um inteiramente unificado; separação em seu interior realizada como ferimento da essência; ferimento como separação provocada por uma atividade[98]. A meu ver, a consequência extraída por Henrich dessa relação em que o ser sofre separação, liga-se à mesma estrutura do eu fichteano, em função da qual ele age sobre si mesmo e, tomando um desvio, sofre igualmente uma obstaculização. Vale lembrar:

> O eu é o que põe a si mesmo, e não há nada nele que ele não ponha em si. Assim, aquele não-eu tem de ser ele mesmo um efeito do eu, na verdade do eu absoluto: e assim nós não teríamos, portanto, nenhum efeito externo sobre o eu, mas apenas uma ação dele sobre si mesmo, a qual certamente toma um desvio cujos fundamentos não são conhecidos até o momento, mas talvez se deixem mostrar no futuro (GA I/2: 388-389).

Caso se queira transpor esse processo para *Juízo e Ser*, seria possível dizer que, comparado ao eu absoluto de Fichte, o ser de Hölderlin não é efeito de algo que ele não contenha em si; por outro lado, também como eu que age sobre si e tem um não-eu como efeito, a estrutura do juízo se justifica pela pressuposição daquela unificação irrepa-

---

98. Cf. Idem, 698.

rável, que analogamente entra em cisão para fins de explicação da relação de sujeito e objeto na consciência. Mas se, em Fichte, aquele eu absoluto é sempre indeterminável, porque capaz de transpor quaisquer condições determinadas, na concepção de Hölderlin o ser não é de todo inacessível, porque a faculdade correspondente aponta para o sensível: a *intuição* intelectual. Graças à cisão, não há alternativa a não ser distinguir o ser de sua forma judicativa e relativa. Mas, apesar de possível reportar esse momento da diferença no ser absoluto à explicação fichteana do desvio sofrido pelo eu absoluto quando age sobre si mesmo (cf. GA I/2: 388-389), Hölderlin não sugere – nem pode sugerir – em nenhum lugar de *Juízo e Ser* que o momento da divisão também se atribua ao ser puro e simples, mesmo que por um abalo ou diferença. A meu ver, ele não o faz porque seu conceito de ser é estruturalmente distinto do conceito de eu fichteano, que se resguarda numa infinitude sempre em prontidão para atuar e superar cada determinação da consciência. Além disso, o eu fichteano é analisado na consciência, o ser hölderliniano está fora de sua divisão e só se mantém como referência na análise do juízo. Henrich insiste e reconhece que esse passo, como também a diferenciação do momento passivo e do ativo na separação, é consequência da concepção de Hölderlin extraída na interpretação. Contudo ele considera possível que Hölderlin tivesse ponderado essas consequências a despeito de não se encontrarem expressamente afirmadas no manuscrito. Para Henrich, isso se explica por haver um plano geral do manuscrito que se confirma na concatenação dos conceitos gerais "juízo" e "ser" com os sentidos especulativos de "juízo no mais alto e rigoroso sentido" e "ser puro e simples", aplicados cada um à parte correspondente do lado oposto do fragmento.

Ao estabelecer sua reconstrução, Henrich extrai três consequências da relação imbricada das duas partes de *Juízo e Ser*: em primeiro lugar, estrutura-se uma relação entre separação típica da autoconsciência e separação de sujeito e objeto em sentido amplo, que não fornece uma concepção limitada ao problema da autoconsciência. Entre ser e ser puro e simples há uma equivalência do mesmo modo que no conceito de intuição intelectual é colocado um tipo de união absoluta entre sujeito e objeto correspondente à sua relação de separação. Por sua vez, a separação é limitada ao "eu sou eu" da consciência, que corresponde a uma análise de caso da separação de sujeito e objeto na base de uma *metafilosofia* de juízo e ser. Em segundo lugar, a relação entre o *teor* de ser e juízo se encontra apenas na definição de seu sentido mais rigoroso: "*Juízo*. é... a separação original do objeto e do sujeito intimamente unidos na intuição intelectual, aquela partição tão-somente pela qual objeto e sujeito se torna possível, a partição original" (StA 4: 216). O teor diz respeito ao que é propriamente separado e a como está unido. Já os conceitos de ser puro e simples e autoconsciência são *relata* contrastados nas duas partes, indicam uma relação estrutural para além da contraposição e se resolvem na concepção da unificação e partição original da definição de juízo. Em terceiro e último, esse teor, expresso já na definição de juízo, indica que a metafilosofia da concepção de *Juízo e Ser* esbarra numa pressuposição necessária para a consciência, toda vez que formula o juízo "eu sou eu". Assim, já a primeira definição de juízo coloca a união absoluta como condição da forma judicativa. A concepção de *Juízo e Ser* indica tanto o aspecto da pressuposição da união quanto o modo de sua fundamentação metafilosófica, que estabelece igualmente para a relação entre eu-sujeito e eu-objeto a pressuposição de um eu – em todo caso, não em sentido fichteano. Apesar da tese expressa de que "eu" não poderia antecipar sujeito e objeto, a atividade do eu-sujeito torna-a ao menos ambígua. Henrich procura dar conta dessa ambiguidade pela indicação da redação posterior das três linhas finais da parte sobre juízo, em que se encontra o exemplo "eu sou eu". Segundo seu argumento, essa entrada poderia servir para explicar que "eu sou eu" pressupõe um unido originário, mas que não é um eu absoluto. O fato disso não ter sido incorporado à redação de *Juízo e Ser* se explica pela dispensabilidade do ataque ao eu absoluto na primeira parte do manuscrito, uma vez que pela estrutura dupla ele é formulado na parte sobre o ser contra um eu sem autoconsciência[99].

O resultado geral é que a definição da primeira parte sobre o juízo assume a posição central no todo de *Juízo e Ser*, o que não exige ne-

---

99. Cf. Idem, 702.

cessariamente que a sequência do texto comece por aí. Assim, todas as formulações na parte sobre o ser são bem compreendidas como desdobramentos da concepção esboçada nessa parte central de juízo como chave de leitura. Na estrutura dupla, a definição de juízo é facilmente reportada ao texto como um todo: entre a partição e a unificação de sujeito que se dissolve na primeira há uma relação sistemática do mesmo tipo da existente entre os elementos de ambas as partes do fragmento como um todo. O que se desenha, ao final, é uma noção genética da relação de sujeito e objeto desdobrada estruturalmente na típica de relações entre ser puro e simples e autoconsciência, que igualmente respondem por todos os juízos que necessariamente passam pela forma limiar (que permite e exige separação) "eu sou eu".

3.3. Modalidades

> Efetividade e possibilidade se distinguem como consciência mediata e imediata. Quando penso um objeto como possível, apenas retomo a consciência precedente pela qual ele é efetivo. Não nos é possível pensar uma possibilidade que não foi efetividade. Por isto, o conceito da possibilidade também não se aplica de maneira alguma aos objetos da razão, porque eles nunca comparecem na consciência como aquilo que eles devem ser, mas apenas o conceito da necessidade [se aplica aos objetos da razão]. O conceito da possibilidade se aplica aos objetos do entendimento, o da efetividade aos objetos da percepção e da intuição (StA 4: 216).

Apesar da disposição dos termos na primeira frase do parágrafo, a correspondência sugerida não é a da sequência como redigida, mas entre efetividade e consciência imediata, possibilidade e consciência mediata, afinal retoma-se no possível a consciência anterior pela qual ele é efetivo. M. Frank considera o parágrafo da modalidade o mais inovador de *Juízo e Ser* com a seguinte apreciação: se para Kant o ser, enquanto existência de uma coisa, exige sua percepção (*Wahrnehmung*) e sensação (*Empfindung*), porque "o conceito antes da percepção é sua mera possibilidade, e a percepção a única marca da efetividade"

(KrV: A225/B273), a anterioridade da efetividade de *Juízo* e *Ser* situa-se nos marcos kantianos. Assim, o modo da efetividade deve expressar igualmente a imediatidade do ser, o que corresponde à formulação da unidade absoluta do ser puro e simples exposta já na primeira definição de *juízo*. Portanto a imediatidade do efetivo relaciona-se à consciência imediata, intuitiva, e a mediatidade do possível à consciência mediata, conceitual. Também corresponde ao uso kantiano a subordinação do entendimento à possibilidade, da percepção e da intuição à efetividade e da razão à necessidade, mas o "revolucionário na reflexão de Hölderlin", argumenta Frank, "está precisamente no fato de que a prioridade do efetivo diante do possível corresponde, no espectro da consciência, a uma prioridade da intuição diante do conceito"[100]. Essa correspondência estrutural interna espelha-se igualmente, como já sugerido, no conceito limite de intuição intelectual (sensível-conceitual) como substrato (imediato) da unidade do ser, no qual reivindica-se para o momento intelectual-conceitual a união com o sensível que aparece como corpo estranho (e mesmo irritante) ao conceitualismo kantiano, depois de destituída qualquer pretensão epistêmica do conceito de intuição intelectual.

Apesar disso, no parágrafo em análise temos uma teoria dos conceitos da modalidade que se move no mesmo limite da linha kantiana que Hölderlin reivindicava transpor num planejado, e não escrito, ensaio sobre ideias estéticas[101]. O foco na precedência da efetividade se funda em sua relação recíproca com a possibilidade, que justamente pressupõe efetividade-realidade. Essa relação é o oposto da relação da efetividade com a necessidade: se a efetividade é pressuposta no possível, por outro lado, onde há necessidade, não há possibilidade. Traduzindo-se da lógica modal para a linguagem da consciência, o que é pensado como necessário e que não poderia ser de outra maneira não é um possível que comporte alternativa, e se aplica a objetos que não são dados na consciência, como ideias, postulados ou imperativos. A necessidade furta-se

---

100. Cf. M. Frank, *Unendliche Annäherung*, 725.
101. Cf. *Carta a Neuffer*, 10 de out. 1794, StA 6: 137.

à consciência e à possibilidade, afinal os objetos da razão "nunca comparecem na consciência como aquilo que eles devem ser" (StA 4: 216). As faculdades da percepção e da intuição estão ligadas à consciência imediata sob o conceito da efetividade, ao passo que o entendimento se associa à consciência mediata, de modo derivado, sob o conceito da possibilidade. Segundo Henrich, essas considerações modais colocam o conceito de possibilidade no centro de *Juízo e Ser* com o fim de mitigá-lo, tanto por sua peculiar contraposição ao conceito de necessidade quanto pela subordinação à efetividade[102]. Com essa estratégia, também o conceito conexo da efetividade sairia do domínio de aplicação da necessidade, mas com uma carga de oposição que faz emergir entre ambos um conflito modal que não tem lugar com a possibilidade.

Embora o fragmento apresente uma teoria do juízo, Hölderlin não discute a modalidade como rubrica dos juízos, muito menos o papel da modalidade na constituição de objetos, tal como Kant o fizera na *Crítica da razão pura*. Os conceitos modais de *Juízo e Ser* são antes pensamentos de objetos, reais (efetivos), possíveis ou necessários, e assumem, neste particular, uma função ontológica sob as condições da consciência e do entendimento, ou sob a exigência da razão. Diferentemente de Kant, portanto, Hölderlin coloca no centro de sua reflexão não as condições de possibilidade de objetos, mas os próprios objetos aos quais se aplicam os conceitos modais. Com esses arrazoados de Henrich, a novidade vislumbrada por Frank é minimizada quando se desloca a atenção das faculdades do ânimo para o fato de que Hölderlin está pautando diretamente a aplicação de modalidades a objetos: "penso como possível (...) um objeto efetivo". A prioridade do efetivo sobre o possível se explica, por esse viés, justamente porque Hölderlin abrevia o *leitmotiv* kantiano da condição de possibilidade de objetos e pensa, com isso, em possibilidade real-efetiva. Kant não fala em nenhum lugar sobre objetos possíveis ou impossíveis, apenas sobre as condições possíveis de sua pensabilidade; afinal, ao entendimento discursivo, só é dado afirmar que *sabemos* que um objeto é real. Do outro

---

102. Cf. D. Henrich, *Der Grund im Bewußtsein*, 709.

lado do espectro encontram-se os objetos necessários da razão, cuja realização é exigida mesmo que jamais chegue a seu termo.

Assim esboça-se o uso da modalidade em *Juízo e Ser*. A questão é como ela se relaciona com a concepção estrutural do fragmento. Fundamentalmente, como a definição de juízo expressa a concepção inteira de *Juízo e Ser*, os conceitos modais serviriam enquanto caso de sua aplicação. Na definição de juízo, como sujeito e objeto se separam, a unidade posta na intuição intelectual se torna efetividade dada, para a qual a unidade da íntima ligação passa a vigorar como exigência para realizar a unidade perdida na multiplicidade do dado, o que é possível *mediante* repetição daquela efetividade. Mas se nenhum dos dois se explicam reciprocamente, seja a unidade a explicar o dado, seja o dado a unidade, ambos são compreendidos em sua relação recíproca a partir de um fundamento unitário: com o ser puro e simples, legitima-se a compreensão tanto do dado quanto do postulado, enquanto objetos na separação. A exigência da unidade como postulado é um ideal, segundo o modo de compreender que Hölderlin assume de Kant, mas também de Platão, como veremos mais de perto na concepção de *Hipérion*. Embora a unidade só seja real no dever, ultrapassando as condições da consciência empírica, Hölderlin ainda pretende apreendê-la como objeto, mas de tipo inteiramente distinto dos objetos dados na intuição. A esse tipo peculiar de objeto, Hölderlin atribuiria necessidade no sentido descrito no parágrafo da modalidade: a necessidade é objeto da razão. Portanto a unidade é o que a razão exige, de modo que nisso se revela a necessidade de conciliação do exigido com o exigente, *i.e.*, da realidade que não se alinha à necessidade com a necessidade que é expressa na união absoluta do ser puro e simples. Proponho chamar de *desarmônico* esse aspecto da união exigida, uma união a ser realizada, em contraposição àquela a partir da qual é exigida, a união *harmônica*, pura e simples, do ser.

Se os objetos da razão "nunca comparecem na consciência como aquilo que eles devem ser", de fato eles parecem corresponder a uma necessidade inerente ao espectro da unidade absoluta do ser puro e simples. Essa formulação encontrará correspondência no projeto de *Hipérion*. Nele, a efetividade e a necessidade correspondem a tendências da vida que entram inevitavelmente em conflito por comportarem uma diferença conceitual não mediada. Por um lado, a vida tende a se submeter a uma realidade efetiva que nos chega a partir do mundo, por outro, tende a submeter o mundo para realizar o ideal nele. Segundo Henrich, nesse conflito essencial, o possível é reduzido ao conceitual que apreende e fixa o efetivo no entendimento, e na dinâmica da vida o possível corresponderia à fuga de suas tendências como o sentido e a seriedade da experiência humana. A solução do conflito essencial encontraria lugar numa síntese de suas tendências na unidade do ser puro e simples, que reivindica realidade ontológica do mesmo modo que as modalidades do efetivo e do necessário[103]. Como as mediações da consciência pressupõem o dado imediato da efetividade, o ser puro e simples adequadamente compreendido transpõe para a consciência sua reconstrução mediata *possível*, em que a unidade perdida se complexifica pela potencialização da distância da perda em relação diretamente proporcional à tarefa de sua recuperação. Nesse sentido, o projeto de *Hipérion* leva às últimas consequências essa dimensão estrutural da cisão entre juízo e ser.

3.4. Síntese: ser absoluto e cisão originária

Ao passar em revista a construção de Fichte na *Fundação de toda a doutrina da ciência* de 1794-1795, a crítica de Hölderlin e a reconstrução de *Juízo e Ser* por Henrich, sustento que Hölderlin compreende adequadamente as consequências do programa fichteano de Iena e apresenta a própria resposta ao que identificou como o problema aberto pela doutrina da ciência: *a cisão no teórico provocada pelo eu absoluto significa, ao mesmo tempo, uma cisão nos limites do pensamento enquanto capacidade racional de fixar a imaginação na constituição da realidade*. Argumento com base nos dois momentos constitutivos de *Juízo e Ser*: o da cisão (*Urteilung*) e da união (*sein schlechthin*). Em vista da carta a Hegel e de *Juízo e Ser*, é possível sustentar que, tendo

---
103. Cf. Idem, 715.

Hölderlin compreendido o impasse na doutrina da ciência teórica, sua concepção modifica estruturalmente a construção de Fichte ao retirar o problema da união de uma perspectiva de determinação progressiva pelo eu absoluto, mitigando a terminologia centrada na *egoidade* e compreendendo o problema da união como o pensamento da diferença entre união e cisão que incorpora o momento da cisão na união ou, ainda, as contraposições da consciência na unidade dos contrapostos e vice-versa. A unidade de que trata *Juízo e Ser* é certamente uma unidade "sem distância"[104], mas diferenciada na perspectiva da consciência reflexiva.

Começo pela união. Para a abordagem adequada da mudança estrutural operada por Hölderlin, é importante mostrar como inicialmente as concepções se assemelham na própria estrutura, para daí então situar o diferente. Creio que o critério de decisão a respeito do que Hölderlin tomou para si de Fichte está esboçado na passagem do § 5 da *Fundação* em que Fichte vincula a subjetividade, exposta em suas categorias práticas do esforço e do sentimento, ao *ser* e à *existência efetiva* por cuja experiência consciente o ser racional finito tem de passar. Retomando:

> Ideia de nosso ser absoluto – esforço para reflexão sobre nós mesmos segundo essa ideia – limitação, não desse esforço, mas de nossa *existência efetiva* posta somente através dessa limitação por um princípio contraposto, um não-eu, ou em geral por nossa finitude – autoconsciência e em especial consciência de nosso esforço prático – determinação de nossas representações de acordo com ele – (sem liberdade e com liberdade) e, através dela, de nossas ações – na direção de nossa faculdade efetiva e sensível – ampliação contínua de nossos limites ao infinito (GA I/2: 410).

Com a diferença de que em Fichte não há o corte entre a ideia do ser absoluto e sua determinação, do obstáculo à aproximação infinita do puramente racional, e em Hölderlin, conforme testemunham a carta a Hegel e *Juízo e Ser*, há uma ruptura fundamental entre ser abso-

---

104. Cf. Idem, 43.

luto e consciência efetiva, a estrutura geral da concepção filosófica de Hölderlin reporta-se à estrutura fichteana geral de explicação da subjetividade. Tanto em Fichte como em Hölderlin está presente o conceito de *ser absoluto* como união de sujeito e objeto: em Fichte, como concordância do objeto com o eu exigida pelo eu absoluto em função de seu ser absoluto[105], em Hölderlin, como unificação pura e simples do objeto e do sujeito[106]. Em Fichte, ele aparece como uma ideia que encontra limitação na própria explicação da subjetividade para si mesma, e provoca, na posição do estado subjetivo, o sentimento da contraposição que desencadeia o esforço do eu racional em direção à realização da ideia da concordância absoluta do eu com o eu. Em Hölderlin, a ideia não é realizável por determinação racional subjetiva: mesmo que a unidade represente uma exigência para a finitude, ela se encontra numa esfera essencialmente distinta de sua reconstituição consciente. Nessa concepção, ela corresponde ao ser puro e simples que não se eleva ao discurso a não ser ao custo do ferimento de sua essência e da perda de sua unidade interna. De acordo com isso, quanto mais esforço para a realização da unidade, tanto maior a distância em relação a ela, o que significa a impossibilidade de uma convergência final. Se lembrarmos, a título de exemplo, a exigência contemporânea de Novalis de um abandono do obstáculo (*Anstoß*)[107], pode-se dizer que a concepção hölderliniana de ser puro e simples exige de Fichte uma unidade sem esforço (*Streben*), uma unidade que Henrich bem descreve como "sem distância" e que, por isso, precede a autoconsciência e as condições da consciência como separação e consequente esforço por unificação na distância da unidade (Fichte); a proximidade do ser de Hölderlin "não pode levar", complementa Henrich, "à ideia fichteana de um sujeito puro e absoluto"[108].

Assim, se a explicação sistemática da subjetividade oferecida por Fichte precisa contornar o problema da consistência do eu, recuando-o

---

105. Cf. GA I/2: 396.
106. Cf. StA 4: 217.
107. Cf. Novalis, *Notes for a Romantic Encyclopedia*, 116, n. 639.
108. Cf. D. Henrich, op. cit., 43.

para uma infinitude capaz de superar as determinações imanentes da consciência sem aniquilá-las, Hölderlin desata o nó que apertara em sua carta a Hegel; um ato filosófico que não é mais um corte pela *navalha* da razão, senão o desenlace do *fio* que une o saber teórico ao decreto fichteano de uma razão ora desafiada, reconhecendo Hölderlin de saída, onde Fichte força uma unificação, uma cisão estrutural (*Urteilung*). Como vimos em seus arrazoados da carta a Hegel, não há consciência para o eu absoluto. A compreensão dessa afirmação, no contexto da ultrapassagem teórica do fato da consciência, leva ao que sustento como hipótese de que o princípio de Fichte ultrapassa inteiramente a teoria, suspendendo o eu-inteligência. Mas sem ação da inteligência não há consciência, não há conhecimento, embora o prático não seja anulado e se coloque como a faculdade do empenho para a realização da unidade ética. Nessa esfera da pura racionalidade apartada da consciência, aplica-se o que Fichte esboça como modelo genético na passagem supracitada, no qual a subjetividade teórico-prática se forma com a "ideia originária de nosso ser absoluto", ou seja, com a ideia que é propriamente o constitutivo da experiência subjetiva e está, para Fichte, numa esfera prática (pré-teórica) da pura determinidade do estado-de-ação (*Tathandlung*). A subjetividade é inibida e passa a se colocar por meio do "esforço para a reflexão sobre nós mesmos segundo essa ideia" originária do ser absoluto, resultando em uma "limitação de nós mesmos, de nossa *existência efetiva* posta" como um não-eu ou finitude, *i.e.*, limitação da inteligência. No reconhecimento da limitação, tem lugar o sentimento do esforço prático, do qual decorre a "determinação de nossas representações", sem ou com liberdade, sob a condição verificável sobre se por nossas ações permanecemos no nível da sensibilidade efetiva (o obstáculo e as representações teóricas) ou ampliamos nossos limites ao infinito (em função do eu absoluto); nesse processo de uma história pragmática do espírito, como visto, a inteligência é capaz de se diferenciar de si mesma como autoconsciência[109]. Ora, Hölderlin remove essa amplitude do processo ao apresen-

---

109. Cf. GA I/2: 386.

tar um conceito de autoconsciência circunscrito às relações de sujeito e objeto, como capacidade de reconhecer-se como o mesmo contraposto em um outro. Para ele, a inteligência não é limitada, mas aniquilada dentro do modelo fichteano. Sua compreensão crítica se articula à concepção estrutural de *Juízo e Ser*, segundo a qual o pensamento da cisão é constitutivo da experiência de unificação parcial dos opostos. Aquela união absoluta promovida pelo eu fichteano é transposta, por Hölderlin, como cisão para dentro da consciência.

Dentro ainda do pensamento da união, vimos também que Fichte opera com a necessidade de distinção entre ser absoluto e existência efetiva individual com o fim de explicar a consciência. Por causa do ser absoluto do eu (que é sistematicamente um "nós"), a doutrina da ciência assume a tarefa de salvar a experiência consciente individual ao qualificar o absoluto como "força contraposta que só é meramente sentida, mas não reconhecida pelo ser finito" (GA I/2: 411). Ora, a doutrina da ciência deduz essa contraposição no sentimento por sua reconstituição na consciência. Nesse sentido, Hölderlin compreende a centralidade do sentimento na experiência limite da consciência de uma forma próxima a de Fichte: antecipando o que dirá mais tarde em *Sobre o modo de proceder do espírito poético* (1800), e na verdade como reverberação da publicação tardia do contexto das *Cartas sobre espírito e letra na filosofia* (1800)[110], a unidade convergente em que o espírito se faz presente é a *"unidade infinita*, que uma vez foi o ponto divisório do unido como unido, mas é também o ponto de unificação do unido como contraposto, e por fim também ambos simultaneamente, de tal modo que nela o harmonicamente contraposto (...) é sentido como contraposto indissociavelmente unido, e inventado como sentido (*als gefühltes erfunden*)" (StA 4: 251). O primeiro momento da unidade in-

---

110. Cf. V. Waibel, *Hölderlin und Fichte*, 291. Inicialmente recusado por Schiller, o ensaio de Fichte só foi publicado em 1800 em função da querela do ateísmo que atrasou a edição do *Philosophisches Journal* do ano de 1798. Como as *Cartas* refletem o que ele tratara em suas lições sobre *Espírito e letra*, a constelação que se atualiza no ensaio tardio de Hölderlin é a do ano de 1794, no qual Fichte ministrou aquelas preleções públicas.

finita replica precisamente o pensamento de uma união pura e simples do ser, em *Juízo e Ser*, que corresponde, na forma do díptico, à cisão da união íntima de sujeito e objeto no *juízo*. Seu segundo momento é o da unificação do unido, não *com* um contraposto (em Fichte, o não-eu com o eu), mas *como* contraposto (*des Einigen als Entgegengesetzten*) qualificado como *harmonicamente contraposto*. No ensaio sobre o espírito poético, Hölderlin associa esse momento ao sentimento de entusiasmo (*Begeisterung*), cuja completude tem lugar na arte como presentificação do infinito, *i.e.*, o "momento divino" (StA 4: 251). Nas versões de *Hipérion*, o sentimento também vem acompanhado da escassez, da autodestruição, do tédio e da melancolia (*Langeweile*)[111], marcando a contraposição em relação ao entusiasmo e à completude do "sentimento do divino" (StA 3: 32) e à perfeição presentificada na figura de Diotima, que conhecemos da versão final. Assim, o estado subjetivo fichteano meramente posto é sentido pelo finito num amplo espectro de diferenciações de um unido como contraposto, e se o "sujeito absoluto" do primeiro princípio da doutrina da ciência permite compreender "toda a realidade na consciência" (GA I/2: 271), essa mesma realidade não se submete à ideia da concordância perfeita do eu com o eu, mas expressa no sentimento as dissonâncias dessa concordância exigida. O *Hipérion*, em sua versão final, será uma tentativa de dissolver as dissonâncias[112]. Em relação a Fichte, parece-me que a noção trabalhada por Hölderlin de que o estado subjetivo é o sentimento como o "harmonicamente contraposto" (StA 4: 251) está mais próxima de uma explicação da subjetividade com base na efetiva experiência humana, sem exigências exclusivamente racionais e idealistas.

Passo para o momento da cisão. Se a cisão não permite o acesso ao ser unificado na concepção de Hölderlin, então sua presença na consciência é ficta, é antes uma ausência sentida que pode ser *inventada* (*erfunden*), *fictícia*. Fichte falava da impossibilidade de consciência na produção imaginativa da realidade, caso não se quisesse tomar tudo por

---

111. Cf. StA 3: 203-204, 209, 214-215, 247, 288.
112. Cf. o prefácio, StA 3: 5.

ilusão. Como resultado das sínteses da parte teórica da *Fundação*, ele afirmava que "toda realidade é produzida apenas pela faculdade da imaginação" (GA II/2: 368). Nesse ponto, Fichte procurava defender a imaginação produtiva diante de objeções de S. Maimon, para quem o produto da imaginação é *ilusão*. Em nota, Fichte remete a uma passagem do *Ensaio de uma nova lógica ou teoria do pensamento* (1794), na qual Maimon pontua: "a invenção das *ficções para o alargamento e ordenação sistemática* das ciências é uma obra da razão. A representação dessas *ficções* como objetos reais é uma obra da *faculdade da imaginação*" (*apud* GA II/2: 368-369, n. 5). Fichte insiste que é preciso contrapor *verdade* à ilusão diante de nossa convicção de que a realidade das coisas fora de nós vem de que não nos tornamos conscientes da faculdade de sua produção[113]. Além de espelhar uma leitura heurística da razão (Kant), esse deslocamento terminológico de Maimon de *ficção* e *ilusão* situa, a meu ver, um momento importante do pensamento da cisão em Hölderlin, que também promove um deslocamento na compreensão tradicional de juízo: se ele é separação original como o "partir originário (*ursprünglich teilen*)" do ser puro e simples, então o *Juízo* pode dar conta daquela unidade simples por meio de sua *invenção* ou *construção* fictícia e cindida para a consciência, num processo de reconstrução que deixa intocável o ser absoluto, mas o projeta na cisão como o constitutivo da consciência, ou seja, união parcial ou união na cisão.

Caso se queira compreender a pressuposição de um ser puro e simples com todos os predicados (onto)lógicos e metafísicos até então discutidos, salta aos olhos que o lugar ocupado por um ser absoluto, no pensamento de Hölderlin, deve ser esvaziado daqueles predicados em seu processo de reconstrução. O *inventado como sentido* do contraposto unido é um começo *per se* na imaginação e na memória (no caso de *Hipérion*), pois ele não poderá reproduzir aquela união absoluta do ser puro e simples. Em face de sua ausência constitutiva e de seu aparecimento dividido, ele não deve mais reivindicar o tipo de acabamento sistemático desenvolvido por Fichte na aproximação infinita de querer

---

113. Cf. GA II/2: 374.

e saber, no qual um intermediário, se não constitui uma estética *stricto sensu*, fornece apenas um ponto de vista em que o mundo dado é considerado produto (inventado) do eu: o estético[114]. Como ideia, o "ser no sentido próprio" não é um intermediário nem carece de intermediários: ele é o próprio sensível que mostra a si mesmo como beleza. Mas ainda que esteja acessível na experiência de cada um, o belo não torna a experiência subjetiva um afluente da conciliação no ponto em que se situa: a despeito de sua face sensível, o ser segue atravessado pelo momento de sua cisão original, ao mesmo tempo que a cisão é atravessada pelo pressuposto da união, cujo signo é reconhecido na experiência subjetiva da beleza.

---

114. Sobre o estético e o lugar da estética em Fichte, cf. G. Cecchinato, Le problème d'une esthétique chez Fichte, in: *Fichte-Studien*, v. 41. Amsterdam-NYC, Rodopi, 2014, 123. Cf. também G. Cecchinato, *Fichte und das Problem einer Ästhetik*, Würzburg, Ergon, 2009.

CAPÍTULO 4
A concepção de Iena nas versões de *Hipérion*

> *Foi então que viu, à boca da Stadium Street, considerando,*
> *alternadamente, o céu e um pedaço de papel, um homem. Murphy.*
> *Não foi de imediato que voltou a erguer os olhos até uma altura em que ela*
> *ficasse bem visível outra vez, entretido que estava com o pedaço de papel. Mas*
> *se na sua próxima viagem de volta à imensidão celeste, Celia ainda estivesse em*
> *posição, seriam convidados a parar e reparar nela.*
> Samuel Beckett, Murphy.

Sobre o gênero *romance*, em carta a Christian Neuffer de fins de maio de 1793, Hölderlin reconhece aventurar-se numa *"terra incognita no reino da poesia"* (StA 6: 87). É sabido que no ano anterior ele inicia o projeto de *Hipérion*: em outubro, teria apresentado a Magenau os primeiros esboços e, em julho de 1793, um fragmento maior a Stäudlin[1]. Nada disso chegou até nossos dias, a não ser a hipótese de que o fragmento *A Kallias*, em forma de carta, pudesse ter integrado parte dos escritos de Tübingen como uma espécie de *Proto-Hipérion* (*Ur-Hyperion*)[2]. Como quem viaja e tem muito o que contar de onde vem, trazendo uma "centelha da doce chama" que o aquecera nas "horas divinas" do inebriamento no "regaço feliz da natureza" ou – em

---

1. Cf. J. Schmidt, Zu Text und Kommentar, 928-929.
2. Cf. M. Cornelissen, Hölderlins Brief an Kallias – Ein frühes 'Hyperion'-Bruchstück?, in: *Jahrbuch der Deutschen Schiller-Gesellschaft*, 10° ano, Stuttgart, Alfred Kröner, 1966, 237-249.

clara alusão ao *Fedro*³ – no "bosque de plátanos à beira do Ilissos" (StA 6: 86), *Hipérion* teria "suficientes antecessores" no gênero, mas poucos que tivessem "explorado uma terra nova e bela" que apenas apontava para uma "imensidão a ser descoberta e trabalhada" (StA 6: 87). Com seu projeto, Hölderlin reagia positivamente à lembrança de Neuffer de que "enquanto a natureza não tiver sido sensificada em todas as suas formas, por tanto tempo o poeta ainda deverá ter um rico campo para descobertas, se não lhe faltarem imaginação, coração e o dom de observar" (StA 7: 33). Justamente porque lhe sobrassem todos os três, Hölderlin foi bem-sucedido no propósito. As metáforas da correspondência também carregam um excesso. Neuffer reclama para seu tempo algo novo a dizer, pois haveria "lugares não descobertos no domínio da arte poética (*Gebiethe der Dichtkunst*)" (StA 7: 33) e caberia a ele, como ao amigo, "envergonhar [nossos] invejosos e inimigos por meio de obras primas" (StA 7: 34). Se Hölderlin entende como belas e pertinentes à forma do romance as palavras de Neuffer sobre a *terra incognita* no reino da poesia, tudo isso não deve passar despercebido como uma espécie de projeto colonial da imaginação.

Para os propósitos limitados deste estudo, as muito conhecidas versões existentes de *Hipérion* não são suficientes para reconhecer sua percepção filosófica de fundo sem que se as relacione com *Juízo e Ser* e seus pressupostos, e sem que se considere, num *crescendo*, o contato de Hölderlin com a filosofia de Fichte a partir de agosto de 1794. Caso se queira pensar minha hipótese de trabalho dentro das metáforas de Neuffer, por um lado a colonização do imaginário precisava do espaço vazio legado pela cisão nos limites do pensamento, por outro a ocupação desse espaço desconhecido exigia um mapa. No estágio final de Iena, desenha-se o vasto domínio da poesia e reino da beleza que revela a face sensível do "ser no sentido único da palavra" (StA 3: 237). Nesse percurso, além de compreender Fichte, Hölderlin já tomava posição acerca de Kant e de Schiller. O vocabulário contemporâneo de Hölderlin sobre o belo não expressa um sentimento vago ou particular do

---

3. Cf. *Fedro*, 229a-b.

mundo. A cartografia e o modo de dizer a *terra incognita* são entendidos como conquista teórica que envolve um pequeno mas significativo salto para além do limite fixado nos rigorismos moral e estético de seus mestres, reconhecendo dever superar o que neles é exigência de unidade guiada por um avanço da razão contra a sensibilidade. No final de 1794, Hölderlin já coloca exigências programáticas antes mesmo de expressar mais detidamente sua compreensão de Fichte, o que fala em favor de uma autocertificação filosófica já em processo. Recuperando elementos do platonismo que se difundiu em Tübingen[4], Hölderlin chega à convicção de ter encontrado na ideia *sensificada* da beleza platônica o critério para uma unidade que não voltasse razão contra sensibilidade, mas pusesse a nu o paradoxo de uma razão unificada que quisesse salvar o sensível *contra* o sensível (Schiller), e isto ao pensar sensível e inteligível como unidos e diferenciados em si mesmos. O mapa dessa descoberta é traçado em Iena nas versões de *Hipérion: versão métrica, Juventude de Hipérion* e *Penúltima versão*, sobretudo em seu prefácio, meses depois de enunciada a ideia de um *ser puro e simples* no estudo da doutrina da ciência. Passo em revista os elementos teóricos que acompanham Hölderlin em sua chegada a Iena.

4.1. Um programa para Iena: as ideias estéticas e o limite entre Kant e Schiller[5]

Pela correspondência de 1794, sabemos que Hölderlin não chega em Iena de mãos vazias para ouvir Fichte. É o que também documenta a última carta escrita de Waltershausen e endereçada novamente a Neuffer, em 10 de outubro de 1794. Em relação ao contexto de trabalho, em primeiro lugar, Hölderlin dá notícia da publicação das cinco cartas do *Fragmento de Hipérion*, relatando tê-las escrito no verão, na casa de Charlotte von Kalb. Com essa versão dada por encerrada, ele

---

4. Cf. M. Franz, *Tübinger Platonismus*, 75-93.
5. Uma versão modificada deste subcapítulo foi publicada em artigo na revista *Pandaemonium Germanicum*, da Universidade de São Paulo. Cf. W. Quevedo, O programa de Hölderlin para Iena, in: *Pandaemonium Germanicum*, 22 (36), 2019, 273-292.

menciona não ter restado "quase uma linha dos [meus] velhos papéis", *i.e.*, os de Tübingen, e afirma estar "próximo do fim da primeira parte" do romance (StA 6: 137), o que, àquela altura, refere-se a manuscritos perdidos, dos quais provavelmente o único documento seja o *Paralipômeno de Waltershausen*[6]. Em segundo lugar, Hölderlin esboça a Neuffer o programa teórico no qual ganham concreção as leituras prévias de Schiller, de Kant e dos gregos[7]:

> Talvez eu possa te enviar um ensaio sobre as ideias estéticas; (...) ele pode valer como um comentário do *Fedro* de Platão, sendo uma parte meu próprio texto (...). Fundamentalmente, ele deve conter uma análise do belo e do sublime, pela qual a de Kant é simplificada e, por outro lado, diversificada, como Schiller já o fez parcialmente em seu escrito sobre *Graça e dignidade*, sem, no entanto, ter arriscado nenhum passo além do limite kantiano, o que, na minha opinião, ele deveria ter ousado (StA 6: 137).

Ainda que não levado a termo, um plano assim não poderia passar despercebido, como de fato comprovam as variadas leituras de reconstrução contextual[8]. Em vista do que se sabe hoje sobre documentação, incluindo os esboços que Hölderlin escreve depois de Iena, certamente poderia esperar-se um ensaio estético de grande fôlego, como os de Schiller e de Friedrich Schlegel, de modo que a exigência de re-

---

6. Cf. StA 3: 577-578; cf. J. Schmidt, op. cit., 1079-1080.
7. Cf. os já indicados relatos dessas leituras: *Carta a Neuffer*, abril de 1794, StA 6: 113; *Carta ao irmão*, 21 de maio de 1794, StA 6: 119; também *Carta a Hegel*, 10 de julho de 1794, StA 6: 128.
8. Baseando-se em W. Böhm, já Beissner arriscava observar que a superação do limite kantiano (e schilleriano) diria respeito à defesa da "força metafísica" da ideia platônica do belo contra a redução kantiana das ideias a mero uso regulativo, preparando-se com isso uma guinada do idealismo subjetivo para o objetivo. Cf. StA 6.2: 699-700. Sobre a carta a Neuffer, cf. também F. Strack, *Ästhetik und Freiheit*, 107-146; D. Henrich, *Der Grund im Bewuβtsein*, 273-285; B. Santini, Hölderlin e le idee estetiche. Riflessioni su un progetto mai realizzato, in: *Aishtesis. Rivista on-line del Seminario Permanente di Estetica*, ano III, n. 1, 2010, 57-63; U. Vaccari, *A via excêntrica: Hölderlin e o projeto de uma nova estética*, Tese (Doutorado em Filosofia) FFLCH/USP, São Paulo, 2012, 20-53; J. Beckenkamp, Sobre a objetividade do belo entre Kant e Hölderlin, in: *Revista Estética e Semiótica*, v. 7, n. 19, 2017, 1-10.

constituição é justificada. Com relação à carta, a originalidade estaria num aspecto crucial situado já na tarefa de análise da crítica kantiana da faculdade do juízo estética, pois a superação do limite kantiano resultaria dessa análise. O programa, que se articula em torno de um conceito, tem por objetivo dois feitos com dois propósitos: sob o fio condutor das *ideias estéticas*, o ensaio deveria oferecer um comentário do *Fedro* e uma análise do belo e do sublime que simplificasse e diversificasse a crítica do juízo estética, arriscando um passo além de Kant numa direção apontada, mas não trilhada, por Schiller. Portanto, além do *Fedro*, o ensaio planejado teria como bases textuais a primeira parte da *Crítica da faculdade do juízo* (1790), de Kant, e o escrito *Sobre graça e dignidade* (1793), de Schiller.

Em sua teoria do belo artístico, e como produto do gênio, Kant definia *ideia estética* como "representação da imaginação que dá muito o que pensar sem que lhe seja adequado um pensamento determinado, *i.e.*, um conceito, e que portanto nenhuma linguagem alcança ou pode tornar totalmente compreensível" (KU, AA 05: 314)[9]. As ideias estéticas atestam a existência de um "princípio vivificante do ânimo" (KU, AA 05: 313), o espírito (*Geist*), e são distintas das *ideias da razão* porque estas são *conceitos sem intuição*, *i.e.*, conceitos sem representação da imaginação. Como explicitado na *Crítica da razão pura*, as ideias da razão correspondem à "totalidade na síntese das condições (...); totalidade absoluta no uso dos conceitos do entendimento, conduzindo a unidade sintética, pensada nas categorias, até o absolutamente incondicionado" (KrV: B383). Visto tratar-se de uma unidade inerente à razão, só é possível expor *ideias da razão* através de seus instrumentos, ou seja, mediante construção racional discursiva posta em argumentos, sem que se possa *imaginar* a síntese absolutamente incondicionada das condições de conhecimento. Expressa em seus conceitos como ideias, em sentido estrito a *unidade da razão* jamais é passível de representa-

---

9. Nas citações da *Crítica da faculdade do juízo*, valho-me, com pequenas alterações, da tradução brasileira, cuja paginação corresponde à da Edição da Academia. Cf. I. Kant, *Crítica da faculdade de julgar*, Petrópolis/Bragança Paulista, Vozes/ Ed. Un. São Francisco, 2016.

ções, porque para seus conceitos (*i.e.*, alma, mundo, Deus, liberdade, imortalidade etc.) "nenhum objeto congruente pode ser dado nos sentidos" (KrV: B383), quer a título de exemplo (como para um conceito empírico), quer de esquema (como para um conceito puro) do entendimento. No entanto a imaginação vai além de suas funções expositiva e esquemática, ela é produtiva e capaz de "criar uma outra natureza a partir do conteúdo que a verdadeira lhe dá" (KU, AA 05: 314). Por isso, com as *ideias estéticas*, Kant admite na terceira *Crítica* um tipo peculiar de representação da imaginação, na qual o conteúdo ordinariamente circunscrito à experiência é transformado por meio da analogia e, desse modo, ultrapassa a natureza na direção do suprassensível:

> Pode-se chamar tais representações da imaginação de ideias; em parte porque elas ao menos aspiram por algo que está além dos limites da experiência, buscando assim aproximar-se de uma exposição dos conceitos da razão (as ideias intelectuais), o que lhes dá a *aparência de uma realidade objetiva*; em parte, e, aliás, principalmente, porque a elas, enquanto intuições internas, nenhum conceito pode ser inteiramente adequado (grifos meus, W.Q., KU, AA 05: 314).

Segundo Kant, essa capacidade da imaginação produtiva é evidente na arte, em particular na poesia, quando o artista consegue tornar sensíveis ideias racionais, sem exemplo na experiência. Sendo um recurso do gênio artístico, ou seja, uma técnica de apresentação de segunda ordem, as ideias estéticas são estritamente distintas das ideias da razão. O princípio que relaciona representações a objetos (sem conhecimento) é subjetivo para ideias estéticas, objetivo para ideias racionais[10]. Por sua vez, as ideias estéticas resultam do "talento da imaginação" (o *gênio*) aplicado, que faz com que uma representação original, sob um conceito, dê mais a pensar por ela mesma do que pelo conceito sob o qual se encontra. Nesse excedente de sentido sem conceito adequado, o conceito emprestado por analogia é ampliado esteticamente e a razão é colocada em movimento para pensar o que ela própria não é capaz de explicar. Ele serve como *atributo estético*, ou

---

10. Cf. KU, AA 05: 342.

seja, como uma representação secundária de um objeto que se relaciona a outros para expressar o que não pode ser adequadamente apresentado num conceito. No exemplo de Kant, a imagem da águia de Júpiter com o relâmpago em suas garras, na qual organizam-se conceitos empíricos ordinários, serve como *atributo estético* do "poderoso rei dos céus", para o qual não há conceito adequado, ou seja, um *atributo lógico*, e por isso representa algo que dá ocasião à imaginação de expandir-se sobre representações semelhantes para pensar além do que poderia ser denotado[11].

Da perspectiva das faculdades do ânimo, as ideias estéticas têm seu berço na imaginação que, ao produzi-las, não visa e nem poderia visar a conhecimento em face da falibilidade conceitual estrita. Entretanto, como produto da imaginação, as ideias estéticas se reportam a uma intuição segundo um princípio meramente subjetivo da concordância entre si das faculdades de conhecimento (a imaginação e o entendimento), o que corresponde ao estado do ânimo constitutivo da definição kantiana de juízo de gosto[12]. Por princípio, a *ideia estética* seria assim uma representação *inexponível* da imaginação, uma vez impossível expor um *conceito* adequado à *intuição* que ela fornece: podemos dizer que ela é uma *imagem sem conceito*. Por sua vez, a *ideia da razão é indemonstrável*, já que não é possível apresentar o objeto a ela correspondente na intuição, ou seja, ela é um *conceito sem imagem*: "assim como em uma ideia da razão a *imaginação*, com suas intuições, não alcança o conceito dado, em uma ideia estética o *entendimento*, com seus conceitos, não alcança nunca toda a intuição interna da imaginação que ela liga a uma representação" (KU, AA 05: 343). Na ideia estética, o entendimento se torna incapaz diante da imaginação: a ideia estética se manifesta apenas em um conceito análogo, ou seja, ela apenas permite que se pense, *em relação a* um conceito, "muito do inominável cujo sentimento dá vida às faculdades de conhecimento e espírito à mera letra da linguagem" (KU, AA 05: 316).

---

11. Cf. KU, AA 05: 315.
12. Cf. KU, AA 05: 217-218.

Na divisão sistemática da crítica da faculdade do juízo estética, Kant introduz a discussão sobre ideias estéticas em suas considerações a respeito do belo artístico. Para o belo em geral, tanto natural como artístico, vale o princípio do juízo de gosto, que atesta uma faculdade de julgar objetos ou representações através de uma satisfação sem interesse[13], e julga *belo* o que apraz universalmente sem conceito[14] apenas a partir da forma de sua finalidade, sem no entanto representar um fim[15]. Trata-se, é certo, de uma experiência subjetiva, mas universalmente válida e comunicável através do estado do ânimo em que imaginação e entendimento se encontram num jogo livre e harmônico, e no qual o sujeito não visa à ação ou ao conhecimento conceitual, embora o mesmo estado de ânimo seja requerido para o conhecimento em geral[16]. Nesse estado, o sujeito se coloca diante do mundo em tranquila contemplação[17]. Por outro lado, na experiência estética da faculdade do juízo, pode ocorrer que o sujeito se depare com objetos cuja forma escapa à imaginação: no *sublime*, a grandeza de um objeto é absoluta e incomparável, e a rigor, por inimaginável, não diz respeito a nenhum objeto dos sentidos. O sublime provoca um esforço da imaginação para avançar ao infinito do mesmo modo que a razão se esforça por abarcar a totalidade absoluta na explicação de uma ideia, despertando na "inadequação da nossa faculdade de estimar a grandeza das coisas do mundo sensível para essa ideia" o "sentimento de uma faculdade suprassensível em nós" (KU, AA 05: 250). O sublime é o fiador dessa faculdade humana que ultrapassa os sentidos e que é um "substrato suprassensível" que torna "como que intuível a superioridade da destinação racional de nossa faculdade de conhecimento relativamente à maior faculdade da sensibilidade" (KU, AA 05: 257)[18].

---

13. Cf. KU, AA 05: 211.
14. Cf. KU, AA 05: 219.
15. Cf. KU, AA 05: 236.
16. Cf. KU, AA 05: 217-218.
17. Cf. KU, AA 05: 258.
18. Cf., ainda, KU, AA 05: 250: "sublime é aquilo que, pelo simples fato de podermos pensá-lo, prova uma faculdade do ânimo que ultrapassa qualquer medida dos sentidos"; cf. KU, AA 05: 255-256: no sublime, a "grandeza de um objeto natural" que

A concepção de Iena nas versões de Hipérion

Segundo o arranjo das faculdades do ânimo oferecido por Kant, no belo natural trata-se da "exposição de um conceito indeterminado do entendimento", no sublime, da exposição "de um conceito indeterminado da razão" (KU, AA 05: 244). Se na harmonia do belo tem lugar o livre jogo de *imaginação* e *entendimento*, no sublime Kant identifica "o jogo subjetivo das faculdades do ânimo (*imaginação* e *razão*), harmônico mesmo em seu contraste" (KU, AA 05: 258). O paradoxo de uma aparente harmonia efetivamente desarmônica é explicado por meio da finalidade subjetiva das faculdades do ânimo, que no belo é produzida por acordo, no sublime por conflito: "trata-se, com efeito, do sentimento de que possuímos uma *razão* pura autossuficiente, ou uma faculdade de estimação de grandeza cuja superioridade não pode ser tornada intuível senão pela insuficiência daquela faculdade mesma que é ilimitada na exposição das grandezas" (KU, AA 05: 258). Pelo fracasso da imaginação diante do sublime, a razão afirma superioridade, que em sua pureza é *ética*. Se consideramos, ainda, que no jogo sem conceito com o entendimento, a imaginação com ele se harmoniza em face de uma disposição de ânimo que é habitual no conhecimento, no conflito desarmônico da imaginação com a razão chega-se à finalidade subjetiva do ânimo que, em favor da razão, é correspondente à disposição do ânimo no *respeito* pela lei moral[19].

---

escapa à imaginação "tem de conduzir o conceito da natureza a um substrato suprassensível, o qual (...) permite julgar sublime não tanto o objeto, mas antes a disposição do ânimo na estimação do objeto". Cf. KU, AA 05: 257: "o sentimento do sublime na natureza é o respeito pela nossa própria destinação".
19. A lei moral provoca um estado subjetivo de resistência que é vencido em seu favor, mas que se mescla ao sentimento de respeito e, portanto, mantém o momento conflitivo: "visto que esta lei é algo em si positivo, ou seja, a forma de uma causalidade intelectual, *i.e.*, da liberdade, então ela é ao mesmo tempo, em oposição a uma resistência (*Widerspiel*) subjetiva, um objeto do *respeito*, na medida em que *enfraquece* a presunção, ou seja, as inclinações em nós" (KpV: A 130). Cf. também, na sequência: "o respeito pela lei moral é um sentimento provocado por um fundamento intelectual, e esse sentimento é o único que reconhecemos completamente *a priori*, e cuja necessidade podemos compreender" (KpV: A 130); cf. também: "o respeito pela lei é a própria eticidade considerada subjetivamente como móbil... um efeito sobre o sentimento e, com isso, sobre a sensibilidade de um ser racional" (KpV: A 134-135).

Há, portanto, a seguinte correlação entre as faculdades em Kant: no sublime, a imaginação sucumbe em favor da razão; nas ideias estéticas, o entendimento sucumbe em favor de uma representação da imaginação. No belo, o entendimento encontra-se em livre harmonia com a imaginação, o que igualmente é favorável à razão. Em todas as três situações, a razão sai incólume, motivo pelo qual o fechamento do sistema estético está na superioridade racional que é puramente prática, assim como o conceito de liberdade é o "fecho de abóboda" da razão pura e especulativa[20]. No rigorismo formal e sistemático de Kant, a unidade subjetiva do ânimo é sempre o caráter ético.

Schiller, que na avaliação de Hölderlin não ousou completar o passo além da análise kantiana, propõe uma simplificação e diversificação da estética que, na perspectiva de uma unificação de razão e sensibilidade, ainda se situa dentro dos limites impostos pelo formalismo kantiano. Como o passo almejado por Hölderlin seria dado na esteira de Schiller, deve-se lembrar que essas exigências de unificação da razão já vinham sendo por ele esboçadas em alguns ensaios estéticos, dos quais *Sobre graça e dignidade* (1793) foi o único acessível a essa altura, antes que Hölderlin pudesse ler, em janeiro de 1795, a primeira leva das *Cartas sobre educação estética do homem*.

Numa carta a Christian Körner, de dezembro de 1792, Schiller relatava ter encontrado "o conceito objetivo do belo, que *eo ipso* qualifica-se também como princípio objetivo do gosto, pelo qual Kant não nutre esperanças" (SW 5: 1200). Como o belo dissesse respeito à universalidade subjetiva em Kant, sua qualificação objetiva abriria espaço para uma união do subjetivo e do objetivo. A tentativa de dedução do belo objetivo, para além de Kant, é documentada nas preleções de estética, ministradas por Schiller em 1792 e 1793, como professor da Universidade de Iena[21]. Da correspondência contemporânea com Körner, entre janeiro e fevereiro de 1793, resultou a edição póstuma de *Kallias ou Sobre a beleza*, onde Schiller expõe claramente seu conceito obje-

---

20. Cf. KpV: A 4.
21. As anotações são de um dos ouvintes, Christian Friedrich Michaelis, cf. SW 5: 1021-1041.

tivo: "beleza nada mais é do que liberdade na aparência" (SW 5: 400). Sendo a liberdade uma ideia (moral) da razão, Schiller entende a beleza como a instância de sua apresentação, o que equivaleria a afirmar que, na beleza, a própria razão encontra manifestação no mundo dos fenômenos, *i.e.*, na natureza. E visto que em Kant o domínio da aparência é regido exclusivamente por leis do entendimento, limitando-se a estética a uma fundamentação subjetiva da beleza, esse vínculo pensado por Schiller *ousaria* um passo além da linha kantiana, mantendo-se, contudo, o horizonte moralizante.

Sobre graça e dignidade é menos explícito quanto à afirmação da beleza como liberdade na aparência, embora suas formulações esbocem o mesmo argumento que fundamenta a tese de *Kallias*: "graça é a beleza da forma sob influência da liberdade" (SW 5: 446). Em linhas gerais, o texto apresenta *in totum* uma teoria modificada do belo e do sublime, que Schiller traduz com seu par de conceitos *graça* e *dignidade*. Considerando as manifestações graciosas e a dignidade humana diante de afetos dolorosos, as reflexões de Schiller propõem pensar, ora na perspectiva da graça, ora na da dignidade, a unificação do sensível e do inteligível na natureza humana. Mas quanto mais avançam, sobretudo na análise da *dignidade*, mais deixam exposta a tensão conflitiva entre ambas as dimensões, e mais se torna visível seu tratamento unilateral, interditando a harmonia efetiva e abrindo caminho para o ideal. Nos arrazoados sobre *graça*, Schiller considera a beleza como "livre efeito natural", ao qual a ideia da razão, como determinante da "técnica da construção humana", jamais pode *"conferir*, mas apenas *permitir* beleza" (SW 5: 440). Apesar de o belo não se basear sobre nenhuma característica do objeto relativa à razão, para Schiller o belo agrada à razão. É ela, portanto, que deve ser promovida, ao mesmo tempo elevando os homens pela educação de sua sensibilidade para a moral. Ao tornarem-se objetos da razão, "as aparências podem expressar ideias" (SW 5: 441), distinguindo-se na relação com a razão os modos da perfeição e da beleza: na perfeição, a razão encontra seu conceito objetivamente na aparência, servindo-lhe a ideia para dar explicação da possibilidade do objeto; na beleza, a razão *"torna* o que é dado na aparência, independentemente do conceito [da razão], uma expressão sua e, portanto, trata algo meramente sensível de modo suprassensível" (SW 5: 442). Se, por um lado, é possível limitar o belo objetivamente a meras condições naturais e explicá-lo como efeito do mundo dos sentidos, por outro, pode-se deslocar o belo para o mundo inteligível através de um uso transcendente, pela razão, do efeito sensível. Para Schiller, "a beleza deve ser considerada cidadã de dois mundos, pertencendo a um [*i.e.*, o sensível] por *nascimento*, a outro [*i.e.*, o inteligível] por *adoção*; ela recebe sua existência na natureza sensível e *exige* sua cidadania no mundo da razão" (SW 5: 442). Nessa construção, Schiller situa o gosto entre o espírito e a sensibilidade, unindo-os em um "acordo feliz" que alcança inicialmente o respeito da razão pelo material e a inclinação dos sentidos pelo racional, elevando intuições a ideias e transformando o mundo dos sentidos em "reino da liberdade" (SW 5: 442).

Já nessa formulação é possível perceber um limite na unificação schilleriana: o sensível deve ser elevado ao racional para a realização do racional. O acordo feliz é favorável à razão que deve produzir uma inclinação pela liberdade na sensibilidade, que só assim obtém seu respeito. Em outras palavras, Schiller reivindica o sentimento de respeito pela sensibilidade que, em Kant, encontra-se contingentemente exposta ao sentimento de prazer e desprazer, enquanto o respeito pela lei moral é necessário para a faculdade de desejar. Para Schiller, "a perfeição ética do homem só pode explicar-se a partir da participação de sua inclinação em seu agir moral" (SW 5: 464). Seguindo essa premissa, ele também advoga à época uma "utilidade moral de costumes estéticos"[22]. Para o sujeito, a relação entre ideia e o correspondente

---

22. Cf., do ensaio homônimo: "em almas esteticamente refinadas há ainda uma instância que não raro substitui a virtude onde ela falta, e a promove onde ela existe. Essa instância é o gosto" (SW 5: 784). A motivação de Schiller é dada por Kant, que apesar de seu rigorismo admite a relevância formativa do gosto em seus arrazoados sobre a relação analógica do belo com a moralidade: "o gosto torna possível uma espécie de transição do atrativo sensível ao interesse moral habitual, sem um salto muito violento, na medida em que representa a imaginação, mesmo em sua liberdade, como determinável para o entendimento de maneira conforme a fins, e ensina a encontrar uma livre satisfação em objetos dos sentidos mesmo quando não há um atrativo sensível" (KU, AA 059: 354).

sensível no objeto deve ser tal que instigue a razão a agir segundo suas leis próprias. Se em Kant o respeito pela lei é objetivo, em Schiller a correspondência subjetiva entre razão e sensibilidade é um móbil para o agir racional. Mas isso não retira o momento da sensibilidade da subordinação ao rigorismo moral já formulado por Kant. A beleza é, para Schiller, a exposição de ideias morais, e por isso também a beleza do ser humano é pensada por Schiller como *"expressão sensível de um conceito da razão"*; uma beleza que sobressai, em relação às demais, por receber um "sentido suprassensível na representação" (SW 5: 443). Esse sentido viria da graça como beleza da forma sob influência da liberdade: "a graça é sempre apenas a beleza da *forma movida por liberdade*", ao passo que movimentos *"pertencentes apenas à natureza"* (SW 5: 447) são belos, mas não graciosos. Schiller reconhece o limite teórico que não permite atribuir liberdade à natureza, de modo que a liberdade na aparência é apenas uma *"concessão* por parte do espírito", e a graça um *"favor* que o ético mostra ao sensível" (SW 5: 459)[23].

A análise schilleriana do belo vai até o ponto em que não é possível abdicar do caráter ideal da união entre razão e sensibilidade. Ao introduzir o conceito de *dignidade* como expressão de uma "disposição sublime", ele reconhece que a concordância íntima entre as naturezas racional e sensível é uma "mera ideia, à qual [o homem] pode se esforçar

---

23. É preciso notar que Schiller avança um pouco o aspecto desse acordo na direção da sensibilidade. Assim, a graça teria lugar quando o espírito se manifestasse na natureza sensível sem colidir com as exigências da sensibilidade. Na relação do homem com a razão, a beleza aparece na harmonia, sem coerção, dos impulsos sensíveis com as leis racionais, fomentando a unidade do ser humano consigo mesmo: "o estado do ânimo no qual *razão e sensibilidade* – dever e inclinação – *concordam* é a condição sob a qual sucede a beleza do jogo" (SW 5: 463). Como ser racional sensível, o homem pode e deve ligar prazer e dever, pode e deve procurar unificar a razão de modo mais íntimo com seu ser. O espírito não pode dominar sem que a natureza reaja com força. Com efeito, o homem observa muito mais o princípio moral se para isso não precisa suprimir a sensibilidade. A confluência de moral e sensibilidade aponta para a unificação harmônica de seus princípios como o *selo da humanidade perfeita*: "chama-se *bela alma* quando o sentimento ético de todas as sensações do homem chegou a um tal grau que é permitido entregar, sem reservas, a condução da vontade ao afeto" (SW 5: 468). A bela alma sela a concordância do caráter ético inteiro, onde dever e natureza se harmonizam na aparência e permitem a manifestação da liberdade.

com vigilância contínua, mas jamais pode alcançá-la mesmo mediante todos os esforços" (SW 5: 470). Como o impulso natural (*Naturtrieb*) corresponde à necessidade do que ocorre na natureza, mesmo o arbítrio é permeado pelas determinações naturais necessárias, e não resta alternativa senão considerar a unificação da humanidade como um ideal almejado, ao qual nos aproximamos pelo aprimoramento éticoestético. As tentativas de união da perspectiva da dignidade transitam no terreno do sublime e esbarram na intransigência da natureza racional, que pelo viés da graça ao menos podia ser minimizada, embora também ali se cuidasse da beleza como expressão do suprassensível, *i.e.*, do racional, *no* sensível[24]. Nas tentativas seguintes de conciliação, Schiller procede sempre de modo dicotômico: onde a vontade tem a prerrogativa e a sensibilidade apenas a segue, não deve haver rigor, mas indulgência; ao contrário, onde a ação surge do impulso, a incumbência da vontade é intervir sem indulgência, de modo que sua autonomia se mostre pela resistência. Essa "lei da relação de ambas as naturezas no homem" (SW 5: 477) anula a possibilidade de união harmônica, em favor da natureza racional. A dignidade não combinaria com o ideal da humanidade perfeita, porque nele não há conflito, mas concordância harmônica do ético com o sensível. A dignidade torna visíveis os limites entre o sujeito particular e a humanidade universal, e a resistência que o sujeito mostra diante de inclinações e do sofrimento é o testemunho da existência de uma natureza suprassensível, na qual se funda o empenho pela realização do ideal de união da humanidade. Na dignidade, há ação do ético sobre o sensível, mas não há graça: "aqui vale em geral a lei segundo a qual o homem deveria fazer com graça tudo o que ele pode executar nos limites de sua humanidade, e com dignidade tudo o que ele só pode realizar superando sua humanidade" (SW 5: 479). Por outro lado, a dignidade se coaduna precisamente com a definição de beleza objetiva do *Kallias*: "a dominação dos impulsos pela força moral é a *liberdade do espírito*, e chama-se *dignidade* sua expressão na aparência" (SW 5: 475).

---

24. Cf. SW 5: 443.

Schiller ensaia a unificação de graça e dignidade com o conceito de amor, que subverte a relação de respeito da razão pelo material e inclinação sensível pelo racional: no limite entre o desejo sensível e o respeito inteligível, "apenas o amor", que *inclina-se* por seu objeto, "é uma sensação livre, pois sua fonte pura jorra da sede da liberdade, de nossa natureza divina" (SW 5: 483). Se no respeito pela razão e no desejo pelo sensível o sujeito é sensível, no amor é o próprio sujeito que é racional, e o objeto, sensível. O amor expressaria, portanto, uma *inclinação* da razão pela sensibilidade: "o puro espírito só pode amar, não respeitar; o sentido só pode respeitar, mas não amar" (SW 5: 484). Mas é preciso que a sensibilidade observe a razão para que esta lhe dedique amor. Embora a perspectiva varie um pouco com as *Cartas sobre educação estética*[25], os esforços de *Graça e dignidade* para superar os limites subjetivos da estética kantiana não logram unificar harmonicamente a natureza humana sem lesar o sensível, pois sempre se empenham por uma unificação via aprimoramento estético em direção à moralidade, servindo a beleza como meio de transformação da lei moral em inclinação. Por outro lado, se há em Kant o desenho de uma tripartição da experiência estética entre o *belo natural*, como forma da finalidade de um objeto sem a representação de um fim[26] e que apraz sem conceito[27], o *belo artístico*, como expressão de ideias estéticas[28], e

---

25. Cf. a *Sexta Carta*: "é portanto falso que a configuração das forças isoladas torna necessário o sacrifício de sua totalidade; e mesmo que a lei da natureza se esforce por isso, depende de nós reestabelecer em nossa natureza, através de uma arte mais elevada, essa totalidade que foi destruída pelo artifício (*Kunst*)" (SW 5: 588). Em vez de fazer a sensibilidade se submeter à razão através da beleza, Schiller pensa na elevação de uma natureza inicial, em si harmônica, a um nível cultural superior da humanidade. Sobre isso, cf. V. Waibel, Wechselbestimmung. Zum Verhältnis von Hölderlin, Schiller und Fichte, in: *Fichte-Studien* 12, Amsterdam-Atlanta, Rodopi B. V., 1997, 47.
26. Cf. KU, AA 05: 236.
27. Cf. KU, AA 05: 219.
28. O belo natural também expressa ideias estéticas, com a diferença de que nele essa expressão é comunicada pela "mera reflexão sobre uma dada intuição, sem o conceito do que o objeto deve ser", ao passo que no belo artístico "a ideia tem de ser ocasionada por um conceito de objeto" (cf. KU, AA 051: 320). Cf. também KU, AA 05: 311: "uma beleza natural é uma *coisa bela*; a beleza artística é uma *representação bela* de uma coisa. Para julgar uma beleza natural enquanto tal não preciso ter antes um con-

o *sentimento do sublime*, como manifestação da moralidade no sujeito, pode-se também afirmar que Schiller desfaz os limites entre o belo artístico e belo natural ao entender a beleza, em geral, como liberdade na aparência[29], ao mesmo tempo que introduz na arte, com o conceito de dignidade, o sentimento do sublime, especialmente na arte dramática, da qual o próprio Schiller é um mestre. São dois movimentos que, no entanto, mantêm a distinção kantiana entre belo e sublime com o par *graça* e *dignidade*. E mesmo na graça, é possível dizer que a beleza natural se eleva a um nível de expressão do suprassensível. Em Kant, a mesma coisa ocorreria primordialmente no sentimento do sublime, embora quanto a isso resida uma ambiguidade em seu conceito de ideias estéticas[30]. Nessa malha intrincada, o passo além de Kant que, para Hölderlin, Schiller não chega a completar, teria de perfazer uma unificação efetiva, e não projetada, da experiência humana. A unificação deveria valer tanto da perspectiva do belo em geral e da desarmonia que desperta a razão no sublime quanto da união entre razão e sensibilidade na experiência sensível da *ideia* de beleza.

Em suas "ocupações estético-kantianas" (StA 6: 126), Hölderlin certamente pôde vislumbrar a complexidade e o alcance das ideias es-

---

ceito da coisa que o objeto deveria ser, ou seja, não preciso conhecer a finalidade material (o fim); a mera forma apraz por si (...). Se o objeto é dado como um produto da arte e deve, enquanto tal, ser declarado belo, então, uma vez que a arte sempre pressupõe um fim na causa (e sua causalidade), tem de ser posto, como fundamento, um conceito do que a coisa deve ser; e, na medida em que a perfeição da coisa é a concordância do diverso nela com a sua determinação interna como fim, é preciso que, no julgamento da beleza artística, a perfeição da coisa seja levada ao mesmo tempo em conta, algo que não está absolutamente em questão no julgamento de uma beleza natural".

29. No *Kallias*, Schiller afirma que, apesar de separar adequadamente o lógico do estético com seu conceito de beleza sem finalidade, Kant perde o conceito de beleza, na medida em que ela "se mostra em seu maior esplendor quando supera a natureza *lógica* de seu objeto" (SW 5: 395). Essa superação é entendida como exteriorização da liberdade.

30. Na explicação do gênio pela faculdade de ideias estéticas, Kant considera que o padrão de julgamento do belo artístico deve ser a "mera natureza do sujeito" que "dá a regra à arte", o que corresponde ao "substrato suprassensível de todas as suas faculdades, pelo qual o último fim dado pelo inteligível em nossa natureza é fazer todas as faculdades de conhecimento concordarem" (KU, AA 05: 344). Portanto, também no belo artístico, essa dimensão suprassensível subjetiva é (universalmente) comunicável.

téticas, e não apenas no que diz respeito à definição kantiana do belo artístico, mas sobretudo quanto à possibilidade, indicada por Kant, de associar simbolicamente o belo à moralidade[31]. Embora Schiller também se sirva desse expediente, ele não lança mão do conceito de ideias estéticas, ao passo que Hölderlin provavelmente tenha percebido um potencial que não é afirmado diretamente por Kant: as ideias estéticas, como imagens sem conceito, poderiam valer como uma espécie de expressão ou apresentação intuitiva indireta de ideias da razão enquanto conceitos sem imagem, deslocando para o aparente (*Anschein*) sua realidade objetiva indemonstrável. Isso estaria autorizado pelo potencial simbólico-analógico da beleza: "a um conceito que apenas a razão pode pensar, e ao qual nenhuma intuição sensível pode ser adequada, é submetida uma intuição com a qual a faculdade do juízo procede apenas analogicamente ao que ela faz no esquematismo, isto é, ela concorda com tal conceito segundo a regra desse procedimento, não da própria intuição, e, portanto, segundo a forma da reflexão, não segundo o conteúdo" (KU, AA 05: 351). Ora, a regra do esquematismo consiste em pensar um método para representar um certo conceito, segundo uma categoria, e esse procedimento da imaginação é o esquema do conceito[32]. Fundamentalmente, esse procedimento garante a aplicabilidade dos conceitos puros (as categorias), para os quais não há imagem *stricto sensu*, mas também faz com que, sob categorias, os conceitos empíricos sejam aplicáveis. É uma regra da síntese da imaginação que determina nossa intuição segundo conceitos: para um exemplo empírico, o conceito de um cachorro é uma regra pela qual a imaginação traça a figura de um animal quadrúpede em geral, sem neces-

---

31. Sobre o horizonte moral das ideias estéticas, cf. L. Zuidervaart, "Aesthetic Ideas" and the Role of Art in Kant's Ethical Hermeneutics, in: P. Guyer (org.), *Kant's Critique of the Power of Judgement*, Lanham, Rowman & Littlefield, 2003, 199-208. J. Beckenkamp (*Introdução à filosofia crítica de Kant*, Belo Horizonte, Ed. UFMG, 2017, 408-410) reconhece a limitação das ideias estéticas ao aspecto moral como um dos déficits históricos do conceitualismo kantiano, de modo que uma concepção da produção artística como "técnica de expressão de ideias estéticas" é um tópico inexplorado por Kant.

32. Cf. KrV: B179-180.

sidade de uma figura particular ou mesmo uma imagem[33]. Mas, no caso de conceitos da razão, a regra jamais determina a intuição, embora possa refletir a partir de uma dada intuição que é *análoga*: poderíamos dizer que a personificação da liberdade na deusa *Libertas* é um procedimento reflexivo sobre uma figura feminina com um cetro e um píleo, todos conceitos determinados, mas cuja função é antes fazer com que a faculdade do juízo reflita até a ideia de liberdade. Com base no procedimento analógico, Kant considera que o belo também é capaz de simbolizar o bem moral: "é ao inteligível que o gosto dirige o seu olhar (...). Em relação aos objetos de uma satisfação tão pura, ela [a faculdade do juízo] mesma dá a lei, tal como faz a razão em relação à faculdade de desejar; ela se vê relacionada a algo no sujeito e fora dele que não é a natureza, nem a liberdade, mas está conectado ao fundamento da última, ao suprassensível" (KU, AA 05: 353). Com esse procedimento, abre-se um campo de associações no qual o belo pode figurar como apresentação de ideias, o que Schiller bem observa. Mas, no passo além de Schiller, e na perspectiva de Hölderlin, as ideias estéticas seriam aquelas em que o excedente de sentido lança o ânimo numa disposição capaz de reconhecer sua experiência sensível e inteligível como unificada, apenas diferenciada.

Para isso seria necessário reivindicar também a beleza para a imagem sem conceito pensada na *ideia* estética. A carta a Neuffer por si não é o suficiente para formular a exigência de uma unificação concreta através da ideia de beleza, especialmente porque nela ainda não se encontra a referência específica ao elemento do *Fedro* que a promove e que servirá a Hölderlin para a apresentação do conceito de beleza na *Penúltima versão* de *Hipérion*. Mas, no que diz respeito aos desafios que a formulação de Hölderlin propõe, permito-me aqui antecipar a discussão desse aspecto antes de passar para a as versões de *Hipérion*.

Se Kant compreende os dois momentos fundamentais da estética como oriundos de sentimentos distintos, o da harmonia e o da desarmonia das faculdades em vista de sua finalidade subjetiva, a com-

---

33. Cf. KrV: B180.

preensão platônica que Hölderlin mobiliza situa o belo diretamente no mundo racional como harmonia e liberdade, o que faz de desarmonia e necessidade apenas uma das faces da beleza, a que está de acordo com o sensível. Precisamente sobre isso, M. Franz levanta a hipótese de que a menção ao *Fedro*, na carta a Neuffer, tem por objeto uma passagem específica do diálogo de Platão sobre o conceito de beleza, que não é apenas estético, mas metafísico e ontológico[34]. Em seu discurso

---

34. Cf. M. Franz, *Tübinger Platonismus*, 85-86. Com o objetivo de apresentar em Hölderlin os fundamentos de uma estética, U. Vaccari (op. cit., 38-53) oferece uma leitura do *Fedro* a partir do *Hino à beleza* (1792) da fase de Tübingen. Segundo sua reconstituição documentada, a epígrafe do hino remonta a uma citação livre do § 42 da *Crítica da faculdade do juízo*, modificada e posta por Jacobi na folha de rosto da segunda edição do *Epistolário de Allwill* (1792). Isso levaria a indícios sobre o contexto de associação entre Kant e Platão, pois encontram-se citações do *Fedro* na carta XVI de *Allwill*. Vaccari localiza uma passagem em que Jacobi associa a alma à faculdade de desejar, e interpreta a epígrafe modificada de Kant como o dom, anterior à sensibilidade, de considerar a natureza segundo o sentimento moral, interiorizando a relação entre razão e sensibilidade (Idem, 42). Em seguida, ele retoma elementos do fragmento *Sobre a lei da liberdade* e, na esteira de F. Strack, o interpreta como fundamentação estética. Para Vaccari, o vínculo entre imaginação e faculdade de desejar permite uma "analogia notável entre natureza e liberdade", na qual a imaginação eleva "o homem ao patamar divino, no sentido de que ele se torna capaz de criar o sensível e o inteligível analogicamente" (Idem, 48). Ele conclui que a unificação de natureza e liberdade é prerrogativa do poeta, e que os elementos da carta a Neuffer indicariam "a preocupação com o *métier* do poeta" (Idem, 50). Coerente com o propósito, Vaccari retira do *Fedro*, portanto, uma passagem em que Sócrates se refere à poesia, precisamente quando atribui ao poeta, tomado pelo delírio das Musas, o ofício de "educar seus descendentes" (cf. *Fedro*, 244b-245a), o que coloca em constelação também os desideratos de Schiller (U. Vaccari, op. cit., 51). Ao cabo dessa interpretação, a imagem do poeta, em geral, e de Hipérion, em particular, resultam na de um sujeito em posse de um "dom para a poesia, esse dom de cantar aos seus descendentes aquilo que lhe contam os deuses" (Idem, 52). A meu ver, no entanto, essa leitura repousa sobre uma premissa pouco questionada na pesquisa de Hölderlin: a tese de L. Ryan de que o destino de Hipérion é ser poeta (cf. L. Ryan, *Hölderlins Hyperion. Exzentrische Bahn und Dichterberuf*, 229-236). Bem considerada, a posição do narrador em *Hipérion* é dupla: a de libertador fracassado da Grécia, junto ao amigo Alabanda, e a que *lhe cabe* como educador do povo e poeta, e na verdade segundo uma interpretação da fala de Diotima: "os dias poéticos já germinam em ti" (StA 3: 149). Ryan determinou a pesquisa posterior com a afirmação exclusiva do segundo papel do narrador. Mas o que não se explica na leitura de Ryan é o fato de que, além da dissolução das dissonâncias no episódio de recuperação das perdas, em especial da amada Diotima, o fracasso da empreitada militar com o amigo Alabanda não é objeto de uma rememoração conciliadora, do que resulta uma ambivalência na con-

a Fedro sobre a reminiscência (*anámnēsis*) das ideias, Sócrates adverte que o delírio (*manía*) diante da beleza terrena desperta na alma a "lembrança da verdadeira beleza" (*Fedro* 249d), ao passo que isso não ocorre tão facilmente em relação às demais ideias contempladas como "verdadeira realidade":

> Em relação à justiça, à temperança e tudo o mais que a alma tem em grande estima, as imagens terrenas são de todo em todo privadas de brilho; com órgãos turvos e, por isso mesmo, com assaz dificuldade, é que as poucas pessoas que se aproximam das imagens conseguem reconhecer nelas o gênero do modelo original. Porém a Beleza era muito fácil de ver por causa do brilho peculiar, quando, no séquito de Zeus, tomando parte no coro dos bem-aventurados e os demais no de outra divindade, gozávamos do espetáculo dessa visão admirável. (...) de volta para a terra, apreendemo-la em todo o seu resplendor por meio do nosso mais brilhante sentido (*Fedro* 250b, 250d).

De acordo com isso, a beleza é a única das ideias imune à separação (*chōrismós*) entre os arquétipos celestes inteligíveis e as cópias terrenas sensíveis, e sua presença sensível suscitaria imediatamente a lembrança da ideia verdadeira. Embora, no *Hipérion*, Hölderlin mantenha de modo crucial a dimensão da memória na recuperação da unidade perdida, e portanto mantém a distância em relação a algo passado, em sua concepção de Iena ele modifica essa dinâmica da rememoração ao considerar que a beleza já se encontra presente como *ser*, sem distância, na penúltima versão de *Hipérion*[35]. Na perspectiva de Hölderlin em Waltershausen, o conceito de liberdade motivaria o acoplamento desse elemento platônico ao pensamento kantiano, cujo substrato inteligível é de estrutura inteiramente distinta do conhecimento objetivo, e contém um tipo de certeza prática que faz tomar por efetivos tanto a liberdade e sua lei (o *fato* da razão) quanto o que nela é pensado

---

cepção de *Hipérion* que a pesquisa de Hölderlin pouco questionou. Sobre esse aspecto, cf. H. Bay, "Hyperion" ambivalent, 82.

35. Cf. StA 3: 237. Minha hipótese é de que, no *Hipérion*, o momento fundante da recuperação da unidade perdida na memória é o da diferença, não o da distância.

como ideia³⁶, afinal a associação entre a doutrina platônica das ideias e as ideias kantianas é evidente no contexto da formação de Hölderlin, em Tübingen, no qual a liberdade é ideia fundante³⁷. Assim, na experiência estética, o tipo de saber que se revela na unidade sensível-inteligível da beleza corresponde à certeza encontrada na efetividade da lei moral, ao lado do que é pensado em sua ideia. Com isso, a lei kantiana da liberdade adquire um estofo que ela não possui em vista de sua formalidade estrita, abrindo-se uma perspectiva que, segundo Henrich, mantém a liberdade como ideia, constituindo-se um saber oriundo de sua consciência, e simultaneamente reivindica uma explicação adequada sobre como as ideias da razão nos são presentes e interferem em nossa vida³⁸.

Há uma fonte adicional, da lavra do próprio Hölderlin, que não ensaia o vínculo entre beleza e liberdade, mas entre imaginação e liberdade. Trata-se do fragmento *Sobre a lei da liberdade*, contemporâneo da carta³⁹ e já reivindicado como a tentativa de Hölderlin de fundar uma estética em Waltershausen, embora em nenhum momento mencione os conceitos de beleza e de arte, ou mesmo refira-se ao domínio estético. Sem entrar em detalhes da interpretação do viés estético do fragmento⁴⁰, é suficiente aqui apontar o lugar central ocupado pela liberdade na tarefa de uma unificação consistente da experiência humana. Diz Hölderlin:

---

36. Cf. D. Henrich, *Der Grund im Bewußtsein*, 271. Henrich aponta para o fato de que Kant jamais chegou a explicar satisfatoriamente o status da certeza dessa "metafísica fundada praticamente", remetendo-se à compreensão fichteana da certeza da liberdade como inerente à ação ética (cf. Idem, 800, nota 163). Ele ainda situa a tomada de posição de Fichte já no *Enesidemo*, onde defende, contra o *ad impossibilia nemo obligatur* de Schulze, que a lei moral se dirige a "uma faculdade hiperfísica do desejo ou do empenho (*Bestrebung*)" e não visa "produzir ações, mas apenas ao empenho contínuo por uma ação" (GA I/2: 64), o que torna a razão teórica explicável com base no esforço (*Streben*) prático e livre do eu.
37. Cf. D. Henrich, op. cit., 152.
38. Cf. Idem, 272-273.
39. Cf. J. Schmidt, op. cit., 1227. Beissner sugere que tenha sido escrito o mais tardar em novembro de 1794, cf. StA 4: 400-401.
40. Sobre isso, cf. F. Strack, *Ästhetik und Freiheit*, 43-106; cf. também U. Vaccari, op. cit., 38-53.

Há, na verdade, um estado natural da imaginação que tem algo em comum, a ausência de lei, com aquela anarquia das representações que o entendimento organiza, mas que talvez precise ser diferenciado em relação à lei pela qual deve ser organizado.
Eu entendo por esse estado natural da imaginação, por essa ausência de lei, a ausência de lei moral, por essa lei a lei da liberdade (StA 4: 211).

Na anarquia habitual das representações, a imaginação é considerada em e para si, e é capaz de organização pelo entendimento mesmo sob essa ausência da lei da liberdade. A passagem sugere dois estados naturais: o primeiro tem a ver com a anarquia de representações, o segundo "precisa ser diferenciado em relação à lei [da liberdade]". No segundo estado, segue Hölderlin, a imaginação não é mais considerada por si, mas "em conexão com a faculdade de desejar (*Begehrungsvermögen*)" (StA 4: 211). Em e para si, a faculdade da imaginação é considerada teoricamente, portanto, sob as leis do entendimento. Como Hölderlin distingue entre esse estado e o da conexão com o desejo, as leis do entendimento não valem para o segundo. Seguindo esse arranjo, Hölderlin estabelece três hipóteses possíveis de unificação frustrada da totalidade da experiência humana:

> Naquela anarquia das representações, onde a imaginação é considerada teoricamente, era na verdade possível uma unidade do múltiplo, uma ordenação das percepções, mas apenas por acaso. Nesse estado natural da fantasia, onde ela é considerada em conexão com a faculdade de desejar, a conformidade à lei era na verdade possível, mas apenas por acaso.
> Há um lado da faculdade de desejar empírica, a analogia do que se chama natureza, que é o mais notável, onde o necessário parece se irmanar com a liberdade e o sensível com o sagrado, uma inocência natural que poderia chamar-se de moralidade do instinto, e a fantasia com ela sintonizada é celestial.
> Mas esse estado natural depende de causas naturais.
> É mera sorte estar assim disposto (StA 4: 211).

Sem conexão com a liberdade, a imaginação solta é capaz de unificar o múltiplo das percepções apenas por acaso; também no "estado natural da fantasia" em relação ao desejo, a conformidade à lei moral é ainda mero acaso. Em analogia com a natureza, o lado empírico do desejo é pensado como uma espécie de "inocência natural" ou "moralidade do instinto", em que finalmente liberdade e necessidade estariam unidas: novamente, esse estado natural é "mera sorte". Descartando essas hipóteses, Hölderlin considera que é somente sob a *lei da liberdade* que a faculdade de desejar se une à fantasia e assim estabelece "um estado fixo" (StA 4: 211): "a lei da liberdade *ordena*, sem qualquer consideração pela ajuda da natureza", e por isso ela se manifesta como "punitiva" (cf. StA 4: 212). Segundo o fragmento, a moralidade não pode ser confiada à natureza, pois a legalidade produzida pela última não alcançaria solidez, restando sempre bastante incerto e variável no tempo e nas circunstâncias.

Para a discussão que aqui nos interessa, é possível apontar uma reconfiguração das relações entre imaginação e entendimento, entre imaginação e razão, que Hölderlin substitui pela faculdade de desejar e propõe repensar numa relação que não se encontra em Kant. Retomando a teoria estética kantiana aplicada ao ânimo, temos o seguinte quadro: a relação harmônica entre imaginação e entendimento corresponde ao juízo de gosto sobre o belo; a relação desarmônica entre imaginação e entendimento, em favor da imaginação, corresponde à disposição do ânimo diante de uma ideia estética; e a relação entre razão e imaginação, em favor da razão, desperta o sentimento do sublime. Ora, o fragmento trabalha três ordens de relação: a relação teórica entre imaginação e entendimento, que na organização do múltiplo corresponde às condições do conhecimento em geral; a relação prática entre imaginação e desejo, cuja conformidade à lei corresponde à moralidade; a relação igualmente prática do desejo, pensado analogamente como natureza, com a imaginação, cuja concordância "celestial" poderíamos compreender na proximidade da *liberdade na aparência* schilleriana. Mesmo essa, para Hölderlin, é contingente. Portanto a tentativa especulativa de uma união da imaginação com a faculdade de desejar *sob a lei da liberdade* corresponderia a uma união necessária para um estado fixo, "que se igualaria àquele recém analisado", *i.e.*, o da moralidade do instinto. O desejo, submetido à razão na vigência da lei da liberdade, encontraria em sua harmonia com a imaginação, igualmente sob a liberdade, o ponto em que "o necessário e a liberdade, o sensível e o sagrado" não apenas *parecem* se irmanar, como *de fato* encontram-se unidos.

Ora, como a liberdade é uma ideia da razão, e como sua representação só teria lugar indiretamente numa ideia estética, podemos perceber que essa união especulativa se associa aos elementos pensados por Hölderlin em seu plano de ensaio comunicado a Neuffer. O vínculo do programa da carta com *Sobre a lei da liberdade* estaria, assim, na principal nota das ideias estéticas: sua matéria é propriamente a representação sem conceito e, segundo F. Strack, corresponderia a um "livre desenvolvimento da imaginação"[41], ou seja, a uma conexão entre imaginação e liberdade. Com a reivindicação do conceito de liberdade para essa organização da imaginação, a imagem sem conceito da ideia estética parece um bom candidato para preencher a lacuna ou cisão estrutural entre imaginação e razão, afinal a ideia estética retira sua força semântica justamente de seu vínculo analógico com as ideias da razão, das quais, portanto, ela pode ser apresentação indireta. Isso permite que a ideia de liberdade se situe, como a ideia platônica de beleza, no limite entre o sensível e o inteligível, em função de sua peculiar certeza prática. Assim, o livre desenvolvimento da imaginação, para além do acordo com as condições limitantes do entendimento, não significa uma espontaneidade anárquica, mas uma exigência de base consistente para a estética.

Em vista desses elementos, é possível agora ensaiar uma abordagem da almejada simplificação da estética kantiana. Na divisão geral da crítica da faculdade do juízo estética, Kant estabelece um paralelismo entre belo e sublime do ponto de vista dos tipos de finalidade do juízo de gosto:

---

41. Cf. F. Strack, op. cit., 109. Strack diferencia nas ideias estéticas kantianas a matéria ou "estofo" (desenvolvimento livre da imaginação), a vivificação (concordância final com o entendimento) e ausência de conceitos (a não participação da atividade do entendimento no jogo estético).

A receptividade de um prazer a partir da reflexão sobre as formas das coisas (tanto da natureza como da arte) não designa apenas, contudo, uma finalidade dos objetos em relação à faculdade de julgar reflexionante no sujeito (segundo o conceito da natureza), mas também, inversamente, uma *finalidade do sujeito em vista dos objetos segundo sua forma – e mesmo sua deformação – a partir do conceito de liberdade*. E assim acontece que o juízo estético não se refira apenas ao belo, como juízo de gosto, mas também ao sublime, como um juízo originado em um *sentimento do espírito*, de modo que essa crítica da faculdade de julgar estética tem de ser desmembrada nessas duas partes principais (grifos meus, W.Q., KU, AA 05: 192).

Vimos que, na produção de ideias estéticas, o *espírito* é o princípio vivificante, e de sua perspectiva o ajuizamento estético dos objetos, naturais ou artísticos, remonta à própria finalidade (moral) como sujeito. Por isso, já o próprio belo (artístico) é capaz de satisfazer as condições de manifestação da natureza ética do ser humano, afinal a "beleza em geral (quer seja a da natureza ou da arte) é expressão de ideias estéticas" (KU, AA 05: 320). Aqui entraria uma dupla simplificação, que é simultaneamente diversificada na diferenciação estética dos momentos da manifestação do suprassensível (o ético) entre belo e sublime. Vimos também que a aproximação do belo ao sublime funda-se na correlação indireta entre ideias estéticas e ideias da razão (liberdade), em que o conceito sem objeto da última encontraria na imagem sem conceito das primeiras uma representação adequada. Quando produz uma imagem original que dá o que pensar sem conceito, o artista provoca no ânimo o arranjo das faculdades que ora se encontram numa disposição subjetiva que julga o objeto como belo, se o arranjo for o jogo livre entre imaginação e entendimento, ora se colocam na disposição subjetiva que julga o objeto como sublime, se isso se der entre imaginação e razão com a manifestação da liberdade na superioridade moral. Essa mesma relação é refletida em *Sobre a lei da liberdade*, uma vez que a *razão* aparece como *faculdade de desejar, i.e.*, vontade livre. Da perspectiva da finalidade subjetiva, como afirma Kant, belo e sublime, por vias distintas, produzem o mesmo estado de ânimo diante da ideia de liberdade: tanto na harmonia do livre jogo entre entendimento e imaginação, condizente com as condições do conhecimento em geral, quanto na desarmonia entre razão e imaginação, condizente com as condições do respeito à lei moral, o estado subjetivo tem a ocasião de experimentar efetivamente a ideia de liberdade não como espelho ou reflexo da própria razão, mas como sua concreção efetiva que, como a beleza, podemos "apreender em todo o seu resplendor por meio do nosso mais brilhante sentido" (*Fedro* 250d). Assim, como afirma Henrich, "o passo além do limite kantiano permite que no domínio do sensível apareça um reflexo do mundo racional"[42].

Dessa forma, também é possível considerar obsoleta a manutenção schilleriana da distinção kantiana entre belo e sublime por meio dos conceitos de graça e dignidade. Com a expressão da beleza como ideia presente, dissolve-se a dicotomia entre uma liberdade suprassensível e uma liberdade que *aparece*. Pois quando Schiller postula seu conceito de liberdade na aparência, ele tem em mente as manifestações humanas em que "uma ação segundo a lei da razão é bela por parecer como se ocorresse por inclinação e sem qualquer coerção" (SW 5: 1037). De fato, a liberdade em sentido kantiano diz respeito à observância da lei moral, não importando se a sensibilidade é favorável à razão; em Schiller, o fenômeno da beleza harmoniza duas naturezas distintas por princípio, segundo a necessidade e segundo a liberdade. Para ele, a beleza tem lugar quando a necessidade parece liberdade. Ora, com a beleza pensada por Hölderlin, esse conflito entre liberdade e natureza desaparece como separação e passa a ser considerado como diferenciação: não se trata de fazer o sensível concordar com o inteligível, mas de reconhecer que o inteligível já está presente, sem distância, apenas contido de modo diferenciado no sensível, bastando ao poeta (artista, gênio), mas também ao filósofo como entende Fichte nas *Cartas sobre espírito e letra na filosofia*, dar expressão a essa presença diferenciada e coincidência invisível, que exige o esforço de reconhecimento da unidade pelo ânimo disperso nos diversos tipos de arranjo entre suas faculdades.

---

42. Cf. D. Henrich, op. cit., 275.

Por fim, a título de nota, a experiência estética do suprassensível também estará no centro do fragmento O *mais antigo programa de sistema do idealismo alemão* (1796-1797), cuja redação, embora comprovadamente de Hegel, foi concebida na proximidade da concepção de Hölderlin[43], quando ambos se encontravam nos arredores de Frankfurt: "(...) a ideia que unifica todas, a ideia da beleza, a palavra tomada no sentido superior, platônico. Estou convencido de que o ato supremo da razão, na medida em que ela abarca todas as ideias, é um ato estético, e que *verdade* e *bondade* estão irmanadas apenas na *beleza*" (StA 4: 298). A manutenção dessa perspectiva em Frankfurt fala em favor da consistência da convicção quanto à centralidade da experiência estética de Waltershausen-Iena, onde o conceito de razão de Hölderlin articula-se então a partir do conceito de liberdade kantiano, situando-se a união efetiva do substrato suprassensível com o sensível na origem comum de beleza e liberdade, e não na mera analogia do belo com a moralidade, estabelecida por Kant, ou mesmo na cidadania adotiva da beleza no mundo racional, reivindicada por Schiller.

4.2. Versão métrica e Juventude de Hipérion: a bela concórdia e o amor

Os elementos de uma unidade presente começam a ser articulados na execução do projeto de *Hipérion*. Na primeira parte da carta que comunica a Hegel a leitura crítica de Fichte (jan. 1795), Hölderlin menciona direcionar a "atividade produtiva quase inteiramente a uma reformulação dos materiais do [seu] romance" (StA 6: 154). Em duas cartas à mãe, uma anterior e outra posterior à destinada a Hegel, fala em terminar o trabalho e manifesta, àquela altura, sentir-se num momento "provavelmente bastante decisivo para toda [sua] vida futura" (StA 6: 148). A pressão para finalizar o romance certamente veio da projeção que ganhou o *Fragmento de Hipérion*, como também da ex-

---

43. Sobre as discussões a respeito da autoria, do contexto e da datação, cf. J. Beckenkamp, *Entre Kant e Hegel*, 199-204.

pectativa gerada pela intermediação de Schiller para a publicação integral de *Hipérion* junto a J. F. Cotta, ligada à desejada independência financeira[44]. Embora não haja menção clara sobre a natureza da reformulação, o estudo comparado da ortografia do período leva a uma datação diferenciada da versão métrica entre o final de 1794 e os meses de janeiro e fevereiro de 1795[45]. Ela abandona a narrativa em cartas do *Fragmento de Hipérion* e lança mão de uma narrativa moldura (*Rahmenerzählung*)[46]: o narrador Hipérion coloca em primeiro plano a história preliminar de sua juventude para, em seguida, introduzir o leitor numa segunda história. A versão métrica é acompanhada de seu desenlace em prosa, posteriormente retomado e desenvolvido, entre março e maio, em *Juventude de Hipérion*.

Beissner sugeria que a versão métrica e *Juventude de Hipérion* possivelmente retomariam também o material de Tübingen, ao lado do recente *Fragmento de Hipérion*, pelo fato de que, em tão pouco tempo, Hölderlin não teria podido preencher com texto novo mais de 70 páginas de manuscritos, embora as versões ienenses não espelhem, na forma ou no conteúdo, o *Proto-Hipérion*[47]. A despeito do abandono temporário da forma epistolar e da introdução da narrativa moldura, Hölderlin não faz *tabula rasa* do romance. A Neuffer ele revela o desejo de empreender novo projeto (a morte de Sócrates "segundo

---

44. Cf. *Carta de Hölderlin à mãe*, de 16.01.1795, StA 6: 148: "Se até a Páscoa estiver pronto o trabalho que tenho diante de mim há anos, então também não lhe serei mais oneroso". Em 9 de março de 1795, Schiller escreve a Cotta: "A primeira parte com cerca de 12 fascículos ficará pronta em alguns meses... [o romance] tem muita coisa de genial, e espero ter exercido alguma influência nisso. De resto, conto com Hölderlin no futuro para as *Horas*, afinal ele é bastante aplicado e não lhe falta talento para se tornar algo de autêntico no mundo literário" (StA 6.2: 730).
45. Cf. J. Schmidt, op. cit., 930. Sobre isso, cf. também D. Henrich, op. cit., 245.
46. A caracterização remonta a Franz Zinkernagel. G. Stiening (*Epistolare Subjektivität. Das Erzählsystem in Friedrich Hölderlins Briefroman ,Hyperion oder der Eremit in Griechenland'*, Tübingen, Max Niemeyer, 2005, 130, nota 24) remete às fontes da literatura secundária que problematizam a atribuição de narrativa moldura às versões de Iena.
47. Cf. StA 3: 303. Se Cornelissen está certa em sua hipótese, as primeiras versões de Iena são formalmente originais, pois *A Kallias* está igualmente escrito em forma de carta.

o ideal dos dramas gregos") somente depois de estar quite com o problema central de *Hipérion*: "a grande passagem da juventude para a essência do homem, do afeto para a razão, do reino da fantasia para o reino da verdade e liberdade" (StA 6: 137). Essa é a tônica até a versão final. No que tange à estrutura das versões, embora com variações de teor, os capítulos 1º e 2º de *Juventude de Hipérion* transpõem em prosa a versão métrica em sua integralidade, retomando, do 3º ao 6º, passagens do *Fragmento de Hipérion*, com exceção de seu prefácio e da troca do nome da amada Melite por Diotima. A versão métrica tem 248 versos, dos quais os 154 primeiros são ainda vertidos em prosa, com poucas diferenças.

A narrativa da versão métrica é o relato de juventude da perspectiva do velho Hipérion. Ele rememora o encontro com um sábio que lhe revela uma filosofia. Há três estações do encontro: a autocrítica prévia da tirania de juventude contra a natureza (StA 3: 187, v. 1-26), a lição do sábio (StA 3: 187-196, v. 27-184) e a autocrítica das fantasias de juventude (StA 3: 197-198, v. 185-248)[48]. Para a concepção filosófica de Hölderlin em Iena, o essencial da versão métrica se encontra em sua novidade em relação às demais, ou seja, na lição do sábio[49]. Também fala em favor da centralidade desses versos o fato de Hölderlin expressar pouco apreço pelo romance em abril de 1795[50], levantando-se a hipótese de que o material até então trabalhado já não correspondesse mais à nova posição de Iena[51]. A novidade é a narrativa moldura, possivelmente uma reformulação do material. As versões de Iena são conside-

---

48. Sigo a subdivisão de G. Stiening, op. cit., 130.
49. Para as versões, sigo a paginação da StA 3. Utilizarei as seguintes siglas: *PE*: Prosa da versão métrica; *HJ*: Juventude de Hipérion; para a versão métrica, indicarei apenas o número do verso (v.).
50. Cf. *Carta de Hölderlin a Neuffer*, 28 de abril de 1795: "Cotta me pagou 100 florins pelo primeiro volumezinho do meu romance. Não te escandalizes com a obrinha! Eu vou escrever até o fim porque já comecei, é melhor do que nada e me consolo com a esperança de logo salvar o meu crédito com algo diferente" (StA 6: 169).
51. Cf. D. Henrich, op. cit., 243-244.

radas como motivo do fracasso formal e do inacabamento das primeiras versões de *Hipérion*[52].

A autocrítica inicial é uma descrição da experiência de juventude: "endurecido pelo destino e pelos sábios" (v. 1), Hipérion, ainda jovem, tornara-se tirano contra a natureza, incrédulo diante do que ela lhe oferecia e, desse modo, incapaz de qualquer amor. Aferrado a isso, alegrava-se com o duro combate da "luz" contra a "velha escuridão" (v. 8), o que lhe garantia o sentimento de superioridade em detrimento da concórdia (*Einigkeit*) e da calma superior com as quais a natureza corre em ajuda nos seus processos formadores. No desenlace em prosa, Hipérion diz chegar a um ponto em que "acreditava que o espírito puro e livre jamais pudesse se reconciliar com os sentidos e seu mundo, e não havia nenhuma alegria a não ser na vitória" (*PE*: 186). Sem dar atenção à ajuda da natureza, o jovem não aceitava a solicitude "com a qual a matéria se oferece ao espírito" (v. 17), portando-se com suspeita e rigidez consigo e com os outros. Hipérion se afastava até mesmo de Homero, o "devoto meonida" (v. 22), e de seus deuses: "eu andava por terra estrangeira e desejava/ no coração, por vezes, seguir andando sem fim" (v. 25-26). Em *Juventude de Hipérion*, o narrador descreve essa recusa como inerente ao próprio processo formador: "nos primeiros anos da maioridade, quando o homem se libertou dos instintos felizes e o espírito começa seu domínio, ele não está habitualmente muito inclinado a se sacrificar às graças" (*HJ*: 199).

Nessa moldura, Hipérion encontra o "sábio" (v. 27), um "estrangeiro" (*PE*: 186), um "homem bom" (*HJ*: 199) que atraía a atenção de todos pela calma e beleza, mas cujo espírito poucos compreendiam. O sábio olha para uma criança com um misto de dor e comprazimento, e ela lhe devolve o olhar sem sentimentos turvos, apenas "livre e amigável" (v. 40). Mesmo em sua tirania esclarecida, Hipérion é arrebatado pela calma e cordialidade do homem que o interpela e o conduz a uma "sobriedade" além da que podia obter, pressentindo afinal o "sentido profundo de seu discurso" (*PE*: 188). Em seguida, o sábio revela seu

---

52. Sobre isso, cf. G. Stiening, Entre Fichte et Schiller. La notion de Trieb dans le Hyperion de Hölderlin, in: *Revue germanique internationale*, n. 18, 2002, 88.

pensamento em três momentos: no primeiro, trata de sua concepção de *beleza* (v. 56-112), no segundo, de sua compreensão da origem da *consciência* (v. 113-135) e, no terceiro, do *amor* (v. 136-184). Traduzo literalmente os versos brancos por grupo:

    E como eu encontrara em minhas andanças
50 Os homens, perguntou-me acolhedor
    Depois de um instante, mais animalescos que divinos,
    Devolvi rigoroso e duro, como eu era.
    Não seriam, replicou-me com seriedade
    E amor, se seu sentido fosse apenas humano.
55 Eu pedi-lhe para desvendar o que pensava.

    A medida plena, começou ele então, com a qual
    O nobre espírito do homem mede as coisas,
    É ilimitada, e assim deve ser e permanecer.
    O ideal de tudo o que aparece,
60 Devemos conservar puro e sagrado.
    O impulso em nós para formar
    O não formado segundo o divino em nós,
    Para submeter a natureza potente e oposta
    Ao espírito que domina em nós,
65 Jamais deve se contentar no meio do caminho.

    Mas quanto mais amarga é também a dor
    Na luta, tanto maior o perigo
    De que o combatente, sangrando, cheio de indignação,
    Ora lance as armas divinas para longe de si,
70 Amolde-se à necessidade férrea,
    Negue a si mesmo e se torne animal –
    Ora, também, feroz com a resistência,
    Não combata a natureza, como deveria,
    Para dar-lhe paz e concórdia,
75 Mas apenas para oprimir a rebelde.
    Assim matamos a necessidade humana,
    Negamos a receptividade em nós,
    O que nos unia com outros espíritos.
    Assim o mundo se torna para nós um deserto

80   E o passado é deformado no signo ruim
     Do futuro sem esperança.

     Não podemos negar, seguiu ele
     Alegre, mesmo na luta contamos
     Com a natureza em sua solicitude.
85   E erramos? Acaso nosso espírito não encontra
     Em tudo o que há um espírito amigável e familiar?
     E não se abriga sorridente,
     Ao voltar as armas contra nós,
     Um bom mestre atrás de seu escudo? –
90   Chama-o como quiseres! É o mesmo.
     Sentido oculto contém o belo! – interpreta
     Seu sorriso para ti! – assim aparece a nós
     O sagrado, o imperecível.
     No mínimo revela-se o máximo.
95   O arquétipo superior de toda concórdia
     Reflete-se para nós nos movimentos
     Pacíficos do coração, apresenta-se aqui
     No rosto desta criança. –
     E nunca rumorejaram perto de ti as melodias
100 Do destino? Não as compreendeste? O mesmo
     Significam também suas dissonâncias.

     Talvez penses que falo de modo juvenil.
     Eu sei que é carência o que nos força
     A atribuir afinidade à natureza eternamente cambiante
105 Com o que há de imortal em nós,
     Mas essa carência também nos dá o direito.
     Também não me é oculto que,
     Lá onde as belas formas da natureza
     Anunciam para nós a presença do divino,
110 Apenas animamos o mundo com nosso espírito.
     Mas, caro forasteiro, diz-me, o que é
     Que não seria por nós assim como é? (v. 49-112)

Nesses versos, cujo tema de fundo é a beleza, articula-se um elemento essencial que reaparecerá na sequência, quando o sábio discorre sobre a origem da consciência e sobre o amor. Ao explicar para o narrador o sentido humano como mediação entre o animalesco e o divino, ele apresenta o impulso (*Trieb*) para formar a natureza de acordo com o ideal. O *impulso* pela formação ideal remonta a Schiller, que tem os antecessores em Reinhold e Fichte[53]. Enquanto Schiller adapta Reinhold a formulações de cunho antropológico, mantendo a terminologia *ipsis litteris* com seus conceitos de impulso sensível (ou material) e impulso formal, Fichte desenvolve uma concepção própria dos impulsos já nos manuscritos preparatórios da doutrina da ciência[54]. Con-

---

53. Cf. K. L. Reinhold, *Versuch einer neuen Theorie des menschlichen Vorstellungsvermögens*, 561-562: "Se a *representação em geral* consiste em dois componentes essencialmente distintos e concatenados, *matéria* e *forma*, assim é possível diferenciar o *impulso pela representação em geral* em dois impulsos fundamentais essencialmente distintos e concatenados, o *impulso pela matéria* e o *impulso pela forma* da representação (...). O primeiro se esforça pela receptividade, e nessa medida é *sensível* em sentido amplo; o segundo pela manifestação da espontaneidade, e nessa medida é *intelectual* em sentido amplo".
54. Cf. p. ex. o manuscrito *Filosofia prática*: "O que há de supremo em nosso espírito não pode ter nenhum gênero superior; com isso, sua atividade também não pode ter uma regra. Sua regra é seu caráter: autoatividade absoluta. O caráter desse esforço é autoatividade no todo. Onde a autoatividade é estreitada, ele precisa exteriorizar-se por tudo através de um impulso para ampliar seus limites" (GA II/3: 187). É bem verdade que Schiller, apesar de não poder ter conhecimento da teoria do impulso da *Fundação* quando redige *Sobre a educação estética do homem*, certamente conhecia o tratamento dispensado a essa teoria nas lições de Fichte *Sobre a destinação do erudito*, publicadas em setembro de 1794. Em formulações menos especulativas que as da *Fundação* e seus manuscritos, Fichte estabelece que "o impulso supremo do homem é o impulso pela identidade, pela completa harmonia consigo mesmo" (GA I/3: 35); também define o impulso social como "pertencente aos impulsos fundamentais do homem [em sociedade] para presumir a existência de seres racionais fora de si como um igual a si mesmo" (GA I/3: 37). Bem mais presente é o tratamento de um ensaio que Fichte envia para Schiller publicar no primeiro volume das *Horas*, de janeiro de 1795, junto com a primeira leva das cartas de *Sobre a educação estética do homem*. Em *Sobre vivificação e elevação do puro interesse pela verdade*, Fichte afirma o seguinte: "certamente o impulso estético deve ser subordinado, no homem, ao impulso pela verdade e ao impulso mais elevado de todos, pelo bem ético" (GA I/3: 84). Apesar do teor ético-social mais próximo do interesse de uma educação estética, não vemos refletidas essas formulações nos impulsos trabalhados por Schiller, que lhes dá um viés antropológico; aliás, pelo contrário, a diferença será objeto de disputa no verão de 1795, quando Schiller recusa o ensaio *Sobre o espírito e letra na filosofia*, de Fichte, para *As horas*, situando-se, entre outros arrazoados, precisamente a discordância acerca do tratamento dos impulsos. So-

forme apresentado no primeiro capítulo deste estudo, o texto da *Fundação* de 1794-1795 trabalha o impulso como esforço do eu sobre si mesmo numa causalidade subjetiva em que o eu é limitado em sua atividade infinita[55]. A rigor, para Fichte, diferentemente de como é para Reinhold e Schiller, há apenas um impulso fundamental como princípio da autoatividade e da representação, e ele concebe apenas de modo derivado a divisão entre impulso teórico (ou impulso pelo conhecimento) e prático, além de pensar, provisória e impropriamente, um impulso estético[56]. A diferença evidencia-se na famosa disputa posterior (jun. 1795) com Schiller, quando Fichte deixa bem marcado que entende impulso como resultado de limitação: "sem ela, [o impulso] seria *ato*" (cf. GA III/2: 338). Seguramente com base na *Fundação* e nas preleções do semestre de inverno 1794-1795, Hölderlin demonstra uma boa compreensão da concepção fichteana de impulso, como atesta a carta ao irmão, de abril de 1795: segundo a "peculiaridade principal da filosofia de Fichte", comenta, "há no homem um esforço para o infinito, uma atividade (...) que ousa tornar-se sempre mais abrangente, livre, independente; essa atividade infinita é limitada segundo seu impulso" (StA 6: 164).

No entanto, na versão métrica, o impulso pela formação ideal não corresponde ao esforço do eu fichteano para superar a limitação. Na verdade, como veremos na sequência, há "algo em nós que/ de bom grado mantém as amarras" (v. 140-141). Bem observados os versos anteriores, o impulso pela formação ideal, insaciável em sua tarefa de "submeter a natureza potente e oposta/ ao espírito que domina em nós" (v. 63-64), está sujeito a dois riscos fatais: o de cansaço e capitulação na luta árdua com a natureza, submetendo-se à necessidade natural, e o de massacre da natureza por pura vingança de sua resistência, tendo

---

bre a querela das *Horas* (*Horenstreit*), cf. U. Vaccari, Introdução, in: J. G. Fichte, *Sobre o espírito e a letra na filosofia*, São Paulo, Humanitas, 2014, 15-87; também U. Vaccari, A disputa das Horas: Fichte e Schiller sobre arte e filosofia, in: *Revista de Estud(i)os sobre Fichte*, n. 5, verão 2012.
55. Cf. GA I/2: 418.
56. Cf. GA I/6: 340-341.

como resultado a devastação do mundo em que seria possível a união "com outros espíritos" (v. 78). Vale lembrar que a compreensão de natureza então vigente é a do mecanismo, sendo a necessidade natural a esfera do destino à qual submete-se também o homem como ser moral[57]. Com as devidas nuances, a primeira ocorrência do impulso na versão métrica é bem próxima de uma das noções de impulso que Schiller elabora em *Sobre educação estética do homem*, cujas primeiras dezesseis cartas Hölderlin seguramente pôde ler ainda em fevereiro de 1795: o impulso formal (*Formtrieb*), diz Schiller na 12ª carta, "parte da existência absoluta do homem ou de sua natureza racional, e esforça-se para colocá-lo em liberdade, dar harmonia à diversidade de seu modo de aparecer e afirmar sua pessoa apesar de toda alternância do estado" (SW 5: 605). Diferentemente de Fichte, Schiller concebe originalmente dois impulsos deduzidos da abstração das condições temporais do homem em sua finitude: permanente é sua *pessoa*, mutável seu *estado*[58]. Visto nenhuma das condições poder fundar-se na oposta, afinal a pessoa cessaria na alternância temporal e o tempo teria de perdurar na pessoa, o ser humano encontra-se exposto a tendências distintas de sua natureza sensível-racional: por um lado, há uma lei que exige *realidade* absoluta do que é necessário internamente, ou seja, uma lei que visa à materialização da forma ou à "exteriorização de todo seu interior"; por outro, há a lei que exige *formalidade* absoluta ou submissão da realidade exterior à necessidade interior, ou seja, uma lei que pretende "extirpar em si tudo o que é mundo" ou "formar todo o exterior" (cf. 11ª e 12ª cartas, SW 5: 603-604). Além do impulso formal, Schiller distingue o impulso sensível (*sinnlicher Trieb*) em consonância com a exteriorização do interior: "[o impulso sensível] parte da existência física do homem ou de sua natureza sensível, e ocupa-se em colocá-lo nos limites do tempo e torná-lo matéria" (SW 5: 604). Por sua vez, o impulso formal corresponde à exigência de submissão da natureza sen-

---

57. Na sequência da carta a Hegel (jan. 1795), Hölderlin afirma: "o modo como ele [Kant] unifica o mecanismo da natureza (portanto do destino) com sua finalidade parece-me conter o espírito inteiro do seu sistema" (StA 6: 156).
58. Cf. SW 5: 601.

sível à racional e, portanto, fornece o modelo para aquele impulso que o sábio de Hölderlin diz "jamais deve(r) se contentar no meio do caminho" (v. 65), além de permitir cultivar (*bilden*) o que há de inculto ou não formado (*ungebildete*). No entanto, esse matiz antropológico schilleriano[59] é transformado na versão de Hölderlin: "formar / o não formado segundo o divino em nós" (v. 61-62) passa pelo crivo da "medida plena" (v. 56) do espírito, *i.e.*, pelo ideal. Em Schiller, tanto o ideal de beleza quanto a ideia da humanidade são postos pela razão por meio de uma ação recíproca (*Wechselwirkung*)[60] entre os impulsos formal e sensível que, juntos, constituem um impulso lúdico (*Spieltrieb*) "dirigido a superar o tempo *no tempo*, unificar o devir com o ser absoluto e a modificação com a identidade" (SW 5: 612-613), de modo que o homem possa experimentar sua humanidade como "símbolo de sua *destinação realizada*", *i.e.*, "exposição do infinito" (SW 5: 612). Ora, o sábio de Hölderlin compreende o ideal como a parte da união que corresponde ao espírito, mas, ao expor o segundo risco da injunção unilateral da natureza, *i.e.*, o de sua devastação, revela ao mesmo tempo que, na luta com ela, o combatente (*Streiter*) "deveria / dar-lhe paz (*Frieden*) e concórdia (*Einigkeit*)" (v. 73-74). Portanto não se trata apenas de uma luta de impulsos opostos no homem que pudessem entrar em jogo recíproco, mas de uma luta pela harmonia entre o impulso formador humano com a resistência poderosa que a natureza lhe opõe. O risco da derrocada numa luta *per se*, com o fracasso fatal de ambos (natureza e homem), é, na verdade. um aspecto latente a ser sempre observado, ta-

---

59. Cf. SW 5: 577. Schiller considera unilateral a avaliação moral na tarefa de unificação do homem ideal com o real, reivindicando para isso uma avaliação antropológica completa. Sobre essa mediação antropológica, comum à época, cf. G. Stiening, "Entre Fichte et Schiller. La notion de Trieb dans le Hyperion de Hölderlin", 88-89.
60. Cf. SW 5: 607. Schiller modifica o conceito de *determinação recíproca*, que Fichte fundamenta como método sintético das contraposições entre eu e não-eu, das quais resultam as categorias do eu teórico da *Fundação*. Em carta a Körner, de 29 dez. de 1794, Schiller afirma que seus escritos giram "em torno do conceito de ação recíproca entre o absoluto e o finito, dos conceitos de liberdade e de tempo, da capacidade de agir e padecer" (*apud* M. Suzuki, Introdução e notas, in: F. Schiller, A *educação estética do homem numa série de cartas*, São Paulo, Iluminuras, 1995, 153, nota 38).

refa que, em Schiller, caberia à *cultura* no equilíbrio dos dois impulsos[61]. Como em Hölderlin o antagonismo é por assim dizer tragado para dentro do impulso formador, o que se passa é que o homem se relaciona com a natureza enquanto desdobramento de si mesmo; pois também ele é da parte da natureza que "resiste" ao espírito e, portanto, enfrenta a si mesmo – e não passa como se pelejasse com algo externo que viesse de encontro. Em outras palavras, o risco do impulso formador está precisamente em que sua exigência de "extirpar em si o que é apenas mundo" (SW 5: 603) elimina potencialmente também aquilo que, do mundo, é si mesmo e fundamento da união com outros. Na ambivalência conferida por Hölderlin ao impulso formador, a concórdia é resultado não da harmonia, mas da luta. Avalista desse acordo é a própria natureza: "mesmo na luta contamos/com a natureza em sua solicitude" (v. 83-84). A aceitação da "ajuda da natureza" (*PE*: 190) é anunciada já na autocrítica da narrativa moldura: "orgulhoso, eu rechaçava a ajuda com a qual a natureza acorre em cada processo formador" (*HJ*: 199). Ao ouvi-la da boca do sábio, Hipérion reconhece essa verdade, assim como reconhece que, na luta da razão com o irracional, ansiava mais pelo sentimento de superioridade do que pela possibilidade de conferir "a bela concórdia (*schöne Einigkeit*) de que são capazes as forças sem regras que movem o peito do homem" (*PE*: 186; *HJ*: 199)[62]. Hipérion desejava o risco, "até mesmo bem-vindo" (*PE*: 186), que o sábio agora mostra como fatal para ele mesmo. Mas então, reforçado duplamente pela memória do relato, Hipérion é capaz de compreender que o espírito não encontra no amorfo e inculto algo a ser dominado pela formação, mas "um espírito amigável e familiar" (v. 86) que se esconde sob o escudo da natureza resistente. A afinidade com esse espírito se revela na beleza: "Chama-o como quiseres! É o

---

61. Cf. SW 5: 607-608.
62. Em *Sobre a destinação do erudito*, Fichte também fala de uma "concórdia absoluta" (*absolute Einigkeit*) como destinação final dos seres finitos racionais, mas a entende como "identidade permanente" que tem "a forma do eu puro e sua única forma verdadeira" (cf. GA I/3: 30). Como Hölderlin se afasta do pensamento da identidade, a concórdia é qualificada por ele como *bela* união do espírito com a natureza.

mesmo. / Sentido oculto contém o belo! – interpreta/ seu sorriso para ti!" (v. 90-92).

O sentido oculto da beleza está, portanto, precisamente na união entre o espírito e a parte amigável da natureza como espírito, cujo sorriso, que dissimula o sentido, o sábio aconselha interpretar com a seguinte promessa: "pois assim aparece a nós/ o sagrado, o imperecível" (v. 92-93). Essa é a forma também de contornar o risco de supressão da natureza como negação da "receptividade em nós", a receptividade "que nos unia com outros espíritos" (v. 78-79). Se a luta é travada no sentido da concórdia, a receptividade é mantida como uma das condições para a unificação. Seria preciso resistir à resistência da natureza para compreender que seu sorriso, na resistência, é o signo do acordo com o espiritual, ou seja, com o *ético*. O modelo moral kantiano, sugerido por alguns autores como o elemento teórico condutor do modo de pensar de Hölderlin até Iena[63], levaria a tomar a concórdia fichteana de uma união ética no seio de uma destinação à sociabilidade[64] como fundante da unificação dos espíritos da versão métrica. Mas como a unificação ética deve ser também bela, a parte sensível, escamoteada por Fichte e contraposta ao ideal por Schiller, aparece precisamente numa relação de identidade e diferença entre natureza e espírito: ela é natureza que resiste ao espírito, mas é espírito que se revela *afim* ao ser reconhecido na luta. O apelo ao reconhecimento funda-se no "arquétipo superior da concórdia"[65] (v. 95), refletido tanto "nos movimentos/ pacíficos do coração" (v. 96-97) como "nas melodias [dissonantes] do destino" (v. 99-100). O belo é a face harmônica dessa concordância en-

---

63. Sobretudo F. Strack, *Ästhetik und Freiheit*, 1976; na sua linha, G. Stiening, Entre Fichte et Schiller, 2002; G. Stiening, *Epistolare Subjektivität*, 2005.

64. Cf. GA I/3: 38.

65. Stiening entende que o "arquétipo de toda concórdia" (*Urbild aller Einigkeit*) é um constructo obtido por Hölderlin pela mediação de concepções fichteanas e schillerianas: de um lado, a natureza resistente não é apenas um limitador da atividade que se torna um impulso, em Fichte, mas um momento "do eu finito na resistência e na bela concordância com o ideal ético" (G. Stiening, *Epistolare Subjektivität*, 144); de outro, "contra Schiller, Hölderlin sustenta ao mesmo tempo a necessidade da resistência natural *a priori*" (Idem). O arquétipo da concórdia abrange, desse modo, natureza e espírito como dois momentos distintos de uma mesma unidade.

tre espírito, no qual reside o ideal, e natureza, que o reflete como contraposição; a luta é o desarmônico *prima facie*.

Para o sábio, estamos autorizados a essa unificação por uma necessidade (*Bedürfnis*) que é de direito (*Recht*), justamente a necessidade de "atribuir afinidade à natureza eternamente cambiante/ com o que há de imortal em nós" (104-105):

> Também não me é oculto que,
> Lá onde as belas formas da natureza
> Anunciam para nós a presença do divino,
> 110 Apenas animamos o mundo com nosso espírito.
> Mas, caro forasteiro, diz-me, o que é
> Que não seria por nós assim como é? (v. 49-112)

A união entre espírito e natureza na beleza encontra guarida no próprio espírito, e nisto remonta à correspondência entre o sentimento pelo belo e o sentimento moral formulada por Kant na *Crítica da faculdade do juízo*, de cujos argumentos Hölderlin reproduz uma passagem, a partir de Jacobi[66], como epígrafe da segunda versão de seu *Hino à beleza* (1792): "a natureza em suas belas formas fala para nós de modo figurado, e o dom de exegese de sua escrita cifrada nos é dado pelo sentimento moral (Kant)" (StA 1: 152). A passagem original se encontra no § 42, onde Kant estabelece a analogia entre o juízo de gosto e o juízo moral: "talvez se diga que essa interpretação dos juízos estéticos, em afinidade com o sentimento moral, parece muito estudada para tomá-la como a verdadeira exegese da escrita cifrada com a qual a natureza, em suas belas formas, fala de modo figurado para nós" (KU, AA 05: 301). Segundo Kant, o interesse intelectual pelo belo está na própria razão, para a qual seria conveniente que as ideias morais tivessem realidade objetiva e produzissem um interesse imediato no sentimento moral. Isso seria possível através da função teleológica da faculdade do juízo que, em analogia à finalidade sem fim dos objetos considerados belos nos juízos de gosto, permite ajuizar o belo na natureza como um sinal de

---

66. Sobre isso, cf. U. Vaccari (*A via excêntrica*, 39-40). Cf. também as observações de Beissner aos versos 107-112 (StA 3: 503).

que seus produtos concordam com a satisfação subjetiva representada "*a priori* como própria à humanidade em geral", e portanto é autorizada a buscar o fim da natureza não nos objetos, que apresentam finalidade sem fim, mas no próprio sujeito e em sua "destinação moral" (KU, AA 05: 301). Kant encontrou o seu modo "estudado" de interpretar o sorriso do belo (v. 91-92), entendendo a liberdade como o sagrado e imperecível (v. 93). Mas se, ao sábio, o revelado nas "belas formas da natureza" está em que "animamos o mundo com o espírito" (v. 108, 110), o propriamente secreto não é tanto a afinidade íntima, que se encontra presente, mas a *produção* (o formar o não cultivado de acordo com o ideal) da bela concórdia, sem lesar o lado do espírito que é também natureza.

Na segunda sequência de sua lição, o sábio apresenta a Hipérion sua tese sobre a origem da consciência (v. 113-136), o que pela datação se articula perfeitamente com a carta a Hegel e traz uma evidente referência ao *Banquete*, outra menos óbvia ao *Fedro*. Depois de Hipérion afirmar que teria visualizado o segredo da lição, o sábio prossegue:

> Então talvez eu possa arriscar ainda mais, clamou
> Amável e alegre, mas me recordo
> 120 No tempo certo! – Quando nosso espírito começou
> Sorrindo, se perdeu do voo livre
> Dos celestiais e, em direção à terra,
> Curvou-se do éter, e com o excesso
> A pobreza se acasalou, nasceu
> 125 O amor. Isso aconteceu no dia
> Em que Afrodite emergiu dos mares.
> No dia em que começou o belo mundo
> Para nós, começou para nós a escassez
> Da vida e trocamos a consciência
> 130 Por nossa pureza e liberdade. –
> O espírito puro e livre de padecimento
> Não se ocupa com a matéria, mas também
> Não é consciente de coisa alguma e de si mesmo,
> Para ele não há mundo, pois fora dele
> 135 Não há nada. – Mas o que digo é apenas pensamento. –

Hölderlin elabora nesses versos uma teoria da consciência finita ilustrada no mito do nascimento de Eros. No *Banquete*, Sócrates relata a Agaton o discurso de Diotima, uma sacerdotisa de Mantineia, que contraria o que Agaton dizia ser Eros: "um deus poderoso e amante das coisas belas" (*Banquete* 201e). Ao inquiri-la sobre a descendência de Eros, Sócrates recebe como resposta que ele foi concebido no dia do nascimento de Afrodite, quando os deuses ofereceram um banquete em que tomou parte Póros (o excesso), ao fim do qual veio Penía (a pobreza) para mendigar, acasalando-se com ele quando se encontrava adormecido pela embriaguez do néctar, no jardim de Zeus. Nascido dessa união, "Eros tornou-se companheiro e servidor de Afrodite, por ter sido gerado no dia de seu nascimento e por ser Afrodite bela e ele naturalmente amante das coisas belas" (*Banquete* 203c). Fruto dos extremos do excesso e da pobreza, Eros mantém os traços dos genitores: indigente, por um lado, procura obter tudo que é belo e bom, por outro. Eros, "por natureza, nem é mortal nem imortal (...). O que adquire hoje, perde amanhã, de forma que nunca é rico nem pobre e se encontra sempre a meio caminho da sabedoria e da ignorância" (*Banquete* 203e). Portanto ele não é um deus, que em si não carece de coisa alguma e não pode ser amante do belo. Mas também não é um ignorante que, apesar de não ser nem belo, nem bom ou inteligente, considera-se de posse desses predicados: "quem não sente necessidade de alguma coisa, não deseja vir a possuir aquilo de cuja falta não se apercebe" (*Banquete* 204a).

Mas, além do acasalamento do excesso com a penúria, o sábio relata *pari passu* a queda do espírito, do "éter em direção à terra" (v. 121-123), num verso que suscita afinidades com a alegoria da parelha de cavalos do *Fedro* (245c-250c). Na parte central desse diálogo, Sócrates inicia a narrativa sobre a imortalidade da alma e, em seguida, por tratar-se de assunto "divino", lança mão do discurso alegórico como imagem humanamente acessível sobre sua "realidade". Assim, o passeio dos deuses pela região supraceleste é conduzido por cavalos alados, nobres e distintos em relação aos de uma parelha comum, na qual um é excelente e outro não, dificultando a condução das rédeas[67]. A alma assemelha-se a esses cavalos: perfeita e alada, anda nas alturas e domina o mundo, mas "vindo a perder as asas, é arrastada até bater em alguma coisa sólida, onde fixa a moradia e se apossa de um corpo na terra, que pareça mover-se por si mesmo, em virtude da força própria da alma" (*Fedro* 246c). A asa eleva a alma aos deuses. Nas alturas, Zeus marcha com o carro alado seguido dos demais deuses em "evoluções no interior do céu" (*Fedro* 247a), subindo depressa até seu "vértice" e atravessando para o outro lado, para a região onde "contemplam a justiça em si mesma, a temperança, o conhecimento do que verdadeiramente existe" e retornam para sua morada no interior do céu[68]. Guiadas por cavalos inferiores, as almas humanas não acessam a região acima do céu, mas dividem-se entre aquelas que mais se esforçam na ascensão a ponto de vislumbrarem o que há do outro lado; aquelas que tentam, mas precisam cuidar dos cavalos e perdem de vista muitas "essências"; e finalmente as que desejam subir, mas caem por falta de força: "depois desse trabalho insano, todas voltam sem terem conseguido contemplar a realidade e, uma vez dali afastadas, alimentam-se apenas com a opinião" (*Fedro* 248b). Nesses diversos movimentos, o que resta da experiência da ascese é a *reminiscência* (*anámnēsis*) da vista do verdadeiro, sendo o filósofo o amante da beleza e da verdade, entre os homens, e aquele que dá asas ao pensamento para conhecer as coisas por meio da memória das ideias, bastando para isso o despertar do amor no belo sensível. Como apontado no subcapítulo anterior, nessa passagem encontra-se a inseparabilidade da ideia da beleza[69] e da beleza terrena como um ponto nodal que serviria ao ensaio de Hölderlin sobre as ideias estéticas kantianas, justamente por não conhecer a cisão estrutural entre o ideal e seu aparecimento.

De um lado, "nosso espírito/ se perdeu do voo livre/ dos celestiais em direção à terra" (v. 120-122), de outro "a pobreza se acasalou com o excesso" (v. 123-124). Esses dois momentos marcam o nascimento do

---

67. Cf. *Fedro* 246b.
68. Cf. *Fedro* 247d-e.
69. Cf. *Fedro* 250b.

amor, com o qual começaram para os homens a escassez e a beleza, e marcam também a troca da pureza e da liberdade pela consciência (v. 129-130). A duplicidade das condições para a apreensão do surgimento da consciência também aponta para sua polaridade: consciência é consciência de objeto. Como visto, Hölderlin manifesta essa compreensão de consciência reflexiva na crítica ao conceito de consciência pura e eu absoluto fichteanos: "uma consciência sem objeto não é pensável, e se eu mesmo sou esse objeto, então como tal sou necessariamente limitado, mesmo que fosse apenas no tempo, portanto não sou absoluto; no eu absoluto não é então pensável nenhuma consciência, como eu absoluto não tenho consciência, e se não tenho consciência não sou nada (para mim), o eu absoluto é nada (para mim)" (StA 6: 155). Hölderlin transpõe sua crítica a Fichte para a lição do sábio: "o espírito puro e livre de padecimento (*leidensfrei*)/ não se ocupa com a matéria, mas também/ não é consciente de coisa alguma e de si mesmo,/ para ele não há mundo, pois fora dele/ não há nada" (v. 131-135). O espírito puro e livre contém o mesmo que o eu de Fichte ou a substância de Espinosa (*omnitudo realitatis*) assim entendida, ou seja, nada – e, portanto, não tem consciência. Consciência, para Hölderlin, supõe separação, isto é, a cisão nos limites da atividade racional que fixa a imaginação no entendimento: o pensar. A união absoluta de sujeito e objeto, segundo a terminologia de *Juízo e Ser*, e o espírito puro e livre não só são inacessíveis à consciência, como tampouco são objetos de amor. Esse sentimento só tem lugar em função da separação constitutiva entre a ideia, em sentido platônico-kantiano, e os fenômenos conscientes, além de se manifestar em face da união conquistada pela bela concórdia. Por isso, também, Eros não é um deus, mas tem uma parte humana (mortal e pobre) que é igualmente divina (imortal e abundante). Em relação ao espírito puro, a consciência é por assim dizer ignorante, caso se observe o paralelismo da crítica a Fichte e a observação de Platão sobre os que, não sendo filósofos e não sentindo falta de nada, não percebem o que lhes falta[70]. Contudo, não sendo deus ou ignorante, o filósofo, assim como Eros,

---

70. Cf. *Banquete* 204a.

não se mantém no nível da cisão consciente, pois ama o belo e pressupõe a unidade que não lhe é acessível a não ser por meio de uma luta com a natureza pela concórdia. Justamente aquilo que o sábio afirma ser "apenas pensamento (*Gedanke*)"[71] (v. 135) desdobra-se nos versos seguintes em sua teoria do *amor* associada aos impulsos (v. 136-184):

> Agora sentimos os limites de nossa essência
> E a força inibida resiste impaciente
> A suas amarras, e o espírito anseia
> O éter límpido de volta.
> 140 Mas de novo há algo em nós
> Que de bom grado mantém as amarras, pois se em nós
> O divino não fosse limitado
> Por nenhuma resistência – não sentiríamos a nós e aos outros
> Mas não sentir a si mesmo é a morte
> 145 Não sabermos nada de nós e estarmos aniquilados
> É uma coisa só. – Como deveríamos negar
> O impulso de continuar infinitamente a nos purificarmos,
> Enobrecermos, libertarmos?
> Isso seria animalesco. Mas também não deveríamos
> 150 Exaltar-nos orgulhosos diante do impulso
> Para sermos limitados, para receber. Pois não seria
> Humano, e nos mataríamos.
> O conflito dos impulsos, ao qual ninguém
> Passa incólume, é unificado pelo amor.

Os "limites de nossa essência" (v. 136) são também os limites da consciência que inibem a força resistente às "amarras" (*Fesseln*), voltada para o "éter límpido" (v. 139). Mas porque trocamos a liberdade infinita pela consciência, só podemos sentir "a nós e aos outros" (v. 143) por meio das amarras, afinal só a morte não requer inibição. Por isso, "algo em nós/de bom grado mantém as amarras" (v. 140-141), vo-

---

71. É possível ver um eco do "preciso interromper e te peço para considerar tudo isso como não escrito" (StA 6: 156) com o qual Hölderlin encerra seu "pensamento" sobre Fichte na carta a Hegel.

luntariamente aceita os limites porque sabe que, sem eles, o que há é uma unidade morta: "não sabermos nada de nós e estarmos aniquilados/ é uma coisa só para nós" (v. 145-146). Segundo a construção de Hölderlin, a existência consciente e efetiva é marcada pelo sentimento da limitação da finitude do saber, porque na infinitude não saberia de nada, e pela resistência à inibição da finitude que não podemos superar. O movimento de esforço em direção aos céus corresponde à reação humana diante da visão sensível da beleza, descrita no *Fedro*: o iniciado que já contemplou as coisas belas do céu, quando vê a "feliz imitação da beleza" (*Fedro* 251a), é acometido por calafrios que "irrigam suas asas", libertando-as do invólucro endurecido, depois da queda, e provocando os sentimentos mais arrebatadores na experiência do "(re) nascimento das asas" e da "ebulição na alma" (*Fedro* 251c). Se os deuses suportam facilmente o fardo da divindade, os homens sofrem um misto de prazer, na proximidade, e dor, na distância da beleza, quando de novo as asas se recolhem: "porém, só à lembrança da beleza, voltam a rejubilar-se" (*Fedro* 251d). Precisamente esse sentimento misto é o que Hipérion encontra no sábio que mira a criança, cujo rosto apresenta "o arquétipo de toda concórdia" (v. 95). A percepção na beleza dispara o desejo por seu possuidor; Sócrates denomina esse estado humano afetado (*páthos*) de amor[72].

Para Platão, se a beleza é a única das ideias que não está estruturalmente separada do sensível, o amor por seres belos é também o equivalente sensível do anseio pela ideia mesma. Na versão métrica, o afeto ambivalente do amor ("o amor erra de modo variado/ tão rico que é, tão carente se sente", v. 168-169) também reflete a variedade do sentimento que se manifesta no esforço fichteano. Como já visto a esse respeito, a atividade absoluta do eu é o parâmetro para toda atividade efetiva que está sempre sujeita ao obstáculo na experiência do eu finito e, por isso, é compreendida como esforço (*Streben*) em relação à exigência infinita do eu. A posição desse estado em que uma atividade absoluta entra em relação recíproca com a atividade inibida é a "posi-

---

72. Cf. *Fedro* 252b.

ção de um estado meramente subjetivo" em que os contrapostos "já se encontram unificados sinteticamente *em* e *para* si" no "sentimento" (cf. GA I/2: 401). Ao lado do sentimento e do esforço, há também o impulso (*Trieb*) como atividade independente para modificar o contraposto e como causalidade voltada para si mesma, produzindo a si mesma como esforço limitado ao meramente subjetivo[73]. A autolimitação do impulso o impele adiante, e a unificação sintética de impulso limitado e ilimitado é sentida como *coação* ou incapacidade: "eu sinto, sou passivo e não ativo, há uma coação" (GA I/2: 419). Na determinação posterior do impulso, o objeto da reflexão é por princípio o próprio eu como impelido por si mesmo, e essa atividade impelida dirige-se a um objeto meramente sentido como um *anseio*: "um impulso para algo totalmente desconhecido que se manifesta meramente por uma *carência*, por um *desconforto*, por um *vazio* que busca preenchimento sem indicar de onde. O eu sente em si um ansiar, sente-se carente" (GA I/2: 431).

Embora a diversidade do manifesto no sentimento em Fichte decorra de uma única atividade, *i.e.*, a do eu absoluto sentida como impulso, a ambivalência do amor platônico na retomada de Hölderlin se encontra mais próxima dessa compreensão complexa da subjetividade do que da compreensão mais elementar de Schiller. É certo que Hölderlin reproduz formalmente a doutrina dos impulsos de Schiller, da qual o impulso sensível comparece agora no impulso pela limitação e pela receptividade (v. 151). Entretanto, conforme visto, o modo como Hölderlin compreende o impulso formal na versão métrica coloca já de saída a necessidade de sua calibragem para não destruir nossa natureza. Portanto o impulso sensível não é contraposto, mas atua em favor do formal na produção da concórdia do espírito com a natureza. Além disso, o amor em Schiller aparecia como uma espécie de inclinação do espírito (razão) pela sensibilidade (natureza)[74], ao passo que em Hölderlin ele é antes o elemento de conexão do sensível com o inteligível

---

73. Cf. GA I/2: 418.
74. Cf. SW 5: 484.

na unificação dos impulsos, que Schiller deixava a cargo de um jogo recíproco[75]. Nessa constelação, Hölderlin procura pensar uma união de fato entre espírito e natureza para além de Schiller, valendo-se da experiência ambivalente do sentimento que o pensamento fichteano das contraposições põe a nu. Mas aquilo que em Fichte aparece como uma exigência do eu puro a um eu que, limitado, só pode corresponder numa aproximação infinita, situa-se aos poucos numa presença sem distância formulada, na versão métrica, em termos de afinidade do espírito com a natureza na produção de uma bela concórdia.

Nos meses seguintes de trabalho (março a maio), em *Juventude de Hipérion*, o que aparecia na versão métrica ainda sob o signo de reconhecimento da unidade é enfaticamente dado: "a pobreza da finitude está inseparavelmente unificada em nós com o excesso da divindade" (*HJ*: 202). A bela concórdia é anunciada como potencial já na narrativa moldura (cf. *HJ*: 199) e, por oposição, a negação da receptividade (v. 76) é claramente definida como negação da humanidade pela destruição da "carência inocente que unificaria [o combatente] com outros espíritos", perecendo desta vez "em solidão sombria" (*HJ*: 200). Ao contrário disso, como afinidade ao espírito por detrás da natureza resistente, o sorriso do belo é agora "interpretado" como o "espírito que não deixa *nosso* espírito isolado" (*HJ*: 201). Precisamente onde, na métrica, o sábio fala no direito de atribuir uma afinidade espiritual à natureza, em *Juventude de Hipérion* trata-se da crença fundada nos "limites da finitude", uma "crença universal presente em todo aquele que se sente finito" (*HJ*: 201). No nascimento do amor (v. 125), a "clara consciência" e "o sentimento da vida" são preferidos à "paz sem padecimentos dos deuses", os quais são quase inconcebíveis no registro do pensamento: "pensa, se é possível, no puro espírito!" (*HJ*: 201). E se, em ambas as versões, o sábio adverte que Hipérion não deve desprezar o "coração ardente" que acompanha o dever, a ajuda e fortalecimento da natureza é então formulada de modo mais claro como beleza: "se

---

75. Cf. SW 5: 604.

vem ao teu encontro como beleza o que carregas em ti como verdade, então aceita com gratidão" (*HJ*: 202). A errância e ambivalência do amor é ampliada em *Juventude de Hipérion*. Devido à descendência de pais opostos, o amor suporta o sentimento doloroso da pobreza ao mesmo tempo que "preenche o céu com seu excesso", mas não percebe, "como um astro que percorre a noite do futuro com seus raios, que parte de si mesmo o crepúsculo sagrado que vem a seu encontro" (*HJ*: 203). Por isso, ele sente como se nada estivesse em si, mas tudo fora e diante de si mesmo. Apenas quando toma ciência de sua divindade, "o que estava distante se torna próximo como seu igual, e está presente a plenitude que ele pressentia apenas obscuramente no fim dos tempos" (*HJ*: 203). Mas, mais uma vez, ao tentar apreender essa presença, ela lhe escapa, diríamos, como a imagem de Narciso refletida na água[76], provocando a dor da perda do objeto amado e conduzindo o amor novamente ao erro em geral, que carrega em si também o risco da autodevastação: "é com amargo arrependimento que ele toma de volta a riqueza com a qual glorificava o mundo, torna-se orgulhoso, odeia e despreza; (...) são infinitas as confusões do amor" (*HJ*: 203-204). O que se apresentava como resistência da natureza é agora a própria dor, mais difícil de suportar. Mas a lição segue a mesma: reconhecer na dor e no sentimento da escassez a possibilidade de revelação da plenitude, e tudo isso devido à própria finitude constitutiva da consciência e da experiência humanas. A receptividade que não devemos negar, sob o risco de autodestruição, é também o canal estreito da finitude e da percepção pelo qual a plenitude do amor se torna falta: "é impossível para nós acolher na consciência aquilo que é sem falhas, como é impossível produzi-lo" (*HJ*: 204). Apesar disso, segue o sábio, a perfeição *deve* ter lugar como uma espécie de imperativo. O espírito deve exercer seu direito, *i.e.*, o de formar o não formado (v. 61-62), sobre a resistência natural, pois ela não poupa os covardes e os aduladores, submetendo todos ao destino. A difícil tarefa

---

[76]. Sobre essa imagem no poema *Metade da vida*, publicado em 1805, cf. W. Menninghaus, *Hälfte des Lebens. Versuch über Hölderlins Poetik*, Frankfurt a. M., Suhrkamp, 2005, 48-62.

diante da natureza consiste, como já na versão métrica, em aceitar o que ela traz e que "se iguala de longe ao espírito puro, concedendo de modo humano ao que há de menor a alegre afinidade com o que é divino" (HJ: 205). Ao contrário da escola do destino que endurecera Hipérion, o sábio lhe ensina o que sabe da escola de sua vida, para cuja juventude de "alternância entre extremos contraditórios" (HJ: 205) ele aprendeu a lançar um olhar conciliador. Ele também aprendeu que, ao contrário da satisfação completa do espírito, para o homem jamais poderá haver satisfação em função de sua finitude, tendo de se virar com essa sua condição ambivalente: "não amaldiçoes o ânimo jamais satisfeito que oscila no mundo dos sentidos, de um lado para o outro, esperando encontrar o infinito: o córrego erra pelos espinhos em busca do pai oceano. Não amaldiçoes o esquecimento do espírito humano, a perda de seus limites em direção ao labirinto do incognoscível, ousando para além de sua finitude! Ele tem sede da plenitude. Não arrebentariam em sua margem as correntes sem peias se não fossem alimentadas pelas inundações do céu" (HJ: 206).

Em relação à versão métrica, *Juventude de Hipérion* ratifica a compreensão de Hölderlin nos meses de Iena. Embora os termos não apareçam literalmente, é possível interpretar o pensamento da unidade de sujeito e objeto, de *Juízo e Ser*, como paz e concórdia (*Einigkeit*) da versão métrica, que passa notoriamente a *bela concórdia* (*schöne Einigkeit*), em *Juventude de Hipérion*. A presença da beleza nessas versões aponta estruturalmente para uma concreção efetiva do ser absoluto, impensável na consciência reflexiva que opera na esfera das contraposições, mas experimentado com o mesmo status da beleza sensível que, em Platão, desperta a memória das ideias verdadeiras. O amor corresponde à beleza como disposição subjetiva para as ideias e como unificação dos impulsos díspares. Em *Juventude de Hipérion*, o amor é apresentado em toda sua ambivalência, de modo que nem mesmo a alcançada conciliação dos impulsos é definitiva: a conciliação no amor é uma passagem para novas contraposições. Em todos os quadrantes da experiência humana, quer se a compreenda como determinada por uma única atividade (Fichte), quer como exposta a uma luta interna (Hölderlin), a oscilação é inevitável e mesmo bem-vinda porque constitutiva do "sentimento da vida" (*HJ*: 201), devendo-se considerá-la como integrante da unidade íntima reconhecida e produzida pelo espírito. No amor, não se trata de uma entrega imediata, e esse permanece o sentimento subjacente até o final de *Hipérion*: "as dissonâncias do mundo são como a discórdia dos amantes. A reconciliação surge no meio da disputa, e o tudo que está separado volta a se encontrar" (StA 3: 160). Em Iena, embora Hölderlin avance a compreensão ambivalente da natureza como uma resistência favorável à realização do divino no humano, a ideia dominante da concórdia permanece ainda dependente do favor da natureza, sendo ontologicamente desdobrada apenas na penúltima versão, a partir da qual é Hipérion que assume para si a tarefa de "dissolução das dissonâncias" (StA 3: 5).

4.3. Prefácio à penúltima versão: o ser como beleza e como Ἓν καὶ Πᾶν

Como bem nota Henrich, todas as versões de *Hipérion* são precedidas por uma espécie de *pré-texto*[77]. A penúltima versão e a versão final de *Hipérion* trazem um prefácio, em cada um dos quais o autor evidencia a estrutura e a tarefa da narrativa. A penúltima versão foi escrita depois de Hölderlin deixar abruptamente Iena e se instalar na casa de sua família em Nürtingen. Mais tarde, em dezembro de 1795, ele envia cópia para impressão ao editor Cotta[78]. As negociações intermediadas por Schiller tinham iniciado no primeiro semestre, quando Hölderlin obtém o aceite para publicação do romance com base no material produzido em Iena. Em agosto de 1795, Cotta deposita os honorários a Hölderlin que, em vez de finalizar e enviar *Juventude de Hipérion*, decide-se pela completa reformulação que resultou na penúl-

---

77. Cf. D. Henrich, op. cit., 247.
78. Cf. J. Schmidt, op. cit., 1085. Cf. também StA 3: 309. Beissner estabelece a data pela grafia de Karl Gock, irmão de Hölderlin, que ajudou a preparar a cópia para Cotta. Hölderlin encontra o irmão em Nürtingen, onde permanece de julho a dezembro de 1795, quando então muda-se para Frankfurt.

tima versão[79]. Do ponto de vista formal, ela abandona a moldura e retorna ao que G. Stiening chama de "sistemática narrativa do romance epistolar"[80].

A essa altura, não se tratava mais de uma inovação meramente formal, mas de alterações significativas na concepção de fundo do romance. Em fevereiro de 1796, já como preceptor dos Gontard em Frankfurt e com o manuscrito encaminhado[81], Hölderlin escreve ao irmão perguntando se ele recebera correspondência de Cotta no endereço de Nürtingen[82]. Em maio, em resposta a uma carta perdida do editor que, depreende-se, exigia ajuste no tamanho do manuscrito, Hölderlin reage dizendo ter de "abreviar o começo, que o Sr. já tem em mãos, para concatenar as partes" (StA 6: 207), e pede de volta o texto para recuperar o "conceito, em parte, perdido" (Idem). Até dezembro de 1796 ou janeiro de 1797, ele redige a versão final do primeiro volume de *Hipérion*, anunciada por Cotta entre os livros a serem publicados na Páscoa de 1797. Da penúltima versão, além do prefácio, restaram 15 páginas editadas no formato da *StA*, antes das quais estima-se faltarem 104 páginas no formato *in-quarto* (13 fl. de 8 págs.)[83]. Como Hölderlin assentia em diminuir o tamanho do manuscrito, admite-se que o material apreciado por Cotta fosse maior que o primeiro volume da versão final de *Hipérion*. É plausível, por fim, que o primeiro volume tenha sido escrito com base na penúltima versão[84], porque a partir de maio de 1796 Hölderlin teve pouco tempo disponível para um texto completamente novo, tanto em face das atribuições na casa dos Gontard, incluindo viagem da família a Kassel e Driburg durante a

---

79. Cf. StA 3: 305-307.
80. G. Stiening, *Epistolare Subjektivität*, 221.
81. No caminho de Iena para Nürtingen, Hölderlin encontra J. G. Ebel em Heidelberg, que intermediará o preceptorado na casa do banqueiro Jakob Friedrich Gontard, em Frankfurt. Cf. V. Lawitschka, Liaisons – Imago und Realität, in: J. Kreuzer (org.), *Hölderlin-Handbuch*, Stuttgart, J. B. Metzler V., 2002, 32.
82. Cf. StA 6: 201.
83. Para um detalhamento maior dos manuscritos, bem como sobre o aspecto narrativo da versão, cf. G. Stiening, op. cit., 219ss.
84. Beissner estabelece a relação do manuscrito existente com passagens da versão final; cf. StA 3: 307.

ocupação francesa de Frankfurt, quanto porque já teria iniciado nessa época o caso amoroso com Susette Gontard, esposa de J. F. Gontard, que traria estofo à figura de Diotima[85]. Nessa viagem, Hölderlin também encontra o escritor Wilhelm Heinse, cujo *Ardinghello ou as ilhas felizes* (1785) é relevante para a concepção de *Hipérion*, como mostrarei mais adiante. A produção de 1796 é pequena, o que sugere ainda mais dedicação ao manuscrito de Nürtingen: na poesia, há duas versões do poema *Diotima*; no campo filosófico, o fragmento *O mais antigo programa de sistema do idealismo alemão*, cuja autoria segue controversa, é situado entre dezembro de 1795, quando Schelling visita Hölderlin em Nürtingen, e os primeiros meses de 1796; a cópia pela mão de Hegel é datada entre junho e agosto de 1796.

Se nos primeiros meses de Hölderlin em Frankfurt "a reverberação de Iena ainda soa potente"[86], pouco tempo antes, em meados da estada de Nürtingen, pareciam estar próximos do fim "[seus] *prós e contras* especulativos"[87]. A primeira manifestação de teor filosófico do

---

85. Em junho, Hölderlin escreve a Neuffer falando da viagem, cujo destino inicial era Homburg, para onde J. F. Gontard pretendia levar a família e os empregados. Ele fala de Susette, sem evidentemente nomeá-la, no mesmo tom em que depois Hipérion descreverá seu encontro com Diotima: "Caro amigo! Há um ser no mundo no qual meu espírito pode e irá deter-se por milênios, e então ainda verá o quanto nossos pensamentos e compreensão inteiros são pueris diante da natureza. Amabilidade e excelência, paz e vida, espírito, ânimo e forma são uma unidade só nesse ser. Podes crer em minha palavra que raramente algo assim é pressentido e dificilmente reencontrado neste mundo (...). Há momentos em que todas minhas velhas preocupações parecem tão tolas e incompreensíveis como o são para as crianças. É também de fato impossível pensar em algo mortal diante dela, e por isso pouca coisa sobre ela se deixa dizer. Talvez eu possa, de vez em quando, descrever uma parte de sua essência em um arroubo feliz, e então nada do resto deve ficar desconhecido para ti. Mas é preciso certamente um momento solenemente imperturbado para que eu possa escrever sobre ela" (StA 6: 213). No *Hipérion*: "eu finalmente vi a única coisa que minha alma procurava, e senti presente a perfeição que afastamos para além das estrelas ou postergamos para o final dos tempos (...). Os dias em que eu não te conhecia não merecem ser mencionados – Oh Diotima, Diotima, ser celestial!" (StA 3: 52-53). Sobre a viagem a Kassel e Driburg, na qual também Wilhelm Heinse esteve presente, cf. E. Hock, „Dort drüben in Westphalen". *Hölderlins Reise nach Bad Driburg mit Wilhelm Heinse und Susette Gontard*, Stuttgart/Weimar, J. B. Metzler, 1995.
86. Cf. *Carta de Hölderlin a Niethammer*, 24.02.1796, StA 6: 202.
87. Cf. *Carta de Hölderlin a Neuffer*, out. 1795, StA 6: 183.

período é endereçada a Schiller, em 4 de setembro de 1795, quando provavelmente Hölderlin já tinha redigido o prefácio. Lamentando o desgosto pessoal que o movia para a "abstração", ele apresenta a perspectiva daquele momento:

> Procuro desenvolver para mim a ideia de um progresso infinito da filosofia, procuro mostrar que a exigência incontornável que deve ser feita a cada sistema, a unificação do sujeito e do objeto em um absoluto – Eu ou como quer que se o nomeie – na verdade é possível esteticamente na intuição intelectual, mas teoricamente apenas por meio de uma aproximação infinita como a aproximação do quadrado ao círculo; e que, para realizar um sistema do pensamento, uma imortalidade é tão necessária como para um sistema do agir (StA 6: 181).

Quando atualizamos em conjunto o que Hölderlin comunica na correspondência de Iena, mais o que esboça em *Juízo e Ser* e na versão métrica de *Hipérion*, a manifestação pode ser lida da seguinte forma: embora alinhado às reservas de Niethammer quando critica Fichte, Hölderlin compreende bem a exigência de uma filosofia sistemática nas formulações que vão de Reinhold a Fichte, e a interpreta como unificação de sujeito e objeto. No Fichte da *Fundação*, essa exigência é posta pelo eu absoluto, que com isso impõe a concordância do objeto com o eu[88]. Na carta a Hegel de janeiro de 1795, Hölderlin associa o eu fichteano ao problema da consciência também enfrentado na *Fundação*, mas não endossa a solução fichteana para a unidade sistemática porque a entende, então, como uma filosofia da identidade e da autoconsciência incapaz de união efetiva. Por isso, em *Juízo e Ser*, Hölderlin separa o que está do lado da consciência como juízo, sujeito, objeto, autoconsciência e identidade, e o que se coloca na perspectiva da união no *ser*, "como na *intuição intelectual*" (StA 4: 216). A carta a Schiller é o primeiro documento que retoma o conceito de intuição intelectual e atualiza o contexto da problemática de *Juízo e Ser*. Em seu *pró* especulativo, Hölderlin novamente afirma, em pers-

---

88. Cf. GA I/2: 396.

pectiva teórica, que a unidade sistemática da filosofia só é possível por aproximação infinita, como também Fichte o entende na *Fundação*[89]. Portanto ambos pensam tratar-se de uma tarefa teórica impossível, de modo que, ciente do problema, Hölderlin acrescenta ilustrativamente a metáfora da quadratura do círculo e, paralelamente, o postulado prático da imortalidade. Mas em seu *contra*, diferentemente de Fichte, Hölderlin estende essa dificuldade ao prático: se a doutrina da ciência justifica como fundamental o ato do eu que engendra o sistema e sua realização, compreende-se que Hölderlin, ao operar desde sempre no registro da finitude, aluda à imortalidade para mostrar que seu entendimento do prático interdita também o viés especulativo da doutrina da ciência[90]. O *pró* especulativo de Hölderlin é de outra natureza: ele se prepara aos poucos para pensar o problema da diferença no interior da qual a unidade pode valer para uma consciência finita, e não uma unidade abstrata obtida pela exigência prático-progressiva de uma consciência pura. Assim, o acabamento do sistema só seria possível *esteticamente* porque a beleza em sentido platônico afasta o problema schilleriano da dupla cidadania sensível-racional[91]. O recurso à intuição intelectual, que em *Juízo e Ser* é um conceito abstrato lançado para fins de definição ("juízo é a separação originária de sujeito e objeto unidos intimamente na intuição intelectual") e parâmetro ("onde não há nenhuma partição, pode-se falar de um ser puro e simples, *como* no

---

[89]. Cf. GA I/2: 276: "Em relação ao nosso sistema, isso [o pôr] dá sustentação e acabamento ao todo; deve haver um sistema e Um sistema; o contraposto deve ser unificado enquanto ainda houver algo contraposto, até que a unidade absoluta seja produzida; o que certamente, como será mostrado a seu tempo, apenas poderia ser produzido através de uma aproximação finalizada ao infinito, em si impossível". Cf. também GA I/2: 278.

[90]. Sobre o prático, Hölderlin diz o seguinte, ainda em Iena, na carta ao irmão de abril de 1795: "a ideia do dever, *i.e.*, o princípio: o homem sempre deve agir de tal forma que a disposição, a partir da qual ele age, possa valer como lei para todos (...). Tu tens direito a tudo o que for necessário como meio para aquele fim supremo, tudo o que te é indispensável para o aperfeiçoamento jamais acabado da tua eticidade (*Sittlichkeit*) (...). Naturalmente, todo ser humano tem o mesmo direito nesse sentido; ninguém, quem quer que seja, pode ser contestado no uso de suas forças ou de seus produtos de modo a impedir, menos ou mais, a aproximação de seu objetivo, a eticidade maior possível" (StA 6: 162-163).

[91]. Cf. SW 5: 442.

caso da intuição intelectual"), serve para enfatizar o momento estético da união do sensível com o racional-conceitual. A alusão metafórica à quadratura do círculo deixa transparecer que Hölderlin certamente compreendia o momento postulado da intuição intelectual fichteana, mas não podia acompanhar o programa prático – construtivo-projetivo – da doutrina da ciência. Pois se estava claro, para ele, que intuição intelectual e consciência se situam respectivamente nas esferas da união e da cisão, para Fichte, embora identifique a mesma separação entre intuição e consciência e autoconsciência[92], a intuição intelectual é o próprio "ato performado pelo filósofo" que corresponde à "consciência imediata de que eu ajo (...); ela [int. intelectual, W.Q.] é aquilo pelo que sei algo, porque eu o faço" (GA I/4: 216-217). A rigor, portanto, a intuição intelectual fichteana figura como um corpo estranho introduzido pelo filósofo na experiência humana. Conforme W. Menninghaus bem descreve a metáfora da quadratura do círculo na carta a Schiller, Hölderlin situa o problema de um "absoluto em si circular" como não adequado "a uma intuição igualmente circular, mas adstrito ao *medium* de uma forma de ação com arestas, quadrada"[93], ou seja, uma intuição em sentido kantiano. Na carta a Schiller e, depois, na mesma carta a Niethammer em que confessa estar sob efeito da "reverberação de Iena", Hölderlin passa a utilizar o conceito de intuição intelectual em configurações cada vez mais distanciadas das formulações de Fichte, construindo bases para seu uso nos ensaios poetológicos de Homburg, onde a força conceitual da intuição intelectual é mesmo mitigada e reduzida a um dos tons constitutivos da composição poética[94]. Não obstante, como ainda procurarei mostrar, ela cumpre

---

92. Cf. GA I/4: 214.
93. W. Menninghaus, *Unendliche Verdopplung. Die frühromantische Grundlegung der Kunsttheorie im Begriff absoluter Selbstreflexion*, Frankfurt a. M., Suhrkamp, 1987, 104.
94. Cf. StA 4: 266. Também sobre isso, cf. W. Menninghaus, op. cit., 99-114. Quanto ao uso da intuição intelectual na carta a Niethammer, ali esboça-se o programa do ensaio que Hölderlin prometia encaminhar para o *Philosophisches Journal* e que mostra um uso já bem distante do de Fichte: "Nas cartas filosóficas, quero encontrar o princípio que me explique as separações nas quais pensamos e existimos, e que também

uma função estratégica na visão panteísta do primeiro volume de *Hipérion*, que em certo sentido antecipa elementos da teoria da tragédia de Homburg. A manifesta centralidade do momento estético concorda com o que vinha sendo esboçado na versão métrica e antecipado no programa de Iena sobre as ideias estéticas, além de reverberar no fragmento *O mais antigo programa de sistema* de 1795-1796. Vimos que a menção ao *Fedro* apontava para a inseparabilidade da ideia de beleza e da beleza sensível e que, portanto, expressava o potencial de uma união efetiva com o inteligível-racional, *i.e.*, uma unificação do espírito com a natureza, do conceitual com o intuitivo. Como união presente, a beleza tem igualmente o potencial de reivindicar o reconhecimento mesmo diante da desarmonia, sem que seja necessário escamotear o que nela não se encaixa harmonicamente numa concepção complementar, como a teoria kantiana do sublime. Na versão métrica e em *Juventude de Hipérion*, esse aspecto é reforçado pela "bela concórdia" na luta. Em *Juventude de Hipérion*, além disso, o momento da desarmonia constitutiva da unidade é enfatizado especialmente nas oscilações do amor. Mas em tudo isso falta a conexão com o *pró* especulativo diante do qual Hölderlin tanto hesita: a unidade de sujeito e objeto. É no prefácio da penúltima versão que a concepção filosófica de Hölderlin se articula ao projeto estético como união concreta do *ser* "no único sentido da palavra" (StA 3: 236).

As cartas de *Hipérion* deveriam comunicar o amor pela Grécia. Diferentemente do que poderia esperar-se da narrativa da vida de um herói antigo, o autor adverte que o personagem Hipérion, um grego moderno, pode parecer ao leitor um tanto irritante em suas contradições e confusões, "em sua força como em sua fraqueza, em sua fúria como

---

seja capaz de fazer desaparecer o conflito entre sujeito e objeto, entre nosso si mesmo e o mundo, também entre razão e revelação – teoricamente na intuição intelectual, sem que nossa razão prática precisasse vir em auxílio. Para isso, precisamos de senso estético, e chamarei minhas cartas filosóficas de 'Novas Cartas sobre a Educação Estética do Homem'. Também chegarei nelas da filosofia à poesia e à religião" (*Carta de Hölderlin a Niethammer*, 24.02.1796, StA 6: 203).

em seu amor" (StA 3: 236). Mas, ele segue, "é necessário que haja irritação" (StA 3: 236), pois na experiência de Hipérion não está presente somente o momento da união holística, o "ser Um com o Todo (*Eines zu seyn mit Allem*) ...no feliz esquecimento de si e de volta para o todo da natureza", como também "um momento da reflexão (*Besinnen*)" ou do "lembrar" que o derruba e o isola do "belo mundo, do jardim da natureza" (StA 3: 9). Aliás, o leitor contemporâneo de *Hipérion* deve poder compartilhar do universo de experiência narrado em suas cartas, uma vez que para ele a cisão da unidade cultural projetada nos antigos gregos é um dado no ideário de seu tempo. Certo da comunicabilidade dessa ambivalência, Hölderlin posteriormente endereçará as cartas do herói a um amigo alemão contemporâneo, Belarmino, e já no prefácio de Nürtingen procura explicá-la em termos filosóficos como cisão fundamental e como união constitutiva:

> Nós todos percorremos uma via excêntrica, e não há outro caminho possível da infância à perfeição.
> A concórdia feliz, o ser no sentido único da palavra, está perdido para nós, e precisávamos perdê-lo se devêssemos almejá-lo, obtê-lo. Arrancamo-nos do pacífico Ἐν καὶ Πᾶν do mundo para reproduzi-lo[95] por nós mesmos. Estamos dissociados da natureza e o que era um, como se pode crer, agora está em conflito, alternando-se dominação e escravidão de ambos os lados. Por vezes é como se o mundo fosse tudo e nós nada, mas também como se fôssemos tudo e o mundo nada. Também Hipérion se divide entre ambos os extremos. Pôr fim àquele conflito eterno entre nós mesmos e o mundo e restituir a paz de toda paz que é superior a toda razão, unificar a nós mesmos com a natureza em um todo infinito, eis o objetivo de todo nosso esforço, quer nos entendamos ou não sobre isso.
> Mas nem nosso saber nem nossa ação conseguem chegar, em qualquer período da existência, onde todo conflito cessa, onde tudo é

---

[95]. Como observa M. Wegenast (*Hölderlins Spinoza-Rezeption und ihre Bedeutung für die Konzeption des „Hyperion"*, 96) a partir do dicionário dos irmãos Grimm, o sentido de *herstellen* era o mesmo de *wiederherstellen*, ou seja, recuperar; restabelecer, e não de produzir, como acabou se fixando a partir do séc. XIX.

um; a linha determinada se unifica com a indeterminada apenas em aproximação infinita.

Não teríamos qualquer pressentimento daquela paz infinita, daquele ser no sentido único da palavra, não nos esforçaríamos de modo algum para unificar a natureza conosco, não pensaríamos e não agiríamos, não haveria nada para nós, nós mesmos seríamos nada se, entretanto, aquela unificação infinita, aquele ser no sentido único da palavra não estivesse presente. Ele está presente – como beleza, e espera, para falar com Hipérion, um novo reino sobre nós onde a beleza seja rainha. – Eu creio que no final todos diremos: sagrado Platão, perdoa! Pecamos gravemente contra ti (StA 3: 236-237).

A ideia de uma bela concórdia (*schöne Einigkeit*) é reforçada como concórdia feliz ou bem-aventurada (*selige Einigkeit*), e qualificada como o *ser no único sentido da palavra*, estabelecendo mais enfaticamente o vínculo ontológico da unidade. Como em *Juízo e Ser*, onde o foco especulativo da união entre sujeito e objeto estava no conceito de ser puro e simples, o sentido único que ele adquire na penúltima versão é compatível com aquela unidade pré-cisão originária, na qual o que se manifesta do ser é uma espécie de rastro discursivo-judicativo. Portanto, em vez de procurar remediar a separação originária de sujeito e objeto pela via teórica, Hölderlin potencializa ainda mais essa cisão ao reconhecer que a unidade está irremediavelmente perdida para nós enquanto sujeitos de consciência, evidenciando-se no anseio presente uma perda necessária: precisávamos perder se devêssemos almejar. Mas, se em *Juízo e Ser* a unidade estava na origem perdida para a consciência, na penúltima versão ela também é posta no ponto de chegada como espécie de manufatura nossa, portanto incialmente como um *terminus a quo* e, então, *ad quem* do pensamento, de modo que nos situamos sempre na posição intermediária entre a cisão originária e a recuperação (*Wiederholung*)[96] e reprodução (*Herstellung*)[97] da

---

96. Cf. *Juízo e Ser*, StA 4: 216: "Quando penso um objeto como possível, apenas recupero (*wiederhole*) a consciência precedente, pela qual ele é efetivo."
97. Cf. StA 3: 236: "Arrancamo-nos do pacífico Ἓν καὶ Πᾶν do mundo para reproduzi-lo (*herstellen*) por nós mesmos."

unidade por nós mesmos. Ou seja, em *Juízo e Ser* está formulada a condição para a recuperação da unidade: que ela seja efetiva para que seja possível. O conceito de beleza preenche essa condição na versão métrica e em *Juventude de Hipérion*. Na penúltima versão, as condições para a produção da unidade estão propriamente em sua perda, e sua manifestação *ex negativo*, no esforço para unificação e no "pressentimento da paz", coloca para a consciência um limite, sem o qual, no entanto, não seria possível pensar e agir: a beleza é o Ἕν καὶ Πᾶν (*Um e todo*), um todo que se difere da unidade na unidade (*Todo e Um*) e que, se por um lado permanece como uma sombra para a consciência, por outro, é o motor de sua atividade consciente (subjetivo-objetiva).

A unidade do Ἕν καὶ Πᾶν retoma então um tema espinosista numa chave diferente da associação crítica entre Fichte e Espinosa, exposta por Hölderlin na carta a Hegel. Os elementos para uma recuperação positiva de Espinosa já se colocam em Tübingen com a leitura do livro de Jacobi, que provocou nos jovens seminaristas o efeito inverso ao das intenções polêmicas de seu autor para com a esfera pública alemã: Espinosa era bem-vindo e não deveria ser rejeitado, como advogava estrategicamente Jacobi. Ao popularizar o uso de Lessing da expressão Ἕν καὶ Πᾶν como "súmula de sua teologia e filosofia"[98], ele deu a ocasião para os jovens seminaristas pensarem o imanentismo espinosano como alternativa à filosofia de princípios, tal como oferecida por Reinhold e Fichte. No caso de Hölderlin, no prefácio à penúltima versão de *Hipérion*, Espinosa entra pela terceira vez em cena e de modo mais consequente. A construção de *Juízo e Ser* esbarrava no limite de uma cisão irreparável da unidade, tensionada pela exigência de unificação efetiva no discurso do sábio da versão métrica de *Hipérion*. Isso não se resolvia apenas com a colocação da beleza no centro da questão. O Espinosa reconstruído por Jacobi, de cuja substância única a expressão "ser puro e simples" (*Juízo e Ser*) também retém seu sentido em proximidade do

---

98. F. H. Jacobi, *Über die Lehre des Spinoza*, 43.

"ser como tal" ou "ser nele mesmo" de viés platônico[99], aparece nesse cenário de modo ambivalente: por um lado, Espinosa é o metafísico dogmático a ser debelado com Kant e Jacobi, por outro, o pensador da imanência na contramão da transcendência que também o vocabulário *transcendental* kantiano procurava banir[100]. Mesmo Jacobi, com sua ofensiva contra o espinosismo ateísta, representou uma dupla posição para Hölderlin, uma vez que o Espinosa a ser combatido acaba figurando como o filósofo da teoria demonstrada contra o Jacobi do saber imediato: Jacobi libera uma intenção espinosista propriamente positiva, de que não só Hölderlin, mas Schelling e Hegel, farão seu uso independente[101].

Portanto, em Nürtingen, Hölderlin se preocupa em avançar mais um aspecto de seu *pró* especulativo, depois de ultrapassado o limite que separava a unidade da finitude consciente em *Juízo e Ser*. Na retomada do elemento espinosista no prefácio à penúltima versão de *Hipérion*, o constructo da unidade que é Um e Todo carrega em si a ideia de uma diferença: a unidade é um *e* (καὶ) é todo. A necessidade de uma compreensão diferenciada da unidade para a consciência começa aos poucos a ganhar o espaço numa unidade efetiva. Mas isso não significa que a ideia de uma unidade que englobasse em si o todo não estivesse no horizonte de alternativas pós-kantianas. Como já exposto, mesmo Fichte conferia ao eu prático uma infinitude capaz se manter como "Um e como Tudo (*Eins und Alles*)" (GA I/2: 301), embora isso aparecesse para a consciência como exigência de concordância do eu finito e, para Hölderlin, como sua supressão. Com o recurso ao Ἓν καὶ Πᾶν em *Hipérion*, Hölderlin adiciona algo novo à perspectiva vislumbrada com a ideia de beleza nos meses de Iena, pois inclui o pensamento da diferença na unidade, com o desdobramento desse constructo jacobiano-espinosano na ideia de beleza como "um e tudo" (StA 3: 53) e, em seguida, como o "em si mesmo diferenciado" enquanto "essência da beleza" (StA 3: 81), ambas formulações do primeiro volume de

---

99. Cf. D. Henrich, *Der Grund im Bewußtsein*, 177-178.
100. Cf. Idem, 176.
101. Cf. Idem, 181.

Hipérion. Nesse sentido, pode-se dizer que o passo dado em *Hipérion* é um mais uma ousadia depois de escancaradas as portas da união especulativa mobilizada pela ideia platônica de beleza como possível sucedâneo das ideias estéticas kantianas.

Mas, além da relação de unidade e totalidade no conceito, há o elemento mais propriamente existencial e individual na relação com o todo, cuja experiência atravessa as cartas de Hipérion e está formulado na noção central de via excêntrica. Hölderlin introduz essa noção no *Fragmento de Hipérion* e a retoma no prefácio à penúltima versão[102]. M. Wegenast interpreta a integração de Espinosa como o tratamento mais articulado dessa noção com a concepção de universalidade e totalidade. Para ela, em Hölderlin, a integração do indivíduo autônomo à verdade universal fracassa em *Juízo e Ser*, pois lá ficava evidente a incongruência entre uma totalidade posta na unidade do ser e o eu consciente cindido entre sujeito e objeto[103]. O exemplo "eu sou eu" figura como uma tautologia vazia, de cujo círculo o pensamento não consegue sair para abarcar a unidade indivisa. Esse modelo da cisão segue valendo até *Juventude de Hipérion*, onde a natureza humana é compreendida em sua divisão entre o animal e o divino e contraposta ao ideal da humanidade unificada. No discurso do sábio, Wegenast pontua que a narrativa da origem da consciência (v. 125-135/*HJ*: 201) instaura a própria essência humana, o que mais uma vez mantém a cisão constitutiva entre ser e consciência. Com os "limites da essência" (*HJ*: 202) e com a necessidade que funda a correspondência entre espírito e natureza (v. 103-104), as versões de Iena estariam ainda sujeitas a uma relativização subjetiva funcionalizada pela concepção dos impulsos antagônicos, cuja unificação no amor torna visível a unidade apenas em seu caráter regulativo e em relação recíproca. Com isso, estaria dado o quadro para uma unificação dos momentos opostos, mas ainda

---

102. Para uma discussão aprofundada da "via excêntrica" em Hölderlin, cf. Vaccari (*A via excêntrica*, 2012). Em geral, os marcos referenciais da pesquisa de Hölderlin sobre a função da via excêntrica desde o *Fragmento de Hipérion* remontam a Ryan (*Hölderlins Hyperion. Exzentrische Bahn und Dichterberuf*, 1965).

103. Cf. M. Wegenast, op. cit., 88.

sem o momento especulativo da união efetiva de sujeito e objeto: "nem na versão métrica, nem em *Juventude de Hipérion* Hölderlin consegue realizar poeticamente sua compreensão, obtida já no outono de 1794, da necessidade de uma nova fundação da perspectiva estética, impulsionada por Schiller para além do limite kantiano"[104].

A meu ver, se algo desse limite ainda resta depois da ultrapassagem com a ideia de beleza, isso é de vez derrubado com a reintrodução de Espinosa no prefácio. Por um lado, a beleza coloca a questão da presença efetiva do ser sem incluir o momento essencial da diferença na unidade; por outro, ao anunciar a presença da beleza como *ser*, Hölderlin identifica o pensamento do Ἓν καὶ Πᾶν tanto com a "infância", isto é, com o ponto de partida da formação humana, quanto com a "perfeição" ou ponto de chegada, afinal a mesma unidade perdida deve ser *reproduzida, recuperada*. Portanto, além da diferença do *um* e do *todo*, há a diferença também no modo como essa unidade se apresenta para a consciência finita: ela está perdida na via excêntrica humana, mas é recuperável no processo de rememoração de *Hipérion*. Em termos espinosanos, a existência individual e finita estaria em uníssono com o panteísmo do Ἓν καὶ Πᾶν do mundo, assim como a imanência do mundo seria a própria imanência do ser humano. E se atualizamos a chave em que Hölderlin recebe Espinosa, ele anotava que o mérito de Jacobi estava precisamente em desvelar o problema da existência em sua insolubilidade simples e imediata[105], o que indica que sua atenção se voltava, já em Tübingen, ao problema da relação do individual com a unidade-totalidade.

Embora Hölderlin tenha se valido da versão de panteísmo espinosista popularizada por Lessing e Jacobi, os fundamentos teóricos para a compreensão do individual imerso no todo se encontram na *Ética*. Vale lembrar que Espinosa não utiliza a fórmula Ἓν καὶ Πᾶν. Mas no contexto de sua diferenciação entre *natura naturans*, que concebe a si mesma como substância (Deus), e *natura naturata*, que decorre da ne-

---

104. Cf. M. Wegenast, op. cit., 92.
105. Cf. StA 4: 210.

cessidade de Deus como atributo[106], Espinosa não propõe um panteísmo de dissolução da unidade da substância divina na pluralidade do existente, nem o de uma supressão do múltiplo na unidade. Ao contrário: ele concebe unidade e totalidade num paralelismo em que a essência do homem e de todas as coisas existentes figuram como *modos* da *substância*, numa coexistência cuja expressão é bem traduzida pelo Ἓν καὶ Πᾶν. Por meio dessa concepção, a existência individual é integrada na totalidade metafísica do ser, assim como corpo e mente constituem apenas aspectos distintos de um e mesmo existente[107], e o que é concebido como corpo deve decorrer do que a mente humana percebe como tal[108], dado que "a ordem e a conexão das ideias é o mesmo que a ordem e a conexão das coisas" (E II, P 7: 87). O argumento é o seguinte: como Espinosa não concebe duas ou mais substâncias de mesma natureza ou de mesmo atributo[109], e como "a essência do homem não envolve a existência necessária" (E II ax. 1: 81) por não ser *causa sui*[110], segue-se a conhecida tese de que a "essência do homem", como a dos demais seres, "é constituída por modificações definidas dos atributos de Deus" (E II, P 10 cor.: 93). Na ambivalência da relação *in*-dividual do ser humano com a substância, coloca-se, por um lado, o nexo com a divindade no que ambas têm de *in*divisível[111], por outro, expõe-se a sujeição do indivíduo a uma inadequação cognitiva ao que lhe é exterior[112] e explica-se a parte da mente que é passiva[113]. O grande problema teórico de Espinosa, que precisa contornar sua rejeição inicial ao finalismo[114], está em precisar como a inteligência é capaz de superar suas limitações e sua impotência diante dos afetos, e assim afirmar a liberdade humana ou "beatitude da mente" (E V, pref.: 365). Esse pro-

---

106. Cf. E I, P 29 schol.: 53.
107. Cf. E II, P 21 schol.: 115.
108. Cf. E II, P 12: 95.
109. Cf. E I, P 5: 17.
110. Cf. E I def. 1:13.
111. Cf. E I, P 13: 29.
112. Cf. E II, P 31: 125.
113. Cf. E III, P 1: 165.
114. Cf. E I, ap.: 63-75.

blema reflete a situação dupla do indivíduo com consequências éticas e antropológicas, colocando-o em tensão com a ignorância e com os afetos que devem ser superados num esforço (*conatus*) da mente para perseverar em seu ser[115] durante "toda a trajetória da vida" (*vitae spatium*) (E V, P 39 schol.: 405). Essa mesma tensão é a causa de representações do mal, das contendas e das discrepâncias com a natureza. A consciência que acompanha o esforço é propriamente o que distingue o homem como um ser de vontade[116] que, diferentemente de Deus[117], é capaz de liberdade apesar de (ou justamente por) ignorar o verdadeiro conhecimento de si, *i.e.*, do próprio ser e da substância. Apenas no amor[118] intelectual da mente para com Deus é possível uma espécie de conhecimento intuitivo (*scientia intuitiva*) superior que "parte da ideia adequada da essência de certos atributos de Deus para o conhecimento adequado da essência das coisas" (E II, P 40 schol. 2: 135), nisto servindo como modelo intuitivo o conhecimento matemático. Esse conhecimento de Deus é também o fundamento da sociedade civil baseada em leis e no poder de conservação[119].

Assim esboça-se o quadro dentro do qual é possível pensar uma apropriação positiva da relação entre indivíduo e totalidade por meio de seu modo de copertença: a diferença essencial entre homem e Deus na substância única define os liames dessa relação[120]. Na concepção de *Hipérion*, Wegenast sugere que os arrazoados de Espinosa forne-

---

115. Cf. E III: P 6/9: 173, 175.
116. Cf. E III: P 9 schol.: 177.
117. Cf. E I, P 32 cor. 1: 55.
118. O amor tem uma função cognitiva essencial em Espinosa: "quem compreende a si próprio e os seus afetos, clara e distintamente, ama a Deus; e tanto mais quanto mais compreende a si próprio e os seus afetos" (E V, P 15: 383). Sobre o amor intelectual a Deus (*amor Dei intellectualis*), cf. E V, P 36: 401-403.
119. Cf. E IV: P 37 schol. 2: 310.
120. Como observa M. Wegenast (Markstein Spinoza: Schönheit als „Nahme deß, das Eins ist und Alles", in: U. Beyer, *Neue Wege zu Hölderlin*, Würzburg, Königshausen und Neumann, 1994, 377), essa relação pode ter chegado a Hölderlin intermediada também diretamente por Lessing, em cuja *Educação do gênero humano* (1780) se encontra a ideia de legitimação do individual como consciência de si mesmo enquanto *medium* da revelação da história universal, e isto no processo de seu conhecimento.

cem a base para que Hölderlin conceba a *via excêntrica* de *Hipérion*, e nisto ela se contrapõe à tese bem estabelecida na pesquisa, desde Ryan (1965), de que o movimento da via excêntrica, segundo a formulação dada já no *Fragmento de Hipérion*, é o de uma contínua dissolução das dissonâncias numa progressão corretiva (*Zurechtweisung*) da experiência[121], cujo ápice é a conexão do fim do romance com o ponto de partida do narrador ao iniciar a escrita das cartas a Belarmino. Com o acréscimo do espinosismo no interior desse problema, o ideal passa a valer, para a *substância*, como o desvio excêntrico vale para o *modo* individual da relação com ela, *i.e.*, na forma do inacabamento marcado respectivamente pela formação cultural moderna e pela inadequação cognitiva do homem. Para isso, Wegenast trata diferentemente a concepção de via excêntrica do *Fragmento de Hipérion* e a do prefácio à penúltima versão, onde o excêntrico deixa de ser o desvio do modelo para ser o próprio modelo e o status ontológico do indivíduo[122].

Da construção de Espinosa retomada por Wegenast, importa salientar que a relação entre o indivíduo e a substância é do mesmo tipo que se coloca entre a consciência e a unidade especulativa de sujeito e objeto, pois se, por um lado, a última é vislumbrada, quer como ser puro e simples, beleza ou substância, por outro, sua intangibilidade ratifica a experiência de uma insuperável oposição entre autoconsciência e ser, entre si mesmo e o mundo nos extremos do "tudo" ou "nada" (cf. StA 3: 236). Esse quadro estava dado com *Juízo e Ser* e se repete na unificação com a natureza na bela concórdia da versão métrica de *Hipérion*. Ao mesmo tempo, como Espinosa procurasse compreender a existência individual enquanto forma diferenciada nos modos da substância, sua filosofia promoveria uma "reabilitação ontológica do múltiplo"[123], o que é especialmente importante para a recuperação da

---

121. Cf. o prefácio do *Fragmento de Hipérion* (StA 3: 163): "A via excêntrica que o ser humano percorre, em geral e em particular, de um ponto (mais ou menos da simplicidade) a outro (mais ou menos da formação completa), parece sempre ser a mesma em suas direções essenciais. Algumas delas junto de sua correção, serão apresentadas nas cartas, das quais as seguintes são apenas um fragmento."
122. Cf. M. Wegenast, op. cit., 372-373.
123. Idem, 375.

unidade perdida na experiência multifacetada da consciência em *Hipérion*. O que se mantém daquela unidade das versões de Iena é precisamente o que é transposto para a verdade do Ἓν καὶ Πᾶν do prefácio, cuja restituição é uma tarefa incontornável, "quer nos entendamos ou não sobre isso" (StA 3: 236). Mas, ainda assim, essa unidade imanente é garantida para o indivíduo pela presença do ser como beleza, no que ela é fiduciária do "pressentimento do ser no sentido único" que determina pensamentos e ações, tornando-o acessível esteticamente. A reabilitação do conceito de beleza platônico no contexto do Ἓν καὶ Πᾶν torna plausível o pensamento de uma unidade cujo *modo* de vigência para o indivíduo é o da presença *como* beleza, em que se diferenciam e se unem indivíduo e totalidade, "Um *e* Todo". A beleza é precisamente a colocação do ser em perspectiva para o humano, tornando-o menos opaco na experiência estética – para além da relação teórico-prática em que "a linha determinada se unifica com a indeterminada apenas em aproximação infinita" (StA 3: 236).

Portanto o prefácio reproduz estruturalmente as linhas gerais do que Hölderlin expressava a Schiller em setembro: a exigência sistemático-especulativa só é possível esteticamente, pois, na teoria, haveria de se pensar em "uma aproximação infinita como a aproximação do quadrado ao círculo", na prática, "uma imortalidade tão necessária como para um sistema do agir" (StA 6: 181). Em função da relação do indivíduo com a totalidade no Ἓν καὶ Πᾶν que, para a consciência, manifesta-se como perda e anseio, o estético não entra em Hölderlin como instância de síntese entre o teórico e o prático, mas como forma da experiência individual da totalidade, marcada precisamente por essa contraposição constitutiva entre plenitude e falta, entre entusiasmo e sobriedade. A experiência estética é sempre um ato de reprodução do Ἓν καὶ Πᾶν por nós mesmos, no que ela é salva e explicada como consciência finita da verdade fundante da unidade e totalidade do ser *como* sua própria unidade e totalidade individuais: "no belo, o indivíduo tem a experiência de que o ideal supostamente transcendente, pelo qual se esforça mediante ação e pensamento, já se encontra realizado aquém desses esforços excêntricos na unidade do 'ser'"[124]. A experiência sensível da beleza permite ao ser humano perceber que, assim como essa ideia unificante, seu esforço consciente também realiza a verdade da totalidade, mesmo (e precisamente) em sua errância. O olhar conciliador para a própria experiência é também o mesmo olhar que possibilita um reino terreno para a beleza, embora, em *Hipérion*, isto se coloque na perspectiva da espera. É assim que, com a diferença que o ser promove na existência humana, Hölderlin está disposto a pedir perdão a Platão.

4.4. Estações de *Hipérion I*: união com o todo, que é um e em si mesmo diferenciado

Se as versões de *Hipérion* sofreram com a constante hesitação de seu autor, tal coisa não pode ser dita do texto que finalizou para Cotta, no ano de 1796. Hölderlin conseguiu conferir consistência formal à complexidade narrativa de *Hipérion ou o Eremita na Grécia*, e isto com uma autoconsciência poética que manteve até o fechamento do segundo volume, em fins de 1798. Com seus dois respectivos livros, ambos os volumes possuem sessenta cartas, exatamente trinta cada um, numa simetria que entrelaça uma variedade de metáforas do complexo narrativo tecido na distância entre o narrado e a rememoração do narrador[125]; metáforas que, não obstante, provêm de um número reduzido de imagens do repositório que confere uma certa dimensão sincrônica ao romance[126].

Além da *metafórica* hölderliniana, algumas passagens introduzem e vinculam à estrutura de *Hipérion* os elementos da concepção filosófica de Hölderlin em Iena, apresentados neste estudo. No primeiro livro, eles aparecem em três momentos: na segunda carta de abertura do romance, em que Hipérion repassa sua experiência em revista e, da perspectiva do presente, afirma três vezes sua visão conciliadora com

---

124. Idem, 378.
125. Cf. L. Ryan, Hölderlins „Hyperion": Ein „romantischer" Roman?, in: J. Schmidt, *Über Hölderlin*, Frankfurt a. M., Insel, 1970, 175-176.
126. Cf. H. Bay, "Hyperion" ambivalent, 86.

a natureza e com a "divindade" da vida humana: "unir-se ao todo é o céu do homem" (StA 3: 9); na décima quarta carta do segundo livro, quando relata a Belarmino o encontro com Diotima: "sabeis qual é seu nome? O nome do que é *uno* e é *todo*? Seu nome é beleza" (StA 3: 52-53); e na trigésima e última carta do primeiro volume, conhecida como "carta de Atenas", em que viaja da ilha de Caláuria para a Ática e, durante a navegação com Diotima e alguns amigos, discorre sobre a formação cultural ateniense para mostrar que, nela, a "essência da beleza" revela-se como o "uno em si mesmo diferenciado" (StA 3: 81). Essas três estações de *Hipérion* permitem situar, no primeiro volume, os elementos que articulam o pensamento da unidade *efetiva* e em si diferente, cuja compreensão inicia-se com o programa esboçado a Neuffer, cristaliza-se na crítica a Fichte e em *Juízo e Ser*, desenvolvendo-se finalmente, por um lado, nas versões ienenses de *Hipérion*, que tratam do amor e da unidade na beleza, e, por outro, na penúltima versão de Nürtingen, que compreende na beleza o momento de sua diferença com a introdução do Ἓν καὶ Πᾶν.

Na primeira estação, no começo da narrativa, Hipérion está de volta ao solo pátrio da Grécia, que lhe enche de alegria e sofrimento[127]. Ele retorna de uma viagem à Alemanha[128] e inicia a correspondência com o amigo alemão, Belarmino, em que reconstrói na memória os acontecimentos que formaram seu caráter até aquele momento, numa "dissolução das dissonâncias" que não poderia servir nem à "mera reflexão, nem ao deleite vazio" (StA 3: 5)[129]. Depois de ter vislumbrado a realização de seus anseios espirituais juvenis, na amizade com Adamas, no encontro com Alabanda e, sobretudo, no amor com Diotima, Hipérion recebe uma carta de Alabanda e parte ao seu encontro para, juntos, encamparem uma malfadada guerra de libertação da Grécia, ao cabo da qual Alabanda decide-se pelo suicídio e, saindo de sua conva-

---

127. Cf. StA 3: 7.
128. Cf. StA 3: 153.
129. Alusão à *Arte poética*, de Horácio: "aut prodesse volunt aut delectare poetae" – "os poetas querem tanto ser úteis quanto deleitar", cf. J. Schmidt, Zu Text und Kommentar, 970-971.

lescência do campo de batalha, Hipérion tem notícia da morte de Diotima. Com essa experiência pregressa que só conhecemos ao longo das cartas que se seguirão, Hipérion está em Corinto e observa a natureza diante de si com os mares, as montanhas e o golfo, ao mesmo tempo que o grito do chacal o desperta para o presente das ruínas e escombros da Antiguidade, que são também os destroços de sua trajetória. Ele sabe que está irremediavelmente perdida a experiência da unidade feliz com a pátria, e lamenta ter empreendido um projeto frustrado na direção daquela felicidade: "Se eu jamais tivesse agido! Como seria mais rico em esperança!" (StA 3: 8). Mas o fato é que, embora seus feitos tenham malogrado, seus amigos e sua amada estivessem ausentes e mortos, a natureza está plena diante dele: "mas tu ainda brilhas, sol celestial! Ainda verdejas, terra sagrada!" (StA 3: 8). Em função de seu caráter elegíaco, *i.e.*, de sua relação estrutural de luto e lamento com o ideal[130], o *eremita na Grécia* chora ao evocar *a imagem da natureza* e, com ela, consciente da experiência efetiva (individual e coletiva) da atualidade devastada, o *ideal da unidade*:

> Estar unido com o todo (*Eines zu sein mit allem*) é a vida da divindade, é o céu do ser humano.
> Estar unido com tudo o que vive, retornar ao todo da natureza em feliz esquecimento de si, é o ápice dos pensamentos e alegrias, é o cume sagrado da montanha, o lugar da paz eterna, onde o meio-dia perde seu ar abafado e o trovão sua voz, e o mar fervente se iguala às ondas dos campos de trigo.
> Estar unido com tudo o que vive! Com essas palavras, a virtude despe sua armadura de fúria, o espírito retira o cetro do homem e todos os pensamentos se esvaem diante da imagem do mundo eternamente unido, assim como se esvaem as regras do artista esforçado diante de sua Urânia; o destino férreo recusa a dominação, a morte desaparece do vínculo dos seres e a indissolubilidade e a juventude eterna animam e embelezam o mundo (StA 3: 9).

---

130. Cf. a definição de Schiller em *Poesia ingênua e sentimental* (SW 5: 728).

Da perspectiva de sua contraposição elegíaca e, portanto, a partir de uma disposição marcada pela diferença entre a o real e o ideal, Hipérion vê na possibilidade de união com a natureza o momento feliz que se furta à realidade. Com isso, aquela unidade panteísta do Ἓν καὶ Πᾶν é retomada em seu vínculo com o projeto individual e político: estar unido com *tudo* o que vive, *i.e.*, inclusive a vida em comunidade, marcaria também a percepção individual da unidade na disposição idílica, quando a experiência do real seria tão feliz quanto a imaginada. Mas essa unidade é uma *visão* despertada pela natureza feliz, e traduz assim aquela união de natureza e espírito das versões de Iena, em que se evocava o favor natural: "perdido no vasto azul, ergo muitas vezes o olhar para o éter e mergulho-o no mar sagrado, e é como se um espírito familiar me abrisse os braços" (StA 3: 8-9). Hölderlin desdobra o tema da unidade perdida a ser recuperada, do prefácio de Nürtingen para a abertura do romance, com consequências na estrutura narrativa que, ao fim, incorpora a unidade ao percurso da rememoração: "nós nos separamos apenas para nos unirmos mais intimamente, mais divinamente em paz com tudo, conosco. Morremos para viver" (StA 3: 148), são as últimas palavras de Diotima rememoradas por Hipérion.

Para a carta de abertura, há uma referência importante em uma das fontes literárias da incorporação do espinosismo filosófico ao *Hipérion*. Como mencionado anteriormente, no período em que trabalha no primeiro volume a partir do manuscrito de Nürtingen, Hölderlin viaja em junho com a família Gontard para Kassel e Driburg[131]. De Kassel, em agosto, ele escreve ao irmão dizendo que Wilhelm Heinse está entre eles: "o famoso autor de *Ardinghello* é de fato um homem inteiramente extraordinário" (StA 6: 216)[132]. Além da conversação que mantiveram, a visita de Heinse aos Gontard certamente foi a ocasião para Hölderlin também tornar presente para si o romance *Ardinghello*

---

131. Cf. StA 6: 214.
132. Cf. E. Hock, „Dort drüben in Westphalen", 79-105. Hölderlin estimava tanto Heinse que acabou lhe dedicando posteriormente *Pão e Vinho*. Ele também alude à viagem no fragmento de hino *O Vaticano*, nos seguintes versos: "lá do outro lado, em Westphalen/ Meu leal mestre" (StA 2: 252, v. 10-11).

e as ilhas felizes (1787), do qual já havia retirado a epígrafe para o *Hino à Deusa da Harmonia* (1792): "Urânia, a virgem esplêndida que, em vociferante encanto, sustenta o Universo com seu cinto mágico" (StA 1: 130). Essa passagem se encontra na quarta parte do romance, onde Heinse também apresenta uma espécie de cosmogonia, esboçada no longo diálogo dos personagens Ardinghello e Demetri. Identificando o erro dos eleatas em terem firmado que apenas um elemento material é o todo como princípio, Demetri contrapõe o que entende como a superação histórica dessa posição:

> Segundo Aristóteles, Xenófanes foi o primeiro que deu a pureza própria à essência; mas também não determinou nada mais, apenas olhou com a fronte sublime para o éter imenso e disse: *o uno é deus*. Depois dele, seu discípulo *Parmênides* especulou mais sobre isso e procurou demonstrar que, de acordo com a razão, a *essência* poderia ser *apenas o uno*, e para os sentidos precisaria aceitar-se duas causas: *frio* e *calor*. Frio seria o *inessencial*, *calor* a *essência* (...) mas, no fundo, tudo um e o mesmo.
>
> (...) Quem quiser demonstrar que tudo provém do uno (*aus Einem Alles*), precisa primeiro provar que o todo se torna um (*aus Allem Eins werde*); e tão longe ainda não chegou nenhuma química[133].

Na primeira metade da década de 1780, Heinse toma conhecimento das intenções de Jacobi, mas transpõe o espinosismo para uma concepção cosmogônica própria, na qual entende faltar a Espinosa a compatibilidade com o panteísmo, ao contrário do que pensa Jacobi. Como a explicação racionalista do mundo não poderia se esgotar numa teoria materialista, Heinse propõe substituir a fórmula da unidade elementar dos eleatas "um é tudo e tudo é um (*Eins ist Alles und Alles Eins*)" por uma compreensão dinâmica do "ser uno e tornar-se o todo (*Eins zu seyn und Alles zu werden*)"[134]. Nesse cenário, a posição de Heinse em relação a Espinosa não é de uma negação do que entende ser seu materialismo estrito, mas a de obtenção de uma base

---

133. W. Heinse, *Ardinghello und die glückseligen Inseln*, Leipzig, Insel, 1961, 262.
134. Idem, 287.

em que a unidade holística possa dar conta do espectro inteiro da vida. Se Jacobi recusava o espinosismo em favor da fé em um Deus pessoal, Heinse entende que ambos são inteiramente conciliáveis: "que Deus seja a própria natureza inteira é a mais antiga crença"[135]. Conforme atestam seus diários, Heinse reclama em Espinosa a falta de um nexo entre a extensão dos corpos e aquilo que propriamente neles engendra a vida, *i.e.*, a "harmonia mais perfeita do movimento", ao lado da beleza e da unidade que ele vislumbrou em sua viagem à Itália (1780-1783), fundamental para o romance[136]. Para Heinse, essa harmonia dinâmica é pensada junto aos fenômenos naturais, numa relação do indivíduo com o processo do devir e do perecer: "o todo na vida bela está na ação e reação (...). A essência pode agir de muitas maneiras em nós, sem que tenhamos consciência e sem que os sentidos possam se expressar. Nossa união íntima com o todo segue vigendo, somos apenas o que aparece como parte dele e cada coisa particular é um jogo, uma malícia da essência, e nenhum momento sobrevive sem o todo"[137]. O unir-se ao todo como unidade (*Eins zu seyn und Alles zu*

---

135. Idem, 279.
136. Cf. M. Baeumer, "Eines zu Seyn mit Allem". Heinse und Hölderlin, in: *Heinse-Studien*, Stuttgart, J. B. Metzler, 1966, 74. Jacobi e J. W. L. Gleim ajudam a financiar a viagem de Heinse. De volta, em 1783, hospedado na casa de Jacobi, ele se informa sobre a discussão de Jacobi com Mendelssohn a respeito de Lessing e Espinosa. Mas, em seus diários, ele se reporta a um autor menor da querela do panteísmo, Thomas Wizenmann, e avalia os resultados da controvérsia de um ponto de vista independente de Jacobi. Numa de suas entradas, Heinse afirma: "Espinosa vai longe demais em seu sistema quando faz do mundo uma mera unidade de que não concebemos nada além da extensão, e ele exclui os pensamentos sobre como devem surgir nele ação, beleza, ordem, alegria, harmonia e coisas semelhantes" (*apud* Idem, 65). Embora compreenda a substância de modo estritamente material, Heinse absorve o momento constitutivo da união: "[Espinosa] rebuscou demais com toda sua fraseologia matemática para dizer afinal que *nós temos em nós* o que os teólogos e os filósofos chamavam Deus; a saber, que Deus e a própria natureza não são distintos" (Idem). A percepção de Heinse é a de uma pan-unidade (*Alleinheit*) a partir do movimento e da força da vida elementar e sensível da natureza e do homem, e para ele os pré-socráticos oferecem o modelo. Ao contrário do conhecimento dos gregos, as substâncias seriam "blocos pesados no sistema de Espinosa" e o "Ἓν καὶ Πᾶν de Lessing inteiramente grosseiro" (66). Para Heinse, a alma é uma unidade de força e extensão no ser supremo, como "elemento da vida que atravessa todas as naturezas" (Idem).
137. W. Heinse, op. cit., 286-287.

werden) é precisamente uma formulação que complementaria o lema panteísta, pois para Heinse o Ἓν καὶ Πᾶν de Lessing é estático e não capta a vida em movimento.

A crer em Baeumer[138], a expressão *Eins zu seyn und Alles zu werden* não se encontra em ninguém mais antes de Heinse e, nele, em nenhuma outra passagem. Portanto salta aos olhos que, na versão final de *Hipérion*, Hölderlin se valha precisamente dessa flexão, e não do Ἓν καὶ Πᾶν do prefácio de Nürtingen. Embora não esteja documentado que tenha tomado de Heinse, algumas coisas falam a favor da hipótese. Além do encontro com Heinse e da epígrafe do *Hino à Deusa da Harmonia*, há a versão do poema *Diotima* enviada a Schiller em julho, de Kassel[139], na qual aparece o uso da expressão mais próximo de *Ardinghello*: "Lá onde nenhum poder sobre a terra, / Nenhum aceno de deus nos separa, / Onde nos tornamos uno e todo (*Wo wir Eins und Alles werden*), / Apenas ali está meu elemento" (StA 1: 219, v. 97-100). Ora, se o interesse comum de Hölderlin e Heinse estava na perspectiva de união com a natureza, por outro lado a dinamização exigida por Heinse à perspectiva panteísta do Ἓν καὶ Πᾶν corresponde à transformação da justaposição *uno e todo* em um *ser um* e *tornar-se todo* (Heinse) *com o todo* (Hölderlin), que na segunda carta de *Hipérion* é potencializado mesmo sem a presença explícita do *devir* (*werden*) na expressão completa. Assim como Xenófanes "olhou com a fronte sublime para o éter imenso e disse: *o uno é deus*"[140], também Hipérion olha "para o éter" e mergulha o olhar "no mar sagrado" (StA 3: 8) antes de perceber a unidade com tudo como sendo a "vida da divindade", e essa percepção vem a seu encontro como um "um espírito familiar" que lhe "abrisse os braços" (StA 3: 9). No trabalho em processo de *Hipérion*, a recuperação da unidade perdida começa a ganhar forma precisamente numa contra-exigência da ideia unificante de beleza ao pensamento da unidade e totalidade: se a união sensível-racional dada no belo ainda não resolvia os impasses de uma união efetiva em Iena, para

---

138. Cf. M. Baeumer, op. cit., 76.
139. Cf. *Carta de Hölderlin a Schiller*, StA 6: 214-215.
140. W. Heinse, op. cit., 262.

a qual Hölderlin avança com a retomada do Ἓν καὶ Πᾶν em Nürtingen, por outro lado, a presença de Heinse e o *Ardinghello* – um "espírito familiar" a *Hipérion* também na forma literária – recolocam para Hölderlin a necessidade de pontuar a posição da beleza em relação à unidade-totalidade. Mais uma vez: o pensamento do *uno e todo* inicia uma união especulativa e diferenciada de sujeito e objeto na beleza, mas a beleza como harmonia produz uma dinamização do *uno e todo* à medida que esse *uno torna-se todo*.

No entanto a visão da união com o todo da vida encontra um impasse já em seu enunciado, na segunda carta de *Hipérion*: "nesse cume eu ando por vezes, meu Belarmino, mas um momento de reflexão (*Moment des Besinnens*) me derruba. Eu reflito (*denke nach*) e me encontro como antes, sozinho (...); a natureza me fecha os braços, e eu fico diante dela como um estranho e não a compreendo" (StA 3: 9). É uma reflexão inicialmente ligada ao recobrar os sentidos (*Besinnen*) diante da visão do todo, em seguida um ato do pensar reflexivo (*Nachdenken*) que devolve Hipérion ao ponto de partida: a consciência ainda não trabalhada da experiência das perdas individuais e da ação política frustrada. Ao recuperar os sentidos, Hipérion está na situação em que ainda não foi capaz de reproduzir para a consciência a unidade perdida com o todo, e por isso é que a experimenta como *separação* e dor.

Ora, a experiência empírica da totalidade não é possível. Hölderlin criticava Fichte para salvaguardar o momento da consciência empírica diante do poder aniquilador do eu absoluto. Com *Hipérion*, agora, ele aborda um outro tipo de experiência da consciência no confronto com a totalidade; precisamente uma experiência em que não se trata apenas de unir teórica e praticamente a subjetividade em um princípio autoexplicativo, mas que potencializa a complexidade da relação entre o subjetivo e o objetivo, permeada pelo pensamento da unidade na imaginação e na dimensão da memória. Até a escrita final de Hipérion, a unidade é negativamente especulativa e oscila entre *pró* e *contra*, estando a beleza em sentido platônico do lado afirmativo da hesitação. Mas o que retorna da especulação ienense para o horizonte teórico da estada de Frankfurt é o teor do que era pensado sob o conceito de intuição intelectual, e isto vem precisamente junto com a retomada da versão desdobrada do Ἓν καὶ Πᾶν como "união com tudo o que vive". Esse retorno se confirma na teoria dos gêneros poéticos da fase de Homburg: o trágico, dirá então Hölderlin, "é a metáfora de uma intuição intelectual" (StA 4: 266), e ela não é nada mais do que "aquela concórdia com tudo o que vive" (*Einigkeit mit allem, was lebt*) (StA 4: 267), "reconhecida pelo espírito na impossibilidade de uma separação e um isolamento absolutos" (StA 4: 268). Como formulado em *Juízo e Ser*, na intuição intelectual sujeito e objeto estariam intimamente unidos *sem separação* possível. Quando escreve a Schiller, em setembro de 1795, a unificação de sujeito e objeto é pensada como possível apenas "esteticamente na intuição intelectual" (StA 6: 181), de resto, teórica e praticamente impossível. Meses depois, em Frankfurt, ele diz a Niethammer que a solução para o "conflito entre sujeito e objeto" teria seu princípio na intuição intelectual sem "auxílio da razão prática", mas sob o desenvolvimento de um "senso estético":

> Quero encontrar o princípio que me explique as separações nas quais pensamos e existimos, e que também seja capaz de fazer desaparecer o conflito entre sujeito e objeto, entre nosso si mesmo e o mundo, também entre razão e revelação – teoricamente na intuição intelectual, sem que nossa razão prática precisasse vir em auxílio. Para isso, precisamos de senso estético, e chamarei minhas cartas filosóficas de "Novas cartas sobre a educação estética do homem". Também chegarei nelas da filosofia à poesia e à religião (StA 6: 203).

Portanto Hölderlin também quer fazer *desaparecer* as *separações* "nas quais pensamos e existimos", precisamente as que não estão no ser puro e simples de *Juízo e Ser*, mas presentes na experiência de perdas de Hipérion. Trata-se, agora, certamente de uma "teoria", mas de uma tal que tem por base a *estética* e que não deve ser concebida na forma de um tratado. Hölderlin não concretiza sua participação no *Philosophisches Journal* com suas *novas cartas*, mas o *Hipérion*, também epistolar, é a apresentação adequada de uma intuição estética, como desdobramento programático do projeto esboçado a Niethammer. Explicada adequadamente na teoria dos gêneros poéticos, a dimensão trágica está presente em *Hipérion* na função que cumpre a unidade com a totalidade para a "experiência de uma conciliação *no* mundo e para a consciência empírica"[141]. Ela é trágica porque, afinal, resta uma ambivalência fundamental na trajetória de vida de Hipérion: ele bem se reconcilia com as perdas individuais, mas fica fechado à memória conciliadora o horizonte da dissolução do fracasso da ação política na campanha pela libertação da Grécia com Alabanda[142].

---

141. Cf. A. Hornbacher, „Eines zu seyn mit Allem, was lebt..." Hölderlins „intellectuale Anschauung", in: V. Lawitschka, *Hölderlin: Philosophie und Dichtung. Turm-Vorträge 5 (1992-1998)*, Tübingen, Hölderlin-Gesellschaft, 2001, 34-35.
142. Cf. H. Bay, op. cit., 76, 82. Neste ponto, minha alusão à dimensão trágica é mais motivada por aspectos histórico-filológico-conceituais relativos a Iena e menos amarrada à já bastante debatida teoria da tragédia hölderliniana, e isto também em função do recorte e do corpus textual objeto deste estudo. Faço apenas um apanhado de como entendo que a questão poderia ser encaminhada a partir do Hölderlin das constelações de Tübingen e de Iena. Fundamentalmente, na germanística, o trabalho de uma valorização do Hölderlin de Homburg, com o projeto de *Empédocles* e os desdobramentos posteriores nas traduções e comentário de Sófocles, além da fixação do legado de Hölderlin desde Hellingrath na produção tardia, são elementos que constituem um ponto de partida comum para a compreensão do debate europeu sobre sua teoria da tragédia. Especialmente no cenário francês, Ph. Lacoue-Labarthe situa o lugar especial de Hölderlin por entender sua teoria do trágico na "origem do pensamento especulativo" (Ph. Lacoue-Labarthe, *A imitação dos modernos. Ensaios sobre arte e filosofia*, São Paulo, Paz e Terra, 2000, 181), desviante da solução dialética (hegeliana) porque, ao contrário de perfazer o "acabamento da filosofia" entendido como "acobertamento da crise kantiana", Hölderlin teria deixado ainda mais exposta "a ferida aberta no tecido da filosofia, não cicatrizando e reabrindo sempre sob a mão que fecha" (Idem, 185-186). Além disso, como a teoria da tragédia estivesse inserida no contexto de concepção de uma tragédia moderna, *i.e.*, o *Empédocles*, a questão que também se coloca, e que a meu ver está entrelaçada com o problema da cisão e da união no contexto de *Hipérion*, é sobre se o "moderno não devia ser para Hölderlin algo como o *depois* da arte grega: ou seja, a repetição daquilo que tinha acontecido ali sem jamais ter ocorrido ali e o eco dessa palavra impronunciada que tinha no entanto ressoado em sua poesia" (194). Assim, seria possível ler nas traduções de Sófocles o desejo de Hölderlin em "fazer com que a arte grega dissesse o que não tinha dito" (Idem), o que, aliás, ele expressa em uma carta ao editor Wilmans, que publicaria as traduções: "espero apresentar ao público a arte grega, estrangeira para nós por sua conveniência nacional e suas falhas com que sempre se beneficiou, de um modo mais vivo do que o habitual ao salientar mais o oriental, que ela negou, e corrigir seus erros artísticos onde aparecem" (*Carta de Hölderlin a Wilmans*, 28.09.1803 StA 6: 434). Nessa linha, a meu ver, a observação exata de Lacoue-Labarthe de que com Hölderlin se revela o insólito de que "*a Grécia, como tal, a Grécia ela mesma, não existe*" (Ph. Lacoue-Labarthe, op. cit., 218) é perfeitamente legível na carta de Atenas de *Hipérion*, no que diz respeito à unidade cultural

Assim, a separação é a experiência fundamental após a visão extática da união com o todo, quando a sobriedade da reflexão (*Besinnen*) coloca Hipérion no limiar rememorativo onde se inicia a tarefa de recuperação das perdas[143]. A segunda carta é um marco nesse processo,

---

perdida e sua dimensão utópica, embora neste momento eu não possa defender adequadamente essa leitura. Mas creio que há uma intuição fundamental numa recepção franco-brasileira de Hölderlin que pode ser explorada numa constelação produtiva: refiro-me ao enfoque dado por V. Figueiredo, em Hölderlin, ao vínculo entre a tragédia e a reflexão filosófica sobre a história (cf. V. Figueiredo, A permanência do trágico, in: D. Alves Jr., *Os destinos do trágico: arte, vida, pensamento*, Belo Horizonte, Autêntica/Fumec, 2007, 49-64). A partir dos argumentos de Lacoue-Labarthe, Figueiredo propõe discutir o papel de Hölderlin na *Querelle des Anciens et des Modernes* como o autor que pensa uma "ferida inaugural na essência de toda cultura", uma ferida ou cesura que é "trágica" (Idem, 57) e, por isso, reformula as condições sob as quais é possível falar do próprio e do estrangeiro e da apropriação do próprio como uma questão de saber "o que são os Modernos e de que modo aquela Grécia ferida não acabaria por afetar também a possibilidade da arte moderna" (55). A meu ver, essa observação coloca em constelação a exigência de uma correta avaliação das duas famosas cartas a Casimir Böhlendorff (dezembro de 1801 e novembro de 1802, cf. StA 6: 425-428, 432-433), nas quais Hölderlin trabalha precisamente o problema de uma relação especulativa entre modernos e antigos em termos de próprio e estrangeiro. Essas questões todas, postas em constelação, revelam a centralidade da noção de cisão nos limites do pensamento como a ruptura entre pensamento, enquanto determinidade racional da imaginação, e a unidade absoluta do ser puro e simples. Quando o ser é formulado como união com a totalidade na beleza, o abismo é transposto por meio da compreensão da unidade como diferença para a consciência. Essa noção certamente precisaria de um desdobramento maior para tratar o específico de Hölderlin na *Querelle*, o que foge do escopo deste estudo. Nesse sentido, há ainda um segundo aspecto levantado por Figueiredo que abordarei um pouco mais adiante. Especialmente sobre a primeira das cartas a Böhlendorff, cf. P. Szondi, Überwindung des Klassizismus. Der Brief an Böhlendorff vom 4. Dezember 1801, in: *Schriften I*, Berlin, Suhrkamp, 2011, 345-366; cf. também A. Berman, *L'épreuve de l'etranger. Culture et traduction dans l'Allemagne romantique*, Paris, Gallimard, 1984, 250-278.

143. O perder e recobrar os sentidos, numa espécie de cesura, é uma constante da experiência corporal de Hipérion, e não aparece apenas após a visão da unidade-totalidade, mas também depois da experiência de quase morte (-suicídio) na luta contra os turcos: "um profundo sentimento de vida ainda me percorria. Sentia calor e bem-estar em todas as partes do corpo. Como quem vive a emoção da despedida, meu espírito sentia a si mesmo, pela última vez, em todos os seus sentidos. (...) Precipitei-me para onde a morte me seria certa. (...) Houve um que, por pura autodefesa, desfechou sobre mim um golpe, acertando-me, e eu caí por terra. A partir daquele momento perdi por completo a consciência, até que voltei a mim em Paros, para onde tinham me levado de barco" (StA 3: 124-125). Como, na visão feliz da totalidade, a reflexão estivesse com a

porque com ela Hölderlin introduz propriamente a narrativa de suas viagens pelas ilhas gregas e, o que é crucial, a dimensão da memória e da imaginação. Como exposto, na concepção de Iena, o elemento que aparece primeiro é o da beleza no lugar do ser puro e simples, sendo definido no prefácio à penúltima versão como unidade e totalidade. O que se passa no primeiro volume é que a beleza aparece depois: há antes a visão da unidade e totalidade com a frustração de sua inapreensibilidade. Nas cartas seguintes, no decisivo e feliz encontro com Alabanda em Esmirna, o choque reflexivo é ainda mais tenso quando Hipérion é chamado de visionário (*Schwärmer*) pelo amigo, desencadeando nova crise logo depois de um discurso entusiasmado: "fiquei como se tivesse caído das nuvens. Disse: vai embora, és um homem mesquinho!" (StA 3: 33); e a Belarmino: "Podes ouvir? Compreenderás se te falar de minha longa tristeza doentia?" (StA 3: 39). A "ofensa" visionário abala a transformação da percepção inicial da união com o todo em uma "verdade", pois não lhe abre a perspectiva de reconhecimento na amizade, uma das formas de sociabilidade constitutiva da formação do indivíduo no século XVIII[144]. Separado de Alabanda e de volta à ilha natal de Tinos, Hipérion passa um tempo desmotivado, mas sereno, refletindo sobre as oscilações entre a "noite do abismo e a felicidade do éter" (StA 3: 43) até recobrar o ânimo e refazer a vida em Salamina, no começo do segundo livro: "como o firmamento, estou imóvel e em movimento. (...) Agora estou forte o suficiente, deixa-me contar tudo" (StA 3: 48).

A narrativa é retomada pelo convite do amigo Notara para a ilha de Caláuria, onde passeia novamente maravilhado com a visão da natureza e dos habitantes. Hipérion chega a sua segunda estação do primeiro volume. Antes de narrá-la na décima quarta carta, ele se vale de uma imagem que remete à representação platônica do corpo como

---

espada para o golpe, não se pode subestimar a posição desta autodestruição consciente que o chamado para a morte na guerra suscita quando se ultrapassa um limite claro.

144. Sobre isso, cf. G. Jäger, Freundschaft, Liebe und Literatur von der Empfindsamkeit bis zur Romantik: Produktion, Kommunikation und Vergesellschaftung von Individualität durch kommunikative Muster ästhetisch vermittelter Identifikation, in: *Spiel* 9 H.1, 1990, 71-73.

cárcere da alma[145], acrescentando a libertação do espírito como regresso ao "átrio do sol" (StA 3: 52), o que nos remete, na alegoria da caverna, à passagem em que prisioneiro se liberta para contemplar a ideia do bem[146]. Ora, precisamente depois dessa evocação alegórica, Hipérion relata a sua visão da beleza:

> Vi uma vez a única coisa que minha alma procurava, e senti presente a perfeição que afastamos para além das estrelas e empurramos para o fim dos tempos. Estava lá o que é supremo, no círculo da natureza humana e das coisas.
> (...)
> Oh vós que procurais o que é supremo e melhor na profundeza do conhecimento, na agitação do agir, na escuridão do passado, no labirinto do futuro, nos túmulos ou acima dos astros! Sabeis qual o seu *nome*? O *nome* do que é uno e todo (*Nahme deß, das Eins ist und Alles*)?
> Seu *nome* é beleza.
> (...).
> E tu, tu me ensinaste o caminho! Comecei contigo. Não são dignos de menção os dias em que eu ainda não te conhecia.
> Oh Diotima, Diotima, ser celestial! (StA 3: 52-53, grifos meus, W.Q.)

Bela é a evidência daquela relação com o todo, com tudo o que vive, a presença do ser puro e simples no único sentido da palavra. A beleza é como que o conteúdo e a forma dessa união com o todo. Mais: a beleza não é agora apenas uma ideia presente, ela é um ser humano que, entre outras coisas, está inscrito na dimensão do histórico. Diotima provoca uma mudança estrutural no processo rememorativo atra-

---

145. Cf. StA 3: 52: "Certamente a vida é pobre e solitária. Vivemos aqui embaixo como um diamante na mina. Perguntamos em vão como descemos para encontrarmos o caminho ascendente de volta. Somos como o fogo que dorme no ramo seco ou no seixo, e lutamos e procuramos a todo momento o fim da prisão estreita. Mas os momentos da libertação vêm e compensam os longos momentos da luta, onde o divino destrói o cárcere, onde a chama se liberta da madeira e se eleva vitoriosa acima das cinzas, ah!, onde nos sentimos como se o espírito desacorrentado retornasse, esquecido do sofrimento e da escravidão, em triunfo para os átrios do sol". Quanto ao corpo como cárcere da alma, cf. *Fédon* 62b e *Crátilo* 400c. Sobre isso, cf. J. Schmidt, op. cit., 1011.

146. Cf. *República* 517b-c.

vés de uma espécie de inversão da doutrina platônica da *anámnēsis*, pois com ela não se trata de uma presença que remete mediata ou imediatamente à ideia, mas de uma tal que libera a perspectiva de *união* nela mesma, no amor[147]. Que a beleza aqui esteja em conexão com a unidade de variante espinosista, depreende-se não só da remissão ao que "é uno e é todo", mas também do paralelismo da repetição do "nome"[148], três vezes enunciado como o "unir-se ao todo" na carta de abertura. Quanto ao aspecto concreto da equiparação da beleza como "uno e todo" em Diotima, a compreensão da unidade e sua perda não é mais objeto de um êxtase diante da natureza, seguido de um inevitável e sofrido voltar a si reflexivo que precisa de reconciliação. No que ela significa, a presença de Diotima insere unidade e totalidade belas no devir histórico.

Portanto, já no registro temporal, Hipérion discursa na vigésima sexta carta do segundo livro sobre o processo de formação cultural a partir da unidade e sua dissolução:

> O amor gerou milênios de pessoas cheias de vida, a amizade voltará a gerá-las. Os povos partiram uma vez da harmonia das crianças, a harmonia dos espíritos será o começo de uma nova história mundial. Os homens começaram da felicidade das plantas e cresceram, cresceram até amadurecer; a partir de então fermentaram incessantemente, por dentro e por fora, até que agora o gênero humano, infinitamente desagregado, apresenta-se como um caos, de modo que todos que ainda sentem e veem sentem vertigens; mas a beleza foge da vida dos homens para as alturas do espírito, o ideal se torna o que a natureza foi (…). Nesse ideal, nessa divindade rejuvenescida, poucos se reconhecem e são unos, pois há algo uno neles, e com eles

---

147. A. Hornbacher (op. cit., 40-41) sugere falar de "inversão" da reminiscência platônica. Apesar de concordar que a figura humana de Diotima dá uma concreção maior à beleza ao inseri-la na dimensão histórica, defendo, contra Hornbacher, que o conceito de beleza já da penúltima versão não é apenas uma ideia platônica, mas está precisamente no centro de uma não separação entre racional (ideal) e sensível (real) *no mundo*, e não como "ideia espelhada no terreno" (Idem, 39).

148. Cf. M. Wegenast, Markstein Spinoza: Schönheit als „Nahme deß, das Eins ist und Alles", 381.

começa a segunda idade do mundo – já falei o suficiente para tornar claro o que penso (StA 3: 63).

Essa é a primeira formulação de uma filosofia da história em *Hipérion*, justamente quando a unidade com o todo passa a ser lida a partir do encontro com Diotima. Há uma clara cisão entre natureza e cultura, na medida em que a unidade natural se desfez e chegou ao presente histórico como caos, e a unidade cultural estaria no porvir de um processo a ser engendrado pelo espírito: o fiador desse segundo momento é precisamente a beleza, o ideal que se torna o que a natureza foi. Embora o esquema já se encontre em Schiller, para quem natureza e cultura definem respectivamente a tarefa do poeta ingênuo e do sentimental[149], a unidade rejuvenescida já se encontra naqueles que reconhecem o ideal – o que, vale dizer, não acontece no primeiro encontro com Alabanda que acusa Hipérion de visionário. Para Hölderlin, não se trata de uma idealidade como ponto de chegada da realidade: a reminiscência platônica é mobilizada tanto para remeter Hipérion à beleza em geral quanto à beleza natural como um todo unido que, para os gregos, teria sido realidade imediata e histórica. *O ideal se torna o que a natureza já foi*: a beleza é o testemunho da união pré-cisão no espírito, portanto mantida como a dimensão daquela união que não está mais presente como natureza. Ao deixar o terreno da unidade e entrar no da cisão, a beleza é a experiência histórica da *diferença*: ela é a manutenção da dimensão da unidade no seio da cisão do atual[150].

---

149. Cf. SW 5: 717: "onde o homem ainda age como unidade harmônica simultaneamente com todas as suas forças, onde o todo de sua natureza se expressa completamente na realidade, *a imitação do real* deve ser o ofício do poeta; ao contrário, no estado da cultura, onde aquele cooperar simultâneo de sua natureza inteira é apenas uma ideia, o ofício do poeta deve ser a elevação do real ao ideal ou, o que dá no mesmo, *a apresentação do ideal*". Nesse sentido, também para Schiller o ideal se torna o que a natureza foi, e o poeta moderno deve percorrer o processo histórico que o homem em geral percorreu: "a natureza o gera uno com ela, a arte o separa e cinde, e pelo ideal ele retorna à unidade" (SW 5: 718).

150. K. Düsing (Ästhetischer Platonismus bei Hölderlin und Hegel, in: C. Jamme; O. Pöggeler, *Homburg von der Höhe in der deutschen Geistesgeschichte*, Stuttgart, Klett-Cotta, 1981) sugere falar de "modificação" da reminiscência: "Por um lado, a anámnēsis diz respeito ao acontecimento histórico da efetividade do belo e não à ideia

Assim, o pensamento da unidade e totalidade, trazido para a dinâmica da vida com o *tornar-se o todo*, é movido para o processo histórico junto com a ideia de beleza que dá nome ao que é uno e todo. Depois de sua visão humana do belo, Hipérion se sente como "quem perdeu tudo para ganhar tudo" (StA 3: 64), repercutindo *in concreto* o desiderato do prefácio de Nürtingen. A dimensão altamente utópica do romance também se manifesta no amor que, ao lado da livre sociabilidade e da amizade, como dito, é constitutivo para a formação da individualidade setecentista. Nas cartas seguintes, Hipérion e Diotima celebram a união, não sem que ela antes reconhecesse no amado as altas aspirações e, assim, provocasse uma tensão na unidade pelo amor: "é um tempo melhor que buscas, um mundo mais belo" (StA 3: 67). O próprio objeto encarnado do ideal remete o amante a seu ir-além posto no amor à beleza. Nesses dias felizes, simultaneamente ameaçados pela melancolia de um silêncio que aos poucos se apodera da amada, tem lugar a terceira estação do primeiro volume: a viagem de Caláuria a Atenas.

A experiência de Atenas é talvez o mais significativo dos episódios de encontro com Diotima, e por isso, como na rememoração ela é evocada com a consciência de uma perda latente, uma ameaça está presente na imagem do naufrágio que antecede a carta e assombra tanto o encontro com a amada quanto o colapso da unidade cultural reconstituída nessa viagem: "eu vejo, vejo como isso deve terminar. O timão caiu nas ondas e o barco, agarrado como uma criança pelos pés, é arremessado aos rochedos" (StA 3: 76). A carta de Atenas apresenta a concepção filosófica de Hölderlin em sua formulação poética, que no contexto global de *Hipérion* pode ser lida como a terceira figuração do Ἓν καὶ Πᾶν: se ele é dinamizado com o *unir-se ao todo*, agora fica evidente que a *diferença* é o lugar do que é vivo e dinâmico na totalidade, e que remete sempre a algo mais. A concepção é anunciada durante a nave-

---

atemporal; por outro, Diotima, que desencadeia a anámnēsis, não é apenas um fenômeno sensível do belo, mas a efetividade individual do belo divino como tal, e também naquele tempo para o qual a presença do divino enquanto existência histórica já é um passado distante" (Idem, 108-109).

gação, o que mantém o fundo ameaçador de "naufrágio" no horizonte imagético dos riscos reais que ameaçam a vida. Mas o *pendant* desse perigo é justamente o inebriamento que arrebata Hipérion em seu discurso sobre o modelo genético da história cultural ideal ateniense, cujo fenômeno extraordinário da beleza é simultaneamente o começo e o ápice da formação.

Enquanto os tripulantes conversam sobre o esplendor dos atenienses, identificando sua excelência na natureza e nos produtos culturais, *i.e.*, na arte, na filosofia, na religião e na forma de Estado, Hipérion interfere para mostrar que, por um lado, a natureza se mantém a mesma na atualidade e, por outro, a cultura é o resultado e não a causa daquela excelência. Essa objeção aponta para a necessidade de uma fundação ontológica da historicidade, ou seja, uma investigação sobre o específico do devir histórico – distinto do devir natural – em que se manifestam os produtos culturais e espirituais de um povo qualquer. Ele compara os atenienses com os espartanos e admite que os primeiros chegaram à unidade e harmonia culturais sem interferência externa de povos estrangeiros ou de uma educação rigorosa à qual os lacedemônios foram expostos: "a natureza completa deve viver na criança antes que ela vá para a escola, de modo que a imagem da infância mostre a ela o caminho de retorno da escola à natureza completa" (StA 3: 78). Assim, o desenvolvimento ateniense seria uma espécie de florescimento inabalado: "deixai ao homem saber apenas mais tarde que há homens, que há qualquer coisa além dele, pois só assim ele se torna homem. Mas o homem é um deus assim que é um homem. E se é um deus, ele é belo" (StA 3: 79). A unidade consigo mesmo é divina e bela, e nisto a formação ateniense figuraria como a experiência histórica de unidade cultural *perfeita*, *i.e.*, de uma natureza completa e acabada como formação cultural daquela unidade inocente de homem e deus. O homem é homem em unidade *natural* consigo mesmo e, ao tornar-se homem *cultural*, torna-se si mesmo: "assim, o ateniense era um homem" que veio "belo das mãos da natureza", e "assim tinha que vir a sê-lo (*werden*)" (StA 3: 79).

Portanto Hölderlin não recorre a uma explicação teleológica da história e da cultura, mas enfatiza o caráter imanente da formação cultural. Esse desdobramento da unidade-totalidade faz coincidir a ideia de beleza presente com a existência humana em sua *in*-dividualidade efetiva, somente na qual é possível a recuperação do Ἓν καὶ Πᾶν necessariamente perdido. Ora, essa estrutura faz com que a Atenas de Hipérion se torne o modelo de realização do pensamento da unidade-totalidade, e sua posição intermediária entre formações culturais distintas corresponderia a uma presença efetiva da unidade entre o ideal e o real. Mas mesmo nessa união especulativa, a unidade passa por um processo de transformação de sua inscrição na natureza perfeita para seu desdobramento autoconsciente no devir histórico-cultural, uma passagem que, não obstante, permanece inexplicável mas passível de experiência:

> A primeira filha da beleza humana, divina, é a arte. Nela, o homem divino rejuvenesce e recupera a si mesmo. Ele quer sentir a si mesmo, por isso coloca sua beleza diante de si. Assim, o homem deu a si mesmo os deuses. Pois, no princípio, o homem e seus deuses eram um só, quando havia a beleza eterna, desconhecida para si própria. – Eu falo de mistérios, mas eles existem (StA 3: 79).

A unidade é desconhecida para si mesma e, por isso, não se pode explicá-la, como tampouco se explica a passagem da unidade para a cisão. Mais do que isso: união e cisão não são pensáveis, não são racionalmente imagináveis, para retomar a formulação de fundo fichteano. O pensamento e a imaginação começam a operar apenas na primeira das manifestações da beleza: a arte é a experiência de exteriorização da unidade bela no devir histórico ateniense, no qual teria acontecido uma cisão originária ainda sem dispersão. Em seguida, a segunda figura de transformação e experiência da beleza é a religião, como "amor da beleza" (StA 3: 79), e Hipérion distingue entre uma religião do sábio, que ama a ideia infinita e universal, e uma religião dos povos, que amam os deuses como seus filhos. Arte e religião são derivadas da beleza, ou seja, da natureza humana una e, portanto, seria possível compreender historicamente seu fenômeno a partir dos objetos artísticos e religiosos dos antigos. Novamente, por comparação com outros povos (egípcios e godos), Hipérion situa a divindade grega "no centro belo da humanidade" (StA 3: 80), bem como seu amor "nem demasiado servil, nem excessivamente familiar" (StA 3: 80). Nessa derivação, surge em seguida o "sentido necessário de liberdade", sem o qual, aliás, como sem beleza e religião, o Estado seria um "esqueleto" sem espírito. Diferentemente de outros povos que suportariam o despotismo da arbitrariedade ou da lei, o ateniense teria sido formado por uma natureza que se conserva no estágio cultural e não deseja ser perturbada nem pelo mando nem pela legalidade, justamente porque teria florescido em unidade consigo mesma.

Tendo apresentado a sequência de sua história especulativa do espírito (beleza – arte – religião – Estado), Hipérion situa a posição especial da filosofia. Como a beleza é a unidade natural a partir da qual o espírito se exterioriza e, assim, se diferencia, seu modo de ser na arte também é a condição para a filosofia: "a poesia (*Dichtung*) é o começo e fim dessa ciência [da filosofia, W.Q.]. Como Minerva da cabeça de Júpiter, ela brota da poesia de um ser infinito e divino. E assim, ao fim, também o inconciliável volta a refluir para ela, na fonte misteriosa da poesia" (StA 3: 81). Diferentemente da arte e da religião exteriorizadas como harmonia com a unidade bela, a filosofia é o lugar do dissenso, do que não se reconcilia; ela tem sua origem nessa exteriorização da beleza que é a arte poética (*Dichtung*). Mas, se por essa conexão ela está fadada à divisão e ao conflito próprios da exteriorização, por outro lado, ela só ocupa esse lugar de reunificação na poesia em função de sua intrinsecidade com a unidade bela. Hölderlin vai além e afirma que mesmo o ceticismo só se justifica dessa perspectiva: "o cético apenas encontra contradição e falha no que é pensado porque conhece a harmonia da beleza sem falhas, que jamais é pensada" (StA 3: 81). Justamente o que motiva a contradição e o dissenso é o que não se harmoniza com a unidade, mas é mobilizado como exigência de concordância em face da experiência da unidade bela, antes de sua exteriorização.

Ora, com isso faltaria estabelecer apenas em que consiste a beleza nessa dinâmica da unidade-totalidade entre natureza e cultura. Para isso, Hölderlin concretiza bem mais a aproximação entre a beleza platônica e a pan-unidade (*Alleinheit*) espinosista, esboçada desde as versões de Iena. A beleza individual de Diotima (o *nome* do que é uno e todo) é o suporte da beleza como uma realidade em si mesma[151], *i.e.*, como inscrita na dimensão temporal humana e seu devir imanente. Na carta de Atenas, é precisamente nesse momento do discurso de Hipérion que Diotima interpela com o mesmo vocativo que, na boca de Alabanda, tinha soado ofensivo: "Visionário! Por isto também tu foste um cético. Mas os atenienses!" E então, Hipérion chega à explicação conclusiva da fusão entre pan-unidade e beleza:

> O grande lema de Heráclito, o εν διαφερον εαυτω (o uno em si mesmo diferenciado), só podia ser descoberto por um grego, pois é a essência da beleza, e antes de ser descoberto não havia filosofia (StA 3: 81).

Nesse constructo, Hölderlin anuncia a própria concepção através de Hipérion: a filosofia é o pensamento da unidade bela que abarca diferenciações, é uma unidade dinâmica que concilia a união sensívelracional da beleza enquanto ideia com a pertença dessa unidade à totalidade no modo do tornar-se unido com o todo. A beleza dá nome ao que é uno e é todo; sua essência consiste em concatenar *uno e todo* num processo em que a cisão constitutiva é conservada como diferença — a cesura entre o estado de união pré-cultural e o estado cultural (espiritual), em cuja passagem o pensamento da união é conservado como diferença operante na separação irreparável. A expressão εν διαφερον εαυτω é um forte indicador nesse sentido. Hölderlin retira de uma citação de Heráclito por Erixímaco, no *Banquete* de Platão: "o uno, diz ele, com efeito, 'discordando em si mesmo, consigo mesmo concorda, como numa harmonia de arco e lira'" (*Banquete* 187a)[152]. Mas, no *Hipérion*, ele substitui a forma verbal da voz média διαφερόμενον, que é simultaneamente ativa e passiva, pela forma ativa διαφερον, embora não reproduza essa modificação no alemão, que poderia ser vertida como "o uno que se diferencia de si mesmo" (*das*

---

151. Sobre isso, cf. M. Wegenast, *Hölderlins Spinoza-Rezeption und ihre Bedeutung für die Konzeption des „Hyperion"*, 189, nota 208.
152. Cf. *Banquete* 187a: "γάρ φησι 'διαφερόμενον αὐτὸ αὐτῷ συμφέρεσθαι,' 'ὥσπερ ἁρμονίαν τόξου τε καὶ λύρας'".

Eine sich von sich selber unterscheidende)¹⁵³. Ora, com essa ambivalência, Hölderlin ressalta o aspecto que engendra a diferença na essência mesma da beleza: "então já era possível determinar, o todo ali estava. A flor desabrochara, e agora era possível dissecá-la. O momento da beleza foi anunciado entre os homens, estava aí em vida e espírito, era o uno infinito" (StA 3: 81-82)¹⁵⁴. Com a unidade que se diferencia em si mesma, Hölderlin responde de modo consequente à demanda de Heinse a Espinosa. Uma vez que Heinse, em sua compreensão, procurasse superar a redução espinosana de tudo à extensão por meio de uma abrangência dos fe-

---

153. Sobre isso, cf. P. Hucke, "'Seyn schlechthin' und εν διαφερον εαυτω. Zur Beziehung von Einheit und Differenz in Jenaer Texten Friedrich Hölderlins, in: M. Hattstein et al., *Erfahrung der Negativität. Festschrift für Michael Theunissen zum 60. Geburtstag*, Hildesheim/Zürich/NYC, Olms, 1992, 103; cf. também G. Martens, "Das Eine in sich selber unterschiedne". Das „Wesen der Schönheit" als Strukturgesetz in Hölderlins „Hyperion", in: U. Beyer, *Neue Wege zu Hölderlin*, Würzburg, Königshausen und Neumann, 1994, 186, nota 3; M. Wegenast, op. cit., 190, nota 215.
154. Retomo o debate brevemente apresentado em nota acima. Em sua proposta de pautar a discussão sobre teoria da tragédia, em Hölderlin, como uma "poética da história", V. Figueiredo recupera a afirmação de Heidegger de que Hegel "olha pra trás e fecha um ciclo, Hölderlin olha para frente e abre outro ciclo" para enfatizar o caráter da "abertura" para um ciclo cuja culminância "talvez seja a poética e não mais filosófica", como o de Hegel (V. Figueiredo, op. cit., 52-53). A passagem completa da *Introdução à Metafísica* (1935) trata do λόγος de Heráclito: "Heráclito é aquele que, entre os filósofos gregos mais antigos, por um lado, foi o mais fundamental convertido em nãogrego no curso da filosofia ocidental, por outro, na modernidade e mais recentemente, forneceu os mais fortes estímulos para a redescoberta do propriamente grego. Assim, ambos os amigos Hegel e Hölderlin se encontram a seu modo na grande e frutífera via de Heráclito, apenas com a diferença de que Hegel olha para trás e conclui, Hölderlin olha para frente e abre" (M. Heidegger, Einführung in die Metaphysik, in: *Gesamtausgabe*, v. 40. Frankfurt a. M., V. Klostermann, 1983, 135). Sem entrar no específico da leitura de Heidegger, creio que a observação de Figueiredo serve para pontuar que o pensamento da unidade na diferença, em Hölderlin, pode ser entendido como abertura justamente porque seu problema de fundo é o da ruptura e cisão: afinal, o que está cindido, está aberto. Por outro lado, quando a cisão se torna diferença, ela também é potencialmente a união e, portanto, um tipo de fechamento que, no *Hipérion*, ainda é o da dissolução das dissonâncias e da reprodução da unidade perdida. Como o todo da experiência não é reconciliado, a saber, como escapa à rememoração conciliadora o fracasso da ação política, essa união permanece sempre permeada por uma nova cisão e, portanto, por uma abertura que está também marcada na última frase do romance: "Assim eu pensava. A seguir mais." (StA 3: 160).

nômenos naturais em sua força elementar, a alternativa não serviria a Hölderlin, ocupado com uma totalidade que visava também ao espectro da vida cultural e da existência individual do homem. Mas mesmo em Espinosa, o imanentismo da substância está na continuidade e homogeneidade do natural: "da necessidade da natureza divina devem se seguir infinitas coisas, de infinitas maneiras" (E I, P 16: 37). A substância é causa imanente de todos os seres ao mesmo tempo que é causa de si mesma[155], e suas demais determinações, como os afetos, são também causados pela substância – contra a leitura reducionista de Heinse. Nessa esteira, na forma ativa empregada por Hölderlin, o uno que se diferencia em si mesmo também institui a pan-unidade do ser, e por isso reflete a estrutura de autodeterminação e de determinação de todos os outros (em si mesma) da substância espinosana[156]. Mas, com sua fórmula, Hölderlin também atinge um problema central da *Ética*. Como mostra Wegenast, Espinosa se expressa em sua correspondência sobre a dificuldade em desenvolver logicamente a simultaneidade de identidade e autodiferenciação da totalidade e, na linha do que Heinse apontava, também manifestava embaraço sobre o problema de demonstrar *a priori* a multiplicidade das coisas a partir do mero conceito de extensão[157]. Esse problema lógico e racional remete à teoria do conhecimento espinosana, que reconhece uma falibilidade do conhecimento conceitual inexistente no gênero de conhecimento denominado de ciência intuitiva da verdade e da adequação ao conhecimento em Deus[158]. Esse tipo de conhecimento necessariamente verdadeiro se distingue por ser necessário e imediatamente autoevidente,

---

155. Cf. E I, P 25: 49.
156. Cf. M. Wegenast, op. cit., 190.
157. Cf. Idem, 190, nota 216. Ela cita a resposta de Espinosa a uma carta de Tschirnhaus: "[a diversidade das coisas] precisa ser necessariamente explicada por um atributo que expresse a essência eterna e infinita. Mas, sobre isso, quero conversar com o Sr. talvez em outra ocasião e mais claramente, se eu estiver vivo. Pois até agora eu não pude conceber nada na ordem pertinente".
158. Cf. E II, P 40, schol. 2, n. 3: 134; cf. também E II, P 43, dem.: 137.

como o conhecimento da proporção em números simples[159]. Nessa relação intuitiva, possível afinal no "amor intelectual de Deus", dissolve-se a diferença entre sujeito cognoscente e objeto conhecido, de modo que se torna possível a experiência da verdade divina do e no ser existente como experiência in-dividual de si mesmo[160]. Com o pensamento da unidade em si mesma diferenciada, Hölderlin retoma essa problemática espinosana de forma produtiva. A pertença como unidade ao todo na beleza se dá, em Hölderlin, no modo da diferença. Desse pensamento, aliás, seguem-se duas consequências críticas para a modernidade de Hipérion (e de Hölderlin). Como a beleza é a condição da filosofia, nem razão nem entendimento são capazes isoladamente de filosofia, pois carecem ainda de beleza de espírito (*Geistesschönheit*). Segundo a carta de Atenas, filosofia é mais do que o conhecimento limitado do existente, que é o escopo do entendimento; filosofia é também mais do que a exigência racional de um progresso infinito na unificação e diferenciação de uma substância possível. Com isso, certamente Hölderlin se alia aos críticos do mecanicismo esclarecido setecentista, mas não endossa a alternativa jacobiana de um *salto mortale* ao difundido ateísmo espinosista. Hölderlin parece ter assumido essa crítica de Heinse, que exigia diretamente de Espinosa uma filosofia que abrangesse também o dinamismo da vida, o que seguramente escaparia à mera explicação da extensão dos corpos. No sentido em que Kant define a faculdade do entendimento, *i.e.*, como faculdade que opera sob a condição do dado[161], Hölderlin atribui aos homens de entendimento a mera "obra da necessidade" (StA 3: 83), e sua crítica aos "homens do norte" tem por alvo a subjetividade excessivamente voltada para o intelecto. Por outro lado, a crítica aos homens de razão

---

159. Cf. E II, P 40, schol. 2, n. 3: 134: "sejam dados três números, com base nos quais quer se obter um quarto que esteja para o terceiro como o segundo está para o primeiro (...) Por exemplo, dados os números 1, 2 e 3, não há quem não veja que o quarto número da proporção é 6, e muito mais claramente do que pelas razões anteriores, porque ao perceber, de um só golpe de vista, a proporção evidente que existe entre o primeiro e o segundo, concluímos imediatamente qual será o quarto".
160. Cf. M. Wegenast, op. cit., 191.
161. Cf. KU, AA 05: 401.

é menos esquemática, pois ele a dirige curiosamente ao oriental, representado pelo egípcio, cujo déficit cultural estaria na submissão idólatra antes que sua natureza pudesse desabrochar: "a razão é como um chefe que o senhor da casa colocou à frente de seus servos" (StA 3: 83). Para sanar essa unilateralidade de razão e entendimento, Hölderlin acrescenta o ideal de beleza recém formulado: "mas se o divino εν διαφερον εαυτω, o ideal da beleza, ilumina a razão em seu esforço, então ela não exige cegamente, e sabe o porquê e para quê exige" – do mesmo modo como "se brilhar o sol da beleza para o entendimento em sua ocupação, como o dia de maio na oficina do artista, ele não sairá em disparada abandonando o trabalho necessário, mas pensará com gosto no dia de festa em que passeará à luz rejuvenescedora da primavera" (StA 3: 83). A uma razão kantiana autônoma, cuja dimensão é a do dever, do querer, do esforço e da exigência, Hölderlin acrescenta a beleza ao lado do caráter intuitivo da percepção da totalidade, a qual, apenas pela razão, remanesceria como uma ideia obtida em aproximação infinita, *i.e.*, impossível. A perspectiva de variante kantiana é a mesma de Fichte, da qual Hölderlin se distanciava já em *Juízo e Ser*.

No ápice do discurso filosófico de Hipérion, o barco chega a Atenas. Entusiasmado com sua reconstrução da *pólis* antiga, Hipérion inicialmente não tem olhos para a cidade presente, transpondo sua imaginação criadora para a visão do "belo fantasma" que regressa "do reino dos mortos" (StA 3: 84). Somente depois de Diotima chamá-lo para a Atenas real, Hipérion desperta de seu entusiasmo imaginativo e, em terra firme, encontra a atualidade devastada: "como um incomensurável naufrágio, quando os tufões silenciaram e os tripulantes fugiram, e o cadáver da frota destroçada irreconhecível no banco de areia, assim jazia Atenas diante de nós (...)" (StA 3: 85). A imagem do naufrágio que ameaça a trajetória individual de Hipérion é agora a face da realidade contraposta ao discurso da gênese cultural ateniense. Diante da visão das ruínas, Hipérion ainda pontua que o declínio da cultura grega ocorrera antes das invasões bárbaras. Essa observação é importante, porque confirma o esquema histórico esboçado imediatamente após o encontro inicial com Diotima: há uma unidade harmônica infantil, seguida pelo florescimento espiritual e o amadurecimento dessa unidade até uma cisão e uma dispersão que transporta a beleza da natureza para o ideal. O presente histórico caótico e disperso, *i.e.*, a modernidade poderia ainda desfrutar dessa unidade como ideal daquilo que a natureza foi em sua união com o espírito. Diotima confirma essa percepção: "aquele que tiver espírito, consolou Diotima, para ele Atenas ainda está presente como uma árvore frutífera em flor. O artista completa facilmente o torso" (StA 3: 85).

Na Atenas real, Hipérion atenta especialmente para a antiga porta da cidade, o arco de Adriano[162], um monumento da fase romana em que a unidade já se tinha há muito cindido mas não totalmente dispersado: "o que mais me impressionou foi a antiga porta pela qual outrora se passava da velha para a nova cidade, onde certamente então umas mil pessoas belas se cumprimentavam em um dia" (StA 3: 86). A porta já não divide mais espacial e temporalmente a cidade nova e antiga à época dos romanos, mas cumpre no presente de Hipérion a função de um limiar temporal no entrelaçamento de sua rememoração: com ela, separa-se o presente em ruínas do passado idealizado. Sua posição, logo após a interpelação de Diotima, tem uma marcada função cisória: o discurso sobre a derivação do espírito a partir da beleza é enunciado a caminho de um cenário de devastação, no momento em que a unidade não apenas foi cindida, mas se encontra totalmente dispersa pela fragmentação do homem moderno. Se o eremita Hipérion se abatera ao recobrar os sentidos e refletir diante da natureza ao final de sua trajetória de perdas, agora, na rememoração, o abatimento vem da visão das ruínas que destroça o entusiasmo de sua construção ideal. No primeiro caso, a entrega à rememoração é a abertura para uma perspectiva conciliadora; no segundo, já no interior mesmo da narração, Diotima desperta Hipérion para a Atenas real a céu aberto e, como ele vislumbra

---

162. Cf. J. Schmidt, op. cit., 1041. Como a situação de Hölderlin jamais permitiria uma viagem à Grécia ou mesmo à Itália, para onde o mecenato alemão enviava seus literatos, ele utilizou como fonte para os cenários geográficos e arquitetônicos da Grécia de *Hipérion* uma tradução alemã de *Viagens à Ásia Menor e à Grécia* (1775/1776), do antiquário inglês Richard Chandler, e *Viagem pitoresca pela Grécia* (1782), do conde francês M. de Choiseul-Gouffier, também em tradução alemã. Sobre as fontes, cf. Idem, 933-940.

conciliação apenas na amada e no desdém do "naufrágio do mundo" (StA 3: 87), ela o adverte de sua tarefa: "queres te fechar no céu do teu amor e deixar secar e esfriar o mundo que precisa de ti? (...). Eu te peço que voltes para Atenas mais uma vez e olhes também para as pessoas que lá circulam entre os escombros, os albaneses rudes e os bons e inocentes gregos que se consolam, com uma dança lúdica e um conto de fadas sagrado, do poder ignominioso que paira sobre eles. (...) Dá a eles o que tens em ti" (StA 3: 88). E arremata: "serás o educador de nosso povo, um grande homem, como espero" (StA 3: 89).

A porta da cidade também marca, ao final, a topografia de uma diferença na unidade[163]: ela separa a cidade, espacial e temporalmente, na cisão e na dispersão, ao mesmo tempo que liga as partes da cidade, também no espaço e no tempo da cisão e da dispersão, precisamente quando o narrador faz a passagem da experiência da beleza para a visão da ruína e para a consciência da perda irreparável da unidade cultural ateniense. Na imagem da porta da cidade antiga, a beleza se conecta com a vida das pessoas que por ela passavam antes da dispersão cultural e, embora Hipérion não o perceba por si diante dos escombros, também se atualiza no momento vivo em que ele visita, com Diotima e os amigos, a Atenas atual e real. Uma porta em ruínas é também uma porta aberta, que já não exerce mais o controle de entrada (real ou imaginária) da cidade. O modelo da unidade cindida exteriorizada como espírito, à qual se retorna pela beleza e pelo amor, também se encontra na função imagética da porta de Atenas: por um lado, como signo de rememoração, ela desperta a experiência da unidade como perda e dor, por outro, essa mesma dor conecta a diferença entre passado e presente e libera a esperança de um futuro possível de unidade. É assim também que Hipérion afinal recebe de Diotima a tarefa de educação do povo, fechando o primeiro volume do romance com a perspectiva utópica de renovação da humanidade em sua união com a natureza: "haverá apenas uma beleza; e humanidade e natureza serão unidas em uma divindade que abarcará tudo" (StA 3: 90).

---

163. Sobre isso, cf. G. Martens, op. cit., 191-192.

Cisão e diferença

Neste estudo, procurei sustentar que a unidade absoluta da experiência subjetiva é exigida na filosofia de Fichte a partir da posição de um eu absoluto que, com a crítica de Hölderlin, transforma-se numa cisão no interior da consciência. Por isso, o problema central da parte teórica da *Fundação de toda a doutrina da ciência* esteve no foco da exposição do argumento que justifica como é possível que o pensamento seja uma determinação racional da imaginação para o entendimento e, simultaneamente, como é possível que esse processo constitutivo do real se explique para a consciência.

Hölderlin entende que há uma cisão nesse processo: a consciência não pode ser suspensa pela atividade artificial do filósofo que instaura as condições de sua explicação mediante um princípio que, para ela, significaria seu aniquilamento: consciência é sempre consciência de objeto, *i.e.*, consciência empírica. Sua compreensão crítica da construção fichteana pode ser avaliada quando se colocam em constelação os limites traçados pela filosofia kantiana, as reservas de Niethammer quanto à doutrina da ciência e as incursões polêmicas de Jacobi. Com o fragmento *Juízo e Ser*, Hölderlin compreende adequadamente as consequências do programa fichteano de Iena e apresenta a própria resposta ao que identificou como o problema aberto pela doutrina da ciência: a cisão no teórico provocada por seu eu absoluto significa, ao mesmo tempo, uma cisão nos limites do pensamento enquanto capacidade racional de fixar a imaginação na constituição da realidade que se apresenta para a consciência. Em seus arrazoados sobre o ser absoluto de *Juízo e Ser*, há uma ruptura fundamental com a consciência efetiva.

Para além da ruptura, considerando-se o conceito de ser puro e simples em Hölderlin, o lugar ocupado por um ser absoluto é o de reconstituição de sua perda na imaginação e na memória, que no projeto de *Hipérion* é o próprio sensível que se mostra a si mesmo como beleza. Mas ainda que esteja acessível na experiência de cada um, o belo não torna a experiência subjetiva um afluente da conciliação no ponto em que se situa. A despeito de sua face sensível, o ser segue atravessado pelo momento de sua cisão originária, ao mesmo tempo que a cisão é atravessada pelo pressuposto da união, cujo signo é inversamente reconhecido na experiência subjetiva da beleza. Por isso, o pensamento da cisão precisa ser dinamizado sem sua experiência viva e, com a introdução da unidade-totalidade de variante espinosista, Hölderlin transforma essa cisão constitutiva em diferença, situando-a como uma unidade diferenciada no início e no fim de toda a filosofia.

A crítica de Hölderlin a Fichte não pretende refutar a doutrina da ciência como sistema. Antes, por meio de sua adequada compreensão, Hölderlin ganha novos elementos para seu próprio pensamento, com resultados importantes para o projeto de *Hipérion*. A incorporação de Fichte resulta numa concepção de filosofia que desata o nó que o filósofo da doutrina da ciência pretendia romper com uma espécie de golpe de razão. Hölderlin coloca de um lado os problemas pertinentes à filosofia da consciência, de outro o ser absoluto, que sem esse vínculo com a razão prática estrutura a relação entre pensamento e estética. Portanto Hölderlin atingirá, de um lado, os limites da fixação racional da imaginação em um sistema, *i.e.*, a pensabilidade da doutrina da ciência, e, de outro, complementará aquele quadro dado pela *Fundação* com a relação entre ser absoluto e existência efetiva, no que ambos significam para uma existência finita e imersa, como unidade, nessa totalidade no *modo* da união e da cisão diferenciada.

Bibliografia

ADORNO, T. W. *Noten zur Literatur III*. Frankfurt a. M.: Suhrkamp, 1965.

ALVES, M. O autor e a obra como funções do discurso em Michel Foucault. In: *Outramargem: revista de filosofia*. Belo Horizonte, n. 1, 2º semestre de 2014, 124-138.

BAEUMER, M. "Eines zu Seyn mit Allem". Heinse und Hölderlin. In: *Heinse-Studien*. Stuttgart: J. B. Metzler, 1966, 49-91.

BARBOSA, R. Fichte e o ethos do erudito. In: FICHTE, J. G. *O destino do erudito*. São Paulo: Hedra, 2014, 95-129.

_____. Introdução, notas e tradução. In: FICHTE, J. G. *Sobre o conceito da doutrina da ciência ou da assim chamada filosofia*. Trans/Form/Ação, Marília, v. 38, n. 2, maio./ago. 2015, 205-210.

_____. Organização, tradução, apresentação e notas. In: FICHTE, J. G. *Ceticismo e criticismo: a ideia de uma ciência da ciência em geral*. Rio de Janeiro/São Paulo: Ed. PUC-Rio/Loyola, 2016.

BAY, H. "Hyperion' ambivalent". In: ___. (ed.). *Hyperion – terra incognita. Expeditionen in Hölderlins Roman*. Opladen/Wiesbaden: Westdeutscher Verlag, 1998, 66-93.

_____. *Ohne Rückkehr. Utopische Intention und poetischer Prozeß in Hölderlins Hyperion*. München: Wilhelm Fink, 2003.

BECKENKAMP, J. A penetração do panteísmo na filosofia alemã. In: *O que nos faz pensar*, n. 19, fev. de 2006, 7-27.

_____. *Ceticismo e idealismo alemão. Com tradução do texto de Hegel "Relação do ceticismo com a filosofia" (1802)*. São Paulo: Loyola, 2019.

_____. *Entre Kant e Hegel*. Porto Alegre: PUC-RS, 2004.

_____. Fichte e a filosofia do espírito de Hegel. In: *Revista Eletrônica Estudos hegelianos*, ano 14, n. 24, 2017, 133-144.

_____. *Introdução à filosofia crítica de Kant*. Belo Horizonte: Ed. UFMG, 2017.

_____. *O jovem Hegel. Formação de um sistema pós-kantiano*. São Paulo: Loyola, 2009.

_____. Sobre a objetividade do belo entre Kant e Hölderlin. In: *Revista Estética e Semiótica*, v. 7, n. 19, 2017, 1-10.

BEISER, F. *German idealism: The struggle against subjectivism, 1781-1801*. Cambridge: Harvard University Press, 2002.

BENJAMIN, W. *Gesammelte Schriften*. Frankfurt a. M.: Suhrkamp, (I.1) 1974/ (II.3) 1977.

BERMAN, A. *L'épreuve de l'étranger. Culture et traduction dans l'Allemagne romantique*. Paris: Gallimard, 1984.

BERTAUX, P. Hölderlin-Sinclair: „ein treues Paar"? In: JAMME, C.; PÖGGELER, O. *Homburg von der Höhe in der deutschen Geistesgeschichte*. Stuttgart: Klett-Cotta, 1981, 189-193.

BERTINETTO, A. A ontologia performativa de Fichte. In: *Aurora Revista de Filosofia*. Curitiba, v. 27, n. 42, set./dez. 2015, 801-817.

BREAZEALE, D. Fichte on Skepticism. In: *Journal of the History of Philosophy*, n. 29, 1991, 427-453.

_____. Fichte's Aenesidemus Review and the Transformation of German Idealism. In: *Review of Metaphisics*, n. 34, 1981, 545-568.

_____. Putting Doubt in Its Place: K. L. Reinhold on the Relationship between Philosophical Skepticism and Transcendental Idealism. In: VAN DER ZANDE, J.; POPKIN, R. (eds.). *Skepticism Around 1800: Skeptical Tradition in Philosophy, Science, and Society*. Dordrecht: Kluwer, 1998, 119-32.

CAMPOS, H. *A arte no horizonte do provável e outros ensaios*. São Paulo: Perspectiva, 1969.

CASS, M. J. A teoria da prova em Leibniz. In: *Scientiae Studia*, São Paulo, v. 11, n. 2, 2013, 267-279.

CASSIRER, E. Hölderlin und der deutsche Idealismus. In: *Hamburger Ausgabe*. v. 9: Aufsätze und kleine Schriften (1902-1921). Hamburg: Felix Meiner, 2001.

CECCHINATO, G. *Fichte und das Problem einer Ästhetik*. Würzburg: Ergon, 2009.

_____. Le problème d'une esthétique chez Fichte. In: *Fichte-Studien*, v. 41. Amsterdam-NYC: Rodopi, 2014, 97-124.

CORNELISSEN, M. Hölderlins Brief an Kallias – Ein frühes „Hyperion"-Bruchstück? In: *Jahrbuch der Deutschen Schiller-Gesellschaft*. 10° ano, Stuttgart: Alfred Kröner, 1966, 237-249.

DASTUR, F. Roman et philosophie: l'*Hyperion* de Hölderlin. In: *O que nos faz pensar*, n. 16, nov. 2003.

DEUTSCHES Wörterbuch von Jacob Grimm und Wilhelm Grimm. 16 Bde. in 32 Teilbänden. Leipzig 1854-1961. Quellenverzeichnis Leipzig 1971. Online-Version vom 04.12.2017. Disponível em <http://woerterbuchnetz.de>.

DIELS, H. *Die Fragmente der Vorsokratiker (Erster Band)*. Berlin: Weidmannsche Verlagsbuchhandlung, 1960.

DIEZ, I. C. *Briefwechsel und Kantische Schriften. Wissensbegründung in der Glaubenskrise Tübingen-Jena (1790-1792)*. Ed. por D. Henrich. Stuttgart: Klett-Cotta, 1997.

DILTHEY, W. *Das Erlebnis und die Dichtung*. Wiesbaden: Springer, 1922.

DÜSING, K. Ästhetischer Platonismus bei Hölderlin und Hegel. In: JAMME, C.; PÖGGELER, O. *Homburg von der Höhe in der deutschen Geistesgeschichte*. Stuttgart: Klett-Cotta, 1981, 101-117.

ECKERMANN, J. P. *Conversações com Goethe nos últimos anos de sua vida. 1823-1832*. São Paulo: Ed. Unesp, 2016.

FICHTE, J. G. *A doutrina-da-ciência de 1794 e outros escritos*. 2. ed. São Paulo: Abril Cultural, 1984.

_____. *Ceticismo e criticismo: a ideia de uma ciência da ciência em geral*. Rio de Janeiro: Ed. PUC-Rio; São Paulo: Loyola, 2016.

_____. *Sobre o espírito e a letra na filosofia*. São Paulo: Humanitas, 2014.

_____. *O destino do erudito*. São Paulo: Hedra, 2014.

FIGUEIREDO, V. A permanência do trágico. In: ALVES JR., D. *Os destinos do trágico: arte, vida, pensamento*. Belo Horizonte: Autêntica/Fumec, 2007, 49-64.

FOUCAULT, M. Qu'est-ce qu'un auteur? In: *Dits et écrits I, 1954-1969*. Paris: Gallimard, 1994, 789-821.

_____. *A ordem do discurso: aula inaugural no Collège de France, pronunciada em 2 de dezembro de 1979*. São Paulo: Loyola, 2012.

FRANK, M. *Auswege aus dem deutschen Idealismus*. Frankfurt a. M.: Suhrkamp, 2007.

_____. *Unendliche Annäherung. Die Anfänge der philosophischen Frühromantik*. Frankfurt a. M.: Suhrkamp, 1997.

FRANKS, P. Fichte's Position: Anti-Subjectivism, Self-Awareness and Self-Location in the Space of Reasons. In: JAMES, D.; ZÖLLER, G. (ed.). *The Cambridge Companion to Fichte*. Cambridge: Cambridge University Press, 2016, 374-404.

FRANZ, M. Hölderlin und das „Älteste Systemprogramm des deutschen Idealismus" In: *Hölderlin-Jahrbuch 19/20*, 1975/1977.

_____. Hölderlins Logik: Zum Grundriß von 'Seyn Urtheil Möglichkeit In: *Hölderlin-Jahrbuch XXV* (1986-1987).

_____. Hölderlins Platonismus. Das Weltbild der'exzentrischen Bahn" in den *Hyperion*Vorreden. In: *Allgemeine Zeitschrift für Philosophie* 22, 1997.

_____. *Tübinger Platonismus. Die geimeinsamen philosophischen Anfangsgründe von Hölderlin, Schelling und Hegel*. Tübingen: Francke Verlag, 2012.

FREUD, S. O inquietante. In: *Obras Completas*. v. 14. São Paulo: Companhia das Letras, 2010.

FUCHS, E. (ed.). *J. G. Fichte im Gespräch. Berichte der Zeitgenossen*, v. I. Stuttgart-Bad Cannstatt: Frommann-Holzboog, 1978.

GAIER, U. Rousseau, Schiller, Herder, Heinse. In: KREUZER, J. (org.). *Hölderlin-Handbuch*. Stuttgart: J. B. Metzler V., 2002, 72-89.

_____. *Das gesetzliche Kalkül. Hölderlins Dichtungslehre*. Tübingen: Niemeyer, 1962.

_____. *Hölderlin. Eine Einführung*. Tübingen/Basel, 1993.

GASPAR, F. *A distância do olhar. Síntese e liberdade na doutrina da ciência de Fichte*. Tese (Doutorado em Filosofia) USP: São Paulo, 2015.

HAYM, R. *Die romantische Schule. Ein Beitrag zur Geschichte des deutschen Geistes*. Berlin: Rudolph Gaertner, 1870.

HEGEL, G. W. F. *Briefe von und an Hegel*. J. Hoffmeister (ed.). Hamburg: Felix Meiner, 1952.

____. *Ciência da Lógica*. 1. *A doutrina do ser*. Petrópolis/Bragança Paulista: Vozes/Ed. Un. São Francisco, 2016.

____. Differenz des fichteschen und schellingschen Systems der Philosophie (1801). In: *Werke 2. Jenaer Schriften 1801-1807*. Frankfurt a. M.: Suhrkamp, 1986, 9-138.

____. *Enciclopédia das Ciências Filosóficas em compêndio* (1830). Vol. 1: *A Ciência da Lógica*. 2. ed. São Paulo: Loyola, 2005.

____. Gauben und Wissen oder Reflexionsphilosophie der Subjektivität in der Vollständigkeit ihrer Formen als Kantische, Jacobische und Fichtesche Philosophie (1802). In: *Werke 2. Jenaer Schriften 1801-1807*. Frankfurt a. M.: Suhrkamp, 1986, 297-433.

HEGEL, H. *Isaac von Sinclair zwischen Fichte, Hölderlin und Hegel*. Frankfurt a. M.: Klostermann, 1971.

HEIDEGGER, M. Einführung in die Metaphysik. In: *Gesamtausgabe*, v. 40. Frankfurt a. M.: Vittorio Klostermann, 1983.

____. Erläuterungen zu Hölderlins Dichtung. In: *Gesamtausgabe*, v. 4. Frankfurt a. M.: Vittorio Klostermann, 1981.

HEINE, H. *Der Salon II*. Hamburg: Hoffmann & Campe, 1835.

HEINSE, W. *Ardinghello und die glückseligen Inseln*. Leipzig: Insel, 1961.

HELLINGRATH, N. *Hölderlin-Vermächtnis*. München: F. Bruckmann A. G., 1936.

HENRICH, D. *Between Kant and Hegel: Lectures on German Idealism*. Cambridge: Harvard University Press, 2008.

____. *Der Grund im Bewußtsein. Untersuchungen zu Hölderlins Denken (1794-1795)*. 2d., Stuttgart: Klett-Cotta, 2004.

____. Fichtes ursprüngliche Einsicht. In: *Subjektivität und Metaphysik. Festschrift für Wolfgang Cramer*. Frankfurt a. M.: Vittorio Klostermann, 1966.

____. *Grundlegung aus dem Ich. Untersuchungen zur Vorgeschichte des Idealismus. Tübingen – Jena 1790-1794*. Frankfurt a. M.: Suhrkamp, 2004.

____. *Hegel im Kontext*. 3. ed. Berlin: Suhrkamp, 2015.

____. Hölderlin über Urtheil und Sein: Eine Studie zur Entstehungsgeschichte des Idealismus. In: *Hölderlin Jahrbuch XIV* (1965/1966).

____. *Konstellationen. Probleme und Debatten am Ursprung des Idealistischen Philosophie (1789-1795)*. Stuttgart: Klett-Cotta, 1991.

____. *Sein oder Nichts. Erkundungen um Samuel Beckett und Hölderlin*. München: C. H. Beck, 2016.

_____. Über Hölderlins philosophische Anfänge im Anschluß an die Publikation eines Blattes von Hölderlin in Niethammers Stammbuch. In: *Hölderlin Jahrbuch XXIV* (1984/1985).

HOCK, E. „Dort drüben in Westphalen". *Hölderlins Reise nach Bad Driburg mit Wilhelm Heinse und Susette Gontard*. Stuttgart/Weimar: J. B. Metzler, 1995.

HÖLDERLIN, F. *Sämtliche Werke* (Frankfurter Ausgabe, FA), ed. por D. E. Sattler. Frankfurt a. M./Basel, 1975ss.

HORNBACHER, A. "Eines zu seyn mit Allem, was lebt..." Hölderlins ‚intellectuale Anschauung, in: LAWITSCHKA, V. *Hölderlin: Philosophie und Dichtung*. *Turm-Vorträge 5 (1992-1998)*. Tübingen: Hölderlin-Gesellschaft, 2001, 24-47.

HUCKE, P. "Seyn schlechthin" und εν διαφερον εαυτω. Zur Beziehung von Einheit und Differenz in Jenaer Texten Friedrich Hölderlins. In HATTSTEIN, M. et al. *Erfahrung der Negativität. Festschrift für Michael Theunissen zum 60. Geburtstag*. Hildesheim/Zürich/NYC: Olms, 1992, 95-114.

IVALDO, M. *Fichte*. São Paulo: Ideias & Letras, 2016.

JACOBI, F. H. Apêndice VII a „Sobre a doutrina de Espinosa". In: BECKENKAMP, J. *Entre Kant e Hegel*. Porto Alegre: PUC-RS, 2004, 41-66.

_____. Über den transscendentalen Idealismus. In: *David Hume über den Glauben oder Idealismus und Realismus*. Breslau: Gottl. Loewe, 1787, 209-230.

_____. *Über die Lehre des Spinoza in Briefen an den Herrn Moses Mendelssohn*. Breslau: Loewe, 1785.

_____. *Lettre sur le nihilisme*. Paris: Flammarion, 2009.

JÄGER, G. Freundschaft, Liebe und Literatur von der Empfindsamkeit bis zur Romantik: Produktion, Kommunikation und Vergesellschaftung von Individualität durch kommunikative Muster ästhetisch vermittelter Identifikation. In: *SPIEL 9 H.1*, 1990, 69-87.

JAMME, Ch. *Isaak von Sinclair: Politiker, Philosoph und Dichter zwischen Revolution und Restauration*. Bonn: Bouvier, 1988.

JAUSS, H. R. Schlegels und Schillers Replik auf die "Querelle des Anciens et des Modernes". In: *Literaturgeschichte als Provokation der Literaturwissenschaft*. Frankfurt a. M.: Suhrkamp, 1970, 67-106.

JÜRGENSEN, S. Hölderlins Trennung von Fichte. In: *Fichte-Studien 12*. Amsterdam-Atlanta: Rodopi B.V., 1997, 71-90.

KANT, I. *Crítica da faculdade de julgar*. Petrópolis/Bragança Paulista: Vozes/Ed. Un. São Francisco, 2016.

____. Declaração acerca da Doutrina da Ciência de Fichte. In: BECKENKAMP, J. *Entre Kant e Hegel*. Porto Alegre: Edipucrs, 2004, 245-247.

____. *Gesammelte Schriften*. *Königlich Preußische Akademie der Wissenschaften*, Berlin, 1900ss.

____. "O que quer dizer: orientar-se no pensamento?" In: BECKENKAMP, J. *Entre Kant e Hegel*. Porto Alegre: PUC-RS, 2004, 11-39.

KLOTZ, H. Ch.; NOUR, S. Dieter Henrich, leitor de Kant: sobre o fato legitimador da dedução transcendental das categorias. In: *Kriterion*, Belo Horizonte, n. 115, jun. 2007, 145-165.

KLOTZ, H. Ch. Fichte's Explanation of the Dynamic Structure of Consciousness in the 1794-94 *Wissenschaftslehre*. In: JAMES, D.; ZÖLLER, G. (ed.). *The Cambridge Companion to Fichte*. Cambridge: Cambridge University Press, 2016, 65-92.

KONDYLIS, P. *Die Entstehung der Dialektik. Eine Analyse der geistigen Entwicklung von Hölderlin, Hegel und Schelling bis 1802*. Stuttgart: Klett-Cotta, 1979.

KREUZER, J. (org.). *Hölderlin-Handbuch*. Stuttgart: J. B. Metzler V., 2002.

KURZ, G. *Mittelbarkeit und Vereinigung. Zum Verhältnis von Poesie, Reflexion und Revolution bei Hölderlin*. Stuttgart: Metzler, 1975.

LACAN, Jacques. *Escritos*. Rio de Janeiro: Zahar, 1998.

LACOUE-LABARTHE. Ph. *A imitação dos modernos. Ensaios sobre arte e filosofia*. São Paulo: Paz e Terra, 2000.

LAPLANCHE, J. *Hölderlin e a questão do pai*. Rio de Janeiro: Zahar, 1991.

LAWITSCHKA, V. Freundschaften. In: KREUZER, J. (org.). *Hölderlin-Handbuch*. Stuttgart: J. B. Metzler V., 2002, 37-44.

____. Liaisons – Imago und Realität. In: KREUZER, J. (org.). *Hölderlin-Handbuch*. Stuttgart: J. B. Metzler V., 2002, 31-36.

LUKÁCS, G. *Goethe e il suo tempo*. Turim: Giulio Einaudi, 1983.

MACH, E. *Beyträge zur Analyse der Empfindungen*. Jena: Gustav Fischer, 1886.

MARTENS, G. Das Eine in sich selber unterschiedne. Das „Wesen der Schönheit" als Strukturgesetz in Hölderlins „Hyperion". In: BEYER, U. *Neue Wege zu Hölderlin*. Würzburg: Königshausen und Neumann, 1994, 185-198.

MEINHOLD, G. Die Deutung des Schönen. Zur Genese der intellectualen Anschauung bei Hölderlin. In: STRACK, F. (org.). *Evolution des Geistes: Jena um 1800*. Stuttgart: Klett-Cotta, 1994, 373-393.

MENNINGHAUS, W. *Hälfte des Lebens. Versuch über Hölderlins Poetik*. Frankfurt a. M.: Suhrkamp, 2005.

_____. *Unendliche Verdopplung. Die frühromantische Grundlegung der Kunsttheorie im Begriff absoluter Selbstreflexion*. Frankfurt a. M.: Suhrkamp, 1987.

METZGER, S. Editionen. In: KREUZER, J. (org.). *Hölderlin-Handbuch*. Stuttgart: J. B. Metzler V., 2002, 1-12.

MULSOW, M.; STAMM, M. (org.). *Konstellationsforschung*. Frankfurt a. M.: Suhrkamp, 2005.

NEGT, O.; KLUGE, A. *O que há de político na política?* São Paulo: Unesp, 1999.

NIETHAMMER, F. I. (ed.). *Philosophisches Journal einer Gesellschaft Teutscher Gelehrten I*. Hildesheim: G. Olms, 1969.

NOVALIS, F. v. H. *Notes for a Romantic Encyclopedia. Das Allgemeine Brouillon*. NYC: SUNY, 2007.

ONNASCH, E.-O. Fichte im Tübinger Stift: Johann Friedrich Flatts Einfluss auf Fichtes philosophische Entwicklung. In: DALFONSO, M. et al. (orgs.). *Fichte-Studien 43: Fichte und seine Zeit. Kontext, Konfrontationen, Rezeptionen*. Leiden/Boston: Brill/Rodolpi, 2016, 21-38.

_____. Kant als Anfang der Klassischen Deutschen Philosophie? In: DANZ, Ch.; HACKL, M. (orgs.). *Die Klassische Deutsche Philosophie und ihre Folgen*. Göttingen: V&R Unipress, 2017, 15-42.

PLATÃO. *Fedro*. 3. ed. Belém: Edufpa, 2011.

_____. *O banquete*. 3. ed. Belém: Edufpa, 2011.

QUEVEDO, W. A presença de Niethammer nos anos ienenses de Fichte. In: *Outramargem: Revista de Filosofia*, v. 6, 2019, 114-125.

_____. O fragmento *Juízo e Ser* de Hölderlin: a motivação teórica para uma revisão do idealismo alemão. In: BAVARESCO, A.; PONTEL, E.; TAUCHEN, J. *De Kant a Hegel. Leituras e atualizações*. Porto Alegre: Editora Fi, 2019, 501-513.

_____. O programa de Hölderlin para Iena. In: *Pandaemonium Germanicum*, 22 (36), 2019, 273-292.

_____. *Reflexão absoluta como medium da crítica de arte: um estudo da crítica filosófica do jovem Walter Benjamin*. Dissertação (Mestrado em Teoria e História Literária) IEL/Unicamp, Campinas, 2011.

_____. This craft of destiny: Hölderlin's Hyperion and the tragic dimension of beauty. In: *Nueva Revista del Pacífico*, n. 66, 2017, 54-77.

RADRIZZANI, I. Fichte e o ceticismo. In: *Sképsis*, ano VIII: n. 12, 2015, 145-158.

_____. Présentation, traduction et notes. In: JACOBI, F. H. *Lettre sur le nihilisme*. Paris: Flammarion, 2009.

REINHOLD, K. L. *Beyträge zur Berichtigung bisheriger Missverständnisse der Philosophie*. Jena: Mauke, 1790.

_____. *Beiträge zur Berichtigung bisheriger Mißverständnisse der Philosophen I*. Hamburg: Felix Meiner, 2003.

_____. *Beyträge zur Berichtigung bisheriger Mißverständnisse der Philosophen*. vol. 2. Jena: J. M. Mauke, 1794.

_____. *Über das Fundament des philosophischen Wissens (1791). Über die Möglichkeit der Philosophie als strenge Wissenschaft (1790)*. Hamburg: Felix Meiner, 1978.

_____. *Versuch einer neuen Theorie des menschlichen Vorstellungsvermögens*. Praga/Jena: Widtmann & Mauke, 1795.

_____. *Beyträge zur Berichtigung bisheriger Mißverständnisse der Philosophen*. vol. 1. Jena: J. M. Mauke, 1790.

RYAN, L. Hölderlins „Hyperion": Ein „romantischer" Roman? In: SCHMIDT, J. *Über Hölderlin*. Frankfurt a. M.: Insel, 1970, 175-212.

_____. *Hölderlins Hyperion. Exzentrische Bahn und Dichterberuf*. Stuttgart, 1965.

_____. *Hölderlins Lehre vom Wechsel der Töne*. Stuttgart: Kohlhammer, 1960.

SANTINI, B. Hölderlin e le idee estetiche. Riflessioni su un progetto mai realizzato. In: *Aishtesis. Rivista on-line del Seminario Permanente di Estetica*, ano III: n. 1, 2010, 57-63.

SANTORO, T. S. *Sobre a fundamentação do conhecimento. Fichte e a intuição intelectual*. Tese (Doutorado em Filosofia) PUC-RS, Porto Alegre, 2009.

SCHÄFER, R. *Johann Gottlieb Fichtes ‚Grundlage der gesamten Wissenschaftslehre' von 1794*. Darmstadt: WBG, 2006.

SCHELLING, F. W. J. Werke 2. In: *Historische-Kritische Ausgabe im Auftrag der Schelling-Kommission der Bayerischen Akademie der Wissenschaften*. Ed. H. Buchner et al. Stuttgart: Frommann-Holzboog, 1980.

SCHMIDT, J. Zu Text und Kommentar. In: *Friedrich Hölderlin Sämtliche Werke und Briefe*, vol. 2. Frankfurt a. M.: Deutscher Klassiker Verlag, 2008, 925-1090.

_____. *Hölderlin in Bad Homburg*. Frankfurt a. M./Leipzig: Insel Taschenbuch, 2007.

SCHULZE, G. E. *Aenesidemus oder über die Fundamente der von dem Herrn Professor Reinhold in Jena gelieferten Elementar-Philosophie*. Hamburg: Felix Meiner, 2013.

_____. Die Hauptmomente der skeptischen Denkart über die menschliche Erkenntnis. In: BOUTERWERK, Fr. *Neues Museum der Philosophie und Literatur*. vol. 3, caderno 2. Leipzig: G. Martini, 1805, 3-57.

SOLÉ, M. J. La crítica a Spinoza en las *Introducciones a la Doctrina de la ciencia de Fichte*: desarticulación de la contraposición dogmatismo-idealismo. In: *Cadernos de Filosofia Alemã*, v. 22, n. 4, dez. 2017, 115-128.

_____. Los amigos prussianos. Episodios de la recepción de Spinoza en el siglo XVIII. In: *O que nos faz penzar*, v. 26, n. 41, jul./dez. 2017, 211-234.

_____. *Spinoza en Alemania (1670-1789). Historia de la santificación de un filósofo maldito*. Córdoba: Brujas, 2011.

SPINOZA, B. *Ética*. 3. ed., bilíngue. Belo Horizonte: Autêntica, 2016.

STIENING, G. Entre Fichte et Schiller. La notion de Trieb dans le Hyperion de Hölderlin. In: *Revue germanique internationale*, n. 18, 2002, 87-103.

_____. *Epistolare Subjektivität. Das Erzählsystem in Friedrich Hölderlins Briefroman „Hyperion oder der Eremit in Griechenland"*. Tübingen: Max Niemeyer, 2005.

STOLZENBERG, J. *Fichtes Begriff der intellektuellen Anschauung*. Stuttgart: Klett-Cotta, 1999.

_____. Selbstbewusstsein. Ein Problem der Philosophie nach Kant: Zum Verhältnis Reinhold-Hölderlin-Fichte. In: *Revue Internationale de Philosophie*, vol. 50, n. 197 (3), set. 1996, 461-482.

STRACK, F. *Ästhetik und Freiheit. Hölderlins Idee von Schönheit, Sittlichkeit und Geschichte in der Frühzeit*. Tübingen: Max Niemeyer Verlag, 1976.

_____. Das Ärgernis des Schönen. Anmerkungen zu Dieter Henrichs Hölderlindeutung. In: *Deutsche Vierteljahrsschrift für Literaturwissenschaft und Geistesgeschichte*. Stuttgart: J. B. Metzler, vol. 68, 1994, 155-169.

SUZUKI, M. Estudo e tradução. In: SCHILLER, F. *Poesia ingênua e sentimental*. São Paulo: Iluminuras, 1991.

_____. Introdução e notas. In: SCHILLER, F. *A educação estética do homem numa série de cartas*. São Paulo: Iluminuras, 1995.

SZONDI, P. *Schriften I*. Berlin: Suhrkamp, 2011.

TILLIETTE, X. Hölderlin und die intellektuale Anschauung. In: *Philosophie und Poesie. Otto Pöggeler zum 60. Geburtstag*. A. Gethmann-Siefert (ed.). Stuttgart-Bad Cannstatt: Frommann-Holzboog, 1988, 215-234.

VACCARI, U. A disputa das Horas: Fichte e Schiller sobre arte e filosofia. In: *Revista de Estud(i)os sobre Fichte*, n. 5, verão 2012.

____. *A via excêntrica: Hölderlin e o projeto de uma nova estética*. Tese (Doutorado em Filosofia) FFLCH/USP, São Paulo, 2012.

____. Introdução. In: FICHTE, J. G. *Sobre o espírito e a letra na filosofia*. São Paulo: Humanitas, 2014, 9-90.

____. O titã de Iena: a recepção de Fichte por Hölderlin. In: *Aurora Revista de Filosofia*. Curitiba, v. 27, n. 42, set./dez. 2015, 859-871.

____. Os deveres do erudito: filosofia e oratória em Fichte. In: *Cadernos de Filosofia Alemã*. São Paulo, v. 20, n. 2, jul./dez. 2015, 87-103.

WATKINS, E. The early Schelling on the unconditioned. In: *Interpreting Schelling. Critical Essays*. L. Ostaric (ed.). Cambridge: Cambridge University Press, 2014, 10-32.

WAIBEL, V. *Hölderlin und Fichte. 1794-1800*. Paderborn: Schöningh, 2000.

____. Hölderlins Fichte-Studien in Jena. In: GAIER, U. et al. *Hölderlin Texturen 2. Das „Jenaische Project"*. Das Wintersemester 1794/95 mit Vorbereitung und Nachlese. Tübingen: Hölderlin-Gesellschaft, 1995, 100-127.

____. Wechselbestimmung. Zum Verhältnis von Hölderlin, Schiller und Fichte. In: *Fichte-Studien* 12. Amsterdam-Atlanta: Rodopi B. V., 1997, 45-69.

WEGENAST, M. *Hölderlins Spinoza-Rezeption und ihre Bedeutung für die Konzeption des „Hyperion"*. Tübingen: Max Niemeyer, 1990.

WEGENAST, M. Markstein Spinoza: Schönheit als „Nahme deß" das Eins ist und Alles. In: BEYER, U. *Neue Wege zu Hölderlin*. Würzburg: Königshausen und Neumann, 1994, 361-385.

WIRTH, W. Transzendentalorthodoxie? Ein Beitrag zum Verständnis von Hölderlins Fichte-Rezeption und zur Kritik der Wissenschaftslehre des jungen Fichte anhand von Hölderlins Brief an Hegel vom 26.1.1795. In: BEYER, U. (ed.). *Hölderlin: Lesarten seines Lebens, Dichtens und Denkens*. Würzburg: Königshausen und Neumann, 1997, 159-233.

ZÖLLER, G. *Fichte lesen*. Stuttgart-Bad Cannstatt: Frommann-Holzboog, 2013.

____. "Liberté, Égalité, Fraternité – "eu", "tu", "nós": o filosofar político de Fichte. In: *Aurora Revista de Filosofia*. Curitiba, v. 27, n. 42, set./dez. 2015, 651-673.

_____. Mechanism or Organism. Kant on the Symbolic Representation of the Body Politic. In: KAUARK-LEITE et al. *Kant and the Metaphors of Reason*. Hildesheim and New York: Olms, 2015, 303-319.

ZUIDERVAART, L. "Aesthetic Ideas" and the Role of Art in Kant's Ethical Hermeneutics. In: GUYER, P. (org.). *Kant's Critique of the Power of Judgement*. Lanham: Rowman & Littlefield, 2003, 199-208.